完結的構造の物語

―芥川龍之介文学―

鄭寅汶

머리말

본서는 芥川 연구의 전통적이고 중심적인 양태, 즉 작품 분석의 정해를 작가 芥川龍之介의 전기적 사상에 추구한다는 역사적 실증주의적 자세를 근년에 발전해 온 문화·문학비평이론, 특히 텍스트론에 근거한 작품분석에 대해 초극하려는 것이다.

芥川가 <物語>의 방법으로서 어떠한 것을 사용하고 있는가 하는 것, 그리고 자아 표출을 위해 <物語>라는 문학 형태에 어떠한 조작을 행했던가 하는 것을 주요한 추구 과제로 삼고 있다.

제1부는 芥川문학 시발의 문제를 검토하고 있다. 이곳에서는 <物語>의 방법은 <완결적 구조>를 취하는 것으로 하여 그 구조로부터 주제가 어떻게 창출되고 있는가를 추구하고 있다. 그것을 위해 텍스트와 그 전거가 되고 있는 고전과의 영향 관계에 대한 논의에 초점을 두기보다도 <間텍스트성>이라는 문학이론의 개념을 사용하여 芥川가 전거가 된 고전의 物語의 구성이나 줄거리를 해체하고 그곳에 자신이 설정한 주제에 근거하여 그것을 어떻게 재구축하고 있는 가를 제1장에서는「라쇼몽」, 제2장에서는「코」, 제3장에서는「마죽」, 그리고 제4장에서는「도적떼」를 대상으로 추구하고 있다. 이러한 분석으로부터 추출된 결론은 芥川는 재구축함에 있어서 인간의 보편적 심리를 우의적 묘사에 의해 말하고 있다는 것이다.

제2부는 1부에서 추구한 芥川의 텍스트의 <완결적 구조>가 <서양과 일본인의 자각>이라는 주제를 어떻게 도입하고 있는 가를, 제5장에서는「수건」, 제6장에서는「무도회」를 분석하는 것에 의해 해명하고 있다. 이곳에서는 일본제국주의 비판과 식민지 정책 비판에 그 주제가 결부되고 있다는 것을 지적하고 있다.

제3부는 芥川작품의 <완결적 구조>를 전형적으로 나타내고 있는 것으로

생각되는 동화 장르로 쓴 작품을 대상으로 하여 그 구조가 사용된 의미를 추구하고 있다.

제7장에서는「거미줄」을, 제8장에서는「토시슌」을 대상으로 텍스트 외부의 독자나 사회적·문화적 요소가 어떻게 배제되고 하나의 우주관·세계관에 의해 지탱되고 있는가. 그리고 작품은 그 구조와 결부되고 있는 주제나 플롯이 존재하고 있다는 것을 보이고 있다. 이러한 <완결적 구조>인 까닭에 역설적으로 배제되어야 할 독자가 자유롭게 상상력을 펼쳐 작품에 관여할 수 있다는 것을 보이고 있다.

제4부는 제9장에서「희작삼매」, 제10장에서「귤」, 제11장에서「현학산방」을 대상으로 하여 <완결적 구조>와 芥川의 전기적 사실과의 관련을 추구하고, 텍스트에는 전기적 사실이 직접적으로 반영되고 있는 것이 아니라 예를 들면「희작삼매」에서는 바킹의 세계와 텍스트와 바깥의 芥川 세계가 <환유>적 관계에 있다는 것을 지적하고 있다.

제5부에서는 芥川가 <완결적 구조>로서의 텍스트를 어떻게 <텍스트> 바깥의 <사회>에 개방하려고 하였던 가를 추구하고 있다.

그 때문에 제12장에서「가을」을, 제13장에서는「한줌의 흙」을 대상으로 하여 芥川가 본래의 문학을 <프롤레타리아 문학>에 있다고 생각하여 그것을 동경하고는 있어도 사회·정치라는 物語 외부세계를 차단하는 경향을 버릴 수 없었고 따라서 <완결적 구조>는 무너뜨릴 수 없었다는 것을 분석하고 있다.

결장에서는 芥川문학이 작가의 일상적 현실을 포착하려고 하는 자연주의 리얼리즘을 채용하지 않고 있는데 그 때문에 작품에 자기의 개인적 사실을 담아낼 수 없었던 까닭이 그곳에 있었다. 즉 자기 완결된 <완결적 구조>의 <허>적 세계를 만들어 낸다는 인식으로부터 독자는 그의 개인사와 결부시켜 주제를 읽어내지 않으면 안 된다는 협박 관념으로부터 해방되어 스스로의 <知>를 <완결적 구조>의 텍스트에 담아 자기의 주체성과의 관련으로부터 읽는 것이 허용된다고 보고 있는 것이다.

이상과 같이 본서는 우선 <완결적 구조>가 각 텍스트에 있어서 어떻게 실현되고 있는가를 탐색하고 이어서 연구자인 독자는 그곳으로부터 자기 주체로부터 출발하는 어떠한 의미를 읽어내는 것이 가능한 가를 추구하고 있다. 따라서 후자의 추구를 고려해보면 필자가 발견한 <틈바구니>는 순수하게 <신비평>의 <작가론>적 입장이라고 말할 수 없다. 1980년대에 성행하였던 <독자반응 비평이론>이 여기에 첨가되고 있다. 또한 필자는 최신의 문화・문학 비평이론을 의식적으로 사용하려고 하였다. 즉 외국인인 필자가 이 <틈바구니>의 연구방법을 독자적으로 발상한 것. 그리고 무엇보다도 필자 자신의 <주체>의 문제를 의식화 할 수 있었다는 점에서 자부심을 느낀다.

본서는 필자로서는 3번째의 박사학위 논문을 책으로 내 놓은 것이다. 따라서 무엇보다도 지도교수이자 인간적으로 따뜻하게 지도해주셨던 名波弘彰 교수님, 주심이면서 세심한 지도를 아끼지 않으셨던 荒木正純 교수님, 논문 심사와 마지막까지 격려를 해주셨던 新保邦寛 교수님, 따뜻한 인간미로 세세한 부분까지 첨삭 지도해주셨던 平石典子 교수님께 이 지면을 빌어 심심한 감사의 말씀을 올린다. 또한 출판에 있어 도움을 주신 제이앤씨 관계자 여러분께도 고마움을 표한다.

2006년 10월
저자 정인문 삼가 적음

目次

【凡例】

一、本書で用いた芥川龍之介のテクストは、筑摩書房版の『芥川龍之介全集』所収本文による。なおルビは省略し、また現今の文学研究の方向性に留意して旧字体の漢字は全面的に新字体に改めた。

一、本文の引用は「　」で括った。

一、単行本、書名、雑誌、新聞名は『　』を用い、作品名、論文名および評論名は「　」で表記した。

一、〈　〉内は概念語、もしくは強調するときに表記した。

一、年号は基本的に元号を表記したが、作品（テクスト）の理解に必要な場合には随時西暦年号をも併記しておいた。

序章

第一節　問題設定とその方法

二十一世紀という新世紀に入って芥川龍之介が読み直されるという事態を見ていると、彼の作品（テクスト）には予言的洞察力の強さがあったといってよいのかもしれないという思いがする。それは日本という地政学的・文化的空間を越え、韓国・アメリカ・ロシア・中国をはじめとする世界各国で芥川文学が読まれるようになったことと照応していよう。このような時機の到来に当って芥川文学を世界文学的視野からどう〈読み〉を構築すべきなのか、芥川文学は読み直され、新たな光が当てられる時機が到来するようになったのである。このような今後の課題を本書に担おうとするとき、ふり返って二十世紀の日本内部で展開された研究動向を概括しておくことはぜひとも必要なことであろう。

芥川文学に関する先行研究を概観する場合、大きく四つの時期に区分けすることが適当だろうと思う。第一の時期としては昭和二（一九二七）年芥川の自殺直後、多くの雑誌が追悼号を出し、友人知己などの追悼文が出た時期がまず挙げられる。その中で大山郁夫の『実践的自己破壊の芸術』と題した芥川論では、芥川の死を「ブルジヨア芸術の、さし迫つた行詰まり及び破綻の一面を反映してゐるものに外ならない」[1]と捉え、芥川否定論が強く打ち出されていたことが特筆される。宮本顕治「『敗北』の文学―芥川龍之介の文学について」[2]によって一層否定論が強調されている。この否定の方向は次代の本格的研究世代の一人佐々木基一が指摘（「座談会―芥川龍之介と現代作家」『芥川龍之介案内』岩波書店、昭和三〇年）したことであるが、この時期芥川文学研究の場合、この作家の自殺という事件を先取りして論じる結果論的批評が多かった。これらの批評には芥川が自殺という方法で自らの人生を閉じたということを芥川文学の閉塞状況と結びつけて必要以上に伝記的事実を浸透させることでその作品解釈を否定的に捉えさせたのである。

次の時期としては芥川没後十五年にあたる昭和十七年に芥川文学研究史に特筆される二つの研究書が刊行されたトピックスが挙げられる。一つは大正文学研究会編『芥川龍之介研究』、いま一つは吉田精一編『芥川龍之介』といった諸家の研究を集成した論集である。この二冊の著書の刊行によって芥川文学研究の方法と方向性が切り開かれ、自殺事件とひとまず切り離された本格的な芥川文学研究の軌道が敷設されることになった。この時期をあらためて捉え返すと芥川の衝動的な自殺事件から一定の時間が経った結果、事件そのものが冷静に、そして客観的に捉えられるようになっていた。つまり、自殺事件と作品研究の間に距離が置かれ、それだけ作品が肯定的に研究・評価されるようになったということである。芥川文学はここに至ってはじめて本格的に学問的な光を当てられたといってよいであろう。前者の集成は出生から自殺まで芥川龍之介という作家の生涯をたどりつつ、ほとんどの作品に言及した評伝形式の集成研究である。ただこの評伝形式が特徴づけるように、作品（テクスト）の分析はすべて芥川の伝記的事実と結びつけられている。こうして作品解釈は歴史的実証主義の方法を主流とするようになった。その一方で、伝記研究ともいうべき作家論としてもまとまっており、以後の芥川文学研究の基礎的な位置を保っていることは周知のとおりである。後者も研究集成の形式で吉田精一他の「総論」と青柳優他十六名による「特殊研究」、そして菊池寛らの「思ひ出」からなっており、作家論・作品論にわたって芥川を多角的に論じている。そこに歴史的実証主義の方法が認められることはいうまでもなく、その上に当時の文芸思潮でもある芸術至上主義が結びついて芸術至上主義者芥川像が浮かび上がっている。

芥川龍之介の作品を伝記的事実と結びつけて解釈する歴史的実証主義、そして芸術至上主義を重視するといった芸術的価値観、この二つの方法論を自覚化した芥川文学研究は、没後五〇年あたりから盛んになってくる。この時期がこれまた一つの時代を画すことになる。三好行雄を筆頭に、海老井英次・菊地弘・平岡敏夫・勝倉寿一・宮坂覚・石割透・吉田俊彦らの芥川文学研究の成果が続々と出版され、状況は活性化した。この頃、アメリカのニュークリティシズム（新批評）も日本の学界に紹介されるようになり、作者と作品（テクスト）の関係に動揺が生じた。これはニュークリティシズムが作品（テクスト）そのものに評価のすべてがあるとし、テクスト内部の構造分析から作品（テクスト）の評価を試みるというものであった。こうして一九六〇年代以降、芥川文学研究は歴史的実証主義とニュークリティシズムとのせめぎ合いのなかで進められたが、この時期の芥川研究をリードしたのは三好行雄らの作品（テクスト）論研究であり、テクスト内部の構造・文体・心理叙述の〈読み〉による研究がその著書『芥川龍之介論』に結実する。三好論は単に形式的分析にとどまらず、彼自身の感性の鋭さを生かした心理叙述の分析・評論も卓跋で、同時期の芥川文学研究に大きな影響を与えた。同じような客観的なテクスト論が蓄積されるとともに、この時期、徐々に天才芸術家芥川といった神話化が解体され、実像と対峙するかたちで芥川龍之介という作家の生成にも関心が集まるようになると、実証的研究による精密な伝記研究も並行して進められていった。

しかしニュークリティシズム、あるいはその後、フランス系の構造主義文学理論、すなわち物語論（ナラトロジー）の紹介・導入もあって、日本近代文学の研究動向も作家自体の関心から作品へではなく、時代と相関するかたちでのテクスト分析に関心が移った。外国の芥川研究者の発言もこの頃から盛んになった。これらの論者に共通する姿勢は作品論を基盤とした芥川文学へのアプローチである。ここにさまざまな〈読み〉が出現する。

文学史的に表象される芥川像は書斎人であり、芸術至上主義者という印象を色濃くただよわせているといってもよい。その理由としては、実際に芥川の発表したさまざまなテクストの中に芸術家らしさを示唆するような情報がふんだんに織り込まれていることが挙げられる。戦闘的な宣言書「芸術その他」(『新潮』大正八年十一月)はもとより、回想記「あの頃の自分の事」(『中央公論』大正八年一月)なども、自然主義や白樺派や耽美派よりも、自分たち『新思潮』派の文学活動の方が芸術的であると訴えるもので、同派の広告文の役割を果した。それはともかく、芸術至上主義者芥川像に支えられた芥川文学研究は登場人物の心理を微細に読み取るとともに、その葛藤にエゴイズムの主題を追究するという方向に絞られていたことも挙げられよう。

やがて八〇年～九〇年代に入ると、芸術至上主義者芥川像に疑問を覚える研究者たちが登場してくる。本格化した芥川文学研究の第二世代といえる。その先頭に立っているのが関口安義(『アプローチ芥川龍之介』明治書院、平成四年五月など)・宮坂覚(『芥川龍之介・理知と抒情』有精堂、平成五年六月など)らを始めとする研究者たちである。彼らが注目したのは芥川が大正十年大阪毎日新聞社の特派員として中国各地を旅し、その見聞をもととして書いた紀行文「支那游記」(改造社、大正十四年十月)と何篇かの小説があることであった。その中国旅行が芥川の内部に秘められていたジャーナリストの才能をみごとに開化させるとともに、日本帝国主義による植民地政策に深い疑問を抱かせるようになったとするのである。そしてさらに当時の芥川はそれらの小説を通して日本の軍部の台頭してきた時代に中国の風物・人事にことよせて現実の中国民衆の抵抗運動を書き留めている。そこに他者としての中国人像を捉えているとする。

ここにはジャーナリストとしての視線に限らず、日本帝国主義・植民地をめぐるコロニアル的状況に対する鋭い省察が露出している。この期の研究者たちは〈行動する知識人像〉をこの時期の芥川に見出そうとする。それはこれまでの書斎にこもる理知の作家像から新たな地平へと芥川像や作品(テクスト)分析を移行させようとはかることでもあった。だいたい昭和六〇(一九八〇)年代以降に当たるが、その時期に発表された彼らの論著が次々にまとめられて出版ラッシュともいうべき観を呈した。

作家芥川の実像に〈行動する知識人像〉を重ねようとする意欲は、テクストの内部構造の要素分析を同時代の政治・文化・思想のコンテクストと照応させて捉えようとするカルチュラル・スタディーズの方法論と連動している。その背景にあるのはこの時期日本の学界にフランス・アメリカ・イギリス・ドイツといった欧米諸国からポスト構造主義、とりわけ、脱構造主義（ディコンストラクション）から発展をみせて文化・文学批評理論が陸続と紹介・導入されてきたことである。たとえばロシア・フォルマリズムを含む物語論（ナラトロジー）、記号論、デリダのテクスト論を受容した脱構築批評、読書行為論、ポストコロニアル批評、ジェンダー理論、カルチュラル・スタディーズなどといったものなどである。

芥川文学研究にもそれらの批評理論が積極的に応用され、研究の新しい動向として、帝国主義や植民地政策に対する反オリエンタリズムの姿勢、明治の文明開化期への批判的眼差し、封建的家意識と女性認識、プロレタリア文学運動との緊張関係といったように、作品解釈のための〈外部〉のコンテクストの参照がさらに拡大・深化して国際関係、家と女性、文明開化以降の文化論、文学思潮などの流動の中の作品（テクスト）といった観点の研究が進むようになった。こうして芥川文学のテクストは視点や文体・表現の問題・知識人論を主軸とする芥川同時代の政治・社会・文化へのかかわりなど新しい主題論も出現してきた。平成以降のテクスト論や言説分析の台頭は、バルトやフーコーのいう作家の拒否（死）の方向に進むかのように見えるが、ともかくも、新しい方法においては〈作家〉なるものがテクストの構造分析を通して構成・生産されてしまう。その作品論・作家論の方向性はすでに学界の趨勢であって、たとえば「いまテクストをどう読むか」（『国文学』平成四年二月）、「小説の読みはどう変わるか」（『国文学』平成八年四月）、「芥川龍之介作品の世界」（『解釈と鑑賞』平成十一年十一月）などの特集企画が暗示するように、歴史的実証主義からの離脱と作品論・作家論の再構築を求める方向へと一挙に進んでいるかのように見える。

欧米における文化・文学批評の急速な展開が近年の日本近現代文学の研究動向に大きく影響するようになるとともに、芥川文学に関する研究方法もはなはだしく変化するようになった。これまでの四つの時期区分から捉えられる芥川文学研究の総括をふまえて本書の現在を見つめてみると、これまで二十年ほど日本の近現代文学研究を支配していたテクスト論から離陸し、ポスト構造主義、脱構築批評、さらには新歴史主義など、さまざまなコード、情報を援用して作品を読み解くというふうに研究は進んでいる。その方向を一言でいえば、読者の〈読み〉をより豊かに実現するためといえるものであった、作品（テクスト）の背後にある共時的／通時的な時代の問題を認識し、指示対象をより豊かに見つめることができるような方向に進んでいる。とすれば、本書の現在はテクスト論にとどまるというのではなく、作家、読者側のイメージも含めて総合的なコードからのアプローチをしていかなくてはならないという段階にあるといえよう。

ここまで論じてきて、それでは本書の芥川文学研究は問題設定をどのようになすべきであろうか。そのとき、まず第一に指摘しておかねばならないことは、欧米の最新の文化・文学批評理論が文学の構造論を深化させ、ある国の文学がある国に固有な文化伝統とその民族のエートス、あるいは〈知〉の枠組のなかで特権化されていた虚構（フィクション）性を暴露したということだ。文化・言語批評理論が一般性・普遍性を指向することによって日本近現代文学に外国の研究者が構造を媒介にして内的にアプローチすることが可能となった。それまで〈外部〉にあって日本の研究者の研究成果を二次的に受容する疎外されていた外国人研究者が、このような最新の文化・文学批評理論を武器に、さらにはむしろその異文化性を有利な条件として芥川文学のテクストを〈内〉と〈外〉から分析するといった学的環境がととのった。こうした日本人研究者に伍して芥川文学に関する研究成果を競うようになったのである。

本書もその立場を自覚して研究成果を産出したいと願うものだ。そこで本書は次のような問題設定をおこなってみようと思う。

その一つは芥川龍之介の〈物語の方法〉の分析である。その焦点が芥川の小説（物語世界）が完結的構造をもつということであり、その構造を多面的に捉えることである。その分析を通して芥川が時代の制約に捉われることなく、自由に自らの〈知〉を解放することができたわけだが、それを換言していえば、芥川文学の理知性なるものが実はこの完結的構造を有する物語に支えられていたことを読み直してみること、ここに本書の第一の課題がある。そしてその形式的特徴から派生する文芸上の問題が同時代の自然主義リアリズム（プロレタリア文学もそれを継受する）への芥川の反発ということである。この姿勢が反自然主義リアリズムにつらなるとすれば、問い直さなければならないのは自然主義リアリズムの主題論としての自我（エゴイズム）の問題を反自然主義リアリズムをかかげる芥川文学がどうして自己の作品（テクスト）の主題としたといえるのかということである、極論すると、研究者の側が芥川の反自然主義の姿勢を無視して自我の問題が芥川文学をつらぬく主題だと錯覚していたのかもしれない。おそらくそこまでいうと暴論になろう。芥川が自己の文学を近代の文芸思潮の流れの中に据えていたことが反自然主義と自我の問題を結びつけてしまった。いわば漱石的主題論と鷗外的歴史小説の融合に芥川の〈物語の方法〉がある。

それが穏当な理解ということになれば、芥川の〈物語〉という文学形態が自我の主題論を創出するためにはなんらかの操作を必要したと推測すべきなのだろう。本書はそれは芥川龍之介自身が自己の伝記的事実を積極的に作品（テクスト）の内部に取り込んだ結果だと考えている。しかし本書はそのような仮説に対応しようとして芥川龍之介の伝記的事実を作品論＝コンテクスト分析にとり入れようというのではない。もしそういう方法をとれば歴史的実証主義と何ら変わらない。その方法は作品（テクスト）を作品外の要素（作家の個人史・歴史的文脈など）から切り離し、作品の内部だけを分析対象にしようとする新批評（ニュークリティシズム）や構造主義文学批評（物語論）（ナラトロジー）によって激しく批判された。しかしそのような批判もまたテクストから歴史を抹殺しようとするものであることはいうまでもない。新歴史主義の文学批評がアメリカで勃興したということは、このヨーロッパ的文学批評理論が共時的な文化との相関に批評を限っていたことを批判して通時的な文化のコンテクストすなわち歴史性を回復させようとするアンチ構造主義の運動であった。新歴史主義は脱構築批評が実践した共時的な分析の成果を生かしながら、そこに通時的な分析を積極的に加味していこうとする異種混交的な批評実践である。より具体的にいえば、構造主義や脱構築批評が言語による指示対象（作中の主要なモチーフあるいは作中人物）の再現＝造形（リプレゼンテーション）という見方を拒けてきたのに対して、むしろその再現＝造形を共時的にのみではなく通時的に捉え返そうとする試みである（土田知則・青柳悦子・伊藤直哉『現代文学理論』新曜社、二三六～二四一頁）。

本書が指示対象、すなわち作中人物の主要なモチーフの再現＝造形、あるいは再現＝表象にあたって積極的に芥川の個人史（伝記的事実）を取りいれようとするのにはこのような文学批評史の背景がある。本書は新歴史主義の〈知〉の構造を継承して、古典あるいは作家の伝記をふまえた間テクスト性、すなわちテクスト相互間（本書では芥川作品と作家芥川の伝記的事実の間テクスト性を含めて）の歴史的な関係を重視し、作品（テクスト）分析の現場に通時性を回復させようとする試みでもある。その批評実践は従来の歴史的で実証主義的な批評方法とは一線を画し、芥川作品を時代の共時のパラダイムのなかから数多く生み出された文化所産の一つとして、あくまでも社会や文化の側から文学作品（テクスト）を読み直そうとする論理のもとにある。

さらにいま一つ、本書の問題設定を読者論的観点から問い直しておこう。完結的構造を有する物語が〈外部〉から〈閉じられている〉ということは決して読者に閉じられているということを意味しない。これ以後の作品（テクスト）分析によって明らかにしていくつもりだが、〈外部〉を遮断したのは芥川の個人史、芥川中心の環境である。それは同時代の自然主義リアリズムが作品の個人史と地続きの、どこまでが作品（テクスト）で、どこからが個人の〈生〉の告白なのかがきわめて曖昧になっていることに対するアンチとしてある。芥川作品は芥川の個人史とはまったく切り離された作品（テクスト）の境界がはっきりとしている。だからこそ作家芥川からすれば、個人史の制約にわずらわされることなく、純粋に自己の頭脳による世界の再構築を実現する営為となる。それはまた理知の人芥川にとっては、時代に制約されることの多い〈知〉の解放ということでもある。

そしてそれはまた読者の側にもあてはまる。読者は芥川作品を読むにあたって、あらかじめ芥川の個人史などにわずらわされることなどない。悪しき歴史的実証主義の解釈学からその〈知〉は解放されている。つまり、〈閉じられた〉物語世界は読者の〈知〉にとっては〈開かれている〉のだ。読者は芥川作品から芥川の個人史に結びつくような主題を捉えねばならないという脅迫観念から解放されている。読者は自らの〈知〉をもって芥川の完結的構造を有する物語世界に入り込み、その物語世界にあっては作中人物は物語世界の世界観（コスモロジー）との相関において意味（主題）を創出していることを確認する。そしてその人間と世界との相関こそ芥川の個を離れているとすれば、そこにいつの時代の読者にとっても、（読者の）現在の生とのかかわりにおいて作品（テクスト）を読むことが可能となる。

本書が作品（テクスト）分析で一貫して考察するのは、このような完結的構造を有する芥川文学の物語世界であり、その〈物語の方法〉を明らかにすることであり、そこに芥川の伝記的事実がその語り手／主人公（時に作中の脇役的人物）の再現＝造形を媒介にして物語世界に介入・浸透してくることを分析すること、そしてその現象がどのような主題を創出することに屈折を与えるのかなどであるが、これらの芥川的文学の方法の固有性ともいうべきものを、以下の各章の作品（テクスト）論で検証していくことである。

そしてその解明が芥川文学の物語世界の魅力を明かすことだろうし、それにまた芥川龍之介なる人物を同時代の作家・文化的状況と照らし合わせて相対化する文化史・文学史的な展望にも留意し、新しい芥川像とその作品（テクスト）の〈読み〉が可能かどうかを試みてみようと思う。それは芥川龍之介と日本近代文学における物語の可能性を探る作業にもつながるだろう。

第二節　構成とその内容―その一

本書は以下五部十三章から成り立っている。基本的には前述した問題設定を各章において一つ一つの作品（テクスト）論で具体的に検証するかたちをとる構成となっている。そのために、各章は並列的個別的に陥りがちなので、可能な限り、それを避けようと配慮して各章各章の構成意図は当該個所で指摘していくことで全体の構想がとれるようにしてある。また各章の作品（テクスト）論の先行研究もそこで整理しておいた。

まず第一部では芥川の文学的出発期における「羅生門」や「鼻」、「芋粥」などを考察する。それらの作品（テクスト）は、芥川みずからのコメントによると、不幸な恋愛事件が彼を苦しめ、それからの救済の試みとして、できるだけ現状から離れた愉快な世界を造り出そうとしたものであった。したがってここでの考察は「羅生門」や「鼻」などがそのコメントに沿うようなかたちで書かれたのではないかという仮説にもとづいている。しかし、芥川の人生の不幸は、その恋愛問題よりはるかに早く始まっている。それは出生の秘密にまで遡るものかも知れない。以下の四篇の作品の主人公にはいずれも重大な性格―社会的身分的な、そしてさらには身体的劣等の烙印を背負っている。そのような主人公の再現＝造形には作家芥川を深くひそかに苦患の淵に叩き込んでいる狂える母の子としての烙印が無意識的な変形作用として自己表出されているのではあるまいか。

このように記号化された〈芥川〉という知識人であり、また芸術家たらんとする者の「物語」を脱構築するためには、まず〈物語〉の対象である作家のテクストに「瑣事拘泥」的に接近し、その「内的論理」に徹底的に付き合う必要があると考える。もっとも作家を論ずる視点の中でも伝記研究は作家の人間形成に直接かかわる基本的な視点であり、伝記研究を視野に入れずに作品を論ずることはありえても、作家を論ずることはおそらく困難であろう。このような作家の伝記的事実と関連してテクストを読むということは、その作品の〈読み〉を一層豊かにしてくれると思われる。

本書の課題のひとつが作家芥川の〈物語の方法〉と呼ぶ創作にあるとするとき、初期作品において芥川龍之介の伝記的事実と作品（テクスト）との関係は重要な問題となる。それは芥川の伝記的事実が当該作品の〈読み〉、すなわち解釈にとって新知見をもたらすことがあると認められる事例を提供するからである。芥川のいわゆる初期作品は作家の伝記的事実を加えると読みが深められ豊かになる。テクスト論と芥川の伝記的事実との関係についてはすでに「問題設定」で論じておいた。そこでは創作論として、また読書行為論として論じたつもりである。

芥川文学における作品と作家は不可分の関係にあると見て作家の生涯を形成するすべての精神的・物質的条件について気をつけなければならない。芥川が作品の主要なモチーフあるいは作中人物の再現＝造形に用いた言語や表象の解析を通して、なぜ彼がそう表現せざるを得なかったかという必然性を探って行く。そこには彼の遺伝や、家族や、状況や、幼児体験と心の外傷や、偶然に重なってくる事件や、さまざまな体験を通じて形成されてゆく彼の性格や、ありとあらゆるものがある。しかもそれは時間で切った平面で求められる共時的なものばかりではなしに、時間と空間の変化の中で彼の内面的必然性の変化という通時的なものも作品の内部に深い影響を与えている。

それとともにこのことが新歴史主義の文学理論を採用する理由である。芥川の初期小説は歴史小説が大部分である。芥川の古典文学への関心は江戸時代の文人趣味の濃厚な芥川家の気風によって育まれた江戸文学・芸能への親近に始まる。芥川と古典文学との関係を特徴づけるのは、『今昔物語集』をはじめとする説話への強烈な関心と生涯を通じての傾倒ぶりである。このような芥川と古典文学とのかかわりについて進んでいきたい。芥川は骨の髄から日本的、古典的な物語に深い関心を抱いているのである。その方法はテクストからテクストを生み出す引用変形（Nachdichtung）の手法、すなわち「換骨奪胎の手法」である。芥川は確かにテクスト内の「物語」を壊し主体の溶解を示して見せた。たとえば「羅生門」における「門」は、単に境界としてのそれではなく、むしろ人間の本質的なあり方を問い、死と再生をもたらす宗教的な〈トポス〉であった。「鼻」では長い鼻がセクシャリティに転化するとき、その存在は単に羞恥すべき肉体を越えて抑圧され、不自然に歪曲された性欲を〈生〉の問題へと拡大され、性欲という自然を抱え込んだ肉体というものに意味が変形されている。芥川の性意識が分かる材料になった。

ちなみにこの第一部でもそうだが、序章で本書の構成を概括して、あらかじめ全体の枠組がどうなっているのかを述べるに当たって、各章の独創性を知ってもらうために各部の一、二章分に関しては代表的な先行研究を紹介・整理し、それを踏まえて本書の作品（テクスト）論の独創性を明らかにしておくことにした。全章にわたって同じように記述したいのだが、冗長と重複を避けたいと思い、それ以外には本論各章の論述に譲ることにした。

まず第一部では芥川文学の〈始発〉の光景と古典との関係を考察してみた。第一章では「羅生門」を扱うことにするが、「羅生門」については最近の関口安義『「羅生門」を読む』の券末に三三一編の参考文献を記録し、実にさまざまな「羅生門」の〈読み〉の存在を示している。早くも吉田精一は『芥川龍之介』で、「下人の心理の推移を主題とし、あわせて生きんが為に、各人各様に持たざるを得ぬエゴイズムをあばいてゐるもの」[4]とした。吉田精一のこの考えは第二次世界大戦後、すなわち戦後の「羅生門」の〈読み〉を支配する。特に人間のエゴイズムを取り扱った小説という考えは、いかにも自然主義リアリズム的といってもよい主題認識にもかかわらず、芥川文学研究の主流となる主題論を形成した。その後の一九七〇年代の芥川文学研究をリードした三好行雄の『芥川龍之介論』では「存在悪のかたち」すなわち

「生きていることにまつわるさまざまな悪や苦悩の根源」[(5)] といった実存と悪の結合をみる。主題論を少しズラした把握といえる。平岡敏夫は特に羅生門の門は「霊鬼譚の伝承を背負うことで、異空間への絶好の門になり得ている」[(6)] として、都の内と外を分ける境界の〈トポス〉であることを指摘している。近年はこの平岡論を代表として、〈羅生門〉を〈境界〉としてとらえたうえで、結末の「下人の行方」を解釈する論者が多く見られる。その方向は構造主義的なテクスト分析を越えてカルチュラル・スタディーズによって文化的テクストとして作品を〈読む〉ということができる。

それと並行して作家の伝記的事実と関連を追究した先行研究がおこなわれ、それには次のようなものがある。森本修「『羅生門』成立に関する覚書」は基本的資料を吟味して「初恋の破局との関係」に作品成立の決め手を見ることでその時期を「大正四年二月末以後九月に至る間だ」[(7)] と推定した。しかしこの森本説に対して海老井英次「『羅生門』—その成立の時期—」が反論し、「失恋の事実を媒介とせず」に、大正三年秋の「創作意識の確立」を背景とした「大正三年末から四年初頭の起筆、以後間もなくの成立」[(8)] を主張した。また浅野洋「芥川龍之介—『羅生門』をめぐって—（抄）」は問題の「愉快な」という表現が武者小路実篤の形容でもあることに注目し、武者小路の戯曲「或る日の一休」（『白樺』大正二年四月）に見える「その日ぐらしの生活者の生存手段でさえ《餓えたものはぬすんでいい》という一休の《追いはぎ》」の論理に「自己完結的なエゴイズム」と「底の浅い倫理の虚妄を破ってみせるエネルギー」[(9)] を読み、そこに「羅生門」の「創作動機に介在しながら機能した「愉快なエゴイズム」を想定した。渡辺芳紀は「羅生門」で、「〈恋愛問題〉で芥川が真に感じとったのは自分自身のエゴイズムが「羅生門」の下人のエゴイズムへと反映していく」とし、「芥川が頭だけで書いた小説であって、芥川の体質とは血が通いあっていない」[(10)] と述べる。さきの海老井英次は「羅生門」成立の契機を、〈初恋の破綻〉より「大正三年秋における芸術観上の〈精神的な革命〉」[(11)] に重きを置く、とする。竹腰幸夫「『羅生門』の老婆」は老婆の「短い」白髪に注目し、彼女も「かつては長い髪を持っていた」と想像し、その人生の「長い時間」における転変と死体の女が無縁ではなく、「実は、老婆は、この女に深い憾みを持っていた」という〈深読み〉から楼上のドラマは「老婆の、死者への陰湿な復讐」と「下人の老婆への単なるいじめ」であって、そこには決して文学の「普遍的な問題」を浮上させる「実質的構造」はなく、「二十三歳の恋する肉体を持った青年の前に立ちはだかった」「伯母フキ」に対する私的な怨念を「醜悪な老婆像の執拗な描き方」や「苛酷ないじめ」(12)に形象化しただけであると述べた。

このような先行研究に対して本書では前述した問題設定に従って、この小説の形式性を問うことから始めることにした。それが〈トポスの物語〉と捉えることである。その〈場〉となる羅生門の楼上という地上の現実世界からまるで切り離されたような異空間の象徴性を今昔説話という古典との関連を比較考察することで考えてみる。その目的は古典の解釈と再構築による物語としての完結的構造から成ることを記述することである。羅生門という〈境界〉のトポス性は死と生といった象徴的次元（シンボリズム）の「移動」である。したがって〈境界〉というトポスは現実と地続きの地理的空間で捉えられるものではなく、肉体と精神を、あるいは俗から聖へ、さらには悪から浄化へ、そしてまた死から再生（新生）へと向かわせるすぐれて宗教的な〈境界〉であったと捉えている。このような〈トポスの物語〉と古典との関係を問うに当っては、今昔説話の世界観が人間道に限定されるものではなく、六道をすべて「現世」とみていたというところに注目した。その古代的世界観を背景に「羅生門」に〈トポス〉を構築するとき、いったん今昔説話の六道世界を〈異世界〉へとくくりこまなければならなかった。それが古典の解体である。しかしそのあと人間を〈異世界〉に投げ込むことで六道に生きる人間の生き方を問うという喩としての世界観を構築し直したと捉え、そこに人間の極限の生という実存的主題が追求されたとみる。それに対して作者芥川の伝記的事実がどうかかわるのか、本章では芥川と伯母の葛藤を〈家〉という修羅道に生きる衆生の戦いとみなし、それをこの〈トポスの物語〉へと換喩的に置換したと捉えている。その場合、作中人物の下人の再現＝造型に作者芥川の伝記的事実の媒介的浸透が認められるとした。かくして芥川は、自分も伯母もこの〈トポスの物語〉へと投げこみ、二人ともに魂の浄化を受けさせようとする。

第二章では「鼻」を対象とした。この「鼻」は芥川の文壇登場のきっかけとなった作品である。そのためか、芥川はこの作品に対してさまざまな言説を残しているが、その中でも特に「あの頃の自分の事」(『中央公論』大正八年一月) に見られる「悪くこだはつた恋愛問題」という一句を基点として、「鼻」の作品研究は始まったといえる。いうまでもなく芥川の伝記的事実をベースとした歴史的実証主義による作品解釈である。その嚆矢が吉田精一の「この作品の根底には人生に対する懐疑的な精神や、心をひらいてあたたかい愛情を授受し得ない利己的な人間性に対する諦観が、色濃く流れていることを否定できない。(中略) 自己を絶対的に生かし得ない鼻長内供の姿は、やがて彼が眺めた人間性の本然の相だった」[13] という見解であり、それ以来、内供のあり方に「〈自尊心〉のみに翻弄されてしまう人間の喜悲劇」[14] を捉える海老井英次、周囲の僧俗が「個人の生を侵害する」[15] 状況悪を読み取っていく清水康次の論へと発展している。

これらの論は結末の内供の心境に一種の「諦観」を読むか、それとも「明るさ」を読むかの違いはあるけれども、作中の「自尊心の毀損」や「傍観者の利己主義」という認識に沿って主人公の内供のあり方を読み解くという点で、緩やかな共通性を持っているといえる。

この小説と作者芥川の伝記的事実との関連を問題とする先行論文は、たとえば勝倉寿一は、「『鼻』—苦悩の表白」で「失恋事件」と関連づけて「元の奇形に戻った鼻をぶらつかせて秋風の中に立ち尽くす内供の安堵と寂寥のない交ぜられた姿の背後に、自我と古来のモラルとの葛藤の苦悩を「生活苦の寂寞」という無為な慰安の陰に韜晦せしめねばならなかった作者の姿を読み取らなければなるまい」[16] とする。石割透は「『鼻』—形成と内実の離反」で「失恋の体験の中で自身の肉体が観念や思想を裏切っていく経緯を見通した挙句に、自己表現を可能にする視角さえ備えていないという自己に対する絶望的な認識が、自ずと作品に浸透したものと思われる」[17]と述べている。さらにまた宮坂覚は「『鼻』鑑賞」で背景として破恋によるたゆといが据えられている。しかし芥川がこのテーマに魅せられた核に、むしろ、彼の出生、さらに母が狂気にさらわれたことを据えて読むことができよう。内供は「日常の談話の中に、鼻と云ふ語が出て来るのを何よりも惧れてゐた」、芥川は出生や母の狂気〈と云ふ語が出て来るのを何より惧れてゐた〉のではないであろうか。芥川にとっての内供は、対極に発見し、〈否定〉すべき対象ではなく、同極で知らず知らず躙り寄ってしまう〈愛すべき内供〉であった[18]という別な文脈から導き出している。また清水孝純は内供の鼻の描写に「滑稽なグロテスク性」[19]を見、内供の「戯画化」を抽出、それを芥川自身のコンプレックス化した身体的欠陥意識と読み取っている。笠井秋生も内供に「芥川の戯画化された姿」を読み、「内供にとっての鼻は、芥川にとっての小説であると言えるかも知れない」[20]としている。これらの先行研究にはまさに作品と伝記を融合させた歴史的実証主義の〈読み〉の典型が捉えられよう。

それに対して本書の第二章の「鼻」論では芥川の伝記的事実との相関に注目する以前に、可能な限り、表現の技巧に注目することにした。身体と心理の関係の変化に見られる作者芥川の表現の魅力を探ることから論述を始めることにしたわけである。その焦点が身体の変化とそれに対応する心理の変化という人間の内と外の照応とズレにあると捉えた。その意図を支えるのが鼻の疎外と物化という〈方法〉である。こうして内供と鼻は〈見つめる／見つめられる〉という関係に移行する。その方法が可能だったのは、たとえば陶淵明の形と影が対話する「形影論」や王朝和歌の第一の心を第二の心が見つめるという伝統的な修辞法が継承されていたからであった。この身体と鼻の関係はまさに高貴であるはずの内供の精神を肉体が圧倒的にふみにじっていく〈自我〉と肉体の関係の喩となる。換言すれば、肉体の部位の鼻の畸型性が自我と身体の関係に介在することでバランスを大きく崩し、いまや肉体が〈自我〉を支配してしまっている。芥川の物語に〈自我〉の主題を捉える代表的作品がこの「鼻」ということになろう。

自我の喪失は深刻な内容であって、それが容易な手段で解釈されると考える人間の浅はかさ。そのアンバランスには当初から〈笑い〉がひそんでいる。鼻が長いので笑われ、人並に短くなるとまた笑われるなら、そのまま放っとけばいいではないか。現実の生存苦をみつめる作家の眼にはアイロニーがある。こうして笑いは瞬間的な効果でなく、作品を構成する重要な要素である。もちろん、ふざけた笑いではない。〈笑い〉の社会的矯正機能への言及を試みたのは芥川の笑話の質を問うことでもある。しかし〈笑い〉はもっと過激になる。長い鼻がセクシャリティに転化するとき、その存在は単に羞恥すべき肉体を越えて抑圧され、不自然に歪曲された性欲と〈生〉の問題へと拡大され、性欲という自然を抱え込んだ肉体というものに「鼻」の意味が変形されてもいることを〈笑い〉のうちに知らされる。

本章はセクシャリティと〈笑い〉の課題に入ったところで物語世界と伝記的事実の関係を考えることにする。もしこの物語世界に作者芥川の伝記的事実を考慮するならば、「鼻」という作品は〈外部〉の伝記的事実が内供その人というよりも、鼻の再現＝表象に媒介化されていた。そこから作品後半の全体を当時の芥川の伝記的事実と照合しながら読むと矛盾と虚構とに満ちていることが理解される。とすれば、内供の人物表現は「なる可く現状と懸け離れた」(「あの頃の自分のこと」)というように、まったく芥川と正反対かといえばそうではなく、内供の部位(鼻)にみごとに芥川の性格が媒介的に捉え返されていると結論づけている。この小説における虚構的作為は単に恋愛問題とか家庭環境とかにとどまらず、彼の根源的な生のあり方に根差した問題であった。

第三章では「芋粥」の小説をつらぬく〈笑い〉の技巧を中心にまず芥川の喜劇精神について考えてみる。その技巧が誇張と戯画化の技法であり、五位と利仁との対比によって五位の平凡で善良すぎる、ちっぼけな人間存在を描くことに成功し、一種の〈笑い〉をもたらしている。しかしふり返って考えてみると、芥川はそのような〈笑い〉のうちに何を物語ろうとするのか、そのことを芥川龍之介の同時代の文化と関連づけて考えることがその〈笑い〉の技巧の理解が解釈をより豊穣にするとみなし、プレテクストとなる古典との関係をこれまでとは異なる視点から再考しなければならないと考える。五位の「人間」にまで届くまなざしを有しているのは物語世界の〈外部〉から入り込んできた「或無位の侍」であった。このことからも、芥川の伝記的事実はこの「或無位の侍」の再現＝造型に媒介されているのであって、この侍の眼指しに重ねられた作者芥川の、いわば他者の眼によって「芋粥」はある平凡な男の内部に人間の弱さを見出すとともに、その弱さに限りない共感を示していると捉えている。芥川の人生観が物語の〈外部〉から入り込んで来るこの他者に託され、主人公の五位を見つめさせるとき、物語世界が完結的構造をもつがゆえに普遍性・一般性が捉えられるという〈読み〉のメカニズムが組み込まれることを指摘する。

そして本章の最後には完結的構造を有する物語世界の問題が考察される。京の都が人間世界の〈中心〉であり、地方の敦賀は今昔説話と異なって〈周縁〉は異界化されて表象されている。その〈異界〉としての敦賀に棲む異人が利仁であり、その彼が五位を〈異界〉へと連れて入り、〈中心〉とは全く別個の体験をさせる。こうして二元的（→多元的）価値を知るようになったにもかかわらず、五位はやはり〈中心〉の一元的価値の世界へと戻っていく。その姿に日本人の原像を見つめるというのがこの小説である。それは〈古典〉のもつ恒久性・普遍性を指向していたといえる。

第四章では「偸盗」を三世代にわたる三つの筋立が交錯するロマネスク小説と捉え、それぞれの筋立の検討を通して世代間の人間模様と、苦を生きる人間の実存を追究する。本章ではその主題を作者芥川にとって同時代の自然主義リアリズムを遮断した完結的構造をもつ小説（物語）を構築しようとした意図と結びつけて考察する。この物語世界における人間のドラマが日本の近代小説の枠組をなす個人と家との関係を越えて、直接に他者との関係あるいは国家（体制）と人間の関係を核としていることに注目する。というのは、このドラマの第一の筋立の太郎次郎の物語は国家体制の崩壊が産み出した盗賊たちのそれだが、彼らは男女の愛と肉親愛の葛藤に生の極限を追求していると捉え、そこから男女の愛欲の深みをのぞき込もうとする。しかしその愛は決して至高なものではなく、本能的なものにとどまっていた。そこからしても、この第一の筋立は愛をめぐる人間の実存状況を捉えることがめざされている。太郎次郎の兄弟はそれぞれが「獄の放免」と「筑後の前司の舎人」という体制の側にあり、それに対して沙金を首領とする盗賊集団は当然反体制の側にある。世界の荒廃は三宝（仏法）と王法が支える体制の崩壊と正確に呼応している。ここには体制／反体制の矛盾をそれぞれに内面化した人間たちの葛藤が透かし見えることになる。したがって三宝と王法が価値の基準たりえないとすれば、容認されざるをえないのは野放しにされた人間の自然性、つまり本能以外のものではない。強烈な実存の文学たりえているといえる。

さらに本章では第二の筋立（猪熊の爺婆の物語）、第三の筋立（阿濃の物語）のそれぞれの筋立に親子の生と愛が共通するプロットを織り成していると認め、作者芥川の伝記的事実がその筋立にどのようなかかわりを持っているのかを追究した。そのなかでも特に母の問題にかかわってテクストと芥川の伝記的事実の相関について考えてみる。その点で注目したのが白痴女の阿濃である。「偸盗」はこの阿濃を通じて母性が輝き出すことを捉え、白痴と母性の結びつき、それこそ芥川が狂気の母に夢見た〈母〉の純粋型であった。阿濃は母になることによって次郎への女としての愛だけではなく、その母胎に孕まれた子への母としての愛をもって人間世界に存する一切の悪を包容し、そして浄化することが論じてある。

第二部では中期以後の芥川文学研究にあってはテクストそのものが有する完結的構造が作者芥川の伝記的事実を遮断していることを明らかにしようとする。作品（テクスト）の自己完結性は読者に作者芥川の身辺や環境を考慮させる必要がなくなる。テクストにとっての〈外部〉を遮断することで、作品構造を成り立たせる表現を拠り所にして作品固有の秩序と意味系を明らかにすることがこの期の芥川文学研究である。しかしその構造はかえって作家の精神の〈深層構造〉につながる道でもある。もしそうであれば、初期から晩年にかけてテクスト論のみをもって読むのは乱暴だろう。むしろテクストの解釈に、共時的にしろ通時的にしろ、芥川の個人史と環境としての文化を介在させることによって読む可能性も考えるべきであるという主張もあろう。芥川自身が自覚的にそのように物語を執筆したのではないかという見通しを仮説することによって研究方法が決まるとすれば、なおさらそういう可能性も否定できなくなる。

それでは本書の問題意識とは何か。物語が〈外部〉から独立させるという方法は物語自体を尊重しようとすることである。そこにあえて伝記的事実を結び付けると読みがかえって物語世界の固有性を疎外してしまう。もしそうであれば、物語は伝記的事実から分離させることのほうが望ましいことであろう。たしかに、物語の解釈に伝記的事実を媒介させることで作品世界が豊かになることは初期の世界では可能であった。しかし中期以後の芥川の小説では作品（テクスト）と読者の関係、作品から得られる読者の経験から人間存在の普遍性・一般性を獲得することができるのである。

それとともに、芥川は作品（テクスト）に読み手の参加を考慮して、いうなれば読者の想像力との協調の上に物語世界を完成させようとした作家である。テクストと読者との対話、相互作用を意識して芥川は数々の物語を紡いだのである。作品は同時代の文化の特殊な表現であるところからすれば、作品に対する正しい理解に至るためには共時的な文化そのものを点検しなければならない。これまでの芥川文学研究はその心情表現を、むしろ人間にとって普遍的なものとして重視する傾向が強かった。それだけ主知的な論述が目立っていて、読者に唯一の解答を迫る〈読み〉が要請されたのだが、九〇年代以降新しいポスト・モダニズムの研究動向が台頭し、時代の文化を優位に置くか、それとも文化をテクストに従属させるかで大きく揺れている。読みの主観性を避けるためにも最新の文化・文学批評理論にもとづいて、芥川文学にとっての新たな地平を切り開くことが要請される。それこそが現代の読者の読みの期待につらなろう。そこでこの第二部ではポスト・コロニアル批評的な〈読み〉をもって芥川の二篇の作品の分析を試みることにする。

まず第五章の「手巾」の先行研究について言及してみるとき、芥川の〈知〉における明治や近代を問うためには、「手巾」における西山夫人と長谷川先生、それに作者芥川といった三者の関係を開化物や現代物とのかかわりの中でもう一度問い直してみる必要があるように思われる。『新思潮』大正五年（一九一六年）十月号「編集の後に」に「新理知派とも称すべき彼の小説中、殊に文明批評を狙つた「手帛」」という言葉があり、本格的研究が始まって以後この主題をめぐって論争が展開される。たとえば磯貝英夫「作品論手巾」は、「児を失った母親の悲しみ」[21]とハイベルク夫人の演技との差異を無視して類似に注目する長谷川先生こそが作者芥川の批判の的となっているとする。さらに海老井英次『鑑賞日本現代文学第十一巻 芥川龍之介』[22]では、長谷川先生は日本と西洋を結ぶ橋梁になろうとして日本の婦人の悲しみの姿と西洋婦人の演技を無理に結びつけるようとする。そこにこそ先生のコスモポリタニズムの戯画化が認められるという。そしてまた長谷川先生が新渡戸稲造をモデルとしたことについては芥川自身の発言があり、それをふまえて山崎甲一「芥川龍之介の「手巾」—悲しみもしくは怒りの平衡錘—」[23]は、新渡戸の著作『武士道』をふまえながら西山夫人の所作を了解しない長谷川先生の眼差しにひそむコスモポリタニズムの浅薄さを分析する。浅野洋「「手巾」私注」は、「手巾」に引かれた「ドラマトゥルギイ」が小宮豊隆の訳文によるものであることを明らかにし、「当時の芥川が生活していた知的空間」を指摘しつつ、「新渡戸稲造は、久米や芥川らにとって、まさに旧世代を象徴する一方の旗頭であ」り、「彼ら《ライズイングゼネレエシヨン》が晴れの舞台へと踏み出す際の通過儀礼の人身御供として、このうえない好餌であった」[24]と述べる。

本書の第五章の「手巾論」は長谷川先生が読みかけているストリンドベルクの「ドラマトゥルギー」の演技メソッドと西山夫人の仕草の〈型〉に共通する演技性に注目し、ついで長谷川先生を痛烈に風刺する作者芥川の長谷川先生に距離を置く姿勢を捉える。そしてそれをふまえて作品の背後に隠されている長谷川先生のコスモポリタニズムへの浅薄性への鋭い批判を読みとろうとする。

息子の死を知らせに訪れた西山夫人は長谷川先生からは見えないテーブルに隠れた膝の上で手巾を両手で裂かんばかりに強く握って涙は見せないながら全身で泣いていた。長谷川先生はそれに気づくとその姿にいたく感動するが、しかし西山夫人の仕草（パフォーマンス）は、外国人から見れば、〈型〉という概念にこめられた古臭いお芝居（パフォーマンス）にすぎないのではなかったか。このように見ることができる以上、長谷川先生と西山夫人との会話はまさしく〈型〉と〈型〉との接触という演技であった。二人の対面が絶えず「ドラマトゥルギー」と対比されるというこの小説の構図には、日本の特殊に世界の普遍を見出そうとする長谷川先生の〈知〉がつらぬかれていると皮肉られることになる。そこから長谷川先生の武士道は「東西両世界の合体」というような浅薄な近代普遍主義をふりまわすだけのコスモポリタニストのカリカチュア以外の何ものでもなかった。芥川の当時の伝記的事実と照らし合わせた時、長谷川先生の観念的予定調和的な意識の背景に大正の言説の問題が影を落としているとみる。そしてまたこの語り手の皮肉まじりの眼差しを作家の伝記的事実との関連からも追究してみた。下町という世界のなかで隣同士の付き合いを大事にする、あるいはそれなりに律気に真面目に生きていくという、そういう一種の生活倫理みたいなものを実践していく領域での問題が芥川にとっては絶えず〈知〉の絶対性をゆさぶり、当時の〈知〉に対して距離を置こうとする姿勢を生み出したと捉える。

第六章で扱われる「舞踏会」はつとに吉田精一が「年若くして、いち早く西欧文明の洗礼を受けた深窓の麗人も、ついに西欧の文学とは無縁のまま齢を重ねてしまった、と言う皮肉であろうか」[25]と、H老婦人像の解釈を示して以後、この小説の〈読み〉はその解釈に沿って読まれて来たといえる。その流れの中に三好論（「「舞踏会」について」立教大学『日本文学』昭和三七年七月）や佐藤論（「舞踏会」『現代国語シリーズ』昭和四七年一月）はある。芥川は「舞踏会」発表の前年の三月になって、大正五年十二月から勤務していた海軍機関学校を辞め大阪毎日新聞社に入社し、生活を文筆業一本に絞った。しかし文学創造のうえで野心的な試みをしたこともあって佳作が発表できず、一種のスランプに陥っていた。

この小説には二つの論点がいまだに解決を見ずに残されている。第一の論点は典拠問題である。これについて『評訳現代文学 芥川龍之介』[26]に収載された安田保雄「芥川龍之介『舞踏会』—構成について」は、高瀬俊郎訳『日本印象記』[27]を粉本に挙げ、その根拠にこの訳本の「解題」に記された執筆時期及びロティの人物の特徴が「舞踏会」における時期の特定、男主人公の人物特徴と共通点のあることを指摘している。これに対して三好行雄「『舞踏会』について—芥川龍之介論へのアプローチ[28]」は安田論を修正して、男主人公の特定はロティの肖像により年代は典拠中の年代特定によるし、また英訳文は意訳文の『日本印象記』などにより細部まで捉えうる可能性があるとしている。

第二の論点は小説の「二」の、すなわち明子像を知性の女から無知へと大きく変えた改稿問題だが、それについて三好行雄は青年の興奮とH老夫人の感動との「距離」に着目し、その距離が「明子と士官の共有した鹿鳴館の〈一夜〉をより純粋で、透明な〈実存の時〉に変」え、また、青年の「知恵のむなしさ」は「『舞踏会』の基調にひそむ〈生のむなしさ〉と交響」して「真のモチーフをあざやかに提示」しているとして改稿を肯定的に評価した。佐藤勝「舞踏会」[29]はこの評価に賛同しながら、青年とH老夫人との「印象的な」対話に「近代」と「反近代」との「対立の構図」を読み取っている。この対立する見解を踏まえた論考のうち、栗栖真人「舞踏会」[30]は榎本隆司「舞踏会」の整理した明子像を認めながら、「芥川が描いたのは正にその〈初初しさ〉にほかならず、決して〈理想的女性〉などではなかったである」[31] と論じている。

このように先行研究は文化的風土に根ざした感性的特徴とか、その余情的奥行きとの照応からは、明子の内的特徴を新たに捉え直すことができるものと考えたとみられる。その中でも「舞踏会」海軍将校の「我々の生のやうな花火」の言葉に何らかにおいて焦点をあてる〈読み〉が集中した感がある。たとえば雑誌『芥川龍之介』二（梅田鉄夫編、洋々社、平成四年四月）において、「舞踏会」特集号が組まれたが、なかでも関口安義は「文明開化期の国境を超えた一組の男女の淡い恋愛」[32] の物語と捉え、山崎甲一は「明子の描かれ方、あるいは「舞踏会」の意味を考える際に、側面から暗示される父親の風貌というものを十分視野に入れ」[33] る必要性を説いている。その際、高橋龍夫の「海軍将校の憂愁は、鹿鳴館に象徴される日本の近代化がいずれヨーロッパと同じ運命を辿らなければならない予見を含んでいたのではなかったか」[34] との指摘を踏まえている。

このような先行研究の動向を受けて本書の第六章では「舞踏会」における芥川作品を反オリエンタリズムの姿勢を現わした作品として追究してみる。その題名からポストコロニアル批評理論が用いられていると思われるのかもしれないが、芥川の批判の方法は西欧の相対化という方向ではなく、東洋（日本）の上昇による西欧との対等化というかたちである。その背景にあるのはやはり西欧憧憬であることはいうまでもあるまい。したがって〈反オリエンタリズム〉といっても、決してW・E・サイード的なポストコロニアル批評につらなるものではないことは断わっておきたい。その限界を明らかにする目的に沿ってこの章の論述は展開される。

その端的な表れとして明子の美が東洋と西洋とつらぬく普遍性をもつことを強調していると捉えられることだ。明子像はオリエンタリズムを超越した美の所有者であることを訴えかける意図があったとみることができる。その意図はフランス人海軍将校の眼差しを介入させることで実現される。そこで、ここでの考察は、彼の視線を通して鹿鳴館・(東洋人の) 舞踏会・明子の美・花火のごとき人生を結合させるという方法に注目してみる。というのは、海軍将校のアンニュイは東洋の仏教思想の無常に通ずるものとされたからである。無常が西洋の海軍士官の〈知〉をつらぬいているとすれば、仏教的無常は普遍的価値をもつことになると言える。作者芥川の意図からすると、このオリエンタリストの海軍士官といえども特殊 (ナショナリズム) ではなく、普遍の人生と美があることに思いを馳せていたということになる。この小説では人間の実存において東洋と西洋に差異をもうけるのではなく、普遍性がつらぬいていることを主張したかったと解釈する。

このように、芥川の反オリエンタリズムの姿勢は東洋の美にオリエンタリストの眼差しを参加させることで、その普遍性を見出すという方法を取る。このような日本の知識人としての〈知〉は芥川と同世代の作家すべてに共通する問題ではあろうが、とりわけ芥川にとって切実であったと思われるのは、彼が本所の芥川家に育ったという生い立ちである。小説が歴史的に明治天皇の誕生日を祝う天長節の行事である舞踏会を背景としているということは、そのような芥川の伝記的事実が影を落としているのではないかと推測する。

第三節　構成とその内容—その二

第三部は「ロマンとしての物語の追究」という題で考察を試みている。主として芥川の童話が対象である。それらの作品はいずれも作者芥川にとっての中期、すなわち大正七年から十二年までの五年間に発表されたものである。この時期の小説がおおむね虚構を最大限に生かした筋のおもしろさに一つの特徴を見出すことができ、豊かな物語の世界が展開している。特に芥川の「地獄」の表象は仏教とキリスト教という二つの世界観を融合させているとされる。その世界観 (コスモロジー) に支えられてプロットあるいは主題が成立しているのが芥川の童話作品である。しかし本書が立てたこの部立の題はここで本格的に芥川がなぜ自己の現実から全く切り離すかたちで完結的構造の物語の創作をおこなっていったのかを考察しようとするものである。

第七章では「蜘蛛の糸」において一つの宇宙観（コスモロジー）に支えられてプロットあるいは主題が創出されていることを追究する。その点からすると、この作品はまったく完結的構造を有する物語であって、いわば芥川の文学テクストの典型ともいえるものであって、それは自己の現実を〈外部〉として遮断する自己完結の物語である。このような〈物語の方法〉はある意味からすると、芥川にとっては〈言葉〉の想像力の自由な飛翔にあったということもできる。ただその世界構造は、この小説を「童話」と限定した気軽さからか、二項対立のコスモロジー構造であって、「蜘蛛の糸」はそれを極楽／地獄に求めている。二つの極端な世界は池の水底のこちら側と向う側にある異世界というコスモロジーとなっていて、池の水面をはさんで上下に隔てられてはいても、まるで鏡をはさんだ現実世界と鏡像世界の関係にあるかのように単純に構造化されていた。このような空間構造にあらためて注意してみると、それは仏教の世界観（宇宙観）を正確に反映しているのか、それとも何か別の考えにもとづいているのかということへの論述を導く。

「蜘蛛の糸」は仏教の世界観・宇宙観の理解にもとづいているものではない。この童話＝小説の世界は仏教的世界観と仏教的人間観からは自由だった。作者芥川が自由に〈知〉と〈言葉〉とを遊ばせて構築した物語世界だった。したがってその主題も芥川の気軽な人間観を吐露したもので、人間はどんな悪人であろうとも、その救いは偶然と自由に規定されているのであって、釈迦すらこの世界の法則の中にある以上、その力は気まぐれに発揮されるにすぎなかった。とすれば、主人公の犍陀多の行為は一登場人物の個人的行為にとどまらず、より普遍化されているとみてよく、さまざまな意味で悪を犯さざるをえない人間存在の問題となりえている。

垂れ下がる蜘蛛の糸にすがる地獄の罪人たちの姿は人間の実存を露呈するものだった。あまりにも多くの人々がそれにとりついたために、糸が切れた瞬間の釈迦の「悲しさうなお顔」の理由も犍陀多個人への同情や悲嘆ではなく、人間存在そのものへの諦観として人間全体へと拡散している。こうして本章では本来であれば人生の描かれない〈御伽噺〉の世界を人生を描く文学としての童話（再話）に造形していると捉えた。

第八章では、「杜子春」の物語世界を〈物語の方法〉の分析を通してその主題がどのように創出されているのかを考察する。その焦点は杜子春と仙人（鉄冠子）に求められ、彼らの対話と行動が人間愛を創出していく過程を読み解いている。そのため、本章でもこの小説に組み込まれるコスモロジーの構造を追究することから始める。そのコスモロジーは仙界と地獄（六道世界）から成る。小説のストーリーによると、杜子春は仙人によって仙界に導かれていくことになる。やがて仙人からタブーを課された杜子春は地獄を幻視させられる。そのプロットは典拠の「杜子春伝」に拠るのではなく、日本の天神縁起の日蔵説話系の話型に拠ることを明らかにしている。

その地獄で幻視するのは獄卒に責め抜かれて苦痛を訴えながらも、それでも母親の杜子春への無償の愛であり、見るに耐えらず、母親への愛ゆえに発してしまった杜子春の「お母さん」という一声であった。仙人となることを諦めた杜子春だが、その原因はどこにあったのか。杜子春はあれほどなりたかった仙人になれなかったことをかえって喜ぶ。仙人になって世間の人々と位相の異なる仙郷で生きたいと思う自らの願いと、母に声を掛けたいという肉親への愛情との葛藤において母との愛の交感を選んだのである。それは他人との関係によって決められる生を生きることよりも、肉親との愛の交感を保持しながら生きることを杜子春は選んだのである。人間の情愛や欲望にこだわるからこそ真の他者を認識しようとはしない杜子春からする仙人との会話あるいは応答には本当の対話が成立することはなかったのはそのためである。

ところで、母親はどうして地獄の畜生道に堕ちたりしなければならないのか。そこには複数の理由が想定されるかもしれないが、小説の内部に情報がない以上、母親は物語世界で犯した罪の報いというよりも、中世仏教の女人観によって畜生道に堕ちているということである。本章はそのことを、中国古典の題材に対して日本中世の文化伝統の継承として記述したと捉えている。そして本章の最後に仙人の造形は原典にない芥川の創作であったことについてふれてみる。芥川の描く仙人のキャラクターは超能力の持ち主でありながら、完全に自由に人間界を把握することはできず、またしばしば仙人らしくない言行も露呈したりする。そのことは前章の釈迦像と似ている。仙人の物語（神仙物語）は古い中国の伝奇小説以来、日本の説話文学による継受といった東アジアに広がる文化・文学伝統となっていた。芥川がロマネスクな小説を構築しえた秘密は、このような〈物語〉を十分に享受しえていたところにあったのではないか。

第四部では引き続き完結的構造をもつ物語の形態を芥川作品に追究してみる。第九章の「戯作三昧」の内容を概括するまえに、その先行研究についてまず言及しておきたい。「戯作三昧」は芥川の芸術家としての立場を馬琴を借りて表白した作品とみなされる。これまでこの作品は特に下等な世間から隔絶された深夜の書斎で馬琴が味到する「戯作三昧の心境」に焦点が合わされて論じられてきた。たとえば吉田精一が「自身の作家としての思想なり、問題なり、感情なりを、馬琴に托して盛りこむ」[(35)] ことが芥川の狙いであったと評したが、これがほぼ通説となって、第一、第二世代の研究者たちにもこの作品の真価の一つと認められ、さまざまな論考が重ねられた。和田繁二郎は『芥川龍之介』で、「作家としての諸問題を」告白し「告白を通じてさらに、彼の理想を追求したもの」[(36)] であると説き、その諸問題を愛読者、批評家、出版業者、亜流作家志望者、芸術性と道徳性の矛盾、図書検閲官、以上の障害を克服するものとしての芸術活動の七点にまとめあげる。ただ海老井英次「『戯作三昧』における芸術と「人生』―芥川龍之介と芸術至上主義（その二）」は主題を芸術至上主義と見る見方に疑問を提出し、芥川は芸術を「人生との関連において把握しており」[(37)]、「自足」的なものと考えてはいないと述べる。また三好行雄「ある芸術至上主義―『戯作三昧』と『地獄変』」は、「ゾルレンとしての芸術家」を対象化する最初の試みと見る。「〈人生の残滓〉にたいして、〈人生〉をえらんだ」と指摘しつつ、「実生活」のすべては人生の残滓にすぎぬ」と捉え、「〈真の人生〉は、芸術創造の営為を通じてしか実現しない」[38]と述べた。

このように「戯作三昧」における先行研究は芸術と日常生活の相克に主題を求めることでつらぬかれているが、それは「先王の道」と自己の求める「芸術的表現」との間に隔絶したものを感じる馬琴の苦悩ともかかわることである。小説の中で馬琴が執筆している「八犬伝」の内実と、下等な世間（現実）を離れた「恍惚たる悲壮の感激」に耽る深夜の馬琴の境地が隔絶している印象を読者に与えるが、その相克というよりも分裂にまで深刻化させてしまったことで馬琴を題材とした無理が潜んでいるようにも思われる。

それに対して本書は、まずこの作品（テクスト）を完結的構造を有する物語世界として、あえて作者芥川の思想や身辺と切り離そうとしていると読みとる。なぜなら作者芥川は馬琴をあくまで一個の物語作家（読本作家）として自己とは無関係な他者として突き放したかたちで物語世界を〈閉じよう〉としているのであって、作者芥川はこの主人公に同化することを拒否しているからである。作者芥川は主人公の眼差しを通して芸術と生活の相克に生きることのありようをこの作品の主題として追究する。それはたとえば黙々と針仕事をしているお路と創作に没頭する馬琴の姿とを眺める構成（配置）が主題を創出することからも知られる。そこに見えてくるものは芥川の芸術観がたえず生活・労働・（生活者の）愛憎・イデオロギーなどのなかで激しく揺さぶられていることである。それでも作者芥川は充実した芸術家としての人生を完了しようとする馬琴に感激する。

芥川はこの作品を書くに当って馬琴の人物造型のなかに自己投企（自己との換喩関係による再現＝造形）したりはしなかった。いわば芥川は馬琴を自己とは別個の芸術家として他者表象したのである。それは自己の現実生活を地続きに作品（テクスト）の中に投影させるといった単なる自然主義リアリズムの文学を志向するのではなく、古典文学を枠組とする〈物語〉に他者としての芸術家の芸術と生活の葛藤を作者芥川の芸術と生活の換喩として精密に描いたのである。ただしその換喩関係はあくまでも個人の芸術と生活の葛藤に限られているために、時代の体制や文芸上のイデオロギーに無頓着であった。それゆえにかえって物語内容に芥川個人の芸術至上主義的なイデオロギーが浸みこんでいることは認めざるをえない。

第十章では「蜜柑」を論じている。初出の総題が「私の出逢つた事」であり、菊池寛が「あの題材を芥川氏から、口頭で聴いた」(39)と述べたことの影響もあって、作中で「私」とある主人公を作者芥川と同一化して読む批評が長く行なわれてきた。「私」の「疲労と倦怠」の正体を、とりわけ「芸術その他」(『新潮』大正八年十一月)に書かれた「自動作用」からくる芥川の創作上の行き詰まりと見る吉田精一『近代文学鑑賞講座 芥川龍之介』(40)、菊地弘『蜜柑』(41)がその代表的なものだろう。

一九八〇年代後半には高等学校の国語教科書に採用されたこともあって教材研究としての「蜜柑」論が増加し、方法的にも作家と小説中の「私」の間に一線を画す代わりに、舞台となった大正中期の時代状況を読み込む傾向が強くなった。また高橋龍夫「「蜜柑」における手法」(42)は、ネガティブな「私」の姿勢は芥川の精神状態の反映ではなく、その陰欝な人物造形は蜜柑の色彩に「反動的効果」をもたらすための〈トーン〉であるとした上で、十三、四歳で奉公に出る小娘の深刻な現実になかなか思い至らない「私」を批判的存在として浮上させる力がテクストに備わっていることを指摘している。菅野昭正はフランス人の学生に「蜜柑」を読ませたところ、「私」の「疲労と倦怠」「不可解な、下等な、退屈な人生」といった心境に対し、彼らが小説として説明不足だという疑問を抱いたことを紹介している。さらに菅野はこの文体の特徴を芥川の全作品に通底するものとし、芥川の「人生は地獄よりも地獄的である」(43)という言葉を引いて、その特徴は作者の人生に対する「狭い視覚と認識」の現れと見る。それに対して作者の人生観としてではなく、明確な芸術観の現れと読むのは芹沢光興の論考である。芹沢は「蜜柑」が「沼地」(『新潮』大正八年五月) と併載形式で発表されたことに着目し、両作品が「相互的な牽引力の中で捉えられるはず」[44] と、作者芥川の芸術的選択がはたらいていることを指摘する。

このように先行研究では作家の伝記的事実との関連でこの小説をどう理解するかで揺れの見られることがわかる。その揺れを考慮して本章では「蜜柑」を作者芥川の現実にまみれた人生観を語った告白小説とみるのではなく、現実に対峙すべき芸術観を展開した作品として読んでみたい。

まず本章の考察に当ってまったく相反する解釈の可能性を提示してみる。解釈の分岐点は主人公の「私」に芥川の伝記的事実を自己投企させるかどうかにある。すなわち、一方の〈読み〉によれば、この蜜柑の色が輝いた一瞬こそまさに「刹那の感動」そのものにほかならなかった。そこに啓示的感動を読みとり、一瞬の転回において「私」の回心が起こり、たとえ「疲労と倦怠」にうちひしがれる人生であっても、そのような人生だからこそ生きるに価する価値があると積極的に受け入れようとするという方向の解釈である。娘の投げた蜜柑は町外れの陰惨たる風物のなかにあざやかな一枚の絵画的光景を現前した。しかしこのような絵に出会うために、トンネルを通過儀礼とする世界の転調があったという理解を前提にする解釈もあるが、そこまで読み込む必要はないと考える。

そうした構造的認識によって「蜜柑」に新たに見えてくる何かがあるのかについて考察する。それは「私」の心象の眼がとらえた構図のなかでのみあざやかな意味が付与されるということだ。弟たちの労に報いるべく与えられた蜜柑の色はたしかに鮮やかであり、人間と人間との間に流れる暖かいもの、人間らしい関係をそこに見出すことができるという解釈の方向である。それに対して、正反対のリアリスティックな解釈はそこでの伝記的事実の自己投企による解釈が芥川の〈物語の方法〉なのかといえば、本書では決してそうではあるまいと考える。たとえ一歩譲って、もしそのようにリアリスティックに読むべきだとすれば、この短編小説は作者芥川の伝記の一資料にとどまるにすぎないということにもなろう。芥川の物語は作家周辺の世態・人情を描くということを物語世界にとっての〈外部〉として遮断していた。そのことは本書の「戯作三昧」でも指摘しておいた。思うに、この短編が高校生にも読むに価する印象深い小説として受け入れられているのは前者の解釈を通してであった。芥川の伝記的事実を援用してリアリスティックに解釈することはかえってこの短編を幻滅に追いやるだけだというのが本書の主張である。

第十一章の「玄鶴山房」の考察では「山房」の劇場型空間構造と、玄鶴の「浅ましい」という思いを通じた人生の回顧について追究してみる。「離れ」に玄鶴が肺結核を病み、茶の間の隣りでは妻のお鳥が腰萎えになっているうっとおしい居住空間が物語世界の静的部分である。それに対して「茶の間」の方は、玄鶴の婿にあたる銀行員の重吉と妻お鈴、それに一子武夫が文化村や華奢な皿小鉢に象徴されている「小綺麗」な小市民的な幸福を生きている空間として描かれている。動的部分といえよう。しかしそこにはさまざまなエゴイズムの衝突による醜さを浮上させている。「離れ」と「茶の間」の間は隔絶した別個の空間として設定されているにもかかわらず、むしろ「茶の間」の人間模様はかえって「離れ」の死の静寂が起因となって成立している。

玄鶴にとっての悲劇は玄鶴が自己の生涯をふりかえるとき「浅ましい」の一語に尽きるところに凝縮されている。玄鶴の孤絶の姿は彼の「浅ましい」一生の結果であり、今ではもはや彼の意志や願望にかかわりなく死の方が彼を支配している。やがて玄鶴は自己の意志としての自殺に失敗し、病気が彼を死なせるといった結末を迎える。ここで語られているのは、芥川文学の固有のモチーフである芸術至上主義的な高踏的立場から見た人間存在とは何かという省察であった。「山房」の空間と人間の相関をこのような特異な見方から見られるというのはその物語世界が〈外部〉から遮断されている結果であった。芥川と同時代の社会や文化、それに芥川の伝記的事実による歴史的実証主義の

〈読み〉はまったく拒まれていたのである。それは逆に考えると、作者芥川自身が完全な芸術家になりきることができなかったという空しい生の自覚から玄鶴を自己の換喩として描くことである。

第五部では「芥川龍之介とプロレタリア文学」という題の下で対象となる作品（テクスト）を考察する。芥川は時代の動きにはきわめて敏感な作家であった。芥川は時代が移り変わる中で社会主義やプロレタリア文学運動を理解しようとして真剣に努力した。しかし芥川がどうしてもそのイズムと運動に加われなかったかの背景を考えた場合、その一つの理由に階級と結びつけられた労働という観念を受け入れるよりも自然（家／土地）と結びつく労働そのものの神聖さ、崇高さにその視線を移していたということが指摘できる。自然を媒介にした労働と人間の関係に芥川の始源的とも根源的とも呼べる労働観があった。ただしその労働観は当時の現実の立場に立ったものでないことはいうまでもあるまい。彼には決定的に歴史的社会的認識が欠けていた。しかし芥川は労働そのものは歴史を超えなければならないと信じていたようだ。そのような信念に立つ彼の作品（テクスト）には時代を刻印する階級が消えて土地に生きる人間のロマンが浮上する。芥川は人間と自然を媒介するものとして労働を捉えるだけでそこから社会性を排除してしまっている。このような芥川の資質は当時の時代の趨勢が分かっていながらも自分の思想と合わないままに絶望を感じたのである。だからこそ芥川は別個の価値を持つはずの労働をロマンとして追求したとみている。

第十二章では「秋」における主人公信子の自己犠牲と中流階級との関係、あるいは階級と芸術の相克を通じて芥川のプロレタリア文学へのまなざしを考えている。特にテクストの背後にプロレタリア文学との関係を捉えるという〈読み〉が本章に課された課題となる。ありふれた炉辺の幸福に安住する夫と、かつては才媛としてその夫を気の毒がりながらも、みずからもまた平凡な日常性にからめとられてゆく信子の姿に芥川は中流階級の生活を捉えようとする。内心を気どられないようにする信子は、かつての恋人俊吉と妹の照子夫婦の芸術と生活の両立をめざしながらも破綻している生活を見て全身で寂しさを感じる。そこから芸術と生活が相入れることのない中流階級の現実にそこはかとない悲しみを抱かざるをえない信子の姿を見てとることになる。この信子の眼差しによる「秋」は自己犠牲と中流階級者、そして彼らの芸術と生活の問題が扱われていると捉えられるが、ただそこにプロレタリア文学と違って階級主体の自己確認と自己否定の悲哀が見すかされているというべきだろう。芥川はこの小説において〈中流下層階級者〉の視点を導入しようとした。それが成功したのかどうか、そこに「秋」を読み直す手がかりを得ようとする。プロレタリア文学が主張する労働者階級の視線の導入を受け入れながら、その視線を〈中流下層階級〉の者に移行させた試みである。それは換言すれば、物語世界を見つめる視点人物を〈芸術者〉から〈中流下層階級者〉へと変更することだった。芥川の文学観からすれば、プロレタリア文学はあまりにも労働者階級に執着した狭いものであった。芥川は〈労働者〉ではなく、自己の階級性を自覚し、そこから新たな小説世界が開かれるのではないかと考える。芥川らしいというのはこの小説もまたロマン（物語）であったということである。

第十三章では「一塊の土」における今まで取り上げられることのなかった芥川とプロレタリア文学の関係を追究し、作品（テクスト）における労働認識を捉えることからすすんで「一塊の土」のテーマにまで及んだ。この作品の中心をなすのは自己の生み出す労働が家と子孫を守り、そしてまた子孫がその労働を継承していくという日本人の生命力と労働観を軸にした世界である。労働の価値、神聖さに関心を注いでいる作者芥川はその中に女性と家族の人間関係を見つめる。この作品をつらぬくものは労働が個人の営みを越えて、あくまでも個から個へと引き継がれていくべき永遠の価値であり、それが「御先祖様」への義務を果たすことでもあるとする考えである。お民がその代表＝表象だが、その造形に日本の農村で長い間に培われてきた意識そのものが認められる。早くに夫を亡くしたお民は家の維持と土地の確保、さらに拡大をかけて労働にいそしむ。それは幼いわが子のためであり、そのための労働が姑から嫁へ、そして孫へと引き継がれていく。亡くなった夫に代わってお民はその役割を自覚的に担っていく。

こうして労働の再生産が成し遂げられていくのだが、お民を通して語られるこの小説の労働観が既存のプロレタリア文学の性格とずれを生じていることを明らかにする。階級性を排除し、土地や家の維持と結びついた労働は芥川にとっては人間と社会の理想と信じられていた。家の維持を共通の目的にする姑と嫁、すなわち、お住・お民を主人公にしたのは、明らかに男性が主人公のプロレタリア文学との差異を意図したものであった。労働の価値と神聖さが人間の価値を実現しなければならない。そのためには労働に社会性はなくてもよいし、労働そのものは歴史を越えなければならない。こうして時代の社会思潮と階級が消えて人間のロマンが浮上する。それが「一塊の土」の物語世界をつらぬいている。

以上、本書を構成する五部十三章全体にわたってその内容をひとまず概観してきたわけだが、「問題設定」で指摘したように、本書は芥川文学にとって新たな〈読み〉が可能かに目的をしぼった。それというのも、特に現代物と呼ばれる作品（テクスト）についていえば従来の作者＝主人公という素朴な歴史的実証主義による解釈はもはや受け入れられないという現代の批評理論があるからである。その目的を達成するために、小説の物語形態に着目し、その形態に対して一つの仮説を仮定した。そしてさらにまたその形態に矛盾するかたちでの作者芥川の伝記的事実の浸透にどのような構造的論理がありうるのかの仮説を提示する。

したがって、それを受けての本書の五部十三章はすべてその仮説を証明するための作品（テクスト）論となっている。構成の章立ては章題に記したが、おおむね小説の物語形式における完結的構造の完成度に従うとともに、作品成立の時期をも考慮した（ただし一部の作品は成立順を崩してある）。これも仮説の実証を優先した結果である。

このような仮説の提出とその実証というスタイルをとりながらも、

各章はそれ自体先行研究ではまだ未開拓の問題をさぐり、それを解明するかたちでの〈読み〉をも提出してある。そのことがそれぞれ独立した作品論としても価値のある研究となることをもくろんだつもりであるが、評価は当該研究者の判断を待たねばならないだろうと思われる。

注

(1) 大山郁夫「実践的自己破壊の芸術」『中央公論』、昭和二年九月
(2) 宮本顕治「『敗北』の文学—芥川龍之介の文学のについて」『改造』、昭和四年八月
(3) 関口安義『「羅生門」を読む』小沢書店、平成十一年二月
(4) 吉田精一『芥川龍之介』三省堂、昭和十七年十二月
(5) 三好行雄『芥川龍之介論』筑摩書房、昭和五一年九月
(6) 平岡敏夫『芥川龍之介と現代』大修館書店、平成七年七月
(7) 森本修「「羅生門」成立に関する覚書」『国文学（関西大学）』三八、昭和四十年七月
(8) 海老井英次「「羅生門」—その成立の時期—」『国文学』、昭和四五年十一月
(9) 浅野洋「芥川龍之介—『羅生門』をめぐって—（抄）」『日本の説話六 近代』東京美術、昭和四九年三月
(10) 渡辺芳紀「羅生門」「一冊の講座 芥川龍之介」有精堂、昭和五七年
(11) 海老井英次「「羅生門」—その成立の時期—」『国文学』、昭和四五年十一月
(12) 竹腰幸夫「「羅生門」の老婆」『静岡近代文学』三、昭和六三年七月
(13) 吉田精一『芥川龍之介』三省堂、昭和十七年十二月
(14) 海老井英次『芥川龍之介論攷 自己覚醒から解体へ』桜楓社、昭和六三年二月
(15) 清水康次「『鼻』・『芋粥』論—「解釈」という方法にふれて」『国語国文』、昭和五五年十月
(16) 勝倉寿一『芥川龍之介の歴史小説』教育出版センター、昭和五八年
(17) 石割透『芥川龍之介—初期作品の展開』有精堂、昭和六十年
(18) 宮坂覚『Spirit　芥川龍之介』有精堂、昭和六十年
(19) 清水孝純『作品論　芥川龍之介』双文社、平成二年十二月
(20) 笠井秋生『芥川龍之介作品研究』双文社出版、平成五年五月
(21) 磯貝英夫「作品論手巾」『国文学』、昭和四七年十二月
(22) 海老井英次『鑑賞日本現代文学 芥川龍之介』第十一巻、角川書店、昭和

五六年七月
(23) 山崎甲一「芥川龍之介の「手巾」—悲しみもしくは怒りの平衡錘—」『文学論藻』、平成五年二月
(24) 浅野洋「「手巾」私注」『立教大学日本文学』五一、昭和五八年十二月
(25) 吉田精一『芥川龍之介（近代文学鑑賞講座）』角川書店、昭和三十年六月
(26) 安田保雄『評訳現代文学 芥川龍之介』西東社、昭和三一年
(27) 高瀬俊郎『日本印象記』新潮社、大正三年
(28) 三好行雄「「舞踏会」について—芥川龍之介論へのアプローチ」『日本文学（立教大学）』八、昭和三七年六月
(29) 佐藤勝「舞踏会」『国文学』、昭和四四年六月
(30) 栗栖真人「舞踏会」『国文学解釈と鑑賞』、昭和五八年三月
(31) 榎本隆司『批評と研究　芥川龍之介』芳賀書店、昭和四七年
(32) 関口安義「一夜の淡い恋愛の物語—『舞踏家』論」『日本文学研究大成 芥川龍之介』一、国書刊行会、平成六年九月
(33) 山崎甲一「『舞踏会』—枝を交わす樹」『日本文学研究大成 芥川龍之介』一、国書刊行会、平成六年九月
(34) 高橋龍夫「『舞踏会』論」『日本近代文学』五三、平成七年十月
(35) 吉田精一『芥川龍之介』三省堂、昭和十七年十二月
(36) 和田繁二郎『芥川龍之介』創元社、昭和三一年三月
(37) 海老井英次「「戯作三昧」における芸術と人生—芥川龍之介と芸術至上主義（その二）」『近代文学研究』二、昭和四八年十一月
(38) 三好行雄「ある芸術至上主義—『戯作三昧』と『地獄変』」『芥川龍之介論』筑摩書房、昭和五一年
(39) 菊池寛「文芸作品の内容的価値」『新潮』、大正十一年七月
(40) 吉田精一『近代文学鑑賞講座 芥川龍之介』角川書店、昭和三三年六月
(41) 菊地弘「蜜柑」『国文学』、昭和四四年四月
(42) 高橋龍夫「「蜜柑」における手法」『東京学芸大学附属高校研究紀要』、平成六年三月
(43) 菅野昭正「芥川龍之介の文体—『蜜柑』についての覚え書—」『国文学』、昭和五十年二月
(44) 芹沢光興「『蜜柑』論への一視覚—〈或得体の知れない朗な心もちをめぐって—」『立教大学日本文学』五一、昭和五八年十二月

第一部　芥川文学の〈始発〉の光景と古典

第一章　芥川龍之介の描く生の極北と古典―「羅生門」論

第一節　はじめに

「羅生門」は大正四（一九一五）年九月に脱稿し、十一月の『帝国文学』に柳川隆之介の筆名で発表された作品である。のち『羅生門』（阿蘭陀書房、大正六年五月）や『新興文芸叢書第八編 鼻』（春陽堂、大正七年七月）に改稿されて収録された。その本文が現在流通しているいわば定稿である。「羅生門」はその主たる話柄を『今昔物語集』巻二十九第十八話「羅城門登上層見死人盗人語」に取っている。その他に巻三十一第三十一話「太刀帯陣売魚媼語」に見える老婆が死骸の髪を抜き取るというプロットを採用したり、鴨長明『方丈記』の辻風の描写を京都の荒廃のそれに援用したりしている。さらには「頭身の毛も太る」や「黒洞々たる」などの形容句を、巻二十四第二十話「人妻成悪霊除其害陰陽師語」やカール・ハンス・シュトロープル作・森・外訳「刺絡」『昴』（大正二年八月、九月、十月）などから得ているとされる。またそのほかにもフレデリック・ブウテエ作・森・外訳『橋の下』（大正二年）、カール・ハンス・シュトロープル、M・G・ルイス『*The Monk*』、アンドレーエフ作・昇曙夢訳『地下室』、ニーチェ『ツァラトウストラはかく語りき』などの影響が指摘されているが、ただしルイスの作品以下の材源については紹介されるだけで、本格的な比較研究はまだなされてはいない。

芥川龍之介が作家の原点と自認していた作品はやはり「羅生門」だったようだ。たしかに「羅生門」の成功によって、まぎれもなく芥川龍之介という作家の誕生が告知されることになった。一介の文学青年がこの作品において固有の文学（物語）の方法、それに独自の主題の提示と文体とを確立し、作家としての社会的文壇的評価が認知されたのである。この作品は芥川龍之介の歴史小説のスタイルを確立させるものとなり、日本近代文学を代表する短編小説の一つと評価されている。

「羅生門」の跋文で、芥川は作家として世に出るまでの経緯を自ら次のように明らかにしている。よく引用される周知の文章だが、当面する問題の背景をそこに求めなければならないので、確認をかねて少し長くなるが引用しておく。

> 自分は「羅生門」以前にも、幾つかの短編を書いてゐた。恐らく未完成の作をも加へたら、この集に入れたものの二倍には、上つてゐた事であらう。当時、発表する意志も、発表する機関もなかつた自分は、作家と読者と批評家とを一身に兼ねて、それで格別不満にも思はなかつた。尤も、途中で三代目の「新思潮」の同人になつて、短編を一つ発表した事がある。が、間もなく「新思潮」が廃刊すると共に、自分は又元の通り文壇とは縁のない人間になつてしまつた。
>
> それが彼是一年ばかり続く中に、一度「帝国文学」の新年号へ原稿を持ちこんで、返された覚えがあるが、間もなく二度目のがやつと同じ雑誌で活字になり、三度目のが又、半年ばかり経つて、どうにか日の目を見るやうな運びになつた。その三度目が、この中に入れた「羅生門」である。

ここに習作時代から「羅生門」発表までの作者芥川の揺籃期が明らかにされているわけだが、「羅生門」を特別視している芥川の姿勢はこの叙述からも鮮明にうかがえる。したがって、この叙述にはいくつかの興味深い事実が秘められているといってよく、そこから芥川文学の始発という本書第一部の課題への示唆も得られるようである。

まず「羅生門」の冒頭部のあらすじを紹介すると、下人は長年使われていた主人から四、五日前に暇を出されていた。しかし悲しいかな、生きる術を体得していなかった下人は、主人が与えてくれた恩恵もいたずらにむさぼり喰ってしまって明日の食物にもありつけないままに、王城の第二の門である羅生門にたどり着いたのである。下人は誰もいないとばかり思っていた楼門の上に登る。すると、黄色い光を揺らめかしながら死人の毛髪を抜いている猿のような老婆を見つける。いましもその様子をまのあたりにした下人は老婆の非人間的行為に憎悪を燃え上がらせる。こうして作品はそれ以降二人の人物、すなわち下人と老婆の、まさに生の極北にある心理の葛藤を描き出していく。

この「羅生門」の冒頭部からうかがえる芥川の歴史小説は無名の庶民、というよりも極限の生を生きる社会の敗者を登場人物とすること、そしてその修羅場となる羅生門の楼上という〈場〉において彼らによる心理の葛藤が繰りひろげられる。そこは地上の現実世界からまるで切り離されたような空間といってよく、そのために完結した劇場型空間とも呼べるが、その空間を本書では以後完結的構造と呼んでいくが、本章でもその〈場〉の象徴性を今昔説話との関連から比較考察することを試みる。したがって本章の目的は本書をつらぬく課題となる芥川の物語の方法を完結的構造として捉えるということは具体的にどういうことか、さらにはその構造の内部での主題の産出を明らかにしていくことである。

第二節　〈場〉としての羅生門の楼上

「羅生門」は作者芥川が言うように、「なる可く現状と懸け離れた、なる可く愉快な小説」(「あの頃の自分の事」) と果たして見うるのかどうか、すでに多くの先学によって論じられた疑問が投げかけられていて、それに対しては適切な解答が下されるよりも、むしろ幾多の問題点が残されたままであるのが現状である。表面的には平安朝の王城の夜の闇を描きながら、その〈場〉の象徴性と人物の内面描写には大正四年十一月の作品（テクスト）執筆当時の芥川とその周辺の世界が内実化されているといわれてきたし、その実、かなりの作為が施されているともいわれている。ここに作品（テクスト）と芥川の伝記的事実の関連という芥川文学の宿命といってもよい課題がすでに認められる。この課題もまた本書の主題となる。本章はこの課題も念頭に入れて論述をすすめよう。

小説の舞台となる羅生門は「狐狸が棲み、とうとうしまひには、引取り手のない死人を、この門へ持つて来て、棄てゝ行くと云ふ習慣さへ出来た」という気味の悪い描写で始まる。そこは本来京（王城）への出入口の意味があったが、王朝政治が退廃へと向かうとともに「死人」が投げ捨てられる荒廃した〈場〉になった。そのことは空間的認識に新たな意味が加わり、〈中心〉に対して〈周縁〉のトポス性を示唆することになり、羅生門はまさに秩序・安定に対して混沌・退廃・暴力を画する〈境界〉としても存在しているという象徴性を獲得するようになった。

このような都（中心）と周辺（周縁）という二項対立的な空間構成の意識は、のちに論述する「芋粥」でも認められ、そこでも言及するが、最も興味を惹かれる〈場〉を芥川が構築していることはたしかである。したがって羅生門はその中心／周縁を画する境界に位置するとすれば、その〈場〉は単に地理的空間というだけではなく、すでに象徴的空間となっている。この作品（テクスト）で問うべきは、その象徴空間が小説内容にどのような意味作用をはたらかせているのかということである。

作品（テクスト）の物語叙述は、「京の都」の南北をつらぬく朱雀大路の最南端に位置して洛中と洛外とを分けるトポス、「羅生門」の荒廃した情景を、その下にたたずんで「雨止みを待つ」一人の無名の若き下人の姿と共に俯瞰的に捉えることから開始されている。この主人公の下人は身分の低い男である。もとの素性は京都周辺の領主（武家）に従い王城の周辺で農業でもやっていたのではないかとも思えるほど粗野で野性にみなぎった男である。いま仕えている主人（貴族）から暇を出されて京の町中からこの境界までやって来たのだろうか、それとも周辺の村落、あるいは周辺の諸国からこの境界にたどり着いたのであろうか。いずれとも解釈可能なこの主人公の出自の決定はこの小説の〈読み〉にもかかわる。なぜか。〈境界〉にある羅生門の楼の上に登るということは、下人にとって自由意思を獲得したことを意味するのであり、したがって彼が物語の最後に楼を降りてどこへ向かっていったのかということはこの物語の主題の産出にかかわるからである。現在の「羅生門」研究においては短篇小説集『鼻』版をもとにすると、下人の羅生門の楼上からの逃走後の行先は洛中・洛外二説が主張されているが、ただ一般に通行する『帝国文学』版では、その点に疑問の余地はない。

この版によると、下人は「永年、使はれてゐた主人から」「四五日前に暇を出され」、「屋敷」の〈門〉（第一の門）を出、そして町の〈門〉である羅生門（第二の門）に押し出されるようにたどり着いたとある。下人は京の末期的荒廃の状況から隔離されるかのごとく、「屋敷」の論理に飼い慣らされて自らの決断で行動を決定することなく「永年」過ごして来たのである。いまだに「大きな面皰」を有する程の年齢とあることから、「屋敷」に仕えるようになったのはまだ未熟な年齢の頃からであろうか。現実社会からは塀によって隔離された「屋敷」という空間はこの若き下人の内面をいつまでも未成熟のままに放置した。主人の論理と倫理を自らのそれとすることで、徒に生をすごして来たのではなかったか。この思考停止の状態、さらに言えば思考回路を封印されたままの状態で、異常で濃密な空間である「屋敷」から寒風吹きすさぶ荒廃した過酷な現実社会に放り出されたのである。それはいまだかつて経験したことのない新たな地平の旅立ちといってもよく、すなわち自らの生を自らの手で守り、自らの生の責任を丸ごと引き受けねばならないということだ。

この下人が京都の町の住人だったことは「前にも書いたやうに、当時京都の町は一通りならず衰微してゐた。今この下人が、永年、使はれてゐた主人から、暇を出されたのも、実はこの衰微の小さな余波に外ならない」という一文にも明らかだろう。冒頭近くで強調されていたのも洛中のさびれ方なのである。洛中が荒廃しているならば当然洛外はいうまでもなく死者の満ちる世界、飢餓と疫病、そして暴力に荒廃していたはずであり、羅生門を境界にしたとしても、洛中と洛外は同じ状況の世界が現出していたと考えられる。しかしその地理空間の象徴性は均質ではない。そのことはのちに言及するとして、いまはともかくも、テクスト内での下人の動きを最小限に跡づけるとすれば、〈中心〉たる都のどこか一つの屋敷から出て、〈境界〉である羅生門で老婆に出会い行動を起こし、そののち〈境界〉を去ったということになる。これが『帝国文学』版の「羅生門」の筋立の骨組と思われる。

しかし下人が京都の住人だったとする考え方に関口安義[(1)]は反対する。関口のあげる根拠の一つは「交野平六は京都へつく前の日にとうとう路用が尽きてしまつた」などと書かれた複数の「羅生門」の断片草稿があるからである。関口のとりあげたテクストによれば、この下人は「田舎者のお上りさんに設定」されていて、初出本文の「下人は、既に、雨を冒して、京都の町へ強盗を働きに急ぎつゝあつた」という末尾からも、「明らかに主人公の下人が、京都周縁の国から京都の町の中へと移動する物語」だと言うのである。

もしもこのような関口の解釈のなかで事件が起こるとすれば、それは「移動」のリアリズムということになろう。しかし本章が捉える解釈によるならば、この小説はむしろ〈境界〉というトポスでの死と生の間を往還するシンボリズムとしての「移動」ということになる。関口との差異はどういうことだろうか。

たしかに、羅生門は中心／周縁の通過点であって目的地ではない。人はそこを通り洛中か洛外へ行く。その意味からすれば「移動」のトポスである。しかし芥川の「羅生門」にとって「移動」とはリアリズムではなく、シンボリズムを背景にしていなければならない。それは生と死、死と生の間の極限の移動を象徴することで主題を産出する。それゆえに下人が老婆と出会うのは生と死の〈境界〉を「移動」する極限状況だったということになる。門の前で「雨やみを待つてゐた」「下人」は洛外あるいは洛中へこれから向かおうとしている。現在のところ通過点である羅生門に雨のやむのをしばらく待っているだけである。あくまで長年仕えていた主人に暇を出され、途方に暮れた「下人」が行き場がなくここへやってきたのだが、ただそのプロットにおける〈動き〉の面にのみ捉らわれてはなるまい。下人のいまの境遇こそ羅生門というトポスの象徴なのであって、その構造を見逃してはなるまい。

しかし先学の論に共通しているのは、王城の町を追われた一人の男が羅生門という出入口にやって来て、そこであらためて荒廃した王都に生きるための行動論理を獲得し、再び京都の町へ帰って行くという「移動の物語」としての〈読み〉というところにある。たとえば、平岡敏夫は下人を「京都という町の共同体から放逐されたものであり、京の町の入口・出口である羅生門から出て行くべき者であった」(2) と述べている。杉本優は平岡敏夫の見解を視野に入れつつ、「下人は原話にあるような外から京都にやってきた人間ではない。洛中にあって、〈永年、使はれてゐた主人から、暇を出された〉のだと判断したい」といい、「荒廃、衰微した洛中に暇を出す論理が、〈正当〉であるならば、その結果としてかつての主家に押し入ることもまた〈正当〉であるはずだ。下人は強盗として転生した」(3) と下人の洛中帰還説を提示している。この杉本のいう「転生」は修辞であろう。このように、平岡敏夫や杉本優の〈読み〉は京都の町を追われた一人の男が羅生門という出入口にやってきて老婆と出会い、またもとの京都の町へ帰って行くという「移動の物語」とするのがそれである。

本章はこれまでにも示唆してきたように、境界の〈トポスの物語〉としてこの小説を読もうと思う。なぜなら芥川の物語世界はつねに完結構造をとっているとみる以上、物語は〈トポスの物語〉という象徴空間を絶対的中心として求心的に筋立は組織されているとみるからだ。したがって〈外部〉の情報は下人と老婆によってもたらされるという構造を指向していて、〈外部〉の社会的文化的コンテクストの流入は意識的に圧えられている。「羅生門」は朱雀大路の南端にあり、そこは平安京の正門入口にあたっていて、羅城門とも書いた。羅城とは「城を羅（めぐ）らす」、つまり城の外郭の意味である。地理的な境界指標であると同時にその内部の質を象徴的に示す指標でもある。それゆえに両義的な性格を持った場所となる。今村仁司は「境界線は、つねに曖昧で、ぼけた空間である。不安定で不決定な空間である。こうした性格をもつ両義空間のなかこそ、暴力的なものが生き生きと活躍するところである。策略、狡智、ペテンが活動する」[(4)] と言っている。この今村の言説にしたがえば、この小説は「境界線」上のきわめてスタティックな物語と呼ぶこともできよう。決して「移動」の物語ではない。

語り手（「作者」にきわめて近い位置にある）によれば、この時期、京都（洛中）は「この二三年」「地震とか辻風とか火事とか饑饉とか云ふ災がつゞいて」起り、「洛中のさびれ方は一通りでな」かった。人々は、信仰心を失い、「仏像や仏具を打砕いて、その丹がついたり、金銀の箔がついたりした木を、路ばたにつみ重ねて薪の料に売つてゐ」るといった『方丈記』の表現を借りて末法的な頽廃状況の中にある。洛中がそんな状態であるから、洛中の周縁にある羅生門の「さびれ方」はひどいもので、「修理などは、元より誰も捨てゝ顧る者がな」く、「荒れ果てた」状態で、朱雀大路の華やかさはもはやどこにもなかった。いつしか「日の目が見えなくなると」「気味」の悪い、「足ぶみ」をしてはならぬ場所になっていた。こうして忌避される場所となったところから、そこは「盗人」がたむろし、「死人」が投げ捨てられる墓地まがいのトポスとなっていった。

冒頭部に続く「羅生門」のプロットを追えば、以下のようになるだろう。

> どうにもならない事を、どうにかする為には、手段を選んでゐる遑はない。選んでゐれば、築土の下か、道ばたの土の上で、饑死をするばかりである。さうして、この門の上へ持つて来て、犬のやうに棄てられてしまふばかりである。選ばないとすれば—下人の考へは、何度も同じ道を低徊した揚句に、やつとこの局所へ逢着した。しかしこの「すれば」は、何時までたつても、結局「すれば」であつた。下人

は、手段を選ばないといふ事を肯定しながらも、この「すれば」のかたをつける為に、当然、その後に来る可き「盗人になるより外に仕方がない」と云ふ事を、積極的に肯定する丈の、勇気が出ずにゐたのである。

荒廃する「京の町」をさまよい、その挙句にたどり着いた洛外の最南端の境界。下人は「七段ある石段の一番上の段」に座っているが、冒頭より少し後に「さつきから朱雀大路にふる雨の音を、聞くともなく聞いてゐた」との描写から、関心は洛外にはなく、終始洛中を向いている。羅生門という境界にやってきて将来の身のふり方を思案する下人の眼がなお洛中を向いているということは京を離れることに躊躇し、むしろ京の〈中心〉に帰還にしたいという思いを抱いていることを示唆する。その思いが「盗人になるより外には仕方がない」という思いにつらなり、ふたたび京の〈中心〉を指向するようになる。

下人が出会う老婆は京都の町からこの羅生門に来ている。羅生門の楼上はひそかに死骸の髪を抜くという彼女の仕事場であった。このトポスが死者の充満する世界を象徴するというのはこの老婆の生き方に凝縮しているといえよう。しかも、この女は生前太刀帯の陣に出入りしていたとか、あの女は疫病にかかって死んだとか、京都の町と女についての情報をよく知っている。

ところで、下人の行動は結末では羅生門を出て「雨を冒して、京都の町へ強盗を働き」に舞い戻ったとある。さきほどの〈トポスの物語〉という規定、もっといえば完結的構造を突き崩すような〈行動〉も見られるのでは、といぶかられる〈移動〉あるいは〈外部〉のプロットもあるように思われる。しかしこれはむしろ羅生門が洛中への往還をトポロジー的には果たしているといえるのだ。森敦がいうように、「境界がそれに属せざるところの領域としての内部が、そのまま境界がそれに属するところの領域としての外部に変換して、内部と外部が対応する」(5)。下人が再び盗人として出て行く先の洛中は実は認識レベルを変換した外部＝内部の転換という叙述方法で処理されている。なぜそういえるのか。天変地異によってもはや都の内部性は崩壊しているのであって、外部とはまったく変わらないからだ。そのような状況のもとだからこそ下人が楼上で老婆と出会ったという事態とそれに対する言動は、〈境界〉である羅生門というトポスにおいて真に事件となるのである。〈トポスの物語〉という規定は人間に新たな変成(転生)を遂げさせる神話作用のはたらく場所なのだ。

この〈トポスの物語〉の結末はこれもすでに盗人となるといったが、本文によれば「下人の行方は、誰も知らない」という叙述で終わっている。下人が羅生門というトポスから退場していく。現在読者の多くが読む「羅生門」のテクストはこのようなかたちで幕を下ろす。

下人にとって羅生門の楼の上に登り、そしてやがて降りて来たとき、新たな転生を遂げていたのだ。これが本章のいう主題の創出といってよい。羅生門を出たのか、それとも洛中に戻っていったのかはおそらく作者芥川にとっては第二義的だったと思う。下人は羅生門の上に放置された死骸同様、洛中の矛盾と荒廃を負わされて都の南端まで放逐され、そこで新たな転生を遂げてふたたび洛中にあるいは洛外に回帰していくわけである。

したがって「下人の行方は誰も知らない」とはここまでの叙述過程をたどってきた読者にとって実は自明なのである。この末尾の否定的一文は明らかに〈反語〉として理解されなければならない。「下人の行方」を読者は誰もが知っていよう、とテクストは暗に告げている。人の〈生〉が営まれる洛中を、洛外という異類の棲む外部空間から護りめぐっている門——ドラマはそのような〈場〉を舞台にしているというべきだろう。下人は倫理的に人間であることの最後の砦に身を置いていた。洛中と洛外との空間的境界はそのまま〈人の生〉と〈獣の生〉の境界でもあったのである。

ただしこの小説には断片草稿の存在いかんにかかわりなく洛中への回帰のベクトルが強く意識されていたことに留意したい。下人は洛外へ出る気など毛頭なく、餓死するか盗人になるかと表面上は迷いながらも、潜在的には洛中への帰還という結末が当初から用意されていたと十分推測してよかろう。したがって定稿に「下人の行方は、誰も知らない」と、トポスからの退場を告げられた下人にはこのようなベクトルが作用しているとみるべきである。この小説は京都の町中から羅生門へとやってきた一人の下人が、再び京都の町へと還って行く物語であるともいえるとすれば、それは下人の転生（変成）という神話的モチーフの喩的表現ととるべきであって、それが〈トポスの物語〉の主題の創出ということになろう。

第三節　人間のエゴイズムか、人間の新生か
―「羅生門」の主題をめぐって

これまでの「羅生門」の主題批評についていえば早く吉田精一の「下人の心理の推移を主題とし、あわせて生きんが為に、各人各様に持たざるを得ぬエゴイズムをあばいてゐる」(6) といい、さらに「思ふに彼が自らの恋愛に当たつて痛切に体験した、養父母や彼自身のエゴイズムの醜さと、醜いながらも、生きんが為にはそれが如何ともすることの出来ない事実であるといふ実感が、この作をなした動機の一部であつたに相違ない」という。この見解は戦後においても引き継がれ、この小説は人間のエゴイズムを主題としたという考えが主流を形成した。三好行雄は「生の我執は既に罪ではなく、人間存在のまぬがれない事実」とし、「追い詰められた限界状況に露呈する人間悪」を実在的に読み取るのもその延長上にあると理解される。三好はさらに「若い芥川がいかに絶望的な人間認識にたどりついたかが語られている」(7) と人間のエゴイズムという主題を作家論へと引き延ばしていく。

やがて「羅生門」の研究に新たな動向が感じられるようになるのは一九七〇年代（昭和五〇年代）半ばからのことである。それまでの暗いエゴイズムの物語という評価に代わって、この小説には若さがあり明るさもあるではないかとの新しい〈読み〉が出現するようになる。たとえば笹淵友一は「「羅生門」は、おそらく芥川が一生に一度しか書

かなかった類の、積極的な意欲に満ちた作品である」[8]とし、そこにカタルシスを実現した明るさを認めている。この笹淵論に代表されるように、「羅生門」論は死に直面した極限の生における不可避のエゴイズムや虚無感を論じた従来の評価から、七〇年代になると、拘束されていた既成の観念からの自我の覚醒や解放を読むといった明るい作品論へと変容する。さらにその覚醒や解放は真の現実を体験しなかった下人の思い込みにすぎないという語り手の位相への重心の移行、すなわちナラトロジーからの批判もある。このような研究史の動向を念頭におきながら本章にとっての「羅生門」の主題の創出について考えてみよう。

この小説の物語世界（京の都）は地震、火事、飢饉といった災害によって平安と秩序が乱れ、仏像が薪にされるなど人間の倫理が崩壊している。もっとも四、五日前までは奉公していたというから下人にとっては過酷な世界とは無縁であって日常生活に事欠くことなく暮していたのであろう。その安穏とした日常から秩序崩壊の世の中に投げ出された直後であり、なお良識は変化していないことは容易に推測される。しかし彼は生の激変によってというべきか、まのあたりにする荒廃の世界の転倒のゆえか、悪を許容している。

したがって語り手が「それから、何分かの後である。羅生門の楼の上へ出る、幅の広い梯子の中段に、一人の男が、猫のやうに身をちゞめて、息を殺しながら、上の容子を窺つてゐた」とあらためて語る時、語り手にとってはあたかも見知らぬ人でもあるかのごとく「一人の男」という他者性の強調を繰り返すことになる。そのことは語り手がいかに下人を他者化させようとしているかを示していよう。しかし下人が悪の権化だからできるだけ遠ざけようというわけではない。そうではなく、それほどまで下人は異界としてのトポスに入り込んでいることを暗示させようとしているのだ。

下人は夜の寒さを防ぐべく楼上に登る。しかし誰もいない—死体ばかりと思っていた楼上に黄色い光に揺られながら死人の毛髪を抜いている「猿のやうな老婆」を見つける。それを眼にした下人がその非人間的行為に憎悪を燃え上がらせることから生そのものの葛藤としての二人のドラマが展開していく。

死骸の腐臭に思わず鼻をおおった下人は、次の瞬間には、ある強い感情によって嗅覚を奪われてしまった。その時、下人の眼ははじめて死骸の中にうずくまっている人間、「桧肌色の着物を着た、背の低い、痩せた、白髪頭の、猿のやうな老婆」を見た。ただ〈生そのものの葛藤〉といっても、老婆の描写は決してリアリズムではない。それは〈トポスの物語〉に規制されたまさに異人表象なのである。たとえば「猿のやうな老婆」のほかにも、老婆は「肉食鳥」「鴉」「蟇」などによって喩えられているが、中心的なイメージとなっているのはやはり「猿」であろう。あるいはそれらを全て含めて〈獣類〉のイメージと言っておいてもよい。つまり、下人は楼上で〈異人〉を見出すのである。

> 下人の眼は、その時、はじめて、其屍骸の中に蹲つている人間を見た。桧肌色の着物を著た、背の低い、痩せた、白髪頭の、猿のやうな老婆である。(中略) 丁度、猿の親が猿の子の虱をとるやうに、その長い髪の毛を一本づゝ抜きはじめた。

老婆は、この場所で、「死人の肉を、啄みに来る」烏と同様、死人の髪を取って鬘にすることを生計としていたのであった。羅生門の〈上層〉の楼という空間は、老婆の生活の場であるとともに非日常の空間であった。老婆を動物イメージによる喩的表象で捉えるということは、羅生門という〈人の生〉と〈獣の生〉とのあわいに位置するという、その境界性にふさわしいものであったと言わなければならない。芥川はそれを仏教的六道の輪廻世界の表象をもって異界化する。「羅生門」の下人も「饑死をするか盗人になるか」の岐路に立たされていたとあったが、それは下人が餓鬼道に墜ちるのか、それともすすんで畜生道を選び取るかの岐路として捉えられるなら、羅生門の楼上という異界における老婆との出会いは異界への選択へと彼をみちびくものであった。

老婆がなぜ死体から髪の毛を抜いているのか。それは貧困の極限の生活を支えるためである。高齢のため社会や家族から見捨てられた老婆にとって、死体を損壊する凄惨な盗みはおのれの生命（いのち）をつなぐには最も安全にして確実な方法であったと老婆自身考えていたことだろう。死体がごろごろところがっていて誰も寄りつかない無気味な場所で、社会や家族から見捨てられたまったくの孤独な老婆が凄惨な行為を生きるための仕事にしていたというのは興味深い。荒廃した都城にあっては死体の損壊は野犬か、狼の行為であるとすれば、老婆は野犬や狼と変わらぬ畜生道の生を生きている。それが悪なる行為であることは老婆だってわかっている。ただそれでも、それが老婆にとっての唯一の生の道であったことはまぎれもない事実なのである。老婆は一日一日を生き抜くことに精一杯なのであり、生きるためには手段など選んでいられない。たとえそれが畜生道の生き方であってもである。このように荒れ果てた羅生門に象徴される荒廃した精神世界であってみれば、すべての精神的価値をはるかに越えている。畜生道の生を誰がとがめられようか。生の限界状況にあって人はいかに生きるべきかという問いかけを、この小説はいまなお真摯に発信し続けている。

このような完結的構造の物語にあってはどのように主題が産出されるのだろうか。下人からその行為の罪悪性を突かれた老婆がいましも髪を抜いている死骸の「この女」の行為がいかに罪悪なのかを訴える弁明に焦点を当ててみたい。果たして「この女」の行為は本当に老婆の言うように悪い行為なのか。

「この女」は老婆によって「その位な事を、されてもいゝ人間」と吐き捨てられる。「その位」とは「この女」の場合、死後に髪を抜かれることである。髪だけではない、あるいは実際には死後身ぐるみ剥がされていたのかもしれない。では「この女」はどうして死後に髪を抜かれてもいい人間なのか。その理由として老婆は「この女」の生前の行いを挙げている。老婆の言葉に従えば、どうやら「この女」は生前「蛇を四寸ばかりづゝ切つて干した」ものを「干魚」だと言って「太刀帯の陣へ売りに」行っていたらしい。老婆にとって蛇を魚だと言って売っていたことは、下人からすると仏教の五悪の一つ妄語（両舌）に当たるとされる。つまり騙しであり堕地獄の行為（業）であった。老婆は人を騙した「この女」は悪人であり、人として本来許されるべき行為ではないと抗弁する。

> 成程、死人の髪の毛を抜くと云ふ事は、悪い事かも知れぬ。しかし、かう云ふ死人の多くは、皆、その位な事を、されてもいゝ人間ばかりである。現に、自分が今、髪を抜いた女などは、蛇を四寸ばかりづゝに切つて干したのを、干魚だと云つて、太刀帯の陣へ売りに行つた。疫病にかゝつて死ななかつたなら、今でも売りに行つてゐたかもしれない。（中略）自分は、この女のした事が悪いとは思はない。しなければ、饑死をするので、仕方がなくした事だからである。だから、又今、自分のしてゐた事も悪い事とは思はない。これもやはりしなければ、饑死をするので、仕方なくする事だからである。さうして、その仕方がない事を、よく知つてゐたこの女は、自分のする事を許してくれるのにちがひないと思ふからである。

この文脈における老婆の「仕方がない」論理についてみごとな日本人論を展開したのは首藤基澄であった[(9)]。それによると、老婆は行為の手前で観念に悩む若き下人の悪への心理的抵抗をたやすく倒壊させてしまう。それが老婆の説く悪の論理である。「飢え死に」しないために仕方なく選ぶ悪の論理、いわば必要悪の論理であって、老婆は下人に容認される悪があり得ることを教えることになるということである。読者が「仕方がない」で惰性に流されていく時、主体を放棄した諦念による無為・非行動と、何を仕出かすかわからない異常な行動の両極の間を揺れ動いているといわねばならないというのである。

しかし本章からすると、この論理は楼上の空間が現実世界と地続きであるという無意識の前提に立つときに成り立つ人間のエゴイズムの論理である。「羅生門」の楼上で下人と老婆の間で交わされる会話は他人を欺き、誑かし、そして言葉で巧みに弁明して生き残ろうとする葛藤である。芥川の物語世界が現実にとって意味をもつのはその世界構造の象徴性であって、その内部の葛藤そのものではない。したがって下人と老婆の会話はまさに芥川の同時代の現実の場における言葉の機能にも直接かかわるそうした風景なのである。この「四五日」の間に下人が幾度も目にし、互いに欺きあいながら生きる人間の営み、それを最も凝縮した陰湿なそれに近い形で突き抜けている。構造そのものがエゴイズムの〈負〉の側面を描いているということもたしかにいえる。

このように、芥川の小説が構築する物語の世界は、たとえ古典といえども、決して現実世界と地続きの現実の異空間の再構築ではない。「羅生門」の楼上という〈上層〉の世界は、そうした意味で、あくまでも現実世界から隔絶された自己完結の異空間であることを忘れてはなるまい。とすれば、老婆の抗弁をストレートに作者芥川の芸術と生活につねに認められるような人間のエゴイズムの表出ととることはできない。そこにいま一度この物語世界の論理と構造に還元してちょうど光を屈折させるプリズムを通すように、老婆の抗弁をこの小説の世界観（コスモロジー）との相関を通して解釈しなければならない。

老婆は自分も、この「死人」も、その行為が悪だとはわかっている（「死人」とは生前についていうべきだろう）。しかしそれが悪とされるのは律法と道徳とが健全な人間の世界が成り立っているときのことだ。しかしいまや人間世界は崩壊し、自分は畜生道の生を生き、「死人」は妄語による堕地獄の業を犯さざるをえなかった。そのような畜生道や地獄にあっては、もはや悪は悪ではなくなるというのである。

これは世界と悪の相関を異界という〈外部〉から客観化する論理である。そこでは自我の孕むエゴイズムが問題になっているというよりも、人間の悪の発生と世界秩序の崩壊の因果関係を語っているとみるべきだ。人間のエゴイズムはつねに世界との相関にあることが語られるとき、そこに浮上するのは自我という〈知〉の問題というよりも、その根源にある人間の実存と世界の崩壊の相関といってよいかもしれない。むしろこの小説の物語世界は知性の歪みを語るというだけのではなく、人間の肉体が生と死のはざまという極限状況とどう対峙するのかを突きつけている。それだけ根源的な主題へと深化しているのだ。ただ芥川にとって実存を生きるということはそのまま魂の救済、人間としての転生をモチーフとする宗教的装置の作動へと移行させていくことにつながるということもまた事実である。

そしてそれが前節で考察を試みたこの小説を〈トポスの物語〉と規定することだった。〈中心／周縁〉を分ける境界というトポスは、繰り返していえば、現実と地続きの地理的空間で捉えられるものではなく、肉体と精神を、あるいは生から死へと、あるいは悪の浄化へ、また死から再生（新生）へと向かわせる、すぐれて宗教的な〈境界〉であったというべきだ。したがってそのトポス性に照応して下人の行動を象徴的次元で捉えるならば、彼は畜生道を生きる老婆（異人）の棲む異界へと入り込み、老婆との遭遇によって生じる人間の試練と通過すべく苦闘する。そこにおいて彼は彼なりの論理と正義観をもって老婆の〈悪〉に対抗し、彼なりの怒りにまかせて老婆の衣類を引剥ぎという〈悪〉をなす。

もしこの葛藤を心理のリアリズムとして読むならば、そこには許し合う世界や救済の構造があらかじめ仕掛けられていることはない。すでに言及したように、先行研究が彼らの葛藤に人間のエゴイズムの鋭いぶつかり合いがあったとみなすのも当然である。ただその〈悪〉が異界の畜生道で犯されたとする解釈もありえるのではないかとみなした。芥川からすると、世界の崩壊と〈悪〉の関係に社会の巨悪が彼らの犯す〈悪〉を相対化していくとみようとしたのではないか。そこには社会・国家に翻弄される人間が犯さざるをえない悪がある。もし社会・国家が彼らを救わなければ、彼らはみずからを救わなければならない。それが「下人の行方は、誰も知らない」という結末の象徴性に孕まれるとし、そこに下人の新生（再生）という期待の地平を見つめるようとしたわけである。

そこにあるいは魂の浄化という笹淵友一の主張するカタルシスの実現を見ることもできよう。すでにその一部は繰り返した言説が参考になる。

> 自分は半年ばかり前から悪くこだはつた恋愛問題の影響で、独りになると気が沈んだから、その反対になる可く現状とかけ離れた、なる可く愉快な小説が書きたかつた。そこでとりあへず先、今昔物語から材料を取つて、この二つの短編―「羅生門」と「鼻」―を書いた。(「あの頃の自分の事」)

これは「羅生門」論で必ずといっていいほど問題にされる文章である。芥川には「悪くこだはつた恋愛問題」のために沈欝な気分で過ごしていた時期があった。ここには「仕方がない」と、結婚を断念した芥川の諦念と、それに脆くも現実に妥協してしまった悔恨がにじみ出ている。その悔恨の無念さが「羅生門」の世界に逆の形で生かされることになった。「現状と懸け離れた」完結的構造の物語世界では状況を逆転させることなどなんでもない。現実の状況を「家のもの」の中では最も強硬な反対者だったと思われる伯母に対する芥川の戦いだったとみなすことができるならば、「羅生門」の老婆と下人の対決はそれとみごとに照応する。芥川がわざわざ「肉食鳥」のような眼をした老婆を設定したのは、芥川家で特異な位置を占める伯母への対抗心と憎悪の反映と考えられ、それだけに下人の行動には芥川の憧憬が強くこめられているとみていい。その方向性に一貫するのがカタルシスの実現ということになろう。

ただそのような芥川の個人史から捉えられる解釈を超えて訴えかけてくる主題がある。すなわち、羅生門の楼上に棲息する老婆の行為と言葉とは畜生の所業であり論理であった。そして老婆の言葉を逆手にとって、「では、己が引剥をしようと恨むまいな」と、「噛みつくやうに」言って老婆の着物を剥ぎ取る下人の行為は、彼が臆病な小動物からほかの動物を牙にかける「肉食鳥」に変ったということであり、畜生道に生きる衆生の生存原理に従い、その所業を選び取る「勇気」を得たということである。「羅生門」において芥川がたじろぐことなく見つめようとしていたのはこうした六道の諸相、なかんずく人が畜生道を生きるほかない、過酷な実存の世界であった。

だからといって、芥川がこの小説で下人が痛快に老婆をいたぶったとして、みずからの小さな自我のカタルシスで満足しようとしたのでは決してない。芥川の高踏的なまなざしは自分と伯母の葛藤を〈家〉という修羅道に生きる衆生の戦いとみなしたと捉えるべきなのだろう。それが昇華して〈トポスの物語〉へと変容した。芥川は自分も伯母も〈トポスの物語〉へと投げこみ、二人ともに魂の浄化を受けさせようとした。いわば芥川は自己の悔恨と無念を〈物語〉を書くことで昇華させたとみられる。「なる可く愉快な小説」とはそのような意味だったと理解することができるのではなかろうか。

しかし作者芥川による畜生道・修羅道に生きる衆生の生の執着の描写はすさまじい。下人は老婆の口を突いて出た極北を生きるための弁明の論理と闘争する。下人は老婆の話が終わると、「嘲るやうな声」で「きつと、さうか」と「念を押し」、その着物を剥ぎとるという行為に出る。老婆の存在は下人の精神を揺さぶる内的衝動に突破口を与えたのである。

> 下人は、すばやく、老婆の着物を剥ぎとつた。それから、足にしがみつかうとする老婆を、手荒く屍骸の上へ蹴倒した。梯子の口までは、僅に五歩を数へるばかりである。下人は、剥ぎとつた桧肌色の着物をわきにかゝえて、またゝく間に急な梯子を夜の底へかけ下りた。
>
> 暫、死んだやうに倒れてゐた老婆が、屍骸の中から、その裸の体を起したのは、それから間のなくの事である。老婆はつぶやくやうな、うめくやうな声を立てながら、まだ燃えてゐる火の光をたよりに、梯子の口まで、這つて行った。さうして、そこから、短い白髪を倒にして、門の下を覗きこんだ。外には、唯、黒洞々たる夜があるばかりである。

下人が盗人にはなれないといっても、では、これから彼はどうするのか。どうやって食っていくのか。饑死することなど考えてもいない下人である以上、やはり下人は他者から「盗む」ほかはない。悪が悪を増殖する。体制と社会が崩壊した状況にあって実存をむき出しにした下人の姿は世界と人間の関係をみごとに捉えている。人間を越えた崇高な価値を喪失した世界にあっては人間は本能的生を第一の価値にせざるをえないのだ。〈生きる〉ということをめぐるこの小説はあえて繰り返すが、知的な自我のエゴイズムの物語というよりも、実存主義文学ということもできるということである。

生存苦の中で生き続けて来た人間は生きるために醜悪なこともするだろうが、ぎりぎりの線で他者との共存をはかろうとするのではなかろうか。生存苦のない人間は観念的な「善」の感情に浸るが、極限状況に陥ると簡単に悪に走ってしまう。極限状況から脱出しようとして最後の決断に踏み出した下人は、新たに手に入れた悪が悪を制するという実存の論理にもとづいて最初の悪事、老婆の着衣を「引剥ぎ」するという行為に出る。こうして下人は修羅道の生を生き抜く決意を固めた。そして下人は「楼上」という舞台空間から「楼」の下へと駆け下りていく。

「羅生門」の直前に執筆された「仙人」(『新思潮』大正五年八月)を読むと、「羅生門」という作品(テクスト)はそこに見える「何故生きていくのは苦しいか、何故、苦しくとも、生きていかなければならないか」という重い問いの延長上にあることが容易に理解される。「仙人」にあっては人間の〈生存苦〉という問題が提出されている。そこでは生存苦自体に意義を見出し、それを引き受けていくことが人間なのだということで辛うじて解答の方向を暗示するにとどまっていた。しかし「羅生門」ではそこからもう一歩進んだ実存哲学が展開される。「仙人」には仙人といった超越的存在が登場することで、〈苦〉を持たない存在による〈苦〉の意義の発見という一種言い逃れ的なアクロマティックな発想の転換があった。しかし「羅生門」には超越的存在など登場しない。それでも物語が本質にもつファンタジーは確保されている。仙人に代わる装置が異界の設定である。この小説では人間は畜生道・修羅道を生きる。そこでは〈苦〉はそこに棲むための必然となる。そしてその極限において〈存在悪〉を見出すまで下降させる。したがって〈生きる〉ということは〈苦〉あるいは〈悪〉を生きることである。作者芥川は「羅生門」のなかで人間の実存を見出すことに成功したのである。

老婆の弁明を冷然と聞いていた下人の心にはある勇気が生まれる。「それは、さつき門の下でこの男に欠けてゐた勇気」であった。しかもそれは、死人の髪の毛を抜くのは許すべからざる悪だとして、楼上へ飛び上がり、老婆を捕らえた時の勇気とは正反対のものになっている。こうして、下人は「己が引剥をしようと恨むまいな」と叫んで老婆の着物を剥ぎ「黒洞々たる夜」の闇に消え去る。下人が駆け下りたのは「夜の底」であった。羅生門の外には依然として雨が降りしきり、行く手には「黒洞々たる闇」が広がっている。しかし「下人の行方は、誰も知らない」。

プレテクストの『今昔物語集』、あるいは芥川が書いた完成稿以前のものでは下人がこの後「盗人」として京の町に繰り出していくとある。ただその後、芥川が幾度かの推敲と書き直しの結果、最終的に「下人の行方」をぼかしたこと、つまりイーザーの読書行為論のいう〈空所〉を作ったと考えるなら、「下人の行方」は読者にゆだねられていると考えてもよいだろう。「下人の行方」を具体的に「京都の町」で「強盗を働く」という姿に確定している初出稿に対して、定稿のほうはそれを差異化して下人は「唯、黒洞々たる夜」の世界へと駆け入っていく。その方向が、たとえ京の町へ「強盗を働きに」突走ったとしても、一瞬一瞬が生死をかけた闘いとなるような、一つの失敗は一つの死を意味するような世界へと、下人は駆け込んでいったのである。その行動はまさに抜け道のない円環する世界の内部で完結する。下人は洛中からやって来て、最後にはまた洛中へと回帰する。そのような円環的構造が芥川の物語の方法である完結的構造の物語ということにもなる。

第四節　古典の解体とその再構築

「羅生門」が『今昔物語集』巻二十九第十八話「羅生門登上層見死人盗人語」と巻三十一第三十一話「太刀帯陳売魚嫗語」に依っていることは前述したとおりである。そこからこの小説を分析するに当っては芥川が後年に発表した評論『今昔物語鑑賞』[(10)]が論拠としてしばしば引用される。ここで芥川は『今昔物語集』の魅力を「生まなましさ」と「野性の美しさ」だとして次のようにいう。

> この生まなましさは、本朝の部には一層野蛮に輝いてゐる。一層野蛮に？—僕はやつと「今昔物語」の本来の面目を発見した。「今昔物語」の芸術的生命は生まなましさだけには終つてゐない。それは紅色人の言葉を借りればbrutality（野性）の美しさである。或は優美とか華奢とかには最も縁の遠い美しさである。[(11)]

「この優美とか華奢とかには最も縁の遠い美しさ」というのが「野性の美しさ」ということなのだろう。また別の個所では「之こそ王朝時代のHuman Comedy（人間喜劇）であらう」とも言っている。野性の美とはこの「羅生門」の下人の姿に読みとることができる。荒廃した世界を自己の運命をかけて生き抜かなければならないとき、悪をものともしない荒々しい裸形の生がエネルギーとなる。「仕方のない」生ゆえに引剥ぎをして老婆を痛めつける下人の姿には、負け犬とは全く異質の息遣いと躍動感がある。それが「野性の美しさ」なのだろう。ここで注目すべきなのは、芥川がこの「生まなましさ」も「野性の美しさ」も『今昔物語集』の作者の「写実的手腕」や「写実的筆致」に負っていることを強調していることである。 ただしその「写実的」というのは次のような仏教的世界観と照応している。

> 小路へ曲れば、道ばたの死骸に肉を野良犬の群れはあつたのである。おまけに夜になつたが最後、あらゆる超自然的な存在は、—大きい地

> 蔵菩薩だの女の童になつた狐だのは春の星の下にも歩いてゐたのである。修羅、餓鬼、地獄、畜生等の世界はいつも現世の外にあつたのではない（傍点―引用者）。

芥川は今昔説話は人間道（人間の現実世界）に限定されるものではなく、仏菩薩も六道の衆生をすべて「現世」とみているとみなす。院政期の人々は仏菩薩も地獄の罪人もすべて可視的実体とみなしていたというのである。この認識はこの「羅生門」の世界と対照をなしていることがわかる。芥川のいう「写実」とはその人々の〈知〉のありようのすべてをありのままに捉えるということである。これは近代の人間世界が仏教的にいえば人間道に限定されているのとは大きく異なろう。現代の科学的合理的な一元的世界に極限されているリアリズムとは異なるのだ。したがって芥川は「羅生門」に〈トポスの世界〉を構築するとき、いったん今昔説話の六道世界を〈異世界〉へとくくりこまなければならなかった。芥川は古代人のまなざしを獲得したかった。しかし現代に意味のある物語として再構築する以上、現代のコスモロジーからあらためて古代人の世界を解釈し直さなければならない。それが古典の解体である。そして芥川はあらためて喩としての世界観を構築しなおさなければならなかったのである。

こうしてみると、今昔説話をプレテクストとする芥川の世界観ともいうべきものが今昔説話の解体と再構築によるものであることがわかろう。読者は合理的解釈や科学的思考による世界観に知らず知らず捉われて生きている。この『今昔物語集』の中に「写実的」に描かれた世界では「修羅、餓鬼、地獄、畜生等の世界はいつも現世の外にあつたのではない」のであり、超自然的存在を「感じる」感性や「ある」ものを「ある」として受け入れる「原色ばかり」の心理に彩られた六道世界を「現世」として古代の人間は生きていた。「生まなましさ」も「野性の美しさ」も、ある意味では自然（外界）と人間との原始的な関係そのものであり、芥川はおそらく近代の人間の精神のありようを対比し、そこに精神の解放を一種の憧憬と共鳴をもって実感として描いていったのではなかったか[12]。

とすれば、この「生まなましさ」や「野性の美しさ」というのは古典の解体と再構築を介して「羅生門」における下人の置かれていた状況、あるいは羅生門の楼上で老婆を発見した下人の、世界に対峙する仕方そのものなのである。「両足に力を入れて、いきなり、梯子から上へ飛び上つた」下人は、逃げようとする老婆の行く手を塞ぎ、「暫、無言のまゝ、つかみ合」う。そこには裸形の肉体の躍動がある。そして老婆を威嚇して「おのれ、どこへ行く。」、「何をしてゐた。云へ。云わぬと、これだぞよ。」という、その時の怒りの激発と直結した素朴な言葉はすべてが敵対する存在となってしまった荒れすさんだ世界を生きる荒々しさがみなぎっていよう。

このように原話の選択、その解体と再構築を介して芥川の創造した世界は、たんに手段的素材としての古典などではありえず、古典に深く肉迫して内面化し、その世界を自己の物語の枠組とする完結的構造の世界に再構築したのである。芥川にとってその内部にうごめく人間の行為と行動の意味は決して個的ではなく、世界の構造と深く結びついているのである。とすれば、大正三、四年の芥川のめざしたものが、「ラツフでも力のある」「生活力の溢れてゐる芸術」であったとすれば、『今昔物語集』に素材を求めたこと自体に意味があり、『今昔物語集』との出会いなしに「羅生門」は生まれなかったのではないか。

芥川と『今昔物語集』との関係についてのもっとも綿密な考察を長野嘗一がおこなっている。彼の作業からうかがえることは芥川と古典との深い結びつきであって、古典の現代的解釈といった次元だけではないということである。「羅生門」について「この材料に目をつけた動機は、事件の不気味な異常性にあったと思う。荒廃した羅城門の楼上。若い女の死体から髪の毛を抜く老婆。その老婆を突き倒して持物を奪う盗人。—世紀末の異常なむごたらしさに、貪慾な作者の目がひきつけられたのではないか」[13] として、芥川のmysteriousへの関心に注意している。長野によれば、芥川の物語は古典を現代に引き寄せるという方法ではなく、古典の世界—完結的構造をもつ物語世界に自己の〈知〉を投企する方法だったというのであろう。本章にとって参考となる有力な解釈である。

渡辺綱も「羅生門」という題のつけ方がたいそううまいとして、羅生門には鬼の片腕を切り落としたという伝説など多くの霊魂譚がまつわりついていることを指摘して次のようにいう。

> 京の中央を南北に走る幹線道路、それは朱雀大路、それは朱雀大路と呼ばれるが、その北端が大内裏の朱雀門に通じ、そして南端を扼するのが羅城門である。帝京に入る南面の大門、いわば今日の東京駅に担当する正面の大玄関であった。帝都設計の当初においては、その意味で相当な国費が費され、二層の桜門として堂々たる威容を誇っていた。その後京都は東北へ発展して西南はさびれ、あまつさえ国庫不如意のあおりで、この帝都の大玄関は荒れるがままにゆだねられた。人家のともしびもまばらとなった都大路の南の果てに、雲表を衝いて夜空にぬっくと建っている羅城門は、だからずいぶん不気味な感じを都人たちにあたえたであろう。かずかずの霊魂譚は、彼等のそうした恐怖の表白とみてよいのだ。[14]

渡辺綱は『芥川龍之介資料集』の「孤独地獄」の草稿には作者芥川の養母の大叔父にあたる細木香以の知己の一人であったと記され、同じ「東京を愛する」の草稿にも彼の名前が記されている。その彼の代表作の一つが浄瑠璃から取材した「奥州安達ヶ原ひとつ家の図」であり、羅生門伝説については「老婆鬼腕を持ち去る図」などもある。芥川が幼い頃に接した、こうした絵や挿し絵のイメージが芥川の「羅生門」の老婆の形成に意外に大きな作用を及ぼしたことは想像に難くない。

「羅生門」執筆の動機はすでに指摘したが、「悪くこだはつた恋愛問題」[15]とは初恋の女性との関係が家族の反対で破綻したことをさす。「羅生門」を書いた当時の芥川の背景には吉田弥生との失恋事件があった。当時、芥川は吉田弥生に片想いをしていた。しかし養父母や伯母に押し切られて結婚を断念している。この事件の過程で、芥川は、養父母や伯母の中に醜いエゴイズムを発見した。それは女性によく見られがちの家の維持を担うために他者を犠牲にしてもかまわないというエゴイズムだった。それと同時に吉田弥生に対する恋の中に芥川も自身のエゴイズムを見つめていた。そのことは次の大正四年三月九日と十二日に友人井川恭に送られた書簡をやはり見ておきたい。

> イゴイズムをはなれた愛があるかどうか。イゴイズムのある愛には人と人との間の障壁をわたることは出来ない人の上に落ちてくる生存苦の寂莫を癒す事は出来ない。イゴイズムのない愛がないとすれば人の一生程苦しいものはない。
>
> 周囲は醜い。自己も醜い。そしてそれを目のあたりに見て生きるのは苦しい。しかも人はそのまゝに生きる事を強ひられる一切を神の仕業とすれば神の仕業は悪むべき嘲弄だ。(三月九日)

> 僕は今冷静に周囲と自分とをながめてゐる。外面的な事件は何事もなく平穏に完つてしまつた。僕とその人は恐らく永久に行路の人となるのであろう。(中略) 唯恐れるのは或一つの機械がある。しかしそれは唯運命に任せるより外はない。
>
> 僕は霧をひらいて新しいものをみたやうな気がする。しかし不幸にしてその新しい国には醜い物ばかりだつた。
>
> 僕はその醜い物を祝福する。その醜さの故に僕は僕の持つてゐる、そして人の持つてゐる美しい物を更によく知る事ができたからであるしかも又僕の持つてゐる。そして人の持つてゐる美しい物を更にまたよく知る事が出来たからである (三月十二日)

当時の芥川はまだ二十四歳の青年であった。そのために彼がこの恋の破綻の結果いかに大きな心の傷をうけたか想像に難くない。「誰かぎりなくさびしい」なかで、彼は自己と周囲を懸命に見つめることになる。芥川はこの失恋により精神の泥沼にはまっていった。それゆえにどうにかしてそこから脱出し、「愉快」にならなければなかった。そうして書かれたのがこの「羅生門」というわけである。

家族のエゴイズムで吉田弥生という佳人を断念せねばならなかった体験や世紀末的な懐疑主義からくる女性不信、恋愛オブセッションが自己の「醜さ」をかえって佳人に転嫁し、彼女を醜悪な老婆に換えることは考えられないことでもあるまい。老婆を佳人の裏返しとみれば、佳人が美しければ美しいほど、老婆は「背の低い、痩せた、白髪頭の、猿のやうな」といった四つもの醜悪な修飾がかぶせられるほど醜くされたのである。老婆が猿、鶏、肉食鳥、烏などにたとえられるのも、後章で考察する「偸盗」の沙金に見るように、佳人が実は鬼だったというような『今昔物語集』の話とかかわりがあるといえなくもあるまい。芥川にとって人間と醜悪、人間と悪ののっぴきならない必然的結合に実在の生を捉えることに限りない魅力を覚えていた。

芥川は自殺の二ヶ月前に発表した「今昔物語に就いて」(『芥川龍之介梨科集山梨県立文学館、平成五年十二月) を次のように結んでいる。

> 彼等は時々僕等の夢を遠い昔に求めてゐる。が、王朝時代の京都さへ「今昔物語」の教へる所によれば、余り東京や大阪よりも娑婆苦の少ない都ではない。成程、牛車の往来する朱雀大路は華やかだつたであらう。しかしそこにも小路を曲がれば、道ばたの死骸に肉を争ふ野良犬の群れはあつたのである。おまけに夜になつたが最後、あらゆる超自然的存在は、—大きな地蔵菩薩だの女の童になつた狐だのは春の星の下にも歩いてゐたのである。修羅、餓鬼、地獄、畜生等の世界はいつも現世の外にあつたのではない。

芥川が好んだ今昔説話には「王朝時代の京都」の華麗さにあふれる〈昼〉の世界、それとはまるで打って変わった、地蔵菩薩だの女の童になった狐だのといった魑魅魍魎がうごめく〈夜〉の世界が記されているとし、全体として「娑婆苦」に満ちた京都、それが『今昔物語集』における王都観だというのである。この〈昼〉と〈夜〉は「羅生門」の物語世界では現実世界と異界、さらにいえば、リアリズムとファンタジーの交差として描写されることになる。

すでに見たように、この小説の冒頭の場面では羅生門の楼上に棲む老婆は灯火の明りでわずかに暗闇から透かし見られる中に音だけが近づく。従来典拠とされてきた話 (第二十九巻第十八話) では「コレハモシ鬼ニヤ有ラム」と恐れ、下人の話（第二十七巻第四話）でも「コレハ鬼ニコソアラメ」と恐れる。それは「雨モ降ル、日モ暮レヌ、我ガ入リツル様ニ、コノ墓穴ニ入リテ、前ニ置クルハ持チタル物ヲハクト置キツル音ナリケリ」であったという語りと結びついて、いかにも〈鬼〉の行為と変わらない。しかしほのかな灯火の中で見ると、その者は「鬘ニセムトテ抜クナリ」であった。今昔説話においても人間と鬼の境界はきわめて曖昧だったのである。ただ芥川がその世界が、もしも老婆が平凡な俗人、日常世界の人間であったとすれば、そのような人間の世界内への闖入によって破られることに強い不満を覚えたろう。物語世界が〈外部〉の日常性に犯されると認識するからだ。

しかし老婆は決して平凡な日常世界の人間ではない。芥川の「羅生門」の語り手は〈鬼〉についての情報を意識的に隠すが、異界というトポスが逆にその老婆を人間と畜生道・修羅道に生きる衆生（鬼）へと変容させる。それが完結的構造の物語の特徴といってもよいのだが、ここに物語のファンタジー性を認めてもよかろう。だからこそ「羅生門」の下人が、「上なら、人がゐたにしても、どうせ死人ばかり」と知りつつ、「雨風の患のない、人目にかゝる惧のない、一晩楽にねられさうな所」を求めて、門の楼上に登っていくとき、そこに火が揺れているのを知ると、「この雨の夜に、この羅生門の上で、火をともしてゐるからは、どうせ唯の者ではない」と思うのも、〈鬼〉の出現を恐れているのである。

島津久基『羅生門の鬼』[16]は、『今昔物語集』をはじめとして数々の王朝の物語や記録類、さらには『太平記』、謡曲などを引いて羅生門伝説に言及している。とすれば、芥川の「羅生門」もこうした『羅生門の鬼』が書かれるような古典の文脈、というよりも古代の世界観とそこに棲息する異類が跳梁するサスペンスをふまえて小説の物語世界が構築しているとみねばなるまい。

「羅生門」発表時においてはその事実は大方の認知を得るところではなかったようだが、『新思潮』の同人であり親友であった松岡譲が次のようなエピソードを伝えている。

『羅生門』を発表してから余り長いことではない、彼はある友と会つて、幽霊や鬼の話をしたことがあつたさうだ。するとその時芥川が、何でも『鬼の小説などは書きたくない』といふやうなことを言つたら、その友人が、真顔で彼をやりこめるつもりであつたか、『君はこの間鬼の話を書いたぢやないか』と言つたといふことだ。友人は羅生門といふから鬼のことだ位に高を括つてゐたのだらう。(17)

「羅生門」という表題から、この友人は芥川の書いた作品を「鬼の話」と思い込んでしまったことを暗示している。それは同時代において羅生門が〈鬼〉との密接な関わりにおいて理解されていたことによると思われる。

渡辺綱は「鬼の腕を斬る話（『平家物語』剣巻）に由来する、綱と羅生門の鬼との一件は、謡曲として伝えられ流布されていた」(18)と述べているが、それが昔話の一つとして大江（巌谷）小波によって『日本昔噺第拾五編　羅生門』(19)に収録されて広く読まれてもいたのである。さらに同時代の活字本に限ってみても、「羅生門」と題して、渡辺綱の鬼の物語を読み得るものには次の何点かが確認される。

フレーベル会編纂『幼児教育　淡話材料』（フレーベル会刊行　明治四〇年六月）
桑田金沼編『掌中長唄集』（岡村庄兵衛発行　明治四五年四月）
和田万吉編『謡曲物語・前編』（富山房　明治四五年五月）

これらもほぼ同じ内容の鬼の物語であり、謡曲や長唄をたしなむ大人達にも、読み物として楽しむ子供にも渡辺綱の鬼退治の話は広く知られていたと思われる。そうした環境が「羅生門」執筆時の文化的なコンテクストとしてあったことは明らかである。

前述したように芥川が参照した『今昔物語集』の説話においても盗人が楼門上にうごめくものについて「鬼ニヤアラム」と怪しむ姿が書き記されている。もちろん盗人はそれが一人の「媼」であることを確認して終わるのだが、「鬼」と疑う情況があったことは確認されるであろう。渡辺綱によって退散させられた「鬼」も結局は「茨木童子」と名乗っており[20]、それが謡物や御伽草子の、話型に沿った図式化されたストーリーでは鬼が人に敗れたり従ったりする一連の「鬼退治」物語なのである。そうした通俗読み物の系譜に対して芥川の「鬼」の話である「羅生門」は実は人間が〈鬼〉になる話であり、その〈鬼〉とはほかでもなく「餓鬼」、中国語で「エゴイスト」を意味する、まさに近代が生み出した〈鬼〉なのである。

初出稿はそのまま一人の「下人」が「強盗」という餓鬼あるいは修羅になりおおせた話であり、初版までそれは引き継がれていたと考えてよいであろう。しかし定稿の現行版の場合は事情を異にしており、鬼になった「下人」のその後にまで作者芥川の目は注がれていたが、ただし餓鬼から逃がれ出た彼の行方は閉ざされている。多義的な〈読み〉の可能性を残したということができる。

第五節　むすびに

芥川龍之介が自己の原点と自認していたのは、やはり「羅生門」だったようだ。一介の文学青年が芥川固有の物語の方法を、主題の産出と文体とにおいて初めて具体的な作品のかたちで確立し、作家としての地位を固めたのである。

この「羅生門」を対象とした本章の考察は、その物語の方法を完結的構造に捉え、その中での主題の産出にしぼってきた。そのために本章はまず物語の方法としてこの小説を〈トポスの物語〉と捉え、羅生門はまさに〈中心／周縁〉宗教的世界の〈境界〉として存在していたと解釈した。そして次にその本章が注目した筋立は下人が京都の町から羅生門に来て、老婆と出会った後、また京都の町へと戻って行くというものだった。そこに物語の円環的な構成が捉えられるとし、この二つの特徴からこの小説は芥川当時の〈外部〉を遮断した完結的構造が捉えられるとみなした。

そのような構造の中で主題はどのように産出されるのだろうかとい

うのが次の課題だった。羅生門という〈人の生〉と〈獣の生〉とのあわいに位置するという、その境界性に主題は創出されると仮説し、下人にとって「飢え死に」しないために仕方なく選ぶ悪の論理、言わば必要悪の論理であったし、また老婆にとっては「仕方がない」という言葉が超越的な神（モノ）に対する思考方法を持たない日本人の、非論理的な精神構造を象徴すると捉えた。やがて下人は「唯、黒洞々たる夜」の引き続く世界が前提としてある限り、たとえ京の町へ「強盗を働きに」突走ったとしても、そのバイタリティによる生の維持は必ずしも可能とは言いきれない。それゆえに、まさに一瞬一瞬が生死をかけた闘いとなるような、一つの失敗は一つの死を意味するような実存の世界へと、下人は駆け込んでいったと主題を捉えることができるとした。その主題批評は通説の自我のエゴイズムといった知的レベルの主題とはまったく異なるものだったというのが本章の主張する結論なのである。

注

（1）関口安義「「羅生門」を読む」小沢書店、平成十一年二月
（2）平岡敏夫「『羅生門』の異空間」『日本文学』一、昭和六二年四月
（3）杉本優「下人が盗賊になる物語──『羅生門』論──」『日本近代文学』四一、平成元年十月
（4）今村仁司『排除の構造』青土社、昭和六〇年、七一～七十八項
（5）森敦『意味の変容』ちくま文庫、平成三年三月
（6）吉田精一『芥川龍之介』三省堂、昭和十六年十二月
（7）三好行雄『感覚と研究〈小説五〉』三省堂、昭和三十七年四月
（8）笹淵友一「芥川龍之介『羅生門』新釈」『国文学論集（山梨英和短期大学創立十五周年）』昭和五六年十月
（9）首藤基澄「『羅生門』論──下人の行動を中心に──」『方位』第四号、昭和五七年五月
（10）芥川龍之介「今昔物語鑑賞」『日本文学講座』第六巻、新潮社、昭和二年四月
（11）芥川龍之介「今昔物語鑑賞」『日本文学講座』第六巻、新潮社、昭和二年四月

(12) 伊豆利彦「芥川龍之介―作家としての出発の一考察―」『文学』、昭和五三年一月
(13) 長野嘗一『古典と近代作家―芥川龍之介』有明堂、昭和四二年
(14) 渡辺綱『複製版　日本昔噺』臨用書店、昭和四六年十月
(15) 芥川龍之介「あの頃の自分の事」『中央公論』大正八年一月
(16) 島津久基『羅生門の鬼』刊本昭和四年六月、大十一年一月
(17) 以下本書の書簡の引用は関口安義編『芥川龍之介の手紙』大修館書店、平成五年十二月による
(18) 渡辺綱『複製版　日本昔噺』臨用書店、昭和四六年十月
(19) 大江小波『日本昔噺第拾五編　羅生門』博文館、明治二八年十一月
(20) 桑田金沼編『掌中長唄集』岡村庄兵衛発行、明治四五年四月

第二章　物化された鼻と〈自我〉の転倒
―「鼻」における深刻な主題と軽妙な笑い

第一節　はじめに

芥川龍之介の代表作品の一つ「鼻」は大正五年二月、第四次『新思潮』に発表された。そして同年五月『新小説』に再掲された。さらに同六年五月、阿蘭陀書房から刊行された短篇小説集『羅生門』に所収された。

「鼻」は前章の「羅生門」と同じく院政期を代表する説話文学集である『今昔物語集』巻二十八第二十話「池尾禅珍内供鼻語」を材源にし、そこにロシアの作家ゴーゴリ（Nikolai）の名作『鼻』に見られる人間観や心理描写を参考にし加味してまとめ上げたものとされている。ただ材源の研究が拡大するとともに、さらにアイルランドの戯曲家シング（J・M・SYNGE）の作品『聖者の泉』も参考にされたのではないかとされ、その内容を換骨奪胎して今昔説話と巧みに融合していることも早くから指摘されている。ただしシングの作品との具体的で精密な比較研究がなされたということはまだ管見には入ってきていない。

「鼻」は芥川の文壇登場のきっかけとなった作品である。この小説は諧謔に富んだ軽快な筆致で人間心理の微妙な屈折と明暗をたくみに描き分けられているが、作者の繊細な神経はその作中人物自体の変化に対応するように作品の細部にまでゆきとどいた計算をはたらかせている。

したがって「鼻」が高く評価されたのは、なんといっても、その人間心理の描写はその人物の変化とみごとに対応しているところにある。そこで本章では身体と心理の関係の変化に見られる作者芥川の表現の魅力を探ってみることが第一の課題なのだが、ただそれだけでは文体論的課題の枠組にとどまり、本書の問題意識とは少し異なる方向性にあるといわざるをえない。そこであらためて先行研究を批判するかたちで芥川の物語叙述のありように焦点を求めようと思う。

この「鼻」にはこれまでに膨大な先行研究が蓄積されている。しかしここで紹介できるものはそのうちの代表的ともいえる数篇の論文にしかすぎない。それでもって研究の動向の粗筋を素描してみよう。たとえば三好行雄は「作品の出来栄えはさほどでもない。作意の底が意外にあさいし、傍観者のエゴイズムをいう作者の説明が、主題の奥行きを消した憾みもある」(1) と述べている。清水康次は「羅生門」では「醜さの世界と本当の生とが対照的に描き出されていた」のに対し、「鼻」では「本当の生は企てられず、醜さの世界は専ら個人の生を侵害するものとして描かれ」(2) ていると述べている。ただ以上のような見解があるにもかかわらず、田中実によれば、中童子にからかわれたときの内供の心境や、寺内の庭の様子が明るいと語られることの意味について「研究者の言及はきわめて少ない」(3) と指摘するように、これまでの研究はどちらかというと、この作品の末尾に論点が集中しており、作中にはまだ解明を必要とする箇所が多く存在している。

「鼻」は主人公の「内供」と呼ばれる僧の、その時その時の心理の変化が鮮やかに描かれていることは誰しも認めるところだろう。とすれば、「鼻」を論じるに際してもっとも中心的な課題は、長大な鼻が人並みになった内供が、それにもかかわらず、なぜひき続いて世間の人々から笑われねばならなかったのかという問題に解釈をあたえることにある。なぜなら、そのプロットに自我—現在からすると自己の主体性といってもよいが—と身体性の問題が集約されており、この作品の解明にとって必要なことにちがいないからである。そこで本章でも、最終的にはその問題に至ることを目標にするが、そのために内供と周囲の人達との関係を具体的に見直すことから始めることにしたい。〈見直し〉とはなにか。それは本書に一貫する課題、すなわち完結的構造を有する物語では世界と人間の相関に意味（主題）があるとするところから、暗黙のうちに現実世界と地続きの世界観を背景にして人間のエゴイズムの葛藤を論述することはできないという仮説にもとづくからである。

第二節　内供の長い鼻の意味するもの

この作品では「栄ゆる寺」の高徳の長者として登場しながらも、長く伸びた鼻という身体的欠陥ゆえに傷つく自尊心や、それゆえに作り出される偽善があばかれていく前半がよくゴーゴリの『鼻』と比較される。しかしそこの間には決定的な差異がある。たとえば海老井英次は「『今昔物語集』所収のユーモラスな説話を素材として、近代人の自我意識がはらむ悲喜劇を見事に表現した一篇」(4) と評価する芥川の「鼻」をゴーゴリの同名小説と比較した場合、ゴーゴリの『鼻』は八等官コワリョーフの鼻そのものが五等官になってネフスキイ通りを散歩するという、一読して荒唐無稽な内容が展開されているが、それでいて、社会風刺を含んだ現実批判のリアリズムが貫いている作品であるとされる。したがって、もしも芥川作品の長大な鼻を過剰な自意識の象徴と把握すれば、ゴーゴリ作品との関係も明白となるだろうが、そうはなっていない。芥川の「鼻」では鼻は顔についたままで伸縮するだけであり、その部位に象徴的な意味が与えられていることは明らかではあっても、その象徴性にはゴーゴリのように小説の〈外部〉へと延伸することで社会批評となるような寓喩的要素はなく、むしろ物語世界の内部にとどまって主人公の内面世界に問題が限定されている。妥当な見解ではあるが、そう読むことが可能であれば、芥川の作品が問うているのは身体の変化と、それに対応する心理の変化という人間の内と外の照応とそのズレにあるということもできる。その問題は東アジアの心身論ともいうべき、たとえば中国晋代の詩人陶淵明の形と影が対話する「形影論」、あるいは後撰集以下三代勅撰集に収められる王朝和歌の〈二つの心〉の分裂、すなわち第一の心を第二の心が見つめる構造を背景とする主題設定に系譜すると見ることができよう。そこに東洋的な心と身体の対話という伝統的主題が意図されているとみてよかろう。

この東アジア的伝統による身と心の対話というモチーフは、たとえば次のような個所がそれに当たろう。

> かうなれば、もう誰も哂ふものはないにちがひない。—鏡の中にある内供の顔は、鏡の外にある内供の顔を見て、満足さうに眼をしばたゝいた。

「鏡の外にある内供の顔」というのは「形影論」でいえば「形」に当たる、実体としての顔を指す。それに対して「鏡の中にある内供の顔」は「影」に当たる、鏡像としての顔を指す。その形影が提喩となって前者が主体としての心を、そして後者が客体としての身体を意味している。「鏡の中にある内供の顔」はたしかに人並みの鼻にもどっている。しかしそこで実体と鏡像の転倒が起きる。鏡像として映った顔（心）を客観的に見れば、それは自我そのものを喪失した内供の顔（実体）にほかならない。内供は人間のエゴイズムから畸形を人間の仮の姿（虚疑）と信じこみ、その結果、鏡に映った顔こそが自己の実体と思い込んで「満足さう」にしている。これが実体と鏡像の転倒である。

このように伝統にのっとるかたちで対他化の方法を獲得したこの作品では内供の鼻の描写は、まず次のように描かれる。

> 長さは五六寸あつて上脣の上から顋の下まで下つてゐる。形は元も先も同じやうに太い。云はゞ細長い腸詰めのやうな物が、ぶらりと顔のまん中からぶら下がつてゐるのである。

この部分『今昔物語集』ではこうである。

> 然て此の内供は鼻の長かりける五六寸許也ければ、頷よりも下てなむ見えける、色は赤く紫色にして、大柑子の皮の様にしてつぶ立てぞ立たりける、其れが極く痒かりける事無限し（日本古典文学大系『今昔物語集』岩波書店　昭和三四年　原文漢字・カタカナ文体。読解の便宜をはかって漢字・ひらがな文体に改めた）

芥川の小説における鼻の描写の特徴は長いという点にアクセントが

置かれているのに対して、『今昔物語集』ではかえってよりリアリスティックな描写である。特に「極く痒かりける事無限し」の部分は、芥川の小説では省かれている。ひどいかゆさは鼻の所有者にとって重大な問題であるはずであって、それだから『今昔物語集』ではこのあとに「然れば」ということで治療の叙述がくる。

この芥川による差異化はどのような意図にもとづくのだろうか。芥川の解釈によれば、内供は自尊心に余りに執したがために、自尊心を傷つける醜い鼻は自己の意識から疎外せざるをえない。その疎外意識がおのれの鼻を他者化し、その挙句には物化—物体としての鼻—してしまう。そこから、身体（鼻）と心という伝統的枠組による対決が始まることに留意すべきだろう。身体（鼻）の疎外がまったくの滑稽でしかないことに内供は気づかないままに内供の悲喜劇が進んでいく。鼻を「茹つた」といわれたり、あるいは弟子の足でそれを踏ませたり、鼻をまるで不要な品物のように取り扱わせる。それでも思うようにならないために鼻ばかりか、弟子たちにも不満を覚える内供が執拗に描かれる。身体を他者化・物化して心と対決させるという構図は、まるで道化のピエロがわざと思うようにならない手足と格闘する茶番芸と異ならず、読者に滑稽感をもたらす。

長大な鼻は内供にとって日常生活における不便さ以上に深刻なものでは決してない。それは肉体上の畸型とはいえても、病気ではない。芥川が原典から自由に解釈の翼を広げて、内供の心の中に潜入して掘り出したものは、海老井英次によると「その鼻によって傷つけられる内供の自尊心という神経の問題であり、他者との関係の中でそれあるが故に苦悩し、歪み、遂には自壊してしまう余りにデリケートな自我意識の問題」[5]であった。鼻との格闘に象徴されるごとき強大な自我意識をもった内供が、なぜにこれほどまでに鼻にとらわれるのか。それは彼にとっては身体の畸型があるべき人間の姿からの逸脱であると信じ込むがゆえに、それが心をもゆがめてしまうからだった。人間の心はかくまでも身体に大きく影響される。西欧的な〈自我〉なるものは身体とは別個に心と外部の関係によって規定される心理学的概念であったはずだが、この作品では〈自我〉はまったく自己の身体性と切っても切れない関係のうちに成立している。そこに〈自我〉の尊厳に敏感な自尊心とか、名誉とかいった問題がひき起こされる。悲喜劇はこの〈自我〉のありようから起こる。それは清水康次が「醜さの世界は専ら個人の生を侵害するものとして描かれた」[(6)]と述べているように、内供の〈自我〉が自己の身体（「個人の生」）と結合する自意識に止まる限り、まさに個人を超越する〈自我〉の普遍性を保つことができないのである。体面、自尊心、名誉欲という感情が西欧から導入された〈自我〉に付随するとき、それはきわめて近代的ではあるが、その一方で、東洋的なものへと偏向していることに注目する必要があろう。

古典の物語にいかにも日本近代の〈自我〉というべき意識にもとづいて解釈が加えられるとき、作者芥川が説く「傍観者の利己主義」[(7)]に捉われすぎることは警戒される。というのは、その言葉に捉えられると、この作品の主題の把握が不十分になる恐れがあるからだ。つまり、心と鼻（身体）の葛藤に象徴される内供の〈自我〉と身体とのズレとによってうっかりすると内供は自己喪失に陥りかねないことになるからだ。それは精神の危機を内包している近代の人間のありかたと重なっている場合、そこに日本的な〈自我〉意識の偏向を認めるとしても、〈自我〉があっての自尊心であるはずなのに、それが転倒してしまって〈自我〉はいつのまにか忘れ去られ、自尊心のみに翻弄されてしまう人間の悲喜劇が展開されることになってしまう。この小説には内供自身が寺に集まる人々の顔を見ようとしないで、おのれの鼻ばかり気にしている姿も描きこまれており、内供が鼻の畸形によって自尊心がひどく傷つけられているために、彼がかえって己れの〈自我〉を物化した鼻と同一視しようとする危機に陥っていることが確認されよう。

こうして内供が長い鼻を実際以上に短く見せようとして工夫を凝らすわけが明かされる。

> 第一に内供の考へたのは、この長い鼻を実際以上に短く見せる方法で

> ある。これは人のゐない時に、鏡へ向つて、いろいろな角度から顔を映しながら、熱心に工夫を凝らして見た。どうかすると、顔の位置を換へるだけでは、安心が出来なくなつて、頬杖をついたり頤の先へ指をあてがつたりして、根気よく鏡を覗いて見る事もあつた。しかし自分でも満足する程、鼻が短く見えた事は、是までに唯の一度もない。時によると、苦心すればする程、却て長く見えるやうな気さへした。内供は、かう云ふ時には、鏡を箱へしまひながら、今更のやうにため息をついて、不承不承に又元の経机へ、観音経をよみに帰るのである。

内供は長い鼻を短かく見せる方法を懸命に考える。まずとった方法というのは、寺に集まる僧俗の中から「一人でも自分のやうな鼻のある人間を見つけて、安心がしたかつた」のも、「内典外典の中に、自分と同じやうな鼻のある人物を見出して、せめても幾分の心やりにしようとさへ思つた」のも、要するに、自分と同類の仲間を見出すことによって、自分一人がそうだから畸型だというコンプレックスを解消したかったからにほかならない。同類を確認することによって、人間として普通だと自らの鼻に納得したかったのである。それは他人の目に自分の鼻がどう映るかということであって、他人が畸型と見ないことを期待したわけだが、しかしそれは自身の考え方が他者にもそのまま通ずるという自己満足以外の何物でもあるまい。

弟子が鼻を短くさせる方法を教わってきて、それを師の内供に語って聞かせる場面は次のように叙述される。

> 内供は、いつものやうに、鼻などは気にかけないと云ふ風をして、わざとその法もすぐにやつて見やうとは云はずにゐた。さうして一方では、気軽な口調で、食事の度毎に、弟子の手数をかけるのが、心苦しいと云ふやうな事を云つた。内心では勿論弟子の僧が、自分を説伏せて、この法を試みさせるのを待つてゐたのである。弟子の僧にも、内供のこの策略がわからない筈はない。

この場面からうかがえる背景から注意しておこう。それは内供の悩みを周囲の人々は知っていたし、内供もまた知ってほしかったという事実である。ただ内供が鼻を気にしていることはあくまでも〈暗黙の了解事項〉でなければならなかった。内供は自分が鼻を気にしていることを隠す演技をする。周囲の人々もまたそれを知りつつも、それに気づかないようにふるまう。そして周囲の人々が気づかないように演じていることは内供自身もまたよく認識している。こうした〈暗黙の了解事項〉にもとづいて相互に〈偽装〉を演じあうことで共犯関係を築きあげ、親和的な相互コミュニケーションを可能にしていた。

しかし〈偽装〉のコミュニケーションはそれを意識する限り内供の自尊心は傷ついたままだった。そこで、いよいよ鼻を短かくする方法を実行することになる。弟子の僧は内供が折敷の穴から鼻をぬくと、そのまだ湯気の立っている鼻を両足に力を入れながら踏みはじめた。内供は横になって鼻を床板の上へのばしながら、「弟子の僧の足が上下に働く」のを眼の前にし、「上眼を使つて、弟子の僧の足に皹のきれてゐるのを眺め」ているだけである。弟子の僧は時々気の毒そうな顔をする。

このぶざまな姿、恰好が秘めた構図は、内供という職位が帯びる高徳性と尊厳があかぎれという人間の肉体部位のもっとも底辺的な、それゆえに下賎ともいうべき部分と対面させられていることである。内供にとって物化して疎外しようとしたはずの鼻が逆に内供を人間存在の底辺にまでひきずりおろしたということになる。なんともコミカルではあっても、グロテスクな喩的構図が実現している。しかも、鼻を弟子の僧に踏まれているうちにかえって気持がよくなる。物化された鼻が内供のマゾヒズムをひき出して内供の自尊心を嘲弄するというべきだろう。こうして長い畸形な鼻は内供の自尊心の内部にひそむ醜く異常なものの換喩となっていることがわかる。まさに内供の精神を身体が圧倒的にふみにじっていく。〈自我〉と身体の関係はいまや身体の部位にすぎないものが〈自我〉を支配してしまっている。

原典の『今昔物語集』の内供には鼻を気にしているという描写は見られないものの、その鼻を粥の入ったお椀に落してしまった中童子への内供の叱り方には屈折したものがある。「私ではない身分の高い人の鼻を持ち上げるときもこんなことをするのか」と、中童子への怒りをやや教訓めいた言葉で糊塗してはいるが、それに対して中童子の「ほかにそんな鼻の人がいれば持ち上げもいたします」という逆襲は、内供の言葉の欺瞞を衝いていて、そこにおかしみが秘められている。『今昔物語集』のこの二人のやり取りにも、近代人に劣らない心理的攻防を見ることができる。芥川が『今昔物語集』のこの話を現代の物語にアレンジしたのも、そういうデリケートなところを正確に読み取ったからであろう。事実、この原典のエピソードである「一度この弟子の代りをした中童子が、嚔をした拍子に手がふるへて、鼻を粥の中へ落した話は、当時京都まで宣伝された」の一文を自己の作品に挿入することにより今昔説話のもつパロディー精神、笑いの余裕を十分に生かしている。

芥川の「鼻」では、積極的に鼻を短くする方法にいくつか挑戦して失敗した上で、内供はやっと弟子の僧が京都の医者から教わってきた方法にしたがって、鼻を短くすることに成功するのである。そのことを確認するのがすでに引用した次の個所で、身と心の対話という形式で自己の身体を対他化する。

> 鼻は—あの頤の下まで下つてゐた鼻は、殆嘘のやうに萎縮して、今は僅に上唇の上で意気地なく残喘を保つてゐる。所々まだらに赤くなつてゐるのは、恐らく踏まれた時の痕であらう。かうなれば、もう誰も哂ふものはないにちがひない。—鏡の中にある内供の顔は、鏡の外にある内供の顔を見て、満足さうに眼をしばたゝいた。

鼻がたしかに短く人並みになったことを確認しているこの内供の姿は一つのドラマの完結を示すものであるとともに、新たなドラマの開始を告げるものとして描かれている。すなわち、鼻が人並みになった内供がさらに笑われるというドラマである。

第三節　笑いの技巧

A・グレマスは物語の実現形態を共時的な意味構造が通時的に展開したものとして把握し、その共時的構造の基礎単位として行為項の概念を提出している[8]。行為項は物語の表層に実現された作中人物の言動と人間関係を、物語の深層構造における意味素の束に還元するときに生じる概念であり、両者は決して同一ではない。たとえば、内供に同情して鼻の治療を施した弟子が鼻の治療後にかえって内供と敵対的な位置に立ってしまうという事態は、作中人物の水準においては弟子の僧の感情の変化にすぎず、内供の苛立った行動への感情的反作用として把握される。だが行為項の水準では、それは補助者から反対者への反転を意味し、相反する意味素間の運動を意味する。この反転は主体にとっての補助者が実は仮面を被った反対者であったこと、つまり、弟子の僧は一見補助者として現れながら、実際は内供を笑いものにする「池の尾の町」の僧俗と潜在的な共犯関係にあったことを暗示している。

内供の眼には鼻はほとんど嘘のように萎縮して、いまはわずかに上唇の上で意気地なく残喘を保っている。「萎縮」とか「意気地なく残喘を保つてゐる」と、その終焉を捉えさせたのは、いうまでもなく内供の強情だった長い鼻をようやくにして征服したという一種得意な意識である。理想は実現されたにしても、理想自体すでに戯画化されているのである。

そのことはあとになって短くなった鼻を笑われた時の内供の心象風景に見えている。

> —前にはあのやうにつけつけとは哂はなんだて。内供は、誦しかけた経文をやめて、禿げ頭を傾けながら、時々かう呟く事があつた。愛すべき内供は、さう云ふ時になると、必ずぼんやり、傍にかけた普賢の画像を眺めながら、鼻の長かつた四五日前の事を憶ひ出して、「今はむげにいやしくなりさがれる人の、さかえたる者をしのぶがごとく」

ふさぎこんでしまふのである。

自尊心を回復するための内供の試みは、内供が真面目なだけにいっそう傍観者として眺められる読者には滑稽さが感じられるものとなっている。しかしそれとともに、長大な畸形な鼻をみごとに短くして人並の鼻を是が非でも所有せずにはやまないという内供の偏執にコンプレックスの底知れぬ深さをも感知する。このような相反する感情が喚起されるのはどうしてだろうか。それは、すでに物化され疎外されていた異形な鼻が内供の精神世界を異化していっているからだ。それは換言すれば、内供と鼻はそのアイデンティティを交換するといってもいいだろう。すでに転倒した世界の始まりである。とすれば、鼻が短くなっても長くなっても内供が笑われることには変わりはないのだ。

> 内供は始、之を自分の顔がはりがしたせゐだと解釈した。しかしどうもこの解釈だけでは十分に説明がつかないやうである。—勿論、中童子や下法師が哂ふ原因は、そこにあるのにちがひない。けれども同じ哂ふにしても、鼻の長かつた昔とは、哂ふのにどことなく容子がちがふ。見慣れた長い鼻より、見慣れない短い鼻の方が滑稽に見えると云へば、それまでである。が、そこにはまだ何かあるらしい。—前にはあのやうにつけつけとは哂はなんだて。内供は、誦しかけた経文をやめて、禿げ頭を傾けながら、時々かう呟く事があつた。

その後も内供は笑われる。周囲からむしろ一層辛辣に笑われる理由はもはや明らかであろう。それは単に「顔がはりがしたせい」では決してない。さらには周囲の者たちの残酷で無責任な〈傍観者の利己主義〉のためだけでもない。それよりももっと根本的なものだ。内供の〈自我〉が鼻の異常さに交換されているとすれば、内供は鼻を媒介にしてしか他者の眼を気にすることができなければ、また他者とのかかわりが結べず、それゆえに鼻によって自己を確認せざるをえないのだ。その意識がかえって強烈な自尊心を駆き立てる。そのために内供の〈自我〉は他人によって見られる自己に合わせることに終始して真の〈自我〉を喪失してしまっている。内供のアイデンティティと鼻が奇妙な逆転関係にあるとはこの意味だ。しかし内供自身はそのことに気づいていない。鼻へのコンプレックスは内供自身が〈自我〉を拡散させ主体性を失った存在と化してしまうとともに増大していく。したがって鼻を人並みにしてしまったことは、結果的に自尊心の肥大へとつながり、彼の〈自我〉を抑圧したのであった。「池の尾の僧俗」の笑いはこの点を見ぬいた結果にほかならない。しかし内供によるエゴイズムの転倒を笑う彼らの笑いは彼らのエゴイズムがもたらしたことはいうまでもなかろう。

しかしこのように解釈してくると、三好行雄がいうように、「傍観者のエゴイズムをいう作者の説明が、主題の奥行きを消した憾みもある」[9] ことになる。そのためにかえって傍観者のエゴイズムに焦点が絞られてしまって、内供の鼻とエゴイズムの転倒に求められるべき主題が希薄となることはたしかであろう。しかし内供の悲喜劇は終っていない。清水孝純は「肥大化した自意識の象徴としての鼻を人並みにしてしまうことは、内供がその個性・独自性を喪失することに他ならない」[10] と解釈している。ただそれは決して身体の正常／異常がアイデンティティと相即するという論理ではない。身体の正常／異常は内供の自尊心の抑圧／解放と結びついていたのであって、自尊心の解放が今度は内供の「個性・独自性」(アイデンティティ) を抑圧してしまったのだ。〈その後も内供に笑われる〉理由はその点にあった。

内供は日ごとに不機嫌になり、「なまじひに、鼻の短くなつたのが、反て恨めしく」さえなった。ところが小説が後半に入ると、ある夜鼻がむず痒くなった。内供は慌てて鼻へ手をやった。手にさわるものは昨夜の短い鼻ではない。上唇の上から顋の下まで五、六寸あまりもぶら下っている、昔の長い鼻である。内供は鼻が一夜のうちにまた元の通り長くなったのを知った。そうしてそれと同時に、鼻が短くなった時と同じようなはればれした心持がどこからともなくもどってくるのを感じた。

こうして小説は一応の平穏さをとりもどした内供を描いて結ばれて

いる。海老井英次がいうように「tragic comedy」(11)と観ずるかぎり、「かうなれば、もう誰も哂ふものはないにちがひない」内供を点出して小説は終わるのだが、実際のところは、おそらくは内供はまた笑われるのであろう。

芥川は内供の心理を描写し、いわゆる〈傍観者の利己主義〉によってそれを説明するが、「鼻」の禅智内供は〈自我〉といえるほどの〈自我〉の確立がないがゆえに、その自尊心なるものは要するに対人間係のなかで揺れ動く自意識にすぎず、結局はそれにふりまわされて悲喜劇（tragic comedy）を演じ続けていくのである。弟子の僧のどこから得られた知見なのかもわからぬ情報にすぐとびついた内供の弱さ、対他意識の甘さ、自省の乏しさはその〈試み〉（願望）にただもうとらわれる安易さと拙さに表れている。高徳の内供の外面（身体）と内面（心）のズレというよりも、転倒というべき事態が彼をふり回す。読者は彼を突き離した位置にあるところから見つめる時、笑いが生まれる。

そもそもこの作品は鼻を短くする方法がきわめて簡単なものであるというところから始まっている。内供がひそかに悩む自尊心の毀損という複雑で微妙な精神の問題に対する治療がきわめて簡単な物理的な形でもっぱら行われる。深刻な内容ともなりうるものが容易な手段で解釈されると考える人間の浅はかさ。そのアンバランスに当初から〈笑い〉がひそんでいる。すでに引用した弟子僧が内供の鼻を踏み付ける描写が捉えようとしている構図は、弟子の僧の皸（あかぎれ）のできた足に長大な〈鼻〉を踏み付けられて身動きもできずにいるというもので、グロテスクな笑いをひき出しているが笑いはそれだけではない。内供はぶざまなその恰好に内心不満を覚えながら、その実、肉体の方は精神の痛みを嘲笑するかのように快感さえ生じ、弟子の僧の「云ふなりになつてゐ」る。この内供の姿には高貴な精神にひそむマゾヒズム願望といった畸型性をあばいて笑いをひきだす。

このように、「鼻」では〈笑い〉を介して作品の魅力が導き出されているが、この点に関連して注目しておきたいことは、「鼻」の執筆過程でベルクソンの『笑い』（原題*Le Rire*、1900）が参照されたことである。それが芥川の技巧に大きく関与しているように思われる。

ベルクソンによれば、〈笑い〉には他者による潜在的な社会的矯正機能があり、共同体や集団の中で〈中心はずれ〉となっているものを〈笑い〉によって自然に矯め正す作用が内在しているという。[(12)] 内供の長い鼻は池の尾で長年噂の種とされてきた。だがそれを短くしたことで、内供は「もう誰も哂ふものはないにちがひない」と呟くにもかかわらず、「池の尾の町の者」は短くなった鼻を以前よりも笑うこととなる。短くなった鼻は長年長い鼻に親しんできた町の者にとってはいわゆる〈中心はずれ〉を潜在的に意味するのであり、彼らがそれを笑うことで内供に対して無意識にも社会的矯正機能を発揮していると読み取ることができる。

「内供の鼻と云へば、池の尾で知らない者はない」と語り手は断定的に事態を語り出す。「長さは五六寸」「形は」「云はば、細長い腸詰めのやうな物」とつづけてその鼻について即物的に語る。この作品が『今昔物語集』巻二十八第二十「池尾禅珍内供鼻語」を典拠としていることは周知の事実であり、「長鼻」という内供の形象はここから来ている。しかし芥川が偶然知っていた挿話を取ったというならば、「内供は、震旦の話の序に蜀漢の劉玄徳の耳が長かつたと云ふ事を聞いた」という箇所からすると『通俗三国志』などに見られる挿話も引用されているとみてよく長耳の人物が選択されてもよかったはずである。しかしこの作品は内供の顔面の一番大事なところ—中心部に君臨する鼻が主題なのである。この作品で注意してよいのは、内供の顔の描写で、鼻以外には何も描かれないということである。とすれば、日常接するその鼻こそ内供の人格を代表する記号であった。

しかもこの小説における鼻の変化は怪奇的でもある。筋立の展開で五、六寸もあった長い鼻が人並みの鼻に変るのである。しかしその変化の過程の描写には神秘も魔法もない、まるで医師の整形手術でも受けているようかのように現実的に見える。もちろん、「しばらく踏んでゐると、やがて、栗粒のやうなものが、鼻へ出来はじめた。云はば毛をむしつた小鳥をそつくり丸炙にしたやうな形である」という描写はグロテスクではある。ともかく、長い鼻は内供が生きていく上でずっと付きまとう難問だった。「品格骨格観怪卑しからず、経典に通じ、徳に厚く、信徒に威厳を持って接し、同朋には穏やかに、女人には、子坊主にはそれなりに」というような心やさしい高徳の僧になったのは奇畸な鼻ゆえに、とりわけ後述することになる〈性〉の煩悩に心をとらわれることがなかったからである。物語の表層ではそうであるが、深層の暗喩による〈性〉と〈生〉とがグロテスクな鼻によって結合される〈笑い〉は、芥川の処女作「老年」（『新思潮』大正三年五月）と「老狂人」[13] からすでに窺える。「鼻」もまたそうした系列に属する作品であることはいうまでもない。

内供の鼻は冒頭で「池の尾で知らない者はない」とされ、「池の尾の町の者は、かう云ふ鼻をしてゐる禅智内供の為に、内供の俗でない事を仕合わせだと云つた。あの鼻では誰も妻になる女があるまいと思つたからである。中には又、あの鼻だから出家したのだらうと批評する者さへあつた」とある。それでも「池の尾の町の者」はその人の高徳には十分敬意を払い、またその鼻の特異さに対しては十分に同情を注いでいた。が、内供の性情が「余りにデリケイトに出来てゐた」がゆえに、鼻そのものと町の人々の立てる噂とが内供を二重に苦しめたことは想像するに難くない。したがってその長い鼻がセクシャリティと結びつく時、内供の内部において抑圧され不自然に歪曲された性欲がここで一挙に〈生〉の問題と結びつき、こうして鼻は性欲という自然を抱え込んだ肉体というものに意味が変形されてもくる。そのことを読者は陰微な笑いのうちに知らされる。

ここにおいて長いボリューム豊かな鼻それ自身が物化されることで、そこに内包されている視覚性とメタファーの意味作用が一つの生き物として、グロテスクとエロティックがないまぜとなって息づいているのを見出すことができる。合理的科学的に解剖される肉体と生理、その不思議を追求せずにはいられない近代人がすでに喪失してしまった世界観がそこにおのずと提示されている。ここにみられるのは精神と肉体の対立といった二元論の下に管理された肉体と生理ではなく、精神の支配管理とは無縁に、それ自身の内に孕む、旺盛で無際限とも言える性のエネルギーが跳梁し噴出する肉体が現前している。そしてそれが疲弊した近代人の陰微な笑いをさそうのだが、その笑いはかえって貧弱な近代人の肉体への〈にが笑い〉でもあるのだ。

内供の鼻が短くなったというプロットに戻ろう。「幾年にもなく、法華経書写の功を積んだ時のやうな、のびのびした気分にな」る。しかし、「二三日たつ中に、内供は意外な事実を発見」する。「池の尾の町の者」は、これまでとは明らかに異なった反応を彼に示す。「池の尾の寺を訪れた侍」は「前よりも一層可笑しさうな顔をして、話も碌々せずに、ぢろぢろ内供の鼻ばかり眺め」、「嘗、内供の鼻を粥の中へ落した事のある中童子なぞは、講堂の外で内供と行きちがつた時に、始めは、下を向いて可笑しさをこらへてゐたが、とうとうこらへ兼ねたと見えて、一度にふつと吹き出してしま」い、さらに「用を云ひつかつた下法師たちが、面と向つてゐる間だけは、慎んで聞いてゐても、内供が後さへ向けば、すぐにくすくす笑ひ出」す。それまでは潜在する形であった内供の鼻に対する僧俗の反応が内供の面前に顕在して来たわけである。鼻は内供の〈自我〉の偽瞞性、自尊心の肥大を映し出して、あるいは長くなったり、あるいは短くなったりする。それは鼻がすでに物化され、勝手に自己の意志を主張するかのようでもあって、読者は「池の尾の町の者」とともに笑う。

しかし鼻が元通りにもどっても内供の思惑はまたも人々によって裏切られ、〈傍観者の利己主義〉により再び嘲笑されつづける。その姿に読者はまた自身の人生を思ってにが笑いを浮かべる。小説はここで一応終わったように見える。そして終わってはいない。間もなく鼻の取換えが再び始まる。鼻の短くなったのがかえって恨めしくなった内供の苦情ゆえである。

二度目の鼻の取換えはほとんど何の神秘も怪奇もない。ある夜、内供は眠れないまま床の中でまじまじともしないでいると、ふと気がつけば、鼻はいつのまにか元通りに長くなっているのである。この不条理な出来事はいうまでもなく寓喩といってよく、それは内供の〈自我〉の不条理の表象としてある。しかし作者芥川からすれば、この世の不条理が現実における真実なのである。昔の長い鼻にもどった内供は晴ればれした心もちがどこからともなく帰って来るのをおぼえる。長い鼻をあけ方の秋風にぶらつかせながら、「かうなれば、もう誰も哂ふものはないにちがいない」と、内供は心の中で自分にささやく。作品の結びである。説明がなく暗示があるだけである。この最後のシーンに内供が人間の不条理の底を見つめて悟りに達したという読み方は間違いだろう。

醜い昔の長い鼻は再びあざ笑われるに違いない。とすれば、その長い鼻を取り戻した内供はなぜ晴ればれとした気持ちになるのだろうか。芥川は再び読み手の想像力を駆き立てる。関口安義は「他人の眼からの解放を獲得した主人公のすがすがしい姿」を認める読み方をする。―「小説は一見物語の当初の場所へと読者を誘うかのようである。しかし決して円環構造にはなっていない。内供は開き直って、いま精いっぱい現実の中で生き抜く覚悟を新たにしている」[14] と。たしかに内供の気持ちが大きく転換していることを見逃すことはできない。鼻が長いので笑われ、人並に短くなるとまた笑われるなら、そのまま放っとけばいいだろう。しかし内供はとりあえず鼻が元通りになったのが嬉しいのである。

鼻は内供の〈自我〉の象徴へと転移したということはこれまでくりかえしてきた。すると、鼻が短くなったというのは〈自我〉の仮装だった。したがってその鼻が元にもどったということで晴ればれとしたのは偽装仮面を剥ぎ捨てた人の心持が現われている。第二の内供の回心である。過去の聖人的意志の偽瞞を捨てて、人間本来の自然に復帰しようとする気持ちである。作者芥川はすべての人間にふつうの人間を見出したかったのであり、内供は愛すべき内供にほかならなかった。三好行雄は鼻が元通りになろうとも、「今日からまた、長くなった鼻を内供は笑わればならぬ」[15] と述べている。そうかもしれないが、ただそれは「論理的には考えられるとしても、「あのやうにつけつけとは哂はな」い、かつての日常が帰って来ることだけはたしかである」

[16] と、内供の気持ちを汲んで解釈したのは平岡敏夫である。しかし平岡がさらに「かうなれば、もう誰も哂ふものはないにちがひない」―これは「愛すべき内供」がつねにくり返すべき祈りであり、この祈りを哂うことはできないのである。たとえ秋山公男が、「哂われようとも、「長い鼻をあけ方の秋風にぶらつかせながら」、内供は彼自身の日々を生きて行くばかりである」[17] というのは、本章のいう人間本来の自然に帰ったということにつらなろう。

このようにして、原話のもつ開放的な〈笑い〉を材料として〈笑い〉の小説を書こうとした芥川は、内供の心の変化を軽やかに滑稽に描いているが、しかしこの滑稽の裏に流れているものが、人間が本来に抱かざるをえない孤独やわびしさにほかならないという主張もまた味わわなければなるまい。この内供の心理には現代人の心理にも通ずるものがある。芥川は古典の高徳の僧（内供）の内面をとおして現代の人々の心理を追究しようとしたことはたしかである。

「鼻」における作品の主要な内容をなす部分で特に読者の関心をひくのは、物語の創作に用いられる技巧が巧妙にかつ執拗に書きこまれていることであろう。特に「鼻」における〈笑い〉は瞬間的な効果でなく、作品を構成する重要な要素である。もちろんふざけた笑いではない。現実の生存苦をみつめる作家の眼にはアイロニーがある。〈笑い〉と現実のにがみは二重構造を保ちながら進行する。

前述したように、内供は物笑いの種であった鼻を人並みに縮ませたにもかかわらず、結果的に再び笑われる。「内供には、遺憾ながらこの問に答を与へる明が欠けてゐた」とされているが、語り手はその理由を以下のように解説してもいる。

> ―人間の心には互に矛盾した二つの感情がある。勿論、誰でも他人の不幸に同情しない者はない。所がその人がその不幸を、どうにかして切りぬける事が出来ると、今度はこつちで何となく物足りないやうな心もちがする。少し誇張して云へば、もう一度その人を、同じ不幸に陥れて見たいやうな気にさへなる。さうして何時の間にか、消極的で

> はあるが、或敵意をその人に対して抱くやうな事になる。—内供が、理由を知らないながらも、何となく不快に思つたのは、池の尾の僧俗の態度に、この傍観者の利己主義をそれとなく感づいたからに外ならない。

「鼻」は滑稽小説としての可能性をも秘めつつ、さまざまな形で読者の〈笑い〉を喚起してきたテクストであった。縮んでもなお笑われるという場面において、突如語り手が介入した結果、その見解に沿うにせよ、反発するにせよ、いやおうなしに「笑いがいかなるときに発生するのか」という問題を、読者に突き付けるテクストへと変貌していたのである。それは、反応の意外性を効果的に表すための技巧の一つといってもよかろう(18)。

だが、ここで注意しなければならないのは、笑う「池の尾の町の者」も、「哂われる内供」自身も、ベルクソンの指摘する〈笑い〉の社会的矯正機能については無鈍着である点であろう。両者の関係を熟知しているのは語り手と読者であり、「池の尾の町の者」は短くなった鼻を見て、無邪気にも「こらえ兼ね」て笑い出してしまうのであって、内供の鼻が再び長くなることを願っての悪意ある意図的な笑いではない。追求すれば深刻な問題になりかねない醜悪なものに端を発する自他のズレは自他の間の〈笑い〉というユーモアを備えた人間的行為によってその基底において緩和され、調和を実現可能としている点が「鼻」の魅力ではないだろうか。

鼻を短くして、普通の人間にという理想は実現されたにしても、理想自体すでに戯画化されている。内供と、すでに物化された鼻とはそのアイデンティティを交換していることはすでに繰り返し指摘しておいた。これは転倒した世界である。鼻を一個の独立した生き物のように見立ててその支配を企てる内供の偏執がアイロニカルな滑稽さを生じさせるのである。その長い鼻に象徴される肥大化した内供の〈自我〉、というよりも自尊心は、これも繰り返し強調してきたように、鼻を媒介にして他者とのかかわりにおける自己確認をひたすら意識し、また自らの姿や生きざまを他人によって見られている鼻に合わせることに終始している。そのような〈自我〉の転倒によってかえって真の〈自我〉を喪失してしまった。こうしたアイロニーを形成しながらも、結末では劇的な反転を試みて始発の状態に戻ったということがかえって風刺的効果を高めている。

作者芥川は一方に〈自我〉の肥大化とその転倒といった重い主題を語りながら、その一方でグロテスクとセクシャリティの交錯に〈笑い〉を軽やかに語ろうとしている。そこにおそらく主題と軽妙な文体とのハーモニーをめざしたのかもしれない。ただしそれがこの「鼻」において可能性だったかどうかは読者の判断にゆだねられている。

第四節　芥川龍之介と性—物語の方法と伝記的事実

本書をつらぬく課題として芥川龍之介の〈物語の方法〉に関心を向けるとき、初期作品の物語性と芥川自身の伝記的事実との関係は重要な問題となる。このことはすでに序章でその問題の性格を明らかにしてある。

本書は芥川の〈物語の方法〉は初期作品ほど完結的構造を指向しているとみている。それはこの「鼻」という作品（テクスト）に見るように、物語の始発と結末が結局のところ同じ状態に戻るという円環的構造をひとつの特徴とする。それは物語が〈外部〉を遮断しているということで、換言すれば、同時代の現実と地続きの〈外部〉の諸事実から成る社会的文化的コンテクストの浸透に対して、それを拒否する閉じた構造を保つということである。

しかしこの「鼻」という作品（テクスト）についていえば、これまで論述してきたテクスト論（作品論）において、たとえば長大な鼻をセクシャリティのメタファーと捉えられるとし、そこに笑いの技巧を見出そうとしてきた。このような分析が作品（テクスト）の文脈だけで完結的構造を取るとすれば、そこに作者芥川の伝記的事実は〈外部〉として介在させる余地はなくなる。もしそうであれば、笑いの技巧に内供の〈自我〉あるいは自尊心と関連をもたせるといった発想がどこから生まれてきたのか、またその主人公の内供の迫真的な再現がどこからもたらされたのか、それらの問題を解釈する可能性が奪われてしまう。芥川の伝記的事実と、物語の方法が指向する完結的構造の関連とはいかなる関係にあるのか、この節では芥川龍之介と性といった伝記的事実を通してそのことを考えてみよう。

そもそも「鼻」の作品研究は、作品設定が現実世界との接点を見出しにくかったためか、同時代の文化あるいは社会状況が作品（テクスト）といかなる緊張関係を結んでいるのかについてはあまりに配慮がなされてこなかったと思われる。それに対して芥川の作品はやはり作家がそれまでの人生で体験し、血肉化したものから削り出されたという考えも根強く存在する。この相反するベクトルを近付けるためには、「鼻」という作品をあらためて芥川の身体論を介して同時代の社会・文化、それに彼の伝記的事実を関連させて考えてみることも重要だろう。そのことが内供の再現に大きく寄与したとみられるからである。

これまで考察してきたことからうかがえるように、「鼻」における内供の葛藤を見つめてきたとき、その背景にある作者芥川の現実認識といったものを読者は共有する必要があるかどうか、それが妥当な作品論につながるのかどうか、本章では俄かに判断し難い。しかし、もしそれを共有しなかったとしても、「鼻」は人生経験が内供の再現＝造形に寄与したことはたしかだろう。この小説が芥川の現実と地続きでないからといって、作者芥川の血の通わない理知的作品にとどまるということはできない。この作品を時代のコンテクストと照応させて読みかえすとき、作者芥川の優しい心情に触れる思いがすることもまた率直な感想だろう。その意味からも、本章は新歴史主義の文学批評に加担するものだ。

この作品が読者をとらえるのは内供を通しての人間の弱点の辛辣な暴露だが、それは思うに、芥川にとっては書きたくもない自身の弱点を書こうとしたことにあるのではなかろうか。そのとりすました肖像写真のイメージとは裏腹に、作者芥川は内供のように演技に徹することなく、虚構の中ではあっても自らをさらけだそうとした。その点、作者芥川龍之介は内供よりずっと誠実に読者と、より深いコミュニケーションを求めているといえるのではないだろうか。

すでに述べたように、「鼻」は大正五年二月第四次『新思潮』創刊号に「芥川龍之助」の筆名で発表された作品である。この作品がいかなる状況で執筆されたかについては「作家解題」で述べられている。それによると、仲間の友人たちが世に迎えられてゆくなかで、芥川は焦燥を感じながら創作を続けていた。相当の自信をもって発表した「羅生門」も黙殺された。その失意の中で文学以外の道を真剣に考え始めた頃、友人に誘われて漱石の木曜会に出席する。木曜会に出席することで、それまでよりも一層漱石に強烈に魅かれることになり、芥川の作家魂を蘇み返らせることになった。そこで、友人を介してではなしに漱石の口から直接に自己の文学的才能をはかってもらうべく、もう一度創作意欲を燃やす。大学の卒業を半年後に控え、さらに卒業論文も四月末日までに仕上げなければならなかったが、卒論もそっちのけで漱石を念頭に置きつつこの「鼻」は執筆されたのである。

「鼻」の同人評はふるわなかった。しかし意外にも、漱石評は絶賛ともとれるものであった。「鼻」の評を記した漱石書簡はその後の芥川の生涯で何回も反芻され、そのたびに自信と勇気を与えたとされる。この時期の木曜会の出席、さらには漱石の「鼻」評がなかったならば、青年作家芥川の誕生はなかったかもしれないし、あったとしても大幅に遅れたであろう。「鼻」はそうした状況の中で「漱石を第一の読者」にして『新思潮』(第四次) に発表するために執筆されたのである。具体的に漱石を意識したコンテクストがこの作品にどう反映されているのか。それにはやはり漱石の書簡にヒントがあるものと思われる。ここでも引いておきたい。

> あなたのものは大変面白いと思ひます落着があつて巫坐戯てゐなくつて自然其侭の可笑味がおつとり出てゐる所に上品な趣があります夫から材料が非常に新しいのが眼につきます文章が要領を得て能く整つて

> ゐます敬服しましたあゝいふものを是から二三十並べて御覧なさい文壇で類のない作家になれます[19]

これはもちろん漱石が「鼻」について賞賛したところであるが、「落着があつて巫坐戯てゐなくつて自然其侭の可笑味がおつとり出てゐる所」とは、一所懸命であくまでも真面目に長い鼻と格闘する禅智内供を、客観的に突き離して見つめる、その距離から生じるおかしさの卓抜さを評したものであろう。本章の第三節「笑いの技巧」はそれを具体的に考察しようとしたものである。赤羽学[20]や越智良二[21]が、芥川の「鼻」と漱石の「吾輩は猫である」に登場する金田「鼻子」との関連性を指摘していることも注目されるが「鼻」は芥川の作品のなかでも異例といっていいほど漱石の影響が強い作品である。この作品が漱石の賞讃を受けたということは語り手の視点と対象との距離のとり方からしても、いかにも漱石好みの高踏的な余裕を見せているところにあるといってよかろう。とすれば、漱石の高い評価も全くの偶然とは言えず、芥川が漱石を意識して書いたことの計算づくの勝利であった可能性が高いということである。

また、思い出されるのは次の手紙である。

> イゴイズムをはなれた愛があるかどうか。イゴイズムのある愛には、人と人との間の障壁をわたる事は出来ない。(中略) 周囲は醜い。自己も醜い。そしてそれを目のあたりに見て生きるのは苦しい[22]。

> 僕は霧をひらいて新しいものを見たやうな気がする。しかし不幸にしてその新しい国には醜い物ばかりであつた僕はその醜い物を祝福する。その醜さの故に僕は僕の持つてゐる、そして人の持つてゐる美しい物を更によく知る事が出来たからである。しかも又僕の持つてゐるそして人の持つてゐる醜い物を更にまたよく知ることが出来たからである[23]。

「鼻」に表れている内供と〈傍観者の利己主義〉の関係は芥川自身の

失恋体験によって認識した自己と周囲の環境の間に生ずるエゴイズムに照応していると言えるだろう。「あの頃の自分の事」の記述、すなわち「自分は半年ばかり前から悪くこだはつた失恋問題の影響で、独りになると気が沈んだから、その反対になる可く現状とかけ離れた、(中略) 今昔物語から材料をとつて、この二つの短編を書いた」という述懐は、この「鼻」においてもその信憑性は高いものと思われる。

このような伝記的事実から、「鼻」の成立事情についても吉田弥生との愛の破局と結びつけて考察する歴史的実証主義の立場が根強く存在している。たとえば石割透は吉田弥生との愛の破局や塚本文への愛の芽生えと関連させて、「「鼻」は、自己の資質通りに生きざるを得なくなった作者の、告白の書」(24) だと説いた。佐藤泰正も「鼻」の結末の部分から、弥生との愛の破局を通してあらわとなった家族の「したたかなエゴイズムとの対峙にたじろいだ芥川の、あるべかりし平安への希求と諦念の微妙な心情の投影」(25) を読み取っている。後年、芥川は「鼻」執筆の頃を回想して次のように書いている。

> 半年ばかり前から悪くこだはつた恋愛問題の影響で、独りになると気が沈んだから、その反対になる可く現状とかけ離れた、なる可く愉快な小説が書きたかつた。そこでとりあへず先、今昔物語から材料を取つて、この二つの短編を書いた。(未定稿「あの頃の自分の事」)

それは「羅生門」の「黒洞々たる」夜に呑まれた下人を描いて得られなかった「愉快」を、夜明けの内供を描くことによって得ようとしたともいえる。そうした彼の希望は十分に実現したわけではないが、夏目漱石が評したように、「鼻」は全体的に「自然其侭の可笑味がおつとり出てゐる」(26) 作品ではある。

作者芥川が自分の作品に対する世評に神経質であったことはよく知られている。たとえば宇野浩二は「ある時、芥川が、(中略) 谷崎潤一郎は新聞を読まないさうだが、僕も新聞を読まないことにしてゐる」と述べたことがある。この「新聞」とは「月評」という程の意味である。これは「芥川が非常に「月評」を気にしてゐたといふ事にもなるのである」[27]と語っている。また森本修に「「戯作三昧」には「人並み以上に自作に対する批評を気にしていた芥川の真意が語られている」[28]という指摘もある。

このような作家の資質が「鼻」の内供の再現＝造形に反映されている。作品の中では鼻が短くなってから再び長くなるまでの時間の経過を作中にたどると、まず「所が二三日たつ中に、内供は意外な事実を発見した」とあり、次に「鼻の長かつた四五日前の事を憶ひ出して」と語られ、「そこで内供は毎日に機嫌が悪くなつた」という心理変化がその後に続き、そして鼻が再び長くなるのはしばらく後の「或夜」である。こうした記述から、短くなった鼻が再び長くなるまでの時間はおおよそ十日前後だったと推定される。主人公の内供は数十年間畸型な長鼻を人々に笑われ、自尊心を傷つけられ続けて来た。だから、わずか十日ほど後に「鼻が短くなつた時と同じやうな、はればれした心もち」になったり、「かうなれば、もう誰も哂ふものはないにちがひない」などと錯覚したりすることは現実にはありえない。それにもかかわらず、内供はそう思ったとある。この物語の時間経過と心理変化の関係はきわめて縮約的ではあるが、これによっていかに内供が周囲の人々の思惑に神経質であるかを強調するための作者の誇張であったとしても、物語世界が現実にわずらわされることなく思い切って描かれるとしたらありうることであろう。これが芥川の〈物語の方法〉だった。それというのも「あの頃の自分の事」の中で芥川が次のように書いているからである。

> 当時書いた小説は、「羅生門」と「鼻」との二つだつた。自分は半年ばかり前から悪くこだはつた恋愛問題の影響で、独りになると気が沈んだから、その反対になる可く現状とかけ離れた、なる可く愉快な小説が書きたかつた。そこでとりあへず先、今昔物語から材料を取つて、この二つの短編を書いた。

あらかじめ注意しておきたいのは「なる可く現状とかけ離れた」という言説だ。そこには本書が主張する現実と地続きのリアリズムを拒否する作者芥川の〈物語の方法〉が認められる。しかしそれと相反するような意味を読みとる先行研究も過去にはあった。たとえば海老井英次が「「あの頃の自分の事」という文章」には「多分に虚構性が含まれている」ので「「羅生門」や「鼻」執筆の事情は」「この文章から離れて考察すべきであろう」[29] と指摘しているのがその代表であろう。たしかに「あの頃の自分の事」は小説であって、芥川の「自作自注」[30] ではない。芥川は第四創作集『影灯龍』(春陽堂、大正九年一月）に全七章から成るこの小説を収録する際、第二章と第六章をなぜか削除してしまったが、上の引用文はその削除された第二章の後半の一部で、この後半全体を当時の芥川の伝記的事実と照合しながら読むと矛盾と虚構とに満ちていることが理解される。とすれば、内供の人物表現は「なる可く現状とかけ離れた」というように、まったく芥川と正反対かといえばそうではなく、みごとに芥川の性格を反映していると捉えられることになる。

この「鼻」における内供という人物造型がどのようにして形成（再現＝造形）されたのか、それは単に作者芥川の恋愛問題とか家庭環境とかにとどまらず、彼の根源的な生の在り方に根差した問題と実は深く結びついていたのであろう。生の在り方のひとつに性の問題があることは認められよう。芥川の性意識は鼻に暗喩されている。それは芥川の伝記的事実にもとづく性意識を代弁しているとみられる。

芥川龍之介が現実の世界でもっとも自然な形で女性と接したのは〈牝〉としての女性であった。そして硫黄の臭いをさせながらまつわりついてきて、ついにはもっとも大切な嘴まで落してしまわなければならない〈牝〉に言語を絶する嫌悪と侮蔑を感じながら、一方ではその〈牝〉を求めざるを得なかった情念に彼の宿命の一つがある。たとえば江口渙（「芥川君の作品」『東京日々』大正六年六月）が芥川の晩年の運命の三十パーセントは性欲が支配したと言い、芥川がHと暗号化して呼んでいる女性についてみてみると、H女は秀しげ子のことで、芥川二十八歳のときに知りあい、芥川よりも四歳年下であった。芥川龍之介はH女に「動物的本能」を感じていた。それゆえ一方で憎悪を抱いていながら、彼自身の内部に巣喰う本能的な性という怪物がH女を離すことができなかったのである。それはあたかも蛎殻（かきがら）のついた「粗朶垣」のように、どちらからともなく執拗にこびりついて離れない、淫靡で嫌悪すべき関係であった。文学上ではあれほどの潔癖さと理知的処理を見せる男が実生活では実に淫靡な本能的生活を送っている。この矛盾のなかに芥川龍之介の生の秘密があるといっても大仰ではなかろう。それがより拡大されて内供の再現＝造形につながっている。

このようなH女に対して当時は姦通罪もあることであり、夫と子供のある女とアンバンチュールを繰りかえすことは、世間体を異常に気使い、名声を気に留め、気の小さい芥川龍之介にとってはまったく思い切った行為であったのである。そこに人間にとっての性のうごめきの深遠を思うべきだろう。

宇野浩二の『芥川龍之介』(31) の中には、大阪の堀江の茶屋や京都の先斗町、宮川町などでつぎつぎと芥川龍之介が商売女を抱く描写があるが、文学の上ではあの高踏的な彼が恥も外聞もなく動物的に女を抱くさまは、いかに当時の小説家たちが紅灯の巷に出入りするのを常にしていたとはいえ、信じられないほどである。また東京でも芥川龍之介は女の穴場を実によく知っており、浅草の三流待合や下四谷町の閻魔堂前の路地を入ったところにある私娼窟だのを心得ていて、その面でも実に感が鋭く、誰よりも先に見つけて女を抱き、しかも友人たちを煙に巻いて楽しむようなところがあった。

芥川は「河童」（『新小説』大正十一年五月）に描いた河童の世界で芸術至上主義的な愛からも離れ、現実における精神的な愛の気どりからも離れ、俗悪な肉欲の中に安らぎを見出すとともに人間の真実を見るのである。

　イゴイズムをはなれた愛があるかどうか。イゴイズムのある愛には、

> 人と人との間の障壁をわたる事は出来ない。人の上に落ちてくる生存苦の寂莫を癒す事は出来ない。イゴイズムのない愛がないとすれば、人の一生ほど苦しいものはない。
> 　周囲は醜い。自己も醜い。そしてそれを目のあたり見て生きるのは苦しい。しかも人はそのままに生きる事を強ひられる。一切を神の仕業とすれば、神の仕業は悪むべき嘲弄だ[32]。

早くから「イゴイズムのない愛」に絶望を抱いていた芥川龍之介は「イゴイズムのない愛」を必要とせず、金で買うことのできる女を買うときには、周囲にも自己にも抵抗を感ずることなく安心して侮蔑と欲望の世界に悦楽を求め得たのであろう。このように、〈牝〉としての女性を愛した一面も、高踏的な愛を求める芥川龍之介と同じく、ある意味では芥川龍之介そのものなのである。

この作者芥川の性の認識が登場人物の長大な鼻を媒介して物語の構造的内部に入り込むのだが、そこにはさらに物語の伝統がある。日本の説話には鼻の変形、というよりも取換えをモチーフとする話が少なくない。出世の妨げとなる曲った鼻をつけ換える。醜い妻の鼻を苦に病んだ男がよその女の鼻を切って妻の顔に付け加えようとして失敗する（『百喩経』）。日本の民話あるいは古典の説話において、大きな鼻は人間の否定的性格と行動の特徴づけに使われる場合が多い。日本人の想像力は天狗の鼻を長くした。深山に棲むというこの想像上の怪物は鼻高く翼あって飛行自在である。天狗は現世を怨み、そして憎む僧侶が死後に変じたものという解釈も一方にあるが、いま一方には堕落した僧侶の心に異界に棲む悪魔が入りこみ超人力を獲得して変身し、天空を飛び回りながら仏法の妨げをなす怪物の場合もある。長く高い鼻がその表象だとすれば、それはきまって天罰を受けるのである[33]。

鼻の取換えはヨーロッパのロマン派の文学作品によると、夜中墓の中に神人が現われて起るといった超現実的な空想が奇跡を起こすところから始まる。このように西欧では、鼻の変形には大体超現実的で「否定的な力」（たとえば悪魔）が参加する。シラノの鼻は「顔面の四分の三を占め、高さヒマラヤに次ぐ」と礼讃はやむことがない。しかし日本の民話にもそれに劣らない巨大な鼻がたびたび現われる。「鼻高扇」(山形県) に現われる鼻は「八石山までのびて、そこまで橋に立つ」というように長大である。この昔話はバリエーションが多い。その中のひとつに、天狗と交換してもらった扇であおぎながら居眠った人の鼻が天まで伸びて行くという空想の話がある。数多い鼻誇張譚には日本人の驚くべき想像力が反映されている。天まで伸びて天の川のかけ橋となる鼻 (福島県)。天の殿様の十五夜の月見の宴のところまで伸びて行く鼻 (福井県) などがある。

十三世紀日本の大音楽家で、鼻が大きいのでまた有名であった藤原孝道も〈鼻〉を〈花〉のイメージに変えようと苦心したと伝えられている。孝道は内裏の花合わせに〈大花〉の簡 (ふだ) を付けた桜の大枝を持ち込んだという。〈大花〉すなわち〈大鼻〉である。しかしこの偉大な鼻はきまって笑いの対象となる。天までのびた鼻は結局雷の火箸に刺されて落ちて死んでしまう。天までさしのぼる鼻の礼讃は日本にはないし、鼻と〈自我〉とを結びつけた話もない。けれども東洋においては、「自」がもと鼻を示す象形文字であった。鼻を指して「自分」を示したのである。そして後に「自」それ自体が「自己」の意に転じた[(34)] 鼻高は畸型として劣等であり、人相の一大欠点であった。したがって日本の昔話には「鼻のとり換え」話が多く失敗に終わったり、やりこめられたりする。考えてみれば、芥川の小説「鼻」も日本の物語伝統を遠く継承する「鼻のとり換え」話のヴァリアントなのである。

このように、「鼻」は想像力に富む日本の民話・説話の伝統に系譜しており、当然ながら、それらに近代的意味づけをする。それが長大な鼻と〈自我〉の間の強迫的なアイデンティティの交換という主題の創出なのだが、そこにさらに鼻のもつセクシャリティのメタファーを媒介させる。

幼少期に見られる神経性習癖の一つに性器いじりがあるが、花太郎 (内供) の場合はそれが鼻いじりであった。鼻を物化することが内供を〈性〉から切り離させたのだが、逆に物化が鼻に伸縮性を与えることで、より一層性器の象徴を帯びることになった。そのために町の人たちは内供の徳にではなく、その鼻に魅了されて彼の周囲に集まった。本章ではそれを〈笑い〉の文学として前節で論述した。

身体がよい道具として機能するためには身体を忘れる必要がある。身体を忘れさせるのが日常的な自己投企であるがゆえに、この自己投企が妨害され不可能になれば、当然ここでどうすることもできない身体が自覚され、肉体として意識されるのである。肉体とはすなわち世界内存在として自由に処分することができないもっとも初源的事実性である。だが〈私〉がまず精神であれば、いかにして〈私〉自身と出会うことができるのか。精神は〈私〉が何ものかを確認するものとしてのみ成立する。まだ何も確認していない〈私〉には〈私〉自身をどうして発見できるのか。実存主義哲学によれば、〈私〉はまず精神ではない。肉体であることによって〈私〉は何の理由もなしに触発されている〈私〉自身を見出すのである。かくして世界を創る精神は肉体と化して初めて歴史的世界の内に己れを見出すのである。

鼻がもつセクシャリティのメタファーは主題創出にかかわる媒介にとどまり、この小説の主題といった場合、このような〈知〉の枠組から捉えるべきなのだろう。肉体と精神（自我）の葛藤という観点から鼻と内供の関係をあらためてとらえかえすならば、内供は長く伸びた鼻を気に病んでいたが、後に伸縮自在になった鼻を自慢するようになった。このことは自分自身の鼻を客観化・敵対化する状態から鼻が内供自身を表すもの、つまり自分自身の一部としてなじんだ状態に移行としたということである。これは主体／客体に分離していた〈内供—鼻〉から、鼻と内供の不可分による〈身体〉の発見なのである。

こうして〈身体性〉という論理を媒介させることで「鼻」の主題を確認したわけだが、ここでの〈身体性〉というのは肉体そのものであるとともに、自我の象徴でもあるといった両義的意味での〈身体〉でもある。「禅智内供の鼻」なるものに物質性を与えた言葉は「烏瓜」でもなく「赤茄子」でもなく、「腸詰め」なのである。しかし「赤茄子」

と書けば、芥川の当時にあっては珍しいあの野菜の「トマト」というよりも、もっと生々しい「禅智内供」の鼻の色を強調した言葉となる。そしてその言葉は実在はしない赤い「茄子」という語感を与える。また「腸詰め」という言葉は食肉加工品をさすが、「腸詰め」と書いてもそれは西欧の食文化を負っている言葉だ。わざわざ今昔説話の当時には存在しない言葉をどうして用いたのか。そこにやはり色と形態の生々しさが男性性器のメタファーになるという言葉遊びがある[35]。

重く深刻な主題にセクシャリティのメタファーがつきまとうところに「鼻」の主題創出のアンバランスが認められる。作者芥川の〈物語の方法〉は、一方で物語伝統のきわめて大きな要素である〈笑い〉の遊びを継受しながらも、いま一方で、近代の知識人の深刻な問題を物語の内部、というよりも鼻のさまざまな表象に組み込まないではいられない焦燥があった。物語伝統と〈知〉の近代とがせめぎ合うところに「鼻」という作品（テクスト）の位相がある。

したがって、内供が深刻に悩んでいた第一の原因は人並みはずれた鼻をもっていたことでもなければ、そのことで周囲の人々によって笑われることからくるものでもなかった。むしろ内供は〈暗黙の了解事項〉のもと周囲の人々と親和的なコミュニケーションを成立させてさえいた。内供の真の苦悩とは鼻が萎縮することで、忽然として現れでた内供自身の自意識であった。それが無意識に〈性〉と結びつけられていたところに作者芥川の事実がある。しかし鼻の自意識が乖離しようとしたとき、〈暗黙の了解事項〉が無効になろうとした。内供は自己の意識のなかでどうしようもない内面の〈乖離〉、すなわち〈他者性〉を認識したのである。反権力的な〈笑い〉を語る一方で、精神と肉体の葛藤という、原典とはあきらかに異なった近代の〈知〉としての「鼻」の主題がここにはうかがえる。

第五節　むすびに

本章は「鼻」をめぐって作品（テクスト）論、笑いの文体論、さらには物語の完結的構造と伝記的事実の関係、そして主題論などを考察してきた。前二者と主題論についてはすでにそれぞれの節で論述してあるので、もはや補足することはやめよう。

そこでこの「むすびに」では物語と伝記的事実の関係について結論めいたものを付言しておくことにしよう。完結的構造が〈外部〉を遮断したところに成立するということは既述した。もしも厳密にいえば、作者の伝記的事実といえども〈外部〉である以上、その事実が物語内部に浸透させるべきではないというのが構造の要請する制約であろう。

しかし前節で考察してきたように、物語内部の登場人物の長大な鼻と彼の〈自我〉あるいは自尊心を媒介するものに性のメタファーがあった。それが物語の伝統であるとすれば、本章はそれ以上に付け加える必要はなかったかもしれない。しかしそれが作者芥川の〈物語の方法〉であったとすれば、そこに主人公あるいはある主要なモチーフの再現＝造形に芥川の伝記的事実が大きく寄与すると捉えた。本章はその問題を作者芥川の性の認識を検討することで、それが物語内部の主題と笑いの構造とパラレルとなることを見出した。そこから本章は伝記的事実が物語に影響するというとき、それが物語と現実の日常が地続きになる自然主義リアリズムとは違って、伝記的事実は登場人物や主要モチーフの再現＝造形に媒介されることで物語の構造に影響を与えることを検証した。

芥川龍之介の〈物語の方法〉は完結的構造を指向しているといえる。伝記的事実は物語内部の主要要素にはたらきかけることで媒介的に加工され、その加工されたモチーフが物語内部の筋立の展開に意味作用を及ぼすという限定的影響ことになろう。

注

（1）三好行雄『芥川龍之介論』筑摩書房、昭和五一年九月
（2）清水康次「『鼻』・『芋粥』論—『解釈』という方法にふれて」『国語国

文』昭和五五年十月
(3) 田中実「芥川文学研究ノート③『鼻』と『龍』」『都留文科大学研究紀要』平成六年三月
(4) 海老井英次『芥川龍之介論攷—自己覚醒から解体へ—』桜楓社 昭和六三年二月
(5) 海老井英次『芥川龍之介論攷—自己覚醒から解体へ—』桜楓社 昭和六三年二月、一〇七頁
(6) 清水康次「『鼻』・『芋粥』論—『解釈』という方法にふれて」『国語国文』昭和五五年十月
(7) 平岡敏夫『芥川龍之介』大修館書店、昭和五七年十一月、一五〇頁
(8) A・グレマス（田島宏・島居正文共訳）『構造意味論』紀伊国屋書店、昭和六三年五月、二二三頁
(9) 三好行雄『芥川龍之介論』筑摩書房、昭和五一年九月
(10) 清水孝純「『鼻』『芋粥』にみるグロテスク感覚の行方」『作品論芥川龍之介』双文社、平成二年十二月
(11) 海老井英次『芥川龍之介論攷』桜楓社、昭和六三年二月、一〇〇頁
(12) 林達夫訳『笑い』岩波文庫初版、昭和十三年二月、改版昭和五一年十一月
(13) 葛巻義敏『芥川龍之介未定稿集』岩波書店、昭和四三年二月
(14) 関口安義『芥川龍之介　実像と虚像』洋々社、平成二年十月
(15) 三好行雄「負け犬—『芋粥』の構造—」『芥川龍之介論』筑摩書房、昭和五八年六月
(16) 平岡敏夫「鼻」『芥川龍之介　抒情の美学』大修館書店、昭和五七年十月
(17) 秋山公男「『鼻』『芋粥』—弱性への凝視」『近代文学　弱性への形象』翰林書房、平成十一年二月
(18) 鷲崎秀一「〈鼻〉言説と〈笑い〉を問う文学：芥川龍之介「鼻」論」『稿本近代文学』第二十八集、平成十五年十二月
(19) 大正五年二月十九日付、芥川龍之介宛書簡
(20) 赤羽学「芥川龍之介の『鼻』における治療の問題」『文芸研究（東北大学）』平成四年五月
(21) 越智良二「『鼻』の歪み」『近代文学試論（広島大学）』昭和五五年十一月
(22) 大正四年三月九日付、井川恭宛書簡
(23) 大正四年三月十二日付、井川恭宛書簡
(24) 石割透「芥川龍之介『鼻』をめぐって」『国文学研究』昭和四九年十月
(25) 佐藤泰正「鼻」『芥川龍之介必携』学灯社、昭和五四年二月
(26) 夏目漱石、大正五年二月十九日付、芥川宛書簡
(27) 宇野浩二『芥川龍之介』文芸春秋新社、昭和二八年五月
(28) 森本修「『戯作三昧』論考」『立命館文学』昭和四二年一月・二月
(29) 海老井英次「『羅生門』—その成立の時期」『国文学』昭四五年十一月

(30) 竹盛天雄「『羅生門』──その成立をめぐる試論」『芥川龍之介研究』明治書院、昭和五六年三月
(31) 宇野浩二『芥川龍之介』筑摩書房、昭和五六年四月
(32) 井川恭宛書簡、大正四年三月九日付
(33) 荒木正純『鼻と赤茄子と腸詰めと　初期芥川と明治・大正期の文化誌』平成十八年　出版予定
(34) 藤堂明保『漢字語源辞典』東京、昭和六二年
(35) 荒木正純『鼻と赤茄子と腸詰めと　初期芥川と明治・大正期の文化誌』平成十八年　出版予定

第三章 「芋粥」における光と影

第一節　はじめに

「芋粥」は大正五年九月『新小説』に発表された。その後、大正六年五月に阿蘭陀書房から作品集『羅生門』に所収されて出版された。典拠は『今昔物語集』の巻十六第十七話「利仁将軍若時従京敦賀将行五位語」、それに今昔説話と同文関係にある『宇治拾遺物語』の巻一第十八話「利仁薯蕷粥の事」とされている。その他にはゴーゴリの「外套」の影響も指摘されている。本章の課題は、作品（テクスト）と典拠の関係を芥川龍之介の〈物語の方法〉が指向する完結的構造を有する物語として考慮し、その構造から主題がいかに創出されるかを追究することにある。

「芋粥」は、いわば芥川龍之介という新進作家の文壇登場第一作であり、彼の文学的生涯の上でも画期的な意味を持つ作品である。むろん『新小説』にはそれ以前に「鼻」が採られていて（五月号）、厳密に言えば、「芋粥」は第一作ではなかったが、知られるとおり、「鼻」の場合は再録である。その点「芋粥」は最初からの注文原稿であり、発表前から少なからぬ期待も寄せられていたのである。したがって文壇という桧舞台にデビューする彼の第一歩はやはりこの作品によって記されたと見るべきであろう。

そのような事情はほかならぬ当時の芥川自身の態度がそのことを十分に意識していたことによって裏づけられる。芥川はこの作品の創作に異常な意気込みを示したあげく、その出来栄や発表後の反響をひどく気にし、師事していた漱石にまで不安を訴え、あたかも初舞台を踏む若い役者のような動揺をあらわにしているのである。[(1)] 現実的には雑誌発行後評判もよく、客観的に見ても同じ号の作品の中では「芋粥」は無難なほうであったということもあって愁眉を開いたが、それまでの心配は並み大抵のものでなかったようである。

「芋粥」は遠い平安朝の昔にあった物語を現代に生きる語り手が語るという体裁の小説である。その構造は「鼻」と類型である。本章が前章に引き続いて作品（テクスト）の完結的構造と主題の創出を課題とする理由はここにある。この作品も古典に題材をとることで、語り手はその物語世界を自己完結した、現在の世界とはまったく切り離されているものとして語るという構造をとっている。作者芥川が今昔説話を自己の物語世界としてとり入れたとき、実はその世界は芥川の現実にとっては異世界（ユートピア）、それも多くは負のユートピアとして設定されていることをまず確認しておきたい。いうまでもなく芥川にとっての関心は人間にある。ただその人間も決して同時代の状況に置かれた人間存在ではない。ユートピアの内部で純粋培養された人間である。それは作者芥川の脳が創り出した人間である。従来はそれを自然主義文学理論、あるいはマルキシズムの社会主義文学理論などから否定的な意味をこめて〈理知的〉と解釈するが、それらの文学理念が絶対視されなくなった現在、養老孟司『脳化社会』(平成十五年二月)ではないが、あらためて芥川文学の創造する物語世界の可能性、あるいは創造の継起性を再評価する環境が整ってきたというべきである。「芋粥」は古典のストーリーに託して巧みに荒涼とした世界と人間の相関が語られている。その相関が創出する主題は芥川という個性を通して普遍化・一般化されるのではなく、それ自体が人間の普遍と直接的に結びついている。

「芋粥」は文壇デヴュー作でありながら、むしろ作品（テクスト）論の少ない作品であった。そうした理由の一半は発表直後の漱石書簡によって後半のみが重視され、主題となる主人公の欲望は、吉田精一がいうように「達せられない内に価値があり」、それが実現すると「却つて幻滅を感じる」[(2)] という〈読み〉のうちに通説化されているためであろう。このような主題論の通説化を打破して「芋粥」論の解釈を豊穣にするためには、漱石の作品構成観の再検討と合わせて、あらためて古典との関係をこれまでの間テクスト性とは異なる視点からの再考をまたなければならない。本章の課題の考察が芥川作品の再考に一石を投じられればと念願するものだ。

第二節　五位の人物表象と過剰表現

「芋粥」における先行研究としてはまず重松泰雄があげられる。彼によると、前半の「五位の造形そのものの中に―この作品当初の主要なモチーフ」があるとしたうえで、その五位の背後に本来的な「亀裂を持つ人間への共鳴と愛着」をみるといった、「老狂人」(『芥川龍之介未定稿集』岩波書店、昭和四三年二月) 以来の芥川「内部の生存の核のようなもの」とのつながりを読みとり、五位が結局は「HUMANな大きさ」(3) への希求から逸脱せざるをえなかったとし、芥川のシニカルなまなざしはその五位の姿に芥川自身の矛盾と不幸を重ね合わせていると読みとる。このようなテクストと作家の伝記的事実との関係の指摘は本章にとっても重要な課題となる。なぜなら物語の完結的構造と伝記的事実との関係は前章でも考察したことからうかがえるように、本書をつらぬく問題だからである。次に吉田俊彦は利仁と五位が敦賀へと向かう道行き部分に二人の力関係を丹念に追い、「五位の悲劇の根本原因は利仁と十分に対峙し得る五位固有の生が、五位自身の内部に確立されていなかったところにある」とし、「五位の自己認識の様態」(4) こそが芥川の関心事だったと指摘する。また清水孝純は五位には「欲望達成になんら努力する様子はみられなかった」とし、彼の欲望が「第三者の手によって偶然実現する」(5) という点を指摘している。生存のための主体性ともいうべきものがまだ曖昧なゆえに五位の生が偶然に支配されていることを芥川は見つめているというのである。このような先行研究は吉田精一の通説を踏まえてこの作品 (テクスト) の主人公五位の人間性に集中していることがうかがえよう。本章はこの主題を物語のもつ完結的構造との連関から考えていこうと思う。

「芋粥」は大きく分ければ四段構成となっている。第一が五位の紹介、第二が摂関家での芋粥の場と五位の欲望、そして利仁との出会い、第三が利仁に連れられての敦賀への道行き、第四が敦賀到着後における利仁の居館での芋粥のふるまいとなっている。こうして物語は摂政藤原基経に使える「某と云ふ五位」の男の紹介からはじまる。彼は背が低く、赤鼻で、眼尻が下り、顔は頬がこけているという風采の上らない男であり、同輩のなぶりものになっていた。

(彼等にいぢめられるのは、一人、この赤鼻の五位だけではない。彼等の知らない誰かが—多数の誰かが、彼の顔と声とを借りて、彼等の無情を責めてゐる。)

語り手は五位の背後に「多数の誰か」を感じる。顔も名前も知らない、しかし人間である「多数の誰か」である。五位はそういう誰かを代表して彼をなぶりものにする「彼等」に怨嗟の声を心の中で挙げているという。誰もが何かの事が起これば五位のように苛められる者の立場になってしまうのだ。そうすることで「彼等」にとってはカタルシスとなるのだろう。社会や集団の不平等の憤懣のはけ口が彼のごとき「多数の誰か」なのだ。それゆえ「彼等」が五位をいじめるのは、一言でいってしまえばカタルシスの対象、憤懣のはけ口が自己に及ばないための防御のためであった。誰もが感ずるその怖れを、誰もが強者の立場に立つことで解消しようとするのである。そのために「彼等」は相変わらず五位を軽蔑し、馬鹿にし続ける。そのとき「彼等」は五位を自分たちの仲間とは認めず疎外している。孤独な疎外者に落ち込んだ彼は尨（むく）犬や狐と同じレベルに位置付けられている。

しかし不幸なことに、五位はそれに反発する勇気もなくみじめな立場を甘んじて受け入れている。その意味からすると、ふつうの人間であれば備わっているはずの〈自我の核〉が欠けているといえる。語り手が五位を評する言葉「だらしなさ」とはその欠如を意味する。社会生活上自我が自己防衛の機能を有しているとすれば、五位はその機能を有しないものであり、そのために苛められることを受け入れざるをえない。そのみじめな姿は実は異形の者、グロテスクな存在であるはずである。清水孝純に言わせれば、「自我の核を欠いた存在は、一種不定形の存在、不透明な存在として、これはそれなりの社会への侵害」(6)なのである。同僚の苛めは単に面白半分の動機からだけではない。集団が結束を保とうとして緊張感をみなぎらせていると、そこに緊張のはけ口として苛める存在を作り出さざるをえなくなる。そのことはすでに言及した。その存在は当然のことながら集団内の弱者である。〈自我の核〉のない五位の存在は通常の人間からすれば不可解な存在であり、かつ弱者でもある。だからますます五位は苛められるのである。

五位という人物の存在をひとまず見とどけたあと、この小説の構造に注意していくとすれば、語り手の問題から入るべきだろう。語り手は現在の立場から古典の物語世界を見渡すというかたちで物語を語っていく。たとえば、利仁が狐に使いをさせるというファンタスティックなプロットが第三段にみえるが、それについても、それを平安朝の人間がどう受け取っていたのか、それに対して現代からはどう見えるのかという二つの見方を示すことのできる存在である。そのような語り手であるから、利仁が五位を敦賀にさそったのを五位が素直に受け入れたときも、ただ遠い平安朝の人間であれば、たしかに信じるということもあろうかというように、五位の利仁に向ける「ナイイヴな尊敬と賛嘆」の眼差しを語るのだが、それと同時に語り手は現代の立場からそういう五位に対して次のように距離を置く。

> —阿諛は、恐らく、かう云ふ時に、最自然に生れて来るものであらう。読者は、今後、赤鼻の五位の態度に、幇間のやうな何物かを見出しても、それだけで妄にこの男の人格を、疑ふ可きではない。

このように、五位に対して距離を置くということだけでいえば、そのとき語り手の視点は五位を見つめている利仁の視線と重なる。だが語り手は利仁に対しても距離を置いて相対化していることを付け加えておこう。たとえば利仁の描写は一見すると次のように中性的になっている。

> 声の主は、その頃同じ基経の恪勤になつてゐた、民部卿時長の子藤原利仁である。肩幅の広い、身長の群を抜いた逞しい大男で、これは、煠栗を噛みながら、黒酒の杯を重ねてゐた。

語り手が利仁に距離を置くのはさきほどの五位の場合とは異なる。その「大男」について別の個所では「この朔北の野人は、生活の方法を二つしか心得てゐない。一つは酒を飲む事で、他の一つは笑ふ事である」と語って、都人とはまったく異なる典型的なバーバリアン（「朔北の野人」）として距離を置くのである。距離はまた軽蔑・差別を孕んでもいる。それがどこから生じるのかといえば、「世の中の本来の下等さ」に起因しているというより、地方に生活の根を持つ野人的生活によるものであるとする。古典世界の〈都／鄙〉の懸隔の激しさに起因するという理解に立っている。

このような語り手が基経邸の侍所で五位と利仁の関係をどう語っていくのか。それが物語の次の展開となる。まず利仁が五位を笑うのはその場にいた衆人一同に和して笑っているにすぎず、利仁が他の都人と同じ加害者の名に価するとは思われない。

> 彼は、唯、両手を膝の上に置いて、見合ひをする娘のやうに霜に犯されかかつた鬢の辺まで、初心らしく上気しながら、何時までも空になつた黒塗の椀を見つめて、多愛もなく、微笑してゐるのである。……

語り手の視点が一方的に都人の眼差しと重なっているとはいえないとすれば、五位を見る語り手の眼は時に周囲の者にはばかって身の置き所もないといったようすの五位をやさしく見つめることもできる。その視点は作者芥川の暖かく人間を見つめる眼に重なるとみてよかろう。その眼差しは弱者のやり切れないあわれさ、存在そのもののいじらしさ、あるいはむしろ、それは重松泰雄が巧みに表現するように「亀裂を持つ人間への深い共鳴と愛着」[7] とでもいえようか。

それゆえにというべきかもしれないが、バーバリアン利仁を見る語り手の視点といえば必ずしも善意のあるものではない。そのことは彼が五位の同僚とともに五位を嘲弄する態度への非難の口ぶりにも見られるし、その後、五位をだまして敦賀まで連れ出したことへの非難のニュアンスでもわかる。ただし五位をさそう利仁の言葉が決して悪意からではないことは後述する。

ところで、この作品におけるモチーフが人間における欲望の問題だと言えるが、語り手は五位が軽蔑される多くの場面を描出したあとで、次のように語り始める。

> では、この話の主人公は、唯、軽蔑される為にのみ生れて来た人間で、別に何の希望も持つてゐないかと云ふと、さうでもない。五位は五六年前から芋粥と云ふ物に、異常な執着を持つてゐる。

つねに控え目にしていなければならない五位の内にうごめく欲望を暴露するように語り出すのである。五位は五、六年前から芋粥を飽きるほど飲んでみたいと思っている。しかしそれが彼の一生を貫くほどの欲望だとは明白に意識しなかったにしろ、結果的には彼はそのために生きているといっても差支えないほどであったといって、ついで次のような説明を加えている。

> ―人間は、時として、充されるか充されないか、わからない欲望の為に、一生を捧げてしまふ。その愚を哂ふ者は、畢竟、人生に対する路傍の人に過ぎない。

それは「欲望」が人生においてもつ価値である。和田繁二郎の解釈を参考にすると、「あてにならぬ欲望でもその人にとっては、それの実現を期待するところに、その日その日の生き甲斐もあるというものである。その欲望の実現が可能か不可能か、またその欲望の大きさ小ささは問題ではない。その欲望の可能性のなさや小ささを見て、それを馬鹿げていると思う人は、結局人生というものを知らない人である」

[8] ということだが、確かに、そう取ってよいだろう。五位が芋粥をいやというほど飲んでみたいと思うのも決して馬鹿げたことではない。その欲望がある人間にとってはその実現こそが人生そのものの顕われだということはよくある。とすれば、誰も五位を笑うことはできないはずである。欲望の内実が違うだけで、誰もが実はそのように生きている存在にすぎないからである。

しかし基経邸で五位の欲望が満たされたとき、なぜ彼は幻滅の悲哀を味わわねばならなかったのだろうか。五位がふと欲望の再現を口にしてしまったところで、すかさずその欲望の小ささを嘲笑ったかのように見えたのが利仁であった。

> そこで、彼は飲んでしまつた後の椀をしげしげと眺めながら、うすい口髭についてゐる滴を、掌で拭いて誰に云ふともなく、「何時になつたら、これに飽ける事かのう」と、かう云つた。
> 「大夫殿は、芋粥に飽かれた事がないさうな。」
> 五位の語が完らない中に、誰かが、嘲笑つた。錆のある、鷹揚な、武人らしい声である。

利仁は無頓着にも五位の欲望の小ささを嘲笑った。五位からすれば自分の人間の卑小性を笑われたようなものだ。当時芋粥は無上の佳味とされ、めったに五位などの口には入らず、入ったとしてもわずかでしかなかった。それゆえに一度飽きるほど飲んでみたいと切望していた。貴重な品を一度ぜひにと切望することは五位程度の都人にはあたりまえのことだ。それなのに、なぜ「大夫殿は、芋粥に飽かれた事がないさうな」などと利仁などに嘲笑されなくてはならないのか。

利仁は「お気の毒な事ぢやの」と軽蔑と憐憫とをまじえたような声で語をつぎ、「お望みなら、利仁がお飽かせ申さう」というのである。五位は己れの欲望の小ささを嘲笑されたことに不快感を覚えたかどうかは語られてはいないが、この利仁の「お望みなら、…」の言葉に欲望を大きくふくらませたことは事実である。

> が、それにも係はらず、我五位の心には、何となく釣合のとれない不安があつた。第一、時間のたつて行くのが、待遠い。しかもそれと同時に、夜の明けると云ふ事が、—芋粥を食ふ時になると云ふ事が、さう早く、来てはならないやうな心もちがする。さうして又、この矛盾した二つの感情が、互に剋し合ふ後には、境遇の急激な変化から来る、落着かない気分が、今日の天気のやうに、うすら寒く控へてゐる。

利仁の唐突な申し出に五位は欲望をつのらせると同時に、五位にとってはあまりに意外な言葉ゆえに不安にさいなまれる。清水康次が「すべてが良い方に変わったのに、変わったということそのものに、何か不安を感じさせるものがあり、それが間近に迫った願望の達成にも、影を投げかけている」(9) と述べているように、五位の不安は五位の度量の狭さゆえに一層強くなっていく。

> 殊に、前よりも、一層強くなつたのは、あまり早く芋粥にありつきたくないと云ふ心もちで、それが意地悪く、思量の中心を離れない。どうもかう容易に「芋粥に飽かむ」事が、事実となつて現れては、折角今まで、何年となく、辛抱して待つてゐたのが、如何にも、無駄な骨折のやうに、見えてしまふ。出来る事なら、突然何か故障が起つて一旦、芋粥が飲めなくなつてから、又、その故障がなくなつて、今度は、やつとこれにありつけると云ふやうな、そんな手続きに、万事を運ばせたい。

揺れ動く五位の心の不安がこまやかに語られていく。つねに受け身の生を生きてきた人間にとって欲望は他者からしか与えられない。しかもその欲望が実現可能とわかると、今度はその欲望の実現をできるだけ先に延ばそうとする。欲望は欠乏によって、また待たされればされるほど肥大していくからだ。五位は欲望の実現を願うというよりも、欲望の肥大化を願っている。それが彼の生きがいであり、欲望が大きくなればなるほど生きがいが増すことになる。

こうして欲望にとらわれた五位の心理をたどってみよう。敦賀にさそわれた五位は欲望に突き動かされるようにして利仁に連れられて彼の敦賀の根拠地（居館）まで足を運ぶ。欲望の実現へと近づくにつれて五位の心は躍る。しかし翌朝大量の芋粥が作られる光景に続き、朝飯の膳では一斗ばかりの芋粥の提（ひさげ）を前にして、もはや食欲を失ってしまった五位はなんとか三分の二ほど飲むが、それが限界であった。五位はその芋粥を飲むことができない。芋粥に辟易しながらも利仁の厚意を無にすることを怖れる五位にとって、目の前に差し出された芋粥はもはや彼の肉体を責める道具でしかない。何気ない利仁の恣意的な好意がかえってそのために生きているといっても差支えない五位の欲望を奪うことになった。前掲した引用にみるように、「人間は、時として、充されるか充されないか、わからない欲望の為に、一生を捧げてしまふ」といった五位の実存感覚は、欲望からのしっぺ返しを受けて人生の意味自体を無化し虚無の空間に彼を宙吊りにする。すると五位は、ふと次のような気分に誘われる。

> 五位は、芋粥を飲んでゐる狐を眺めながら、此処へ来ない前の彼自身を、なつかしく、心の中でふり返つた。それは、多くの侍たちに愚弄されてゐる彼である。

五位は、狐が芋粥を飲んでいるというファンタスティックな異界の光景を眺めながら、ここへ来ない前の彼自身をなつかしく心のなかでふり返ったと語られていることに注意する必要があるだろう。彼の人生は欲望が過剰な実現をみたとき一挙にしぼんでしまった。それにともなうように現在の人生もまた無化されたともいっておいた。五位にとっては欲望を目的化しひたすら追求することで自己の存在の意味を見出していたからである。清水孝純が五位には「欲望達成になんら努力する様子は見られなかった」とし、彼の欲望が「第三者の手によって偶然実現する」[(10)] 点を指摘しているが、そうであれば、彼の自己存在は欲望を介して他者の手にゆだねられていたことになる。そして利仁という他者が欲望をパラドキシカルに奪った。そのとき、五位には現在の自己存在が希薄となったというべきである。それに代って過去の自己がそれ自体意味をもって彼の眼前に立ち現われたのである。

かつて夏目漱石がこの小説に対して行った批判[(11)]もまさにこの点を突いている。

> あれは何時もより骨を折り過ぎました。細叙絮説に過ぎました。然し其所に君の偉い所も現はれてゐます。だから細叙が悪いのではない。細叙するに適当な所を捕へてゐない点丈がくだくだしくなるのです。（中略）物語り類は（西洋のものでも）シムプルなナイーヴな点に面白味が伴ぎます。憎い事に君はそこを塗り潰してベタ塗りに蒔絵を施しました。是は悪い結果になります。然し。芋粥の命令が下つたあとは非常に出来がよろしい。立派なものです。[(12)]

漱石は、この小説の前半の「細叙絮説」によって全体のバランスが壊されているという、この作品最大の欠点を指摘する。その「細叙絮説」をこれまで五位の欲望に対する心理の変化に見てきたわけである。同時にそれは、芥川がまだ「晴の場所へ書きなれ」ないための硬さから出ただけで、別に心配はいらぬといたわっている。この漱石の言葉はたんなる気休めではなくて事実としても十分に正しいと言えるだろう。初めて晴れの舞台を踏むという必要以上の「気張り」や「余所行」の感情が一時的な表現の過剰・肥大を生み、「羅生門」や「鼻」などに見られた初期芥川作品の「真面目」を損なったり歪めたりしたことはたしかに争えないようである。これは逆に言うと、芥川においてはこのような「細叙絮説」をあえておこなっても、そのプレテクストである『今昔物語集』『宇治拾遺物語』と異なる物語文学を再構築しなければならないという気負いがあったことをうかがわせる[(13)]。

作者芥川の同時代の社会的文化的コンテクストを〈外部〉として遮断することで、完結的構造をもつ物語を創作しようとする芥川の作品の多くは現在に生きる語り手が全知の立場から時代を遠く隔てた物語世界を紡ぎ出していく。それは主題創出という一点に集約させることを目的としながらも、古典に取材した物語世界の既知の筋立や構成を一旦解体し、そして再構築することで、そこにふんだんに人間に普遍的な心理を寓意的描写を加えながら語っていくという〈物語の方法〉が明確にうかがえる。この〈物語の方法〉は絶対的〈自己〉を過信し豊穣な生命力を肯定する拡散的才能の発露ではなく、物語世界を自閉することで、瞬時の生命の燃焼、自己と世界との調和、あるいは世界と相関する心理の動きへの繊細な目配りによる語りによって物語世界を紡ぎ出していったことを示唆している。とすれば、漱石が「芋粥」を評して作品の出来として前半が長すぎることを批判したのは物語世界を紡ぎ出す意識的操作の不自然性が露呈した点を突いたもので、作家として歩み始めたばかりの芥川の〈物語の方法〉におけるウィーク・ポイントを指摘したとも言えよう。

第三節 〈笑い〉の世界を求めて —芥川の喜劇精神—

「芋粥」には〈笑い〉を求める精神がみなぎっている。物語の筋立からみると、笑われるべき状態から、それをのり越えさせようとする状態の実現へ、そしてさらにはそれが反転して以前と同じく笑われるべき状態への復帰という円環的構造が作品（テクスト）にも認められる。しかしその復帰は決して否定されるべきものとしてではなく、むしろ望ましいものとしての復帰という弁証法が認められる。ここで注意されるのは、この小説の筋立が円環的構造をもっているということである。五位の欲望という強力な中心をめぐって円環状に組織されている。前章でもみたように、円環の筋立は〈外部〉を遮断する構造をもっている。そこに完結的構造が成立している。

作者芥川は「芋粥」においてかなり周到な技巧的描写をおこなっている。たとえば、五位が女房に逃げられた時期と五位が芋粥に羨望をもつようになった時期とが同じ頃に設定されていることは何気ないように見えるが、芋粥への欲望が単なる食欲にとどまるものではなく、性欲の代替であることを示唆するといった技巧、あるいはまた子供たちが犬をいじめる場面においても、苛められる犬と五位の軽蔑されながら生きざるを得ない「犬のような生活」とがイメージのうえで重ね合わされるといった技巧、それらの技巧を支えているのが〈笑い〉にほかならない。

夏目漱石の批評どおり、「芋粥」には立派な技巧がおこなわれているが、そのなかでも〈笑い〉の技巧を中心に芥川の喜劇精神について考えてみよう。

この作品には多くの〈笑い〉が出てくる。そこに注目した東郷克美は「「芋粥」も、笑われるものとそれを笑うものとの物語である」とし、笑いの部分を十四箇所抽出して、「嘲弄が欲望を育んで来たのだとすれば、周囲の嘲弄だけが生の手ごたえだった」(14)と、〈笑い〉がこの作品の筋立の大きな中心になっていることを示唆している。特にこの作品後半を読んでいくと、大声で笑う〈笑い〉というよりも、微苦笑をさそう〈おかしみ〉といったものも感じられる。それは漱石が芥川の「鼻」を評して「自然其侭の可笑味がおつとり出てゐる」と慰め、この「芋粥」についても「芋粥の命令が下つたあととは非常に出来がよろしい」という感想を寄せたことともつながり合うものかもしれない。その個所を具体的に指摘してみよう。

第一段では、まず周囲の都人たちからの「悪意」と「軽蔑」に晒されて、「犬のような生活」を強いられている五位の境遇の描出が長く続く。周囲の人は無抵抗な五位に対してそれではいけないと思いつつも、彼の心の動きが自分と重なってしまうために、それを比喩的にいえば、五位の思いや行為が自分を見返る鏡となっていることに気づくために、周囲の人々は彼を陥れて嘲笑する。残酷なことに、その嘲笑が読み手の側にも〈おかしみ〉を生む。というのは、五位への嘲笑が自己にも向かうことだってあることをふと顧るからだ。段の終わりに至って「では、この話の主人公は、唯、軽蔑される為にのみ生まれて来た人間で、別に何の希望も持つてゐないかと云ふと、さうでもない」という一文で話題の転換が図られ、唐突に芋粥をめぐる欲望の説明がなされる。

かくして以降の物語は「芋粥を飽きる程飲んで見たい」という五位

の欲望を中心に展開される。ここから欲望をめぐる〈笑い〉が筋立のトーンをなしていく。その仕掛けとして、ここから語り手の視点が五位の視線と重ね合わされ、彼の視線を通して語られるのだが、たとえば利仁にともなわれて到着した敦賀の彼の居館でのさまざまな光景が異界ゆえの過剰表現で捉えられる。それは明らかに〈おかしみ〉あるいは〈笑い〉の演出を意図したものだろう。利仁の居館に着いた五位はおのれの欲望を満たすときがきた。翌朝、眼がさめた五位は山のように積まれた山の芋を見て、「殆ど周章に近い驚愕に襲はれ」る。積み上げられた山の高さはそのまま利仁の力の大きさを示す。それは五位の予想をはるかに越えたものであり、圧倒的な物量を前にしてあわてふためく五位の姿はいわばサプライズの〈笑い〉を仕立てているということができよう。

利仁の圧倒的な勢力の下で、次のような光景が繰り広げられる。

> 火を焚きつけるもの、灰を掻くもの、或は、新しい白木の桶に、「あまづらみせん」を汲んで釜の中へ入れるもの、皆芋粥をつくる準備で、眼のまはる程忙しい。釜の下から上る煙と、釜の中から湧く湯気とが、まだ消え残つてゐる明方の靄と一つになつて、広庭一面、はつきり物も見定められない程、灰色のものが罩めた中で、赤いのは、烈々と燃え上る釜の下の焔ばかり、眼に見るもの、耳に聞くもの悉く、戦場か火事場へでも行つたやうな騒ぎである。

その上、次のようなありさまを見たとき、五位はあまりの物量に圧倒されるだけである。

> 五位はさつき、あの軒まで積上げた山の芋を、何十人かの若い男が、薄刃を器用に動かしながら、片端から削るやうに、勢よく切るのを見た。それからそれを、あの下司女たちが、右往左往に馳せちがつて、一つのこらず、五斛納釜へすくつては入れ、すくつては入れするのを見た。最後に、その山の芋が、一つも長筵の上に見えなくなつた時に、芋のにほひと、甘葛のにほひとを含んだ、幾道かの湯気の柱が、

蓬々然として、釜の中から、晴れた朝の空へ、舞上つて行くのを見た。

このような二つの過剰な光景の果てに、五位の前に芋粥が—「銀の提の一斗ばかりはいるのに、なみなみと海の如くたゝへた、恐るべき芋粥」が差し出されことになる。当初、その過剰を五位は自己の欲望の解放、というよりも自己そのものの拡大というように錯覚していた。

> 五位は、ナイイヴな尊敬と賛嘆とを洩らしながら、この狐さへ頤使する野育ちの武人の顔を、今更のやうに、仰いで見た。自分と利仁との間に、どれ程の懸隔があるか、そんな事は、考へる暇がない。唯利仁の意志に、支配される範囲が広いだけに、その意志の中に包容される自分の意志も、それだけ自由が利くやうになつた事を、心強く感じるだけである。

こうした自己拡大感が実は他者による圧迫感に変化していくのに時間はかからない。この過剰をもたらしたのは利仁の巨大さにあったのであって、その巨大さがやがて五位に強烈な圧迫感となるはずなのだ。敦賀の居館にあるときの利仁は巨大であるばかりでなく超人的というか、異人的でもある。利仁の放った狐が忠実に彼の命令を実行したときの五位の驚嘆におそらく読者は〈笑い〉のうちに何らかの違和感あるいは気おくれ、さらに言えば、一線を踏み越えた過剰な他者存在に圧迫感を覚えるに違いない。そこではじめて五位は、欲望は欠乏によって、また待たされればされるほど肥大していくということに気づくようになる。物の充足が生きがいなのでなく、欲望そのものが生きがいだったと気づいたのがそれである。五位としては、何となく釣り合いのとれない不安のなかでの芋粥ではなく、一旦、芋粥が飲めなくなって、今度はやっとそれにありつけるというような、かつて京にあった日常における芋粥があらためて望ましいものとなる。

きわめて平凡で善良な人間を描き出すために利仁を過剰で巨大な存在としたのは強烈であった。このような誇張と戯画化の技法は一種の〈笑い〉をもたらすことだけはいえよう。そうであれば、作品末尾の芋粥供応の場面もやはり五位と利仁との芋粥をめぐるすれ違いを通して滑稽と悲惨がない交ぜとなった奇妙な〈笑い〉を醸し出す。五位は「利仁の意志に盲従するより外に仕方がない」ままの心細さを抱いていたのだが、それがいつのまにか、利仁の「意志の中に包容される」ことを「心強く感じる」ようになる。主体としての自覚のない存在は時として巨大な主体の存在に従属することで自己の安定を得る。それはある意味で部分と全体の関係に似る。

そこでここではあらためて後半における五位の心理の変化をたどることで前半のそれ（前節）と対比してみよう。敦賀に赴くために京都を離れるにつれて増大していた不安もすでに一掃されている。「利仁や利仁の従者と、談笑しながら」の旅路は京の都にあって都人たちから疎外されていた状況と全く対照的である。敦賀の居館に到着した後も「万事が、京都の自分の曹司にゐた時と比べれば、雲泥の相違」のもてなしを受け、客人として丁重に遇されるのである。

このような境遇の急激な変化は、五位がそれまでの自らのあり方を対象化する機縁ともなり得る。というのは、彼の内にひそむ欲望も次第にはっきりと自覚されてくることになるからである。まずそれは欲望実現を望んでいたそれまでとは一転して実現の先延ばしを願う心理として現れる。すなわち「芋粥を食ふ時になると云ふ事が、さう早く、来てはならないやうな心もち」や「あまり早く芋粥にありつきたくないと云ふ心もち」が次第に強くなってくるというかたちで表現される。その理由は「何年となく、辛抱して待つてゐたのが」「無駄な骨折」であったかのように思えてきたからにほかならない。ここに至って五位は自らの欲望と京の都での自らの疎外状況とを結びつけることができるようになったのであるが、それこそが五位自身の自己認識、大袈裟にいえば主体としての自覚ということだが、そのことは同時にちっぽけな矛盾の露呈でもあった。

欲望に対する自意識はそこに抵抗があってはじめて目覚めさせられる。五位は利仁の居館で山の芋二三千本をふんだんに使った大量の芋粥を見てからは、一口も口をつけないうちからすでに食欲を失ってしまった。すでに言及したことだが、過剰と巨大が五位の自己の小ささをきわ立たせ、その対比が〈笑い〉をひき出してくれる。

五位にとって無上の価値を持つはずだった芋粥はここでは無価値に等しい。なぜなら、欲望の目的として思い描いていた芋粥と、獲得された芋粥との間には極端な量の落差があったからだ。量の多少が価値にかかわるとすれば、五位の獲得したものは予想とは全く別のものとなる。

> どうもかう容易に「芋粥に飽かむ」事が、事実となつて現れては、折角今まで、何年となく、辛抱して待つてゐたのが、如何にも、無駄な骨折のやうに、見えてしまふ。

一挙に実現された欲望の達成はそれ以前の努力を無化してしまう。それも巨大にそして過剰にであればなおさらであろう。〈笑い〉は巨大・過剰、そして逸脱がちっぽけな個を吹き飛ばしてしまう壮快な無化そのものにある。五位の小さな夢が馬鹿々しい規模でなされる実現のされ方で吹き飛ばされる。なんとも壮快な〈笑い〉を呼ぶではないか。前半の空回りした心理表現とは異なることがうかがえよう。この後半で五位の心理の変化をいかにも自然に見せているのは実は利仁の過剰と巨大さがそれに対比されているからで、その背後には完結的構造を有する物語があることは後述しよう。結末の部分において語り手は正確に次のように語りおさめている（一部はすでに引用した)。

> 五位は、芋粥を飲んでゐる狐を眺めながら、此処へ来ない前の彼自身を、なつかしく、心の中でふり返つた。それは、多くの侍たちに愚弄されてゐる彼である。京童にさへ「何ぢや。この鼻赤めが」と、罵られてゐる彼である。色のさめた水干に、指貫をつけて、飼主のない尨犬のやうに、朱雀大路をうろついて歩く、憐む可き、孤独な彼である。しかし、同時に又、芋粥に飽きたいと云ふ欲望を、唯一人大事に守つてゐた、幸福な彼である。

五位はここへ来ない前の彼自身をなつかしく心のなかでふり返った。それは多くの侍たちに愚弄されている彼自身の似姿である。この場面描写の巧みさは、この憐れむべき、孤独な彼が「芋粥を飲んでゐる狐」によって対象化されていることである。五位はこれまで芋粥に飽きたいという欲望をただ一人大事に守っていた幸福な彼を見つめ直させる。芋粥がふるまわれる狐を対象にすることで得られる自己の発見は、これまで考察してきた〈笑い〉の対位法のうちに自己拡大などありえないというあきらめによってもたらされたものであった。

第四節　「或無位の侍」の登場、または完結的構造

従来、「芋粥」の主題に関しては、田中純[15]、竹内真[16]、それに吉田精一[17]などに、「理想は理想である間が尊」(竹内真) く、達成されれば「却つて幻滅を感じる」(吉田精一) といういわゆる幻滅テーマ説が提出され、それが長く影響力をもってきた。確かに、周囲から軽蔑されて「犬のような生活」をしていた五位が芋粥を飽きるほど食べたいという欲望を持ち、それが利仁のいたずら心によって叶えられるとともに幻滅を感じるという筋立からすると、理想の幻滅というテーマ性は納得できる。それは平安期の五位という人物の生き方に限定されているのでは決してなく、語り手を介して作者芥川の現代の人間への皮肉・警鐘ととることができる。このように作者芥川は「芋粥」で平安朝の物語世界を借りて普遍的な人間存在の本質に迫っていったとされる。

もしこのように理解してよいとすれば、過去の物語世界と現代の〈語り部〉という芥川作品の構図は人間存在の普遍性にすべてをあずけているといわねばならない。そのような〈読み〉がどうして可能なのだろうか。ここで考えようと思うのはこの問題である。「芋粥」冒頭に近い一節を手がかりにしよう。

伝はる資格がない程、平凡な男だつたのであらう。一体旧記の著者な

どと云ふ者は、平凡な人間や話に、余り興味を持たなかつたらしい。この点で、彼等と、日本の自然派の作家とは、大分ちがふ。王朝時代の小説家は、存外、閑人でない。

ここで芥川は物語文学と現代の自然主義リアリズムとの差異に言及している。「旧記」というのが物語文学のことだが、〈物語〉とは物語るに価する人物を語り伝えていくためにあるという。それに対して現代の自然主義リアリズムは物語るに価しない、きわめて平凡な人物をことさらにとりあげて小説に仕立てているという。そこに皮肉がまじっていることはいうまでもなく、自然主義リアリズムは〈人間の自然〉と称して〈人間の本能〉を暴きたてることに価値を見出そうとしていると暗に皮肉っているとみてよい。しかしそれでは芥川はいずれの立場に立つのか、それは語られていないが、明らかにわかることは小説とは何かを論じるよりも、これから語る「王朝時代の小説」、すなわち物語文学を題材とした現代にとっての物語世界を読んでほしいというのであろう。

そこで、この「芋粥」にあって芥川は何を物語ろうとするのか、そのことを芥川龍之介の同時代の文化との関連を考慮しながら考えていくことにしよう。作者芥川はこの小説で同僚などの悪戯とは距離を置いて五位を「全く別人として」見る、丹後の国から上京してきた青年(無位の侍)を登場させている。この人物の登場はこの物語にとってはあたかも〈外部〉から入り込んで来たような他者存在である。この人物の眼差しを通して五位という弱者への素直な共感を読者に訴えかけるという方法がとられるようになる。すでに引用した個所だが、重要なのでその語りをあらためてみてみよう。

(彼等にいぢめられるのは、一人、この赤鼻の五位だけではない、彼等の知らない誰かが―多数の誰かが、彼の顔と声とを借りて、彼等の無情を責めてゐる。)―さう云ふ気が、朧げながら、彼等の心に、一瞬の間、しみこんで来るからである。唯その時の心もちを、何時までも持続ける者は甚少い。

「彼等」とは五位に悪戯をしかける同僚であるが、「彼等」は五位に対しては強者である。しかし「彼等」が五位の背後に「多数の誰か」、すなわち五位に代表される弱者という他者存在に気づかねばならないのだ。それはある者に対する強者が別の者に対するとき弱者にならざるをえない。そんな関係がありうるからともいえる。それはまたこうもいえる。「彼等」はいわば自己の内なる弱者の存在に気づかねばならないと。それが物語の〈外部〉から入り込んだ他者、すなわち「或無位の侍」の眼差しであり、内語であった。それならば彼は「民衆の象徴」[(18)]なのか、それとも「負け犬」[(19)]なのだろうか。

この侍はおそらくそういう範疇で捉えるべきではなく、むしろ五位という弱者に〈人間〉を見る他者である。彼は五位の立場への共感から五位を弱者に仕立てる「世の中」の仕組を憎むにちがいない。

芥川の作品の多くが弱者の造型を志向するか、強者と弱者の権力関係を問題にする。そこにはその志向や関係と結びつく戦略的な見通しがあったからではないか。その戦略性の一つが特定の眼差しを持つ人間の登場である。この小説にあっては「無位の侍」がそれだが、彼は物語にとって主人公とは距離を置く〈外部〉の存在であるところに自然主義リアリズムを逸脱した芥川文学の物語の方法があるといえないだろうか。そのような存在に発見されるものとして弱者を描き、弱者の発見が〈人間〉の発見につながる。

その〈外部〉からやって来た「この男の眼にだけは、五位が全く別人として、映るやうになつた」として、その理由が次のように語られる。

> 栄養の不足した、血色の悪い、間のぬけた五位の顔にも、世間の迫害にべそを掻いた、「人間」が覗いてゐるからである。この無位の侍には、五位の事を考へる度に、世の中のすべてが急に本来の下等さを露すやうに思はれた。さうしてそれと同時に霜げた赤鼻と数へる程の口髭とが何となく一味の慰安を自分の心に伝へてくれるやうに思はれた。

五位の〈人間〉にまで届く眼差しを有しているのは「或無位の侍」だけである。「霜げた赤鼻と数へる程の口髭とが何となく一味の慰安を自分の心に伝へてくれるやうに思う」、この人物だけが「いけぬのう、お身たちは」という五位の心を読むことができる。とすれば、彼もまた弱者ということになろう。無位の男の五位を見る眼差しは五位をしいたげる世の中の「本来の下等さ」、たとえば「風采」のゆえに五位を愚弄する世間の下等さを憎む。そしてそれとは逆に青年が五位から「一味の慰安」を得るのは五位への共感のゆえだろう。平岡敏夫の「〈一味の慰安〉こそ、のちのちまで持続される芥川の五位へのシンパシイではなかったか」[20]との指摘があるのは適切な見解ということができる。自己の内面において「誰か」という他者を見出したとき、これまで周りの強者（人々）と一緒になって無意味に五位を馬鹿にしてきた異常を異常とも感じない飼い慣らされた意識のありように「本来の下等さ」を感じていく。内なる他者の発見がその人間のあり方を変えるということはありうることだ。

このように、弱者を通じて〈人間〉が発見されるという構造が繰り返し採用される〈物語の方法〉は何を物語ろうとするのだろうか。それは実は発見そのものが主題なのではあるまいか。弱者性を普遍概念として〈人間〉の存在証明にする点で、芥川の方法はポスト自然主義的であり、〈人間〉像に関する同時代の無意識と結託していたとも言える。それには日本モダニズム期に弱者が「常民」「民衆」「大衆」「プロレタリア」などに切り分けられる過程の検討が不可欠であるが、芥川の弱者表現は、弱者も〈人間〉であるという以上に、弱者こそ〈人間〉であるという一種の転倒性を帯びている。

「芋粥」はある平凡な男の内部に人間の弱さを見出すとともに、その弱さに他者の眼を借りて限りない共感を示していく。人間の強さと弱さ、それが人間集団（社会）の本来のあり方だとすれば、弱肉強食などといった人間性を踏みにじる行為はない。だれも五位を笑うことなどできないのである。考えてみれば、人間誰しも実はそのように生きている存在にすぎない。弱者へのいたわりと人間のやさしさ、芥川の描いたのは人間的な、あまりにも人間的なドラマだったのである。

「芋粥」は主人公とサブ主人公との関係、語りの方法、〈外部〉からの他者の入り込み、結末の暗示性など、層的な構造をもって芥川の物語の方法が当時の作者芥川の人間観・人生観を隠微に透かし見せている。しかし芥川の物語はその〈外部〉から入り込んで来る他者（「或無位の侍」）の眼差しに作者の人生観をこめて物語内部の五位を見つめさせるとき、そこに普遍性・一般性が捉えられるという〈読み〉のメカニズムが組み込まれているという仕掛けを読者はあらためて意識化しなければならない。

芥川文学、とりわけ古典物に題材を取った小説に何が読み取れるのかというとき、これまで読者は古典の物語世界をそっくり芥川の〈知〉の枠組と認識し、そこで生起する人間と人間の葛藤や和解のドラマの再解釈（あるいは現代的解釈）から人間性あるいは社会と人間の関係の普遍性・一般性、もっと突っ込んでいえば〈真理〉なるものを読み取ったとし、そしてそれを自己の内に概念化することができたところで芥川文学の〈読み〉を完了しえたとする。この「芋粥」という小説でも、「或無位の侍」が主人公五位という人間に弱者のありようを捉え、そこから反転して五位を弱者へと疎外する人間社会の歪みを憎むという〈読み〉をおこなったところで作者芥川のヒューマニズムを同定する。しかし考えてみれば、このような〈読み〉、そしてそういう〈読み〉をもたらすような芥川文学の仕掛けにあらためて意識を向けるとき、このような〈読み〉は芥川文学をそれこそ普遍化し絶対化することではなかろうか。芥川作品がよく教材化されるということは実はこの仕掛けを認知するからともいえる。しかし「普遍的な価値をもつ芸術」としての「文学」という文学理論の定着は近々六〇年代以降のことだろう。しかも現代ではそれこそ批判の対象である。現代の読者はあらためて芥川文学の普遍・絶対なるものを近代という歴史の中に相対化することも必要だろう。

その場合、本章が注目するのは、芥川龍之介という作家の伝記的事実であり、そしてそれを歴史的に規定する（相対化する）時代の政治

・社会・文化との関連性なのである。そこへと視点が及ぶとき、芥川文学は相対化し得るとともに、逆に豊かな〈読み〉をもたらすことが可能となるのかもしれない。特にまだ彼の構築する物語世界が十分に完結的構造をもちえているとは思われない初期作品にあっては、その物語世界に作者芥川の伝記的事実を介入させる余地は一層大きい。

この小説においてもそれがいえる。筋立の円環的構造、〈外部〉の社会的・文化的コンテクストの流入の遮断といったところからすると、この小説は完結的構造をもっているといえるにしても、これまで言及してきた丹後の国の「無位の侍」の京への流入、その〈外部〉の視線などに完結的構造の綻びが見えることもたしかだ。それに、主人公の内面をさぐることで、その欲望と自己存在のパラドックスを主題として捉えるといったことも、考えてみれば、ごくありふれた平凡な五位の人間性の追求にとどまっている。それはさきほどの自然主義リアリズムへの訣別の広言にもかかわらず、語り伝えるに価する人物なのだろうか。それだけ自然主義リアリズムが芥川の芸術観に浸透しているともいえる。このこともまた物語伝統からの逸脱ということになろう。

前者の〈外部〉からの他者の流入については完結的構造の綻びというほかはない。しかし後者の自然主義リアリズムとの親近性についてはどうであろうか。もしも作者芥川が自然主義リアリズムを自覚していたとすれば、この作品において山の芋を無尽蔵に産出する敦賀がどういう土地だったのか、歴史的実証がどうしても必要ということになろう。そもそも五位たちの時代において芋粥を希少価値とする捉え方に問題はなかったかどうか、確かめておかねばならないからだ。古辞書類や有職故実書類における芋粥の用例は『古事類宛』にほとんど紹介されているが、『今昔物語集』の研究者である池上洵一はそれらに加えて、「摂政関白家の臨時客の場合」の記事などを踏まえつつ、「高給あるいは高価な食品であったかどうかはさておき、日常的な食生活の中にはなかなか現れない食品」、「瓜や鮎ほどに日常的な食品ではなかった」、「五位の口に入り難かったのも当然」[21] と指摘している。芋粥は摂関・大臣家にとってもハレの饗宴に出される時にしか口にすることができない貴重なものだった。五位にとってそれは美味であるだけでなく、自らの及びもつかぬ上流階級の食生活を象徴するものであった。たとえ山本有三が「安キ物ニモ飽セ不給ケル哉」と笑っていても、現代の読者まで芋粥を「安キ物」と思い込んでしまってはならない(22)。

ここから、「芋粥」における芋粥という料理がどういう価値を持っていたのかが問われてくる。「芋粥」に言う「旧記」、すなわち『今昔物語集』の芋粥説話においても芋粥は同様に位置付けられていたのだろうか。そのことについて考えようとする時、実は『今昔物語集』の芋粥説話には、芥川が「無上の佳味」云々といったような芋粥を稀少視する限定は特には見られないことが注意を引く。ただここで『今昔物語集』の芋粥説話は、そのエピソードの設定時期である九世紀だけからなる単層の〈歴史小説〉ではなかったということが重要となってくる。作中に登場する利仁がのちに将軍に任ぜられるのは九一五年のことであり、その利仁の若き日の逸話が十世紀から十一世紀にかけて説話（伝説）として流通し、それを芋粥説話として取り込んだ『今昔物語集』の成立が十二世紀初頭であるとするなら、エピソードの設定時期から二百年以上ものち（九世紀後半～十二世紀初め）の価値観の変化が芋粥説話に堆積している可能性は十分にある。とすれば、山芋の価値ですら大きく変動していてひとつの価値観で捉えることはできないはずなのだ。

実はこの歴史的推移を雄弁に裏付けているのが芋粥説話における利仁像のありようだった。『今昔物語集』の冒頭に「今昔、利仁ノ将軍ト云人有ケリ。若カリケル時ハ、□ト申ケル其時ノ一ノ人ノ御許ニ恪勤ニナン候ケル」とあることからもわかるように、芥川作品の利仁像は決して今昔説話の若侍のイメージ一色に塗りつぶされていたわけではなく、むしろのちに将軍となり、さらには武人として伝説的存在となった二百年も三百年ものちの利仁像によって濃厚に縁取られていた気味合いが強い。

以上のことを念頭に置いたうえで、十一、二世紀頃における芋粥の価値の「下落」の可能性を探ってみると、『国史大辞典』(国史大辞典編集委員会編、全十五巻) の「いもがゆ」の項目が「参考文献」として挙げている篠田統の『米の文化史』(昭和四五年) には次のように記されている。

> 平安朝で芋粥が出されたのは、任大臣はじめ各種の饗宴、節会で、一応の料理が出つくした、その最後に供される習いだった。(中略) お給仕だけさせられていた下っ端には高嶺の花で、もっぱら雲上人にささげられた。平安朝でこれほど引っぱりだこだった芋粥も、鎌倉中期以後はあまり記事が出なくなり、室町期には「薯蕷粥は隠座に出すべきなり」などと、有職故実専門家の研究対象になってしまった。

珍重されることも次第に少なくなり、やがて儀式の故実を研究する対象と化していった様子がうかがえるが、常識的に考えても、二百年も経てば食文化の発達とともに「薯蕷粥」ごときはありふれたものの仲間入りをしていったであろうことは容易に想像がつく。

しかし芥川の「芋粥」の物語世界では芋粥は「饗宴・節会」というハレの場の貴重な食べ物でなければならなかった。なぜなら、それが〈異界〉としての「敦賀」、異人としての利仁に結びついているからである。「芋粥」の物語世界は、この意味で歴史的実証主義を重視するのではなく、まさに〈古典〉のもつ恒久性・普遍性を指向していた。それによって物語世界は歴史的事実に支えられた一元的世界ではなく、〈都／鄙〉という多元的世界を構築し、五位という人物の内面における可変的部分の追究が可能となったのである。芥川龍之介の古典物とは〈歴史小説〉として可能な限り歴史的実証を求めるというのではない。芥川によって再構築された世界と人間の相関というダイナミズムが主題を創出していくのである。しかし芥川の物語世界そのものは自己完結した静態的（スタティック）なものであった。芥川といえども、世界のダイナミズムと人間のそれとを双方的に見つめ、その複雑な相関を捉えるということはできなかった。むしろ不変の世界との相関の中で人間の変化、それも心理の変化を繊細に追究するという〈物語の方法〉を作り出したのである。

そしていまひとつ、語り伝えるに価する物語という概念は驚異の世界の魅力という内容をともなって、いま一人のサブ主人公である利仁という武人とその居館、さらには過剰な芋粥饗応の場面に内包されている。それこそがこの小説の後半部、五位と利仁の敦賀行き以降のプロットである。そしてそのプロットを枠取るのは完結的構造をもつ物語世界なのだが、その考察は次節で扱うことにする。

第五節　歴史文学と「芋粥」の差異

芥川「芋粥」の冒頭には「元慶の末か、仁和の始にあつた話であらう。どちらにしても時代はさして、この話に大事な役を、勤めてゐない。読者は唯、平安朝と云ふ、遠い昔が背景になつてゐると云ふ事を、知つてさへゐてくれれば、よいのである」とある。その姿勢は時代などはどうでもいいといった語り口ではあっても、それでも「その頃、摂政藤原基経に仕へてゐる侍の中に、某と云ふ五位があつた」という必要不可欠な歴史的事実を押さえようとしていく。ある特定の歴史とも貴族社会とも、実はまったく関係しない名もなき一官吏に焦点を当てて描こうとしているにもかかわらず、「兎に角、摂政藤原基経に仕へてゐる侍の中に、某と云ふ五位があつた。これが、この話の主人公である」といった表現をとっていく。

このことが何を意味するかといえば、芥川の物語世界が歴史的相対を越えた普遍・一般を指向しながら、やはりどうしても特定の歴史世界を借りなければならないということである。そこに歴史的相対化という〈外部〉が入り込むことで、芥川の初期作品の物語世界はまだ完結的構造をもたない段階にあるということだ。これまではむしろ恣意的に特定の古典世界を借用することが〈知〉の職人芥川の小説世界（ワールド）を構築する優れた方法と捉えられてきた。本章はそうではなく物語の完結的構造が芥川の〈物語の方法〉であったということから、このことを逆転してみせねばならなかったのではなかろうか。

芥川が古典の物語世界を完結的構造に再構築する段階にあっては、それは近代文学における古典世界の題材化という歴史小説伝統からみても、芥川は森鷗外の歴史小説の方法を自覚的に模倣している。

小説世界を歴史事実と虚構のあいだに設定しようとする・外の歴史小説の方法が似ているとすれば、そこに鷗外と芥川の間に太いつながりを感じることはたしかだろう。ただしそれは歴史的事実の詮索や歴史叙述の方法ではなく、歴史の中に生きる人間を描いていこうとする姿勢である。もし歴史的人間を描いていこうとすれば、それはすでに芥川の方法で言及したように、歴史という動態的（ダイナミック）な世界を生きて動く人間との複雑な相関を解析しなければならず、きわめて困難な歴史学の領域をも包み込んだ作業ともなろう。それは・外の得意とするところではあっても、芥川にとっては方向性が異なっていた。芥川にしてみれば、歴史のダイナミズムを生きる人間とはまさに歴史的に相対化されている。彼が望んだのは歴史と人間ではなく、世界と人間の相関に普遍としての人間のありようを見つめることだった。

したがって芥川にとってはこれから語ろうとする人物が実在したかどうかとか、その人の正確な肩書きがどうかとか、そうしたことは主たる問題ではない。「唐の貞観の頃」あるいは「元慶の末か、仁和の始め」という一つの歴史社会の自己完結した世界の状況の中を生きている「一官吏」あるいは「摂政藤原基経に仕へる侍」としての、「闇」という人間、「五位」という人間のあり方そのものに興味を持って描いていこうとするのである。それはいうまでもなく歴史小説の方法ではなかった。

しかし世界と人間の相関といえども、その骨格に歴史と人間の相関を描く歴史小説の方法がある。その意味からしても、人間のメンタリティーの面白さに焦点を当てて世界の中に生きる個を描き切ろうとする姿勢は鷗外の歴史小説から学んだ方法であろう。自然主義的リアリズムの方法、それはあるがままの自分、市民である自分が現実に移り変わって行く市民生活の中で客観的に捉えるとともに、彼らの事実を告白していく方法である。生活と人間の相関関係はそれが拡大していけば、その一層複雑となる相関を叙述することはきわめてむずかしい。だからこそ自然主義リアリズムは作家の身辺の瑣末な関係にこだわらざるをえないのだ。しかしそうした方法では見えてこない人間の可能性の発見、人間精神の回復へ向けての戦いの方法として、芥川は鷗外を受け継ぐ歴史小説の方法を選び取っていったのだろう。そこに芥川文学を相対化する視点の一つが捉えられるかもしれない。しかしそこから逆に芥川に固有の〈物語の方法〉を見出すことも可能だろう。

さきに完結的構造を筋立の円環的構造に捉えたわけだが、完結的構造はそれにとどまらない。五位と利仁との両者の関係における〈京都〉対〈敦賀〉という対立は、文化人類学でいう中心／周縁の二元的世界観で捉え返すことができる。そのような世界観においては芋粥に対する各々の価値観の差異が極端な二項対立として表現される。もっとも作品の舞台が京に始まり、琵琶湖の西岸を北上する印象的な旅を経て敦賀で終わるという基本的な構図は、原話も芥川の「芋粥」も変わらない。それでは芥川のどこが原話と異なるのか、ここで芥川の「芋粥」の筋立に沿って主人公の五位が体験した〈中心〉から〈周縁〉へのマジカル・ミステリーツアーの足跡をたどってみたい。

作品の前半部は、五位がそれまでの四〇年を越す生涯を過ごして来た京の都における五位のありようが描かれる。彼らが旅の途中さしかかる近江の三井寺あたりまでは五位にとってもまだなじみのあるその京の都の境界であった。ここを踏み越えると、いよいよ五位にとって未知の世界に誘われることになる。五位を連れ出した利仁は三井寺を出て初めて、実は五位を敦賀まで連れていこうとしているのだと明かす。五位は狼狽するが、「芋粥に飽かむ」欲望が辛うじて彼の勇気を支えることになった。三井寺を出て、おそらくは近江の坂本のあたりで利仁は狐を捕まえ、その狐に敦賀の利仁の居館にいる従者に明日巳時頃に高島あたりまで迎えに来る旨を伝えるよう言い付ける。今野哲はこのプロットを「京都という場の引力圏を離れ、利仁の宰領する外部の領域への完全な移行を示す箇所」[23]と見るが、狐が人間化している領域は〈異界〉であって、今野の「外部」が均質的な地理的空間のそれであれば誤っている。〈異界〉は人間世界＝〈中心〉とは異質な〈周縁〉なのである。芥川の物語世界は宗教的なコスモロジーの概念で捉えられる完結的構造を指向するのであって、単なる地理空間の拡大ではない。

利仁の行為は都人の五位にとってはまさに狐につままれるような異常な行為であった。しかし五位がここで「利仁の意志に、支配される範囲が広いだけに、その意志の中に包容される自分の意志も、それだけ自由が利くやうになつた事を、心強く感じる」ようになっている。敦賀への旅は京においてはずっと疎外され抑圧されてきた五位の精神の閉塞状況を、いわば〈異界〉へと踏み込むことで開放される冒険であった。それを前述のように認識したのだが、それは〈周縁〉に棲む異人である利仁に搦め取られていく旅でもあった。狐を思うまま頤使する利仁の異人的能力の発揮と、それに応えて使者の役を果す狐、これらは人間世界とはまったく異質な〈外部〉といえる。そんな狐を使う利仁に五位は「ナイイヴな尊敬と賛嘆とを洩らし」ているのである。

高島を発った一行はその日のうちに敦賀の利仁の居館に到着した。敦賀の津は古来より北陸から京へ運ぶ物資の集まる港として栄えたばかりでなく、官人たちの北陸と京との間を往来する拠点としても重要な港であった。このように海、あるいは港のイメージの強い敦賀であるが、芥川の「芋粥」ではそのような歴史的風土の特異性は全く感じられない。江戸末期の敦賀の人、石塚資元（一七七八―一八五〇）の手になる『敦賀誌』によると、敦賀御名（おな）村の記事に「此村の南の端に春日野と云処あり、小高きところにて遥に入海を望み群中過半を見おろせり、是越前守兼北陸道押領使藤原利仁朝臣の館舎の跡なり」云々というのがあり、現敦賀市御名が利仁の居館の所在地であったと伝えられているが、確実な証拠はないようである。しかし、この御名は狭い敦賀平野のほぼ南端に位置し、海からは数キロメートル離れており、間近に山が迫っている土地だが、その地理的景観は「芋粥」にはまったくうかがえないのである。

五位と利仁の二人の対比の点で炯眼と思われるのが塡本淳史による五位の敦賀への道行きの解釈である。塡本は応仁天皇の神話を引きつつ敦賀の異郷性に着目して、「芥川は、五位を都から引き離すことによって異郷の時間と空間すなわち失われた神話の世界にひたる人間を必要としていた(24)」と述べている。そして神話的な異界訪問譚にのっとりつつも五位は敦賀の土俗的な歓迎に馴染めず、いわば神話的に回帰することはできなかったとする。この見解は芥川の『今昔物語集』への傾斜における「野生の呼び声」との関連において興味深い。

しかしここで問題なのは、五位が利仁によって「異郷の時間と空間」に運ばれたことの意味なのだが、塡本はそれを神話的世界への回帰とその不可能性とした。そして五位を迎えての敦賀における土俗的な振る舞いともてなし、それを芥川の憧れた野生のエネルギーに満ちた世界と捉え、それでも結局はそこに安住できない五位—誰とも共有できない「一生を貫いてゐる欲望」を抱いていた自己を懐かしむ五位—の孤独を作者芥川のありようと重ね合わせてその事態の深刻さを指摘しているのである。芥川の今昔説話の理解である「野生の呼び声(25)」に沿った解釈といえる。だが、利仁の世界は単なる土俗的共同体の表象としてのみ捉えるだけではすまないのではなかろうか。塡本のいう「異郷」とはここでいう〈周縁〉〈異界〉と同義語ではあるまい。本章にとっては芥川の物語世界にとって〈周縁〉のもつ意味作用が問題なのである。

利仁は確かに歴史上の人物であり、越前国の豪族藤原有仁の女婿として敦賀を本拠地としながらも、摂関家に仕え、後には鎮守府将軍に任ぜられている。しかし問題は文学史上の利仁の人物像である。たとえば『義経記』冒頭によると、彼は坂上田村麻呂や平将門らと並び称されているような、平安時代の伝説的な武将として語り伝えられるようになる。芥川作品はそのような伝説的人物を敦賀という〈異界〉と結びつけることで異人化した。その異人化はその武者像にも及び、すでに見たごとく巨大化した人物ではあるが、人間の情もわからず、まったくデリカシーのかけらもない「朔北の野人」と記号化される。

利仁登場以前の「芋粥」導入部（第一段）における京の都は五位という人物にとっては自足的に完結した世界、あるいは境界を持たない宇宙として存在している。いうなれば、京都の価値体系あるいは秩序が絶対的なものとする一元的世界の中に五位はいたのである。もっとも、第一段においても京の都に対する〈外部〉を保持した丹後出身の「無位の侍」が描出されていて、それが〈外部〉の他者として五位を見つめる視線をもっていたことについては前述した。しかし五位と「無位の侍」との出会いは後者の視線のうちにのみ存在しているだけで、五位にとっては直接的な出会いではなかった。それゆえに五位の眼はその段階ではいまだ〈外部〉へ向けて開かれてはいない。

五位の眼が開かれるのは「芋粥」後半部に入っての利仁との出会いによってである。敦賀は地理的に均質的な遠方の地であることを越えて異界の地たる〈外部性〉を帯びている。芥川による古典の解体と再構築がここにも捉えられる。その〈外部〉に住む利仁の登場によって、「芋粥」の舞台は中心／周縁という多元的なコスモロジーに組み換えられることになる。京都は敦賀という〈外部〉が与えられ、京都の価値体系も秩序も絶対性を保てず、〈外部〉との関わりにおいて絶えず相対化されるものとなる。

この朔北への旅の部分の重要性を指摘した清水康次の論(26)があり、填本論を並行する。清水は京都／朔北という対立した図式を捉えて次のように述べる。

> 朔北は、京とは別の世界であり、とりあえず、五位が、正当に人間らしく扱われる世界なのである。利仁の住む朔北の野とは、あからさまな力とか、荒々しさとか、野生とかの点において、共通性をもつといえる。あからさまな力の先行する世界。

この清水論によれば、敦賀という場（世界）においては五位が都の客人として人間らしく扱われることと力の支配する世界であることとは矛盾しない。なぜなら五位が人間らしく扱われるのは利仁の権力の大きさの下だからである。しかし五位は人間らしくふるまうことのできる朔北の地でも決して自由ではなかった。絶えず欲望がその過剰な実現でしぼみ、そのたびに欲望を駆り立てる自由を奪われる五位にとってこの地は冷たい。それゆえ〈中心〉から〈周縁〉へと入り込んだ五位の認識と行為のすべてに逆に〈他者〉という影がつきまとうというのである。

この〈周縁〉にあっても〈他者〉にとどまるという悲哀をおぼえるようになった五位の窮状は異類のによって救われる。「芋粥の馳走に、与つ」ている狐をながめながら、ふたたび五位は「回想」する。敦賀といういわば非日常の世界から京の都の日常へのベクトルをとる「回想」である。それが前掲したこの小説の結末の一節であった。五位にとって「芋粥に飽きたい欲望」を自由に駆き立てられる京の都での日常こそ人間らしく生きる場だと再確認する。だからこそ「欲望を、唯一大事に守つてゐた、幸福な彼」と形容されて結ばれているのである。

実は最初から五位の心は京の都への執着から離れることはなかった。利仁から誘い出されて京を離れると聞くや、五位は親元を離れる幼児のようになる。

> 「それは又、滅相な、東山ぢやと心得れば、山科。山科ぢやと心得れば、三井寺。挙句が越前の敦賀とは、一体どうしたと云う事でござる。始めから、さう仰せられうなら、下人共なりと、召つれようものを。—敦賀とは、滅相な。」五位は、殆んどべそを掻かないばかりになつて、呟いた。もし「芋粥に飽かむ」事が、彼の勇気を鼓舞しなかつたとしたら、彼は恐らく、そこから別れて、京都へ独り帰つて来た事であらう。

五位の臆病さ、意気地のなさは彼を嘲弄する者たちの住む京の都であるにもかかわらず、その地から離れようとしないところに認められる。しかもその京の都自体が「世の中の本来の下等さ」を露呈する卑小な地であるにしてもである。考えようによっては、五位の「芋粥に飽かむ欲望」は卑小な京の都に見合った卑小な欲望だったのかもしれない。

第六節　完結的構造の物語世界と主題の創出—まとめに代えて

「芋粥」を読む中で迫ってくる問題はなんだろう。〈異界〉に多元的価値観がひそむことを見出しえないで、日常の世界にのみ安住する五位の人間性、芥川龍之介にとってそれが日本人の原型認識なのだろう。そんな一元的世界にこだわる日本人、すなわち五位は周囲の人間たちからまともな人間扱いをされず、そうされることに慣れっこになっている姿を含めて、知らず知らずのうちに異常を異常と感じなくさせられている、そうした異常を埋め込んだ関係を成り立たせる世界であっても、五位は執着する。ただそのような「世の中の本来の下等さ」を〈外部〉からやって来た他者として「無位の侍」だけが見つめているだけだった。思うに、彼だけがやがてあらゆるものの関係を相対化することができるし、それによって五位の執着する一元的な社会構造への呪詛に進むはずであった。多元的世界観の認識は価値観を相対化させる。とすれば、この〈外部〉としての他者の眼を芥川は共有していたのだろうか。それとも、〈外部〉を拒否する五位に自身を重ねているのだろうか。その問いに答えることは容易ではない。

自然主義リアリズムが文壇の主流を占め、あるがままの現実を写し取ろうとするそのあり方への抵抗として新しい文学を模索したのが若き芥川龍之介であった。そして選びとられたのが鷗外の歴史小説に方法を学んだ古典物と呼ばれる小説だった。「芋粥」はそれに属する。彼がその小説で実現してみせた〈物語の方法〉は個の固有から普遍へという自然主義リアリズムの理念を放棄する。その完結的構造を有する物語世界は世界と人間をダイレクトに結びつけていることで、その意味がそのまま普遍的な主題を創出する構造をもつといえる。人道主義にしても唯美主義にしても、それはただちに人生観へとつながるかたちで展開していくのである。

一元的世界の中に住む日本人、すなわち五位が周囲から嘲弄される構図は日本人一般へとつらなる。しかしそこに芥川自身の苦い社会認識が含まれているかもしれない。五位は自身に与えられた職務に対する侵犯に怒りの声を上げるわけではない。五位は同僚の悪戯が度をすぎたときにだけ泣き笑いのような曖昧な表情で「いけぬのう。」と言うだけである。価値の多元性を知らぬ五位にとってそこが唯一の身を置く場所であれば、そう言ってやり過ごすことしかできない。

虐げられた弱者に対する芥川の親近感は「ひょっとこ」(『帝国文学』大正四年四月)、「羅生門」「毛利先生」(『新潮』大正八年一月)などに通じている。「鼻」における主人公も、「芋粥」における主人公も、身分の違いはあれ、ともに社会から疎外される存在でありながら、芥川作品は彼らをともに「愛すべき内供」とか「我五位」と親しみをこめた呼称で呼んでいることからも、いかにこのような虐げられた存在に対して芥川が親近感を感じていたかを窺うことはできよう。

注

(1) 大正五年八月二四日付、芥川宛漱石書簡、これに応えた二八日付の芥川書簡
(2) 吉田精一『芥川龍之介』三省堂、昭和十七年十二月
(3) 重松康雄「芋粥」『国文学』昭和四五年十一月
(4) 吉田俊彦『芥川龍之介―『偸盗』への道』桜楓社、昭和六二年五月
(5) 清水孝純「『鼻』・『芋粥』論」『国語国文』、昭和五五年十月
(6) 清水孝純「『鼻』・『芋粥』論」『国語国文』、昭和五五年十月
(7) 重松泰雄「芋粥」『国文学』昭和四五年十一月
(8) 和田繁二郎「『芋粥』」『芥川龍之介作品論集成』第一巻、翰林書房、平成十二年三月、四一頁
(9) 清水康次「芥川文学の方法と世界」『芥川龍之介』Ⅱ、国書刊行会、平成七年九月、一二六頁～一二七頁
(10) 清水孝純「『鼻』・『芋粥』論」『国語国文』昭和五五年十月
(11) 芥川宛書簡、大正五年九月二日付
(12)『漱石全集』第二四巻、岩波書店、平成九年
(13) 三好行雄「負け犬――『芋粥』の構造」『芥川龍之介』第三巻、筑摩書房、平成五年
(14) 東郷克美「『芋粥』―笑うものと笑われるもの―」『芥川龍之介研究』明治書院、昭和五六年三月

(15) 田中純「新技巧派の意義及びその人々」『新潮』大正八年十月
(16) 竹内真『芥川龍之介の研究』大同館書店、昭和九年二月八日
(17) 吉田精一『芥川龍之介』三省堂、昭和十七年十二月
(18) 和田繁二郎『芥川龍之介』創元社、昭和三一年三月
(19) 三好行雄『芥川龍之介論』筑摩書房、昭和五一年九月
(20) 平岡敏夫『芥川龍之介　抒情の美学』筑摩書房、昭和五七年十一月
(21) 池上洵一『今昔物語集の研究』平成十三年
(22) 池上洵一『今昔物語集の研究』平成十三年
(23) 今野哲「「芋粥」論」『二松学舍大学人文論叢』、昭和四四年三月
(24) 槙本淳史「神話に回帰できなかった男──「芋粥」への一視点──」『日本近代文学』五三、平成七年十月
(25) 芥川龍之介「今昔物語鑑賞」『日本文学講座』第六巻、新潮社、昭和二年四月
(26) 清水康次「『鼻』・『芋粥』論」『芥川文学の方法と世界』和泉書院、平成六年四月

第四章　「偸盗」の物語世界
—うごめく本能の欲望と母への呼び声

第一節　はじめに

『中央公論』の大正六（一九一七）年四月号（一～六）に発表された「偸盗」は、同誌七月号（七～九）にその続編が掲載されて一応の完結をみた。芥川龍之介の初期作品に分類できる中編小説であり、いわゆる王朝物に属する作品群の一つである。これまで短編小説を中心としてきた作者芥川にとってこの中編小説「偸盗」は異質な存在である。それゆえであろうか、芥川は発表当時からこの小説を「支離滅裂[(1)]」と呼び、書き直しを試みようとしたが、ついに実現せず、在生中はいかなる単行本にも収載されずに終わっている。没後『明治大正文学全集』第四五巻『芥川龍之介　室生犀星』（春陽堂、昭和四年九月）への収載などによってようやく一般読者の眼に触れるようになる。

この「偸盗」もまた「羅生門」や「鼻」などと同じく『今昔物語集』所収の説話に材源を求めているが、そこにメリメの「カルメン」を下敷きにした形跡があるとも指摘されている。典拠との関係からすれば歴史小説と呼んでもよいのだが、すでに「芋粥」で考察したように、芥川の想像力による古典の物語世界の解体と再構築がこの小説の重要な骨格をなしている。しかもその物語世界の時間と空間とは「羅生門」以下の明快な単一性につらぬかれた短編小説とははっきりと異質な、一種のロマネスクとしての複数の筋立から成る多彩な小説構造をそなえている。

本章はこの小説の考察に当っても作者芥川にとって同時代の自然主義リアリズムの方法論を断ち切った、それ自体完結的構造をもつ物語世界を構築しようとした意図を、複数の筋立と多様な登場人物の分析から捉えていくことにする。ただこの小説を含めてだが、芥川の初期小説の物語世界が近代小説の方法を断ち切ったとしても、読者はそれらの小説から単なる知的操作を越えた感動を受ける。その感動がどこから来るのか、やはりそれが芥川の伝記的事実と深く結びついていると本章はみるものだ。そこに芥川の初期小説の物語世界の迫真性があるのだが、そこに考察を及ぼすことで、それに支えられた読者の受ける〈感動〉を捉えたいと考えている。

大正六年三月二九日付松岡譲宛の書簡の中に「偸盗」について次のように述べている。

> 「偸盗」なんぞヒドイもんだよ安い絵双紙みたいなもんだ中に臨月の女に堕胎薬をのませようとする所なんぞある人は莫迦げてゐると云ふだらうその外いろんなトンマな嘘がある性格なんぞ支離滅裂だ熱のある時天井の木目が大理石のやうに見えたが今はやつぱり唯木目にしか見えない「偸盗」も書く前と書いた後とではその位の差がある僕の書いたもんぢや一番悪いよ一体僕があまり碌な事の出来る人間ぢやないんだ

「偸盗」を論ずる時必ず引用される部分である。このような芥川の自評もあってか、「偸盗」は長い間不当に評価されてきたといってよく、芥川の見解に捉われないそれなりの評価を得ることが出来なかったわけである。しかし構成上の破綻や傷があちらこちらに散見されることもたしかで、たとえば太郎と次郎の和解がいかにも唐突なことや、沙金殺害が単なる辻褄合わせのように感じられることなどは結局のところ問題の解決が作品の内在的な論理によっては不可能であることをうかがわせていて、そのために〈外部〉から強引に解決がもちこまれるほかはなかったということも評価が得られなかった大きな欠陥とされてきたわけである。

しかし七〇年代に入って、ようやく海老井英次の論考(2)を嚆矢として、越智治雄(3)、三好行雄(4)などの再評価の論考が相次いで公表され、「偸盗」は再び研究者の注目を集めるようになった。

「偸盗」は芥川龍之介のそれ以前の作品に比べて、一見、多数の作中人物が絡み合う複数の筋立をもつスケールの大きいロマネスクな作品となっているところが大きく異なる。作品はまず太郎、次郎兄弟と女主人公沙金の母猪熊の婆との出会いの場面を設けて兄弟と沙金との関係から語り出す。この冒頭部分が象徴する二世代にわたる登場人物の関係、それだけ複線化されるにちがいない筋立の物語という点で、王朝物といわれる初期芥川文学の中軸をなす作品である。したがって芥川の初期作品の中では量的にも他に比肩するもののない作品であるにもかかわらず、他の諸作が再刊されて華やかであったのに比べてこの作品だけがほぼ忘れ去られていたという事実はとりわけ注目されるところである。しかしすでに紹介したように、七〇年代以降再評価が進み、芥川龍之介の全文業中に占める意味が改めて問い直されるようになってきた。その成果からこの小説（テクスト）は芥川文学を考える上で重要な作品であることが次第に明かにされてきている。

このような「偸盗」で問題になるのは、盗賊に加わる登場人物たちの生と死、そして異性愛と肉親愛の複雑なからみ合いである。本章ではそのからみ合いが主題を創出していくと捉え、それを物語世界と作者芥川の伝記的事実との相関に求めようと思う。そこに本書が一貫して主張するリアリズム文学とは異なる芥川の〈物語の方法〉があると考えるからだ。この小説では特に複数の筋立をつらぬくとりわけ母性愛に注目し、芥川における母とかかわる伝記的事実がこの作品とどのように関連するかについて探ってみよう。

第二節　兄弟愛の通俗性をめぐって

まず、「偸盗」における先行研究の主なものを紹介すると、吉田精一は「平面的、絵画的で、構成にも盛り上る力がとぼしい[(5)]」と低い評価をしていることに関してはすでに指摘しておいた。それに対して七〇年代の再評価の口火を切った海老井英次は「羅生門」の草稿とも共通する「平六」という登場人物の役割に注目し、この「偸盗」を「羅生門」の下人のその後を語る作品と位置づけ、「羅生門」を取り巻く

「darkness」の中に「something」を見出すことに主題を求めた。その上で、この作品に対して芥川が漏らした不満とは兄弟愛によるエゴイズムの解消が安易にすぎたためとし、そのためにかえって死ぬ間際に始めて「真人間[(6)]」に更生した猪熊の爺の造形に重要を認めようとする。さらに続稿[(7)]では、猪熊の爺と阿濃にあらためて注目し、この老人の救済が結局は死の世界に収斂されるという安易な解決にも、太郎・次郎兄弟をめぐるメイン・プロットと同じ限界がみられるとし、作者の目指したエゴイズムからの十全な救済は果たされていないという。越智治雄は「羅生門」との構想の連続性を説きつつ、芥川が沙金に託したのは「この荒廃した世界を強力に支配している一つの論理」、すなわち「獣の論理」であり、「作者は官能、愛欲の深みをのぞきこもうとするのではなく、こうした論理をのみ問うている[(8)]」とした。東郷克美は「浅ましい畜生の地獄とそこから脱出・救済」することに主題を捉え、「『偸盗』には畜生への転落の過程とともに、それに見合うさまざまな救済のかたちが一応示されている」ものの、「母性愛、夫婦愛、兄弟愛、親子愛など救いの契機となるさまざまな魂の力[(9)]」を十分に描き出せなかった点に失敗の理由を見出そうとする。さらには『今昔物語集』の研究者である森正人は主題を人間の不思議、すなわち原義通り「人間の思議を超えている」ものに捉え、「愛憎一如のもの[(10)]」の不思議さに注目している。そして次郎のみならず、猪熊の婆や爺らに共通するのは、極限的な状況下での理屈抜きの愛であって、「偸盗」の物語ではただそれを投げ出しているだけで、その理由を深く問うことはしていないと主張している。

以上の先行研究がおおむね偸盗の世界という絶望的状況の中に本能をむき出しにして的に生きる登場人物たちに果たして救済は可能なのかという枠組での解釈が主流となっていることが確認されよう。本章では物語世界の構築という観点から太郎の人物像から入ってみようと思う。

猪熊の婆と別れた太郎は、盗賊の女頭目沙金との出会いから自分が盗人に身を落とした経緯を回想する。それによると、一年前、放免

(牢獄の看守) をしていた彼は沙金の牢破りを見逃し、彼女と肉体関係を持った。さらには、彼女との愛欲に溺れ、彼女のそそのかしによって盗人の疑いで牢に入っている次郎を脱獄させ、彼女を頭目とする盗人仲間に弟と一緒に加わることになった。沙金は養父である猪熊の爺をはじめ多くの男と関係を持ち、さらに次郎との仲も怪しい。太郎は、醜い片目の自分と美男の次郎とを比べ、沙金をめぐって兄弟間で殺し合うことを想像して怖れたりもする。それほどに沙金をひそかに愛するようになっており、弟の次郎に嫉妬するようになっていた。

こうした筋立を前提として沙金とのかかわりを追想する太郎の独白をとりあげてみよう。

> 己が右の獄の放免をしてゐた時の事を思へば、今では、遠い昔のやうな、心もちがする。(中略) あの頃の己は、三宝を敬ふ事も忘れなければ、王法に遵ふ事も怠らなかつた。それが、今では、盗みもする。時によつては、火つけもする。人を殺した事も、二度や三度ではない。ああ、昔の己は—仲間の放免と一しよになつて、何時もの七半を打ちながら、笑ひ興じてゐた、あの昔の己は、今の己の眼から見ると、どの位仕合せだつたかわからない。

沙金とかかわりをもったために、「右の獄の放免」の職も投げうち、さらにはそれまで敬い守ってきた仏法王法—仏法と王法が一体となって守護する国家体制—をも無視するようになったというのである。太郎は悪事の数々に手を染めるようになる。むろん、悪事をはたらく兄弟について現在の生は荒廃し心はすさんでいると表現することは簡単である。だが、生の荒廃は彼個人の問題というよりも、当時の凶作と災害に苦しみ疲弊していた京の都の現実がもたらしたといったほうがよいのかもしれない。

一方、兄の気持を察して苦しみながらも、沙金の魅力から逃れられないでいる次郎は、藤判官邸の警備をつかさどる侍を籠絡した沙金と会い、彼女の口から太郎を殺すべく藤判官の手の者に今夜邸に盗みに入る襲撃計画をもらしたと告げられる。次郎は兄を思って苦しむが、内面での葛藤のすえ、陰謀に同意する。やがてその夜、盗みは決行されるが、案の定、藤判官邸で待ち伏せに遭い、襲撃に失敗する。そして逃げる途中、藤判官から盗んだ裸馬に跨った太郎は、野犬の群れに囲まれ行手をふさがれている次郎を見つけたのだが、彼を助けることもせずいったんは通り過ぎる。

> すると忽ち又、彼の脣を衝いて、なつかしい語が、溢れて来た。「弟」である。肉身の、忘れる事の出来ない「弟」である。太郎は、堅く手綱を握つた侭、血相を変へて歯噛みをした。この語の前には、一切の分別が眼底を払つて、消えてしまふ。弟か沙金かの、選択を強ひられた訳ではない。直下にこの語が電光の如く彼の心を打つたのである。彼は空も見なかつた。路も見なかつた。月は猶更眼にはいらなかつた。唯見たのは、限りない夜である。夜に似た愛憎の深みである。太郎は、狂気の如く、弟の名を口外に投げると、身をのけざまに翻して、片手の手綱を、ぐいと引いた。

一旦は弟を無視した太郎だが、その時咄嗟に「弟」という言葉が口をついて出てくる。その途端思いをひるがえして弟のもとへ取ってかえそうとして乗った馬を急がせるのであった。こうして、それまでの嫉妬と憎悪は「弟」という語の前に霧散してしまうことになる。

このプロットが語ろうとしているのはたしかに兄弟愛の純粋さである。しかし海老井英次が言うように、問題は「兄弟愛を把えながら、それを通俗的理解を越えた明確な実体として把握し切らずに、血のつながりといわれるようなものと同次元のものとして描くに終った[(11)]」というところにあるだろう。それを受けて東郷克美が「兄弟愛など救いの契機となるさまざまな魂の力を十分に描き出せなかった点に失敗の所以を見出す[(12)]」と述べているように、危機の際にめざめた兄弟愛によって、それまでのエゴイズムの解消されるというプロット展開はたしかに安易にすぎる。

そのことは次の次郎を焦点化する場面からもたしかめられる。作者芥川は次郎を次のような地平へつれこんでしまうのである。

> 次郎は、絶望の眼をあげて、天上の小さな月を一瞥しながら、太刀を両手にかまへた侭、兄の事や沙金の事を、一度に石火の如く、思ひ浮べた。兄を殺さうとした自分が、反つて犬に食はれて死ぬ。これより至極な天罰はない。—さう思ふと、彼の眼には、自ら涙が浮んだ。

兄が自分を救いに来るまでの絶望的状況の中で、兄殺しの思いを一瞬でも抱いたことへの報いを「天罰」として認め、そこに「絶望の涙」を浮べるというきわめて感傷的な対応しか次郎はとれなかった。この次郎の反応に対して浅野洋は「急速に尻すぼみの様相を呈し、肝心のクライマックスとなるべき終局も、いささか唐突にすぎる兄弟の感傷的な和解と、同じ二人による沙金殺害の風聞とが、半ば辻褄合わせのようにあわただしく素描されるにすぎない[(13)]」といっている。まさにその通りだろう。その挙句が兄弟間に嫉妬と憎悪をもたらし、殺し合いをもそそのかした沙金を今度は兄弟が殺すことだった。

> ふと眼をさますと、太郎次郎と云ふ兄弟のものと、沙金とが、何か声高に争つてゐる。どうしたのかと思つてゐる中に、次郎が、いきなり太刀をぬいて、沙金を斬つた。沙金は助けを呼びながら、逃げようとすると、今度は太郎が、刃を加へたらしい。それからしばらくは、唯、二人の罵る声と、沙金の苦しむ声とがつゞいたが、やがて女の息がとまると、兄弟は、急に抱きあつて、長い間黙つて、泣いてゐた。

これは沙金殺害場面を傍（かたわら）からひそかに見つめていた阿濃の証言というかたちの語りとなっている。沙金の死骸はよほど激しく抵抗したような傷をとどめ、むごたらしく殺されていたという。さらに兄弟は斬り刻まれて苦しむ沙金に対して罵り声を浴びせている。死の苦悶のなかにある女に何を罵ったのかは不明だが、彼女の死を見届けるや、二人は抱きあって涙を流しながら、互いの愛を確認し合うのである。

ここに読み取れるものは、常軌を逸した女への憎悪であり、異性愛を超えた兄弟愛の崇高さである。しかしその姿は他者の残酷な排除によって互いの愛を確認するといったおぞましい光景でもある。もしこうした兄弟の行為が正当化されるとしたら、沙金は友田悦生のいうように「人間を超越した普遍的な悪であり、この普遍的な悪に欺かれたことは人間の責任ではないと見なすことによるしかない。悪魔に欺かれたのであれば、それに気づいた人間は、自己の責任を棚上げにしてでも悪魔祓いをする[(14)]」ということになろう。この友田の解釈は兄弟愛の成立が人間関係における心理的レベルではなく、神話的なあるいは宗教的な英雄／悪魔の対決といった図式によらなければならないということだ。

しかし本章では、さしあたって人間のドラマとしてこの葛藤を読みとろうと思う。沙金殺害の事情をやや注意して検討してみると、実はそれが〈辻褄合わせ〉にすらなっていないことがわかる。というのは、邪魔者を排除することで兄弟愛を取り戻すといった補償の機能を担おうとすることによってかえって兄弟関係のひび割れが暴露されてしまうからである。たとえば、前掲の場面の第三者的語りは、それが殺害の直前に兄弟と沙金との間で激しい口論があり、続いて次郎がいきなり沙金に斬りかかったというものだが、その語りはすでにふれたように、傍でひそかに目撃していた阿濃が報告しているという体裁でその声高に争う会話の内容は物語叙述（語り）の表面からは消去されている。一般にこうした〈空所〉（W・イーザーの用語）は読者の想像力による補いを誘発するが、しかし事実上、太郎と次郎に沙金が何をどう抗弁し、反撃を加えたかを想像力で補填することは困難である。困難であるというより、あらかじめ殺されざるをえないような形でしかこの〈空所〉は開かれていない。

なぜ〈空所〉にしなければならなかったのかといえば、もしも沙金の発言内容を可視化すれば、この兄弟には沙金を責める資格がないことが判明するにちがいないからである。兄弟に沙金を殺すための合理的な理由があるとすれば、それは沙金が兄弟を二人ながら欺き、兄弟ともに死に追いやろうとした点に求めるほかはない。だが、これは次郎の推測が正しいものとみなしての解釈である。しかしそれは怒りの根拠にはなろうが、殺害を正当化することにはならない。というのは、兄を死に至らしめることを了承したのは次郎本人だからであり、太郎も弟の死を願っていたのは紛れもない事実だからである。したがってまともに沙金が抗弁すれば、論理的に破綻するのは兄弟のほうである。

沙金を殺害する理由がないとすると、兄弟は怒りにまかせて沙金を切り捨てたのであろうか。もしそうであれば、一切の分別を無視して現われた愛は愛と呼ぶに価するだろうか。すべての罪を沙金に押しつけ、自分たちには責任がないとするような、そうした兄弟愛だったのだろうか。それとも「一切の分別が眼底を払」うという不合理な殺害動機は兄弟を神にも通ずる審判者の位置に押し上げ、彼らに沙金を懲罰することのできる神的位置を与えたのだろうか。そう類推を重ねたところで無理であろう。沙金とともに悪事を働き、沙金への欲望のもとに兄の死をあるいは弟の死を目論んだこの兄弟はそのうち「丹後守何某の随身」として権力の末端におさまってしまうような人物にすぎない。

このことが何を意味しているかといえば、まず第一に、沙金の殺害が太郎と次郎の間の兄弟愛を確証するための契機とはなりえても、肝心の兄弟愛自体が人間世界から逃走することによってしか成立しないといった低次元にあるということだ。越智治雄は、「羅生門」との構想の連続性を説きつつ、作者芥川が沙金に託したのは「この荒廃した世界を強力に支配している一つの論理」、すなわち「獣の論理[15]」であると言う。もしそうだとすると、これまでの聖／愛／悪という、どちらかというと宗教的枠組でとらえようとした解釈とは異なり、いわば人間男女の本能的愛欲の深みをのぞき込もうとすることになる。

獣／人間、本能／陶冶といったその対立を止揚したのが兄弟愛であるとしたら、それはたしかに我執をはなれた愛ということになろうが、しかしそれにしては太郎の自覚した兄弟愛はあまりに本能的・自然的でありすぎ、とうてい高次的なものとは解せない。海老井英次が「兄弟愛を把えながら、血のつながりといわれるようなものと同次元のもの[16]」と述べているのは、その愛が至高なものではなく、本能的なものにとどまっていることを示唆していよう。

第二の問題点は特に沙金を中心に考えるところから生じている。この作品のプロットからすると、沙金が諸悪の根源であるかのようにみえるが、そうみなした瞬間、おそらく語り手をも含めた話型の罠にはまっていると言える。内面を〈空所〉にされ、外面の野生の美しさをもつ悪女としてのみ表象される沙金はまさに語り手が作為したともいえる悪女の類型化そのものである。しかし男を魅惑する恐ろしい沙金の感受性はどこから生まれてきたのか。それが描かれていないということは語り手にとってそれはもはや関心がないからだが、これももしそうだとすると、その点からすると、沙金は生身の人間であることを禁じられ、類型としてのみ現れることを許された存在でしかないことになる。換言すれば、経験的次元から放逐されるべき存在にすぎないことになる。こうして彼女は超越論的な場に対応する存在だということで、そんな彼女の殺害はまさにあたかも悪魔祓いのように行われねばならなかった。

以前から失敗作と認知されてきた「偸盗」には、そうした破綻がさまざまなレベルで数多く指摘されている。前述した浅野洋の指摘は「偸盗」の失敗作たるゆえんを最大公約数的に言い表したものであった。それは母性愛、夫婦愛、兄弟愛、親子愛など救いの契機はさまざまに語られてはいるが、それが果たして「魂の力」と捉えられるかは疑問で、いずれもとってつけたような作為的で不自然な印象をまぬかれない。森正人が「次郎のみならず、猪熊の婆・猪熊の爺らに共通するのは、極限的な状況下での理屈抜きの愛であって、本作の語り手はただそれを示しているだけなのである[17]」といっていることも本能に突き動かされた愛を昇華させえていないことを指摘したものである。

「偸盗」がこのような評価を受けるようになった原因としては、何よりもまず作者自身がこれを失敗作と断定し、その改作再発表を早くから公言して、いわば初出稿の公的生命を断ってしまったことがあげられよう。そのために、太郎次郎の兄弟愛の低次元性のみならず、人物の内面と行為の不一致、心理と風景の不調和、あるいは長編的構成にふさわしくない短編的な展開など、作者をして「安い絵双紙」と嫌悪させた要因は確かにあると思わざるを得ない。

第三節　太郎次郎兄弟に見る体制／反体制の二項対立の構造

「偸盗」は、長野嘗一が「いくつかの説話を寄せ集め、それらを巧みにアレンジし、そこへ作者の創造を加えて一編が構成されている[(18)]」と述べているように、「羅生門」以来の歴史小説がおおむね単一の筋立によって構成されているのに対して「偸盗」は、複数の筋立が同時に展開しつつ世界を織り上げるというロマネスク構造を備えている。複数の筋立というのは太郎次郎の兄弟、猪熊の爺婆、そして阿濃のそれぞれの筋立が沙金という女盗賊を介してゆるやかに結合している構造をいう。本章はこの複数の筋立に沿って論述することにつとめよう。

小説は七月のある日ざかりに始まる。読者に提示される物語世界の冒頭は次のようなものである。

> 男の足をとめた辻には、枝の疎な、ひよろ長い葉柳が一本、この頃流行る疫病にでも罹つたかと思ふ姿で、形ばかりの影を地の上に落してゐるが、此処にさへ、その日に乾いた葉を動かさうと云ふ風はない。まして、日の光に照りつけられた大路には、あまりの暑さにめげたせゐか、人通りも今は一しきりとだえて、唯さつき通つた牛車の轍が長々とうねつてゐるばかり、その車の輪にひかれた、小さな蛇も、切れ口の肉を青ませながら、始めは尾をぴくぴくやつてゐたが、何時か脂ぎつた腹を上へ向けて、もう鱗一つ動かさないやうになつてしまつた。どこもかしこも、災天の埃を浴びたこの町の辻で、僅に一滴の湿りを点じたものがあるとすれば、それはこの蛇の切れ口から出た、腥い腐れ水ばかりであらう。

作品の物語世界は「暑さ」と「静寂」とによって支配された、死臭の漂う王朝末期の荒廃した京の都。こうして物語の世界は「息をひそめたやうに」「乾いた葉を動かさうと云ふ風はない」「蒸し暑い」「七月の或日盛り」の、猪熊の婆と太郎との対話から幕は上がる。昼間の眩しい光の中、「病」と「死」にふちどられたグロテスクなイメージを漂わせる「偸盗」の世界が描かれていくのだが、このグロテスク・リアリズムは「二」に出てくる瀕死の女の描写にも認められる。

> 四十恰好の小柄な女が、石を枕にして、横になつてゐる。(中略) その胸や腹は、指で押しても、血膿にまじつた、水がどろりと流れさうに、黄いろく滑に、むくんでゐる。(中略) 腋の下や頚のつけ根に、丁度腐つた杏のやうな、どす黒い斑があつて、そこから何とも云ひやうのない、異様な臭気が、洩れるらしい。

疫病にかかった女のイメージがこの「かすかに漂ふ死人の臭ひと共に、亡びて行く」荒廃した偸盗の世界の象徴ともなる。死と疫病、そして暴力が支配する荒廃した世界、その中でくりひろげられる人間のドラマがこの物語を埋めていくのだが、不思議なことに、「偸盗」には前節で論述した兄弟愛を支えるべき家族あるいは家が不在なのである。具体的な例を太郎次郎兄弟の筋立に取ろう。まず太郎次郎兄弟の場合はそもそも現実に親はいない。彼らは捨子の境遇にあった。また別の筋立をつむぐ白痴の女である阿濃は「双親を覚えてゐない」ばかりではなく、自分が生んだ子供の父親さえ分からない。のみならず、唯一〈家族〉をなしているかのように見える猪熊家の爺婆も実際に家あるいは家族などはないに等しい。というのは、義理の関係であるにしろ、父が娘（沙金）を犯すのみならず、その娘が愛欲のために親たちを死に追い込む家族を日常的な次元の〈家族〉とは言えないからである。

このことはこの物語世界の人間のドラマが家との関係でくりひろげられるのではなく、それを越えてただちに他者との関係、あるいは国家（体制）との関係のもとで語られていくことを示唆している。たとえば、太郎・次郎の兄弟はそれぞれ「獄の放免」と「筑後の前司の小舎人」という体制の側にあり、それに対して沙金を首領とする盗賊集団は当然反体制の側にある。ここからは太郎次郎兄弟の筋立が体制／反体制の矛盾をそれぞれに内面化した人間たちの葛藤であることを透かし見せていることになる。

では、体制の秩序維持が本領である「放免」から秩序の破壊を本業とする「盗人」へという、極端な転身をはからざるを得なかった太郎にまず焦点を当てて物語世界を見ていこう。

猪熊の婆と別れた太郎が反芻するのは次のような沙金との関係を追想する感懐にほかならない。

> 己が右の獄の放免をしてゐた時のことを思へば、今では、遠い昔のやうな、心もちがする。あの時の己と今の己とを比べれば、己自身にさへ、同じ人間のやうな気はしない。あの頃の己は、三宝を敬う事も忘れなければ、王法に遵ふことも怠らなかつた。それが、今では、盗みもする。時によつては、火つけもする。人を殺した事も、二度や三度ではない。ああ、昔の己は—仲間の放免と一しよになつて、何時もの七半を打ちながら、笑い興じてゐた、あの昔の己は、今の己の眼から見るとどの位仕合せだつたかわからない。

沙金と関係をもつことによってもたらされた昔の自己の喪失とは何か。それは具体的には「右の獄の放免」という身分であり、「三宝を敬」し「王法」に従うといった体制の秩序を遵守する態度である。王法仏法相衣（そうえ）の世界（体制）の崩壊はこの小説には捉えられていないが、太郎の転落は王朝末期の体制の衰微による「三宝」と「王法」といった価値の基準の崩壊と正確に呼応してもいる。しかし太郎は決して「放免」だった時の生活にも、自分が属していた体制にも不満を持っていたわけではない。かえって彼は盗人である現在の自分の生活を否定するとともに、仏法王法に従いながら、それなりに幸せに暮していた昔の自分に戻りたがっている。太郎はそもそも秩序志向的あるいは体制志向的な人物だといえる。そうでありながら、太郎は現在「王法」と「仏法」の秩序を真正面から打ち破る盗賊集団の一員になっている。そこに彼の葛藤がある。

太郎は朱雀大路を北へ―猪熊夫婦の住居の方へ―進まない足を運んでいる。はかどらないのは彼を喜ばせるような期待が全くないからである。物語の語りはそれを直接に示すではなく、彼の眼に映る光景で捉えさせる。「両側に建て続いた家々は、いづれもしんと静まり返つて、その板蔀や蒲簾の後では、町中の人々が悉、死に絶えてしまつたかとさへ疑はれる」。町並がそのように見えるのは太郎自身の内部に生きる喜びが失われているからでもある。その理由はなんといっても沙金を弟の次郎に奪われるのではないかという怖れがあるからだ。

容易に気づくことは、沙金と出会う前の太郎は体制の内部に入り込むことで荒廃した現実を直視することを避けることができた。しかし沙金と肉体関係を持つようになって体制を逸脱してからは恐るべき現実に直面せざるをえなくなったという事実である。兄弟にとって沙金はいわば過酷な現実からの避難所（アジール）を閉ざしてしまう存在であった。しかしそれだけではない。いまでは逆に沙金が太郎の生きるすべとなっている。

> 己の二十年の生涯は、沙金のあの眼の中に宿つてゐる。だから沙金を失ふのは、今までの己を失ふのと、変りはない。沙金を失ひ、弟を失ひ、さうしてそれと共に己自身も失つてしまふ。己はすべてを失ふ時が来たのかも知れない。

太郎が訴える恐怖は沙金を失うことが自己の存在をも無意味にしてしまうことにある。しかしそれは遂に見れば自己をまさに他者（沙金）によって規定されたいという他者依存の欲望でもある。自己存在が「沙金のあの眼の中に宿つてゐる」というのがそれだ。太郎はもはや主体的に生きるといった自己などもってはいない。

太郎が沙金と出合ったのは一年前、右の獄の放免をしていた時である。盗みの咎で送られてきた女の「眼ざし一つ」でその女のとりこになり、沙金の仲間が牢を破って救出するのを黙認して以来、沙金は太郎の愛人になった。沙金は盗賊の頭目であり、「日頃は容色を売つて、傀儡同様な暮しをしてゐる」。その悪の化身がいまや太郎の主体を支えている。二人の関係は逆転したのだ。太郎はもはや沙金なしには生きていけない。それゆえ男女の秩序さえ無視した彼女の奔放さにふり回されながらも彼女にすがらざるをえず、彼女の思うがままになっている。しかし太郎はそんな自己のありようを反省しようとはしない。

> あの女の肌は、大ぜいの男を知つてゐるかも知れない。けれども、あの女の心は、己だけが占有してゐる。―己は、かう信じて、己の嫉妬を抑えてゐた。勿論これも、あの女から、知らず知らず己が教わつた、考へ方にすぎないかも知れない。

沙金の歓心を買うために自己を抑える太郎である。もしも自我あるいは主体が他者との関係によってのみしか形成されないということが正しければ、太郎はまさにそれで、その極限の状況を生きているともいえる。

> 己は、悪事をつむに従つて、益沙金に愛着を感じて来た。人を殺すのも、盗みをするのも、みんなあの女故である。―現に牢を破つたのさへ、次郎を助けようと思ふ外に、一人の弟を身殺しにすると、沙金に哂はれるのを、惧れたからであつた。

太郎は沙金を愛することによって次第に自己を見失ってしまった。人殺しをしたり、盗みをしたり、さらに弟を助けたりしたのはすべて沙金のためであった。それは愛欲ゆえというよりも、彼女が太郎という主体の根源だったからだ。だから最初太郎が自ら「王法」を破るまでして次郎を救出しようとしたのは、弟のためというよりも、沙金を失いたくないという一念からだった。

しかし次郎の方は違う。次郎と沙金を結びつけているのは愛欲であり、沙金は次郎との愛欲に自己のすべてを懸けている。立本寺門前で沙金が次郎に驚くべきことを告げる。それは今夜の藤判官邸襲撃をひそかにその邸を警護する侍に話してしまったというのであり、それは太郎を殺すためだという。

> 「あなたの為なら、妾誰を殺してもいゝ。」
> この語の中には、蝎のやうに、人を刺すものがある。次郎は、再び一種の戦慄を感じた。

この打ち明け話を聞いて次郎は沙金との関係に苦悩し、兄に対する自分の不義を憎む。しかし「外面如菩薩、内心如夜叉」という仏教の愛欲的女人観どおりの沙金の誘惑に負けて、兄殺しというまさに畜生的行為をうけがうことになる。

ただその時ふと次郎に想起されたのは次のような疑惑である。

> さうして、それと共に、恐しい疑念が、突然として、彼を脅かした。沙金はこの男と腹を合せて、兄のみならず、自分をも殺さうとするのではあるまいか。

次郎の沙金に対する疑惑は、沙金が自己の生存のためには全てが許されるという畜生の論理ないし本能的感覚に突き動かされているのではないかということである。換言すれば、愛欲と憎悪、この本能に翻弄されているだけではないのか。次郎が抱く疑心には人間性の崇高さなど微塵も感じられない。

小説は後半に入って、「見渡す限り、重苦しい暗の中に、声もなく眠つてゐる京の町」を、盗賊たちは藤判官の屋敷に向かう。しかしそこを襲った一団は、沙金の密告と次郎が暗黒の中に了解した裏切り行為によって、あらかじめ襲撃にそなえていた藤判官の邸の者たちの反撃に遭い、今や敗走の態勢に転じている。次郎との愛を完全なものにするために沙金は太郎を死地へ陥れようとしたのであり、次郎の方も沙金の魅力に迷って兄を亡きものにする計略を受け入れてしまったのだった。しかし太郎はその苦境から脱出し、かえって次郎の方がはからずも絶対絶命の窮地に追いつめられていく。

太郎の方は難関をきりぬけ、沙金から頼まれていた藤判官の名馬を奪いとることにも成功し、その馬にまたがって敵の包囲を突破する。その時の彼の脳裏にも次郎の死を願う気持と、それを「卑怯」と恥じる自省とが交錯している。今は沙金をめぐる対立から互いに相手の死を心の底で願うようになった兄弟が、兄は馬上、弟は野犬にとり囲まれるといった危機に遭遇してプロットは一気にクライマックスへと迫っていく。

> 太郎は、我を忘れて、叫びながら、険しく眉を顰めて、弟を見た。次郎も片手に太刀をかざしながら、項を反らせて、兄を見た。さうして刹那に二人とも、相手の瞳の奥にひそんでゐる、恐しいものを感じ合った。が、それは、文字通り刹那である。

この一瞬の後、太郎は〈我執〉の鬼と化し弟を見捨てて馬を駆る。盗賊たちが死んだ仲間を残して引き揚げていく小路を、栗毛の裸馬に跨って太郎が嵐のように通り過ぎる。彼の念頭にあるのは沙金であり、次郎でもある。もし次郎がこの馬を奪いに行ったら、斬り伏せられていただろう。それまでは弟がそうなることを祈りさえした。が、さすがに自分の卑怯を恥じた。その時、群がる犬が激しく吠え立てる中で落した太刀をさがしている人の影を見た。弟だった。一端はそれを見捨てようとする。が、結局、弟への愛のために引き返して弟を救出する。その個所の本文はすでに引用した。太郎が自分の中から溢れてくる「弟の名」を「狂気の如く」叫ぶ。

場面が隠れ家に逃げ込んだ太郎次郎兄弟と沙金に移ると、視点人物はその場を傍からひそかに見つめている阿濃に移行する。兄弟が沙金を殺害する場面だが、本文はすでに引用した。その修羅場は沙金の殺害の残酷性にあるというよりも、殺害がそのままそれまで互いに疑心を抱いていた太郎次郎兄弟の和解と結びついていることもすでに論述した。一見すると、あまりにもエゴイスティックな和解として嫌悪の思いをもって読みとられることはいなめない。しかしこの場面に限っていえば、むしろ人間の主体性の回復、あるいは自我（エゴ）の解放という主題が一方にあることもいえる。

すでに論じたように、これまでの太郎のアイデンティティは沙金の「眼の中」にあった。いわば他者との相関のうちに自己の主体が確立されるという認識に通ずる。しかしまだ芥川の時代にあってはそれは自我の束縛と解釈されていた。一方次郎の方はといえば、これもまた自我の喪失と捉えることができる。彼は沙金の愛欲に溺れ、ひたすら自己の意志を沙金にゆだねているからだ。その状態もまた換言すれば自己を沙金という他者に同一化させているということもできよう。愛欲が人間性にとっていかなる意味をもつかということは歴史的というよりも、宗教がそれをどう捉えるかにかかわるわけだが、ここでの芥川はそれが人間の知性をまったく曇らす負の自然性として認識している。その認識はあるいはこの作品の宗教的浄化と救済という主題へと還元させるためかもしれない。いずれにしろ、兄弟の主体あるいは自我は沙金の存在によって束縛されていたとはいえる。

それゆえに、もし兄弟がそれぞれに主体（自我）を取り戻そうと決意したとき、彼らは沙金を抹殺するほかなかったわけだ。場面はそれを阿濃の眼前に映像化してみせたといえる。その構造がこの小説の欠陥を覆い隠していることはすでに指摘した。その残虐行為を犯すことで彼らはそれぞれの主体を取り戻したあと、これまた本能的な兄弟愛をよみがえらせ「急に抱きあつて、長い間黙つて、泣いてゐた」のである。

主体（自我）の再認識から能動的な愛の確認へという展開はおそらく作者芥川にとって必然だったろう。しかし、すでに触れたように、読者の論理からすると、自己の主体性の確立が果たして他者の殺戮と等価なのかには大いに疑問をおぼえるにちがいない。いってみれば、それは創出する主体者の自我を至高価値とする芸術至上主義者芥川にとってはエゴイズムの究極のかたちなのかもしれない。しかしそのようなプロット展開はやはりどこか無理が目立ち、あくまでも芥川の

〈知〉のひとりよがりであって、この小説を外部に開いてはいけない未熟な限界性を見せているともいえる。

しかも兄弟は沙金殺害をとがめられることなく、体制の側に復帰して以前と変わらぬ生活を送っていく。芥川にしてみればそこになんの疑いもないのだろう。自己の主体の確立が体制の安定性へと結びついていくとすれば、芥川の主体（自我）認識がいかにも東洋的・日本的であると批判することができよう。西欧哲学がつねに主体を宗教的普遍と結びつける傾向を持つのに対し、東洋にあって主体の普遍は国家・体制と結びつけられているからである。

第四節　荒廃した生の表象と未来への一筋の明り

前述したように、この作品は長らく不当な評価の下にあり、八〇年代になってやっと再評価の論文が相次いで現れてきたという経緯がある。その端緒は海老井英次の論考[19]である。海老井は「羅生門」との関連から作品を読み解き、「羅生門」の「主題そのものの把握が不十分であったこと」こそ「「偸盗」が失敗に終った最大の理由[20]」だと述べている。越智治雄[21]、三好行雄の論考[22]もこの海老井論を受けつぐかたちで論述を展開している。この他にも、宮坂覚[23]、菊地弘[24]などが「偸盗」を「「羅生門」の主題をひきつぐ作品として」論じている[25]。

このように、〈エゴイズムによる対立〉の超克と和解、あるいは〈畜生道に落ちた悪〉の救済、さらに「無」からの「有」への転回[26]等々の「偸盗」のテーマを指摘する言説群は、すべて喪失から回復へというプロット展開をさまざまな視座から解釈し直したものにほかならない。たとえば越智治雄は「おそらくこうした結末には、単なる小・の結構以上に深い意味があるだろう[27]」と言っているが、たしかに「偸盗」はこの太郎次郎の物語で終わるわけではない。その点は後述するが、ともかくも、前作「羅生門」に「黒洞々たる」とあるのに代わって、この「偸盗」には羅生門の夜明けがあることは事実である。したがって越智は、その二つの言葉が象徴する意味を非人間的な世界に代わって人間的な世界が姿を現わし、人間性の回復と捉え、それをもって物語は終わるかにみえると主張する。

しかし作者芥川は、重く暗く醜い生の営為は永遠につづくと訴えているというのが本章の考えである。たとえば猪熊の爺の思念の行きつくところは、「一方から見れば又、すべてが変つたやうで、変つてゐない。(中略) かうして人間は、何時までも同じ事を繰返して行くのであらう。さう思へば、都も昔の都なら、自分も昔の自分である」という達観だが、その言葉の暗示するものが実存的生の苦をうかがわせる。それ以外にも太郎次郎兄弟、猪熊の爺婆夫婦それぞれの筋立における生の葛藤は、それぞれの世代を越えて繰り返される人間の実存としての苦の一端を見せている。この小説が世代間にわたる複数の筋立と人物群像を配置するのはそこに主題を据えようとしているからとみてよかろう。肉感的な女頭目の沙金をはじめ、彼女に魅かれる隻眼の兄太郎と少年の面影を残す端正な容貌の弟次郎の筋立、それに沙金の母である猪熊の婆とその夫で沙金の養父にあたる爺の筋立、さらには無垢で身重の下衆女阿濃の筋立という三つの筋立が絡みあう。もし阿濃の胎内の子の未来がこの小説の人間関係に数えられれば三世代の人間群像となる。物語はひとまず沙金をめぐる太郎次郎の兄弟による骨肉の愛憎ドラマを軸とするが、その展開は決して単線的ではない。

冒頭の会話のあと、太郎と別れた猪熊の婆は、台盤所の婢女をしていた若い頃に身分違いの男に犯されて沙金を生んだことを思い起こし、その頃のことを思えば、もはや自分も昔の自分ではない。「貌も変れば、心も変つた」。「盗みをする事も、人を殺す事も、慣れれば、家業と同じである。云はゞ京の大路小路に、雑草がはえたやうに、自分の心も、もう荒んだ事を、苦にしない程、荒んでしまつた。が、一方から見れば又、すべてが変つたやうで、変つていない」。猪熊の爺婆の筋立はこの婆の諦念から始まる。娘の沙金と今の夫（爺）との肉欲関係を知って泣いて騒いだこともあったが、今から考えれば、それも人間本能の自然のこととしか思えない。結局人間は誰も彼もいつまでも同じことを繰り返していくのだという諦念がすべてをあきらめさせていく。

猪熊の婆がその名はもとよりだが、「蟇の顔」という形容に加えて、「東鴉のやうな」、「猿のやうな」といった比喩が冠せられているのは決して偶然ではない。この小説の物語世界の中で人間たちは皆動物の次元と全く同一の本能のうごめきに身をまかせている。彼女の内部をかすめる想念はその世界に照応する。「今の都は、名ばかりで、その頃の俤は殆どない。(中略) 云はゞ京の大路小路に、雑草がはえたやうに、自分の心も、もう荒んだ事を、苦にしない程、荒んでしまつた」。人間の実存を規定するこの世界が荒廃している以上、人間がそれぞれの本能に身をまかせるのも当り前だというのが彼女の諦念であった。

いま綾小路を東へ歩む猪熊の婆は乞食小屋の前にいる十七、八歳の若侍の次郎に出会うが、出会う前に婆の述懐が記される。

> 始めて娘と今の夫との関係を知つた時、自分は、泣いて騒いだ覚えがある。(中略) 娘の今してゐる事と、自分が昔した事とは、存外似よつた所がある。あの太郎と次郎とにしても、やはり今の夫の若かつた頃と、やる事に大した変りはない。かうして人間は、何時までも同じ事を繰返して行くのであらう。

実の娘の沙金と夫の猪熊の爺との肉欲関係を黙って見るほかない実の母であり妻である老婆はまさに人間のかたちをした猿であり、畜生の存在に匹敵する人物なのである。ところが、猪熊の婆の独白のなかにみえる「都も昔の都でなければ、自分も昔の自分でない」という表現は、太郎に焦点化されたこの小説の語りにおいて「彼も弟も、今は昔の彼等ではない」というかたちで繰り返され、さらに今度は猪熊の爺の「お婆は、もう昔のお婆ではない。わしも、昔のわしでなかつたのぢや」という告白に受け継がれる。

猪熊の婆と別れた太郎が反芻するのも「あの時の己と今の己とを比べれば」ということであった。彼らのこの自己認識、すなわち「今は昔」とは変ったという認識はこの太郎の言葉の背後にある世界の荒廃とかかわっている。そしてすでに言及したことだが、東アジアの国家群では体制はそのまま人間のあらゆる価値が生成するの根源である。したがってここでもしも「三宝」と「王法」が価値の根源たりえないとすれば、容認されざるをえないのは野放しにされた人間の自然性、つまり本能だということである。猪熊の婆の諦念はその筋立が第一世代の経験知からする第二世代の人間の生きざまを観察する視点の投入だったということになろう。その視点が人間の本能的欲望の世代間を越えた継続を捉える以上、重く暗く醜い生は永遠に続くことになるわけである。

沙金と次郎が愛欲と憎悪といった本能的欲望に突き動かされていることはすでに前節で見た。それでは兄の太郎はどうであろうか。藤判官邸襲撃の場から逃げ出す途中、狩り犬や野犬に囲まれて窮地に瀕している弟を見出した太郎の内面はすでに論述しておいた。そこに見られるように、「一切の分別が眼底を払つて、消えてしまふ」とき本能が行動となって噴出する。それを悪といおうが、エゴイズムといおうが、それが実存の痛苦であることにおいて変わりはない。太郎を包んでいるのは深い「夜」の闇であり、やはり「愛憎の深み」だけだった。おそらくそれは作者芥川をも包んでいたからこそ太郎の内面が迫真的に読者に訴えるものだったといえるのだが、このことはさらに後述しよう。

では、暗闇の中で「直下にこの語（「弟」と呼ぶ声—引用者注）が電光の如く彼の心を打つた」とある情動とは何であろうか。それについては太郎に救出された次郎の心情説明の中で次のように語られているのが参考となろう。

> 彼は、限りない安息が、徐に心を満して来るのを感じた。母の膝を離れてから、何年にも感じた事のない、静な、しかも力強い安息である。

次郎の充足感を芥川は「母の膝」の安息として暗喩的に捉えている。救われた次郎は「母の膝」を離れてから何年も感じたことのない静かな、しかも力強い安息のなかで「兄さん」と呼ぶのである。

冒頭で言及しておいたように、この小説は複数の登場人物の複線化された筋立が入り組んでいる。そのような筋立のネットワークの中で焦点（結末部）となる登場人物に愛欲と悪の本能に身をまかせた美しいメフィストファレスにほかならぬ沙金と、思念の惑いを知らぬ白痴の下衆女である阿濃という二人の女性がいる。彼ら二人の女性の絡み合う人間関係の葛藤が沙金をめぐる太郎と次郎の骨肉の争いをしだいに先鋭化し、やがて決定的な行動に駆りたてるというかたちで小説は進行する。これが同時にこの小説の主軸のプロットである太郎次郎兄弟の物語である。その一方で、阿濃にからむ猪熊の爺婆らの物語がそれに追随しまた交錯する。その筋立（物語）を越智治雄は「阿濃・猪熊系のサブプロット[(28)]」と呼んでいる。この二つの物語がネットワークを織りなしてロマネスクの物語世界を作っていくとするのだが、本章では阿濃の筋立を「猪熊系」と区別して三つの筋立の交錯とみている。その理由は追って明らかになろう。

これまでみてきた前者の筋立（物語）が実存の「夜」の闇を満たしているのに対して、後者の、特に阿濃の筋立（物語）こそ本能の闇に沈吟する太郎次郎兄弟を黎明にまでさそう何物かの気配、その無明からの救済のモチーフを担って展開される。

映画のカット・バックの手法と同様にして展開される物語が「見渡す限り、重苦しい暗（み）」に達するに至って、作者はもう一つの物語を提示し始める。

> 阿濃は、この時、唄をうたひながら、遠い所を見るやうな眼をして、蚊に刺されるのも知らずに、現ながらの夢を見た。人間の苦しみを忘れた、しかも又人間の苦しみに色づけられた、うつくしく、傷しい夢である。（涙を知らないものゝ見る事が出来る夢ではない。）そこでは、一切の悪が、眼底を払つて、消えてしまふ。が、人間の悲しみだ

けは、—空をみたしてゐる月の光のやうに、大きな人間の悲しみだけは、やはりさびしく厳に残つてゐる。

阿濃は「今にぢき夜が明けるよ。」と胎児に呼び掛けながら唄をうたう。その胎内に宿っている子は、猪熊の爺の告白による限り、次郎の胤（たね）ではありえないが、ひたすらにそうだと「信じてゐる」阿濃にとって、そうした爺の告白など何の意味も持たない。そして「白痴に近い天性を持つて生まれた」彼女を語るとき、作者は「畜生」の語を一切用いようとしない。その意図は明らかだろう。盗賊たちの嘲笑の的でしかない阿濃はこの物語にとって〈人間〉の崇高さを体現しているからである。

阿濃は安らかな微笑を浮かべながら羅生門の楼上にたたずんで「凌霄花」のにおいを嗅ぎながら、いとしい次郎のことを、胎児のことを、とめどなく思いつづけている。「腹の児が、身動きする。（中略）人間の苦しみをのがれようとして、もがくように、腹の児は又、人間の苦しみを嘗めに来ようとして、もがいてゐる」。阿濃は胎児を慰めようと、次郎が酔うと好んでうたう唄を小さな声で唄ってやる。阿濃は「自分の恋してゐる次郎の子が、自分の腹にやどるのは、当然な事だと信じている」。阿濃は歌っているうちにうつつながらの夢を見る。作者芥川はそれを「人間の苦しみを忘れた、しかも又人間の苦しみに色づけられた、うつくしく、傷しい夢である」と評する。作者によれば、この夢の前には「一切の悪が、眼底を払つて、消えてしまふ。が、人間の悲しみだけは、—空をみたしてゐる月の光のやうに、大きな人間の悲しみだけは、やはりさびしく厳に残つてゐる」とある。阿濃がかくまで崇高に描かれているのはなぜか。それはおそらく愛とは信じること、そして女が子を産むということは過去の人間の悪の浄化につながることであるとすれば、人間の本能の正への転化が彼女の内部に見つめられているからであろう。

それほどまでに阿濃を除くこの小説の登場人物たちは本能の負の属性をむき出しにしている。その一人、我執の人である猪熊の爺をめぐる問題に目を転じてみたい。猪熊の爺婆の筋立である。猪熊の爺は「左兵衛府の下人」をしていたころ、現在の沙金によく似ていた猪熊の婆に懸想（けそう）し、そして結ばれた。しかしその彼女が「情人」の子を生んで行方不明になると、にわかにこの世が味気なくなってしまい、ついには強盗にさえ身を堕したのである。今は沙金と通じているばかりか、白痴に近い無心の阿濃を孕ませると、今度は無理やり堕胎薬を飲ませようとさえする。本能の欲望をむき出しにして生きてきた畜生そのものの生である。猪熊の爺の筋立が阿濃のそれとは別だというのはこのような物語の性質の差異によるからだ。

盗賊たちが藤判官邸の襲撃に失敗して羅生門に引上げてきたその夜、かねてから父のわからぬ子を孕んでいた白痴の阿濃が子を生んだ。すると瀕死の重傷を負いながらも逃げのびてきた猪熊の爺が死を目前にして、その子の父が自分であることを告白する。妻の連れ子の沙金とも関係をもったために、一時は太郎との間も一触即発の対立関係であったが、この爺の告白を聞くと、太郎は吐き出すように「どうせみんな畜生だ。」とつぶやく。小説の物語世界は本能をむき出しにした〈野生〉の者たちの葛藤で満たされていることを象徴する。爺は襲撃の場においても危地に陥った彼を救うために身を挺した老妻を見殺しにしている。その意味で彼こそまさにエゴイズムの権化であり、死の真際までエゴイズムという業から脱しきれない人物なのである。

以上が猪熊の爺婆の筋立の主題とすれば、それは太郎次郎兄弟の筋立のそれと何ら変らない。ただ世代が違うだけで、醜い生が世代を越えて続いていくことに変わりはない。しかし阿濃の筋立は違う。特にその腹に孕む胎児が次代の物語をつむぐとすれば、それはこれまでの筋立、というよりもこの物語世界の彼方で展開されるのであろう。猪熊の爺が阿濃の生んだ赤児を前にした姿が次のように描写されている。

> 猪熊の爺は、寝た侭、徐に手をのべて、そつと赤ん坊の指に触れた。と、赤ん坊は、針にでも刺されたやうに、忽ちいたいたしい泣き声を上げる。平六は、彼を叱らうとして、さうして又、やめた。老人の顔

> が—血の気を失つた、この酒肥りの老人の顔が、その時ばかりは、平生とちがつた、犯し難い厳さに、かゞやいてゐるやうな気がしたからである。

赤ん坊を見た爺は涙を流し、その顔は「犯し難い厳さ」に輝いていたとあるところに注意する必要があろう。猪熊の爺はこの時暗い夜の向うに不滅の黎明を見たのである。

赤児が自分の子供だと認めることは白痴女の阿濃を手ごめにしたという破廉恥な行為である。それは女を犯すことを常習とする「畜生」である盗賊仲間においてさえはなはだしく嫌悪されたにちがいない。それでも爺が醜い過去をあえて告白したのは彼女を赤児を守るという人間の責任を引き受けようとする意思表示であった。死に瀕した猪熊の爺はいまや暗い夜の向うに光る不滅の黎明を浴びることで真人間に転生しようとしている。〈告白〉という行為に罪悪の浄化を認めるのは宗教領域の問題であるといってよいとすれば、作者芥川は爺のさまざまな悪の浄化を認めたということである。爺は赤児の未来に託して人間の世界を信じた。それは阿濃の純粋さに通じよう。物語世界において爺は救済されるに価すると作者芥川は訴える。そして赤児には世界の未来が託される。かくしてまた人間の生はくり返されていく。

盗賊たちは追っ手に追い詰められた極限状況の中でそれぞれにかけがえのない者の名を呼ぶ。猪熊の婆は「お爺さん」となつかしそうに呼びかける。太郎は弟の名を叫び、次郎は「兄さん」と答える。そして、次には、猪熊の爺が「この子は、わしの子ぢや。」と呼びかけることになる。肉親をかけがえのない者として呼びかけることで肉親との強い絆に支えられて自身の存在が確認される。沙金たちが死に、太郎と次郎とが逃亡した後、十年余り経った。彼女は尼になって子供を養育している婆として登場している。このようにこの小説が三世代の登場人物の物語とした理由は実存の生を生きることが人間の宿命（業）だと訴えかけるところにあろう。人間世界は重く暗く醜いエゴイズムにさまたげられながら、親から子へ、子から孫へと生の営為は永久に続けられていくのである。それゆえたとえ「人間は、何時までも同じ事を繰返して行く」という荒廃し絶望した生が次々と続いて流れていくだけであるにしても、そこに人間の世界はある。人間である以上そこからは逃れられないとすれば、そこにやはり未来の希望を託さざるをえないのだ。

こうして、世代を越えて人間の行為というものはほとんど変わらず、そこからお婆にとっては、人間とは悪行を繰り返すことが本性とでも言ってよい存在にすぎないと見えるのかもしれない。この小説では爺婆の物語は太郎次郎兄弟の未来の物語の開示なのであった。そして阿濃が孕んだ赤児の物語は兄弟のそのまた未来の物語の開示かもしれない。それはともかくこの二つの物語は個別の人間を越えて世代間にわたる親子、あるいはもっと引き延ばせば、人間一般の物語へと拡大されるのである。

第五節　初期小説の〈物語の方法〉と作者芥川の伝記的事実
—むすびに代えて

この初期小説の物語世界が人間の本能としての欲望が激しくぶつかり合う暴力と欲望の渦巻く世界であるとき、その主題がたとえ普遍的な人間のエゴイズムへと結びついていくとしても、芥川の生きる近代小説のリアリズムとはどうしても相容れない異質な物語世界のファンタジーの形成を取っている。すでに前章まででみてきたように、人間の生は世界との相関においてその意味を開示していく。芥川の〈物語の方法〉は人間存在を歴史的に相対化することよりも、世界内存在の限界性に向かったのである。それゆえにこの小説は平安時代の群盗の世界に題材を取ったのであり、その完結的構造は時間と空間を芥川の同時代の〈外部〉から遮断した。芥川の〈物語の方法〉の指向性がそうさせたのである。作者芥川にとっては物語はファンタジーとリアリズムの融合であるからこそ、世界内存在としての人間のエゴイズムの極限を追究するのにふさわしい表現形式だった。

この小説では太郎次郎兄弟が肉親愛の極限に母の愛を感じている場面、さらに白痴の阿濃が母性の輝きを現している場面には力のこもった美しい表現が認められ読者の心を打つ。それらの背後に母性の包容力が実感されていたからではなかろうか。もしそうでなければ、この小説は筋立のクライマックスにおいて空疎な母性の情愛の空回りがあったにちがいあるまい。そしてこのようにみてよいとすれば、作者芥川の伝記的事実が「偸盗」の物語、というよりも兄弟の思い描く母、あるいは阿濃の再現＝造形に大きな影響を与えていたといえる。そこには伝記的事実が作品（テクスト）とどのようなかかわりをもっているのかが問われる。その点を見極めることはこの作品のテーマの理解をさらに豊かにするうえで資するところがあろうと思われる。

そこで「偸盗」における母のモチーフとかかわって、「偸盗」を吉田弥生への失恋事件、塚本文子への愛といった芥川の女性体験から読み解こうとすることも〈読み〉にとって必要だろう。芥川龍之介が吉田弥生との恋を破綻させたことは次の手紙から知られる。

> 僕は求婚しやうと思つた。そしてその意志を女に問ふ為にある所で会ふ約束をした。所が女から僕へよこした手紙が郵便局の手ぬかりで外へ配達された為に時が遅れてそれは出来なかつた。しかし手紙だけからでも僕の決心を促すだけの力は与へられた。
> 　家のものにその話をもち出した。そして烈しい反対をうけた。伯母が夜通し泣いた。
> あくる朝むづかしい顔をしながら僕が思切ると云つた。それから不愉快な気まづい日が何日もつゞいた。其中に僕は一度女の所へ手紙を書いた。返事は来なかつた[(29)]。

芥川家の人々が弥生との結婚になぜ反対したのか。それはこれまでのところ、芥川の幸福よりも家の論理を優先させた結果とされている。そのために芥川は特に伯母ふきのエゴイズムに実母に代わる無私の母性愛を代替させ、失恋の生を生きねばならない苦しみを慰めていた。芥川によると「伯母が一人ゐて、それが特に私の面倒を見てくれました。今でも見てくれてゐます。家中で顔が一番似てゐるのもこの伯母なら、心もちの上で共通点の一番多いのもこの伯母です。伯母がゐなかつたら、今日のやうな私が出来たかどうかわかりません」(「文学好きの家庭から」)と述懐されている。彼女は容貌、魂とも母によく似た分身のような人であった。

この精神的危機は三好行雄によれば「恋の成就しなかった恨みよりも、恋をうしなうまでの過程にあらわれた人間感情の裸形に深く傷ついた[30]」ものとされる。井川(恒藤)恭宛書簡では「イゴイズムをはなれた愛があるかどうか。」「周囲は醜い。自己も醜い[31]。」という記述がみられ、失恋を通して自己や養家の周囲の人々のエゴイズムという現実を認識するに至る。

> 彼は彼の伯母に誰よりも愛を感じてゐた。一生独身だった彼の伯母はもう彼の二十歳の時にも六十に近い年よりだつた。彼は或郊外の二階に何度も互いに愛し合ふものは苦しめ合ふのかを考へたりした。その間も何か気味の悪い二階の傾きを感じながら[32]。

芥川文学にとって〈母〉は強く全作品に関わっている点を考慮しなければならない。芥川が意識していたかどうかにかかわらず、〈母〉は芥川文学の根底をなすモチーフであった。とすれば、狂気の実母に対する芥川の屈折した想い(インフェリオリティ・コンプレックス)がこの「偸盗」の中でどのように昇華されてゆくかを眺める必要がある。

上の引用は「歯車」(『大調和』昭和二年六月)の中で「現世を地獄にする」伯母との関係を語った個所である。「偸盗」の肉親の愛憎劇が着想されたことは太郎の眼が「隻眼」であることによっても窺うことができる。「額の広い、やや眼のくぼんだ顔立ちであつたが、少し藪にらみで、中々勝ち気な人[33]」という伯母、その眼に特徴のあるこの伯母から「隻眼」の太郎が造形されたといえなくもあるまい。ということは、太郎に母性的要素が組み込まれているということでもある。

太郎と次郎はたしかに「血のつながり」のある兄弟である。ところが、二人は互いに分身的存在であり、親子のような関係である。前述した夜襲失敗の場面で「弟」という「この語の前には、一切の分別が眼底を払つて、消えてしまふ」というのは兄弟愛によるというよりも、むしろあきらかに母性愛によるものである。

そのことはさきの次郎の内語にあった「限りない安息」と「母の膝」の結びつきからも知られる。次郎が太郎に感じた「安息」は「母の膝」のやわらかさであり、暖かさであった。まさに反転するストーリーの後半部にウエートが置かれていたことは自明である。畜生の極みからの帰還、このストーリー上において母性愛のあふれるプロットを描くためにも兄弟の和解は必要であったはずである。その和解には「同じ親から生まれた」分身であるという同一の母によって繋がる兄弟であることが求められた。母のいない兄弟の和解に母の愛が必要だったのだ。その時、ストーリーの反転から母になる阿濃の設定が意味を持ってくる。このように、阿濃を通じて「偸盗」における母性は輝き出すのだ。白痴と母性の結びつき、それこそ作者芥川が狂気の母に夢見た〈母〉の純粋型であった。

この内的契機としての母性を介して作者芥川の関心は第三の筋立の主人公阿濃に移っていく。「偸盗」の複数の筋立の上での人間関係の枠組はいずれも「兄弟＋女」であることは動くまい。しかし完結的構造を有する物語は〈閉じられる〉ことで、かえって未来（の読者）に〈開かれている〉。その構造からすると、「偸盗」の真の主人公は阿濃である。太郎と次郎の和解をストーリーの帰結として構想したとき、母になる阿濃は不可欠な人物であったはずである。兄弟の和解の契機を「母の膝」の記憶に求めたとき、子を孕む阿濃はそのシンボルとしてこの作品（テクスト）に必要だった。彼女は盗賊の男たちからも「悪女」とみなされる沙金とは対照的ともいうべき存在であるが、その表象が「母」であった。生まれながらに白痴の阿濃だが、沙金という女が死に向かう一回的な存在であるに対して、阿濃は人間の〈再生〉に向う母胎的存在としてつねに再生的存在である。

阿濃の筋立において母性の顕現が光明と〈再生〉に結びついて語られていることに注目してよかろう。盗賊の一団を離れた阿濃は羅生門の楼上に上がっていった。そこで「次第に明くなつて行く京の町を、目の下に見下し」ている。地上で起こっている惨劇の間も「阿濃だけは、安らかな微笑を浮べながら、羅生門の楼上に佇んで、遠くの月の出を眺めてゐる」。その阿濃が楼を降りて地上に戻ったとき、「胎児の動くのを感じる毎に、独りうれしさうに、ほゝ笑んでゐる」。「胎児」は人間の世界の〈再生〉の象徴である。

やがて阿濃の産んだ子を囲んで、「十五六人の盗人は、立つものは立ち、臥すものは臥して、いづれも皆、首をのばしながら、別人のやうに、やさしい微笑を含んで、この命が宿つたばかりの、赤い、肉魂を見守つた」。人殺しをも平気でする、攻撃的で残酷な盗賊たちは阿濃が子を生むことによって、ふだんと「別人のやうに、やさしい微笑を含」む。それは彼らもまた母性の包容力に包まれたのだ。

だから、その子の誕生は盗賊たちが飢えによって犯さざるをえなかった悪をも浄化する。その表現が次の個所に見える。

> —阿濃は、この時、唄をうたひながら、遠い所を見るやうな眼をして、蚊に刺されるのも知らずに、現ながらの夢を見た。人間の苦しみを忘れた、しかも又人間の苦しみに色づけられた、うつくしく、傷しい夢である。(涙を知らないものゝ見る事が出来る夢ではない。)そこでは、一切の悪が、眼底を払つて、消えてしまふ。が、人間の悲しみだけは、—空をみたしてゐる月の光のやうに、大きな人間の悲しみだけは、やはりさびしく厳に残つてゐる。

阿濃は母になることによってすべてを許すようになり、次郎への愛だけではなく人間に対する愛をもって人間の世界に存在する一切の悪を包容することで浄化する。「一切の悪が、眼底を払つて、消えてしまふ」という一文は阿濃の視野においてそうなるというにすぎないが、読者はそこに客観的事実としての母性の愛の聖性を認めようとする。それほどまで阿濃は崇高化されているのだ。それは芥川にとっては母性の聖化にもつながるほどに強烈な感動だったにちがいあるまい。芥川における狂気の母の問題は主題やモチーフのみならず、その文体をも規制するもの、さらにいえば、それは芥川の文学のすべてを根源において扼する何物かであったといってよかろう。

三好行雄はまた阿濃の場面にふれて、「偸盗」全篇を覆う「認識の腐臭からもっともとおい単純無穢の魂を借りて、龍之介はそこに〈無垢の母〉の幻像を托した」のであり、それは「意識と無意識のふかいはざまに、龍之介がみずから封じこめていた〈願望〉の似せ絵」ともいうべく、「阿濃の無垢の魂にゆだねられた〈母〉の意味を問うことは、芥川龍之介における〈母なるもの〉—狂気に母を奪われたゆえの、屈折した母親願望を無意識の深層に封じこまねばならなかった作家の、いわば宿命の根源を問うことにひとし」く、さらにいえば一切の悪を「〈人間の悲しみ〉にまで浄化する救済、あらゆる悪をつつみこんで、それを〈悲しみ〉としてひきうける抱擁者＝〈母〉による救済のモチーフはあざやか[(34)]」だという。たしかに、この小説は作者芥川の〈母〉なるものへの憧れによって阿濃の崇高さが読者を魅了する。

次の書簡をみてみよう。

> 体はさう大きくなつても心もちはいつでも子供のやうでいらつしやい。自然のままのやさしい心もちでいらつしやい。(中略) すなほなまつすぐな心を失はずに今のままでどんどんおそだちなさい[(35)]。

> 文ちやんは何も出来なくつていいのですよ。今のまんまでいいのですよ。そんなに何でも出来るえらいお嬢さんになつてしまつてはいけません。そんな人は世間に多すぎる位ゐます。赤ん坊のやうでお出でなさい。それが何よりいいのです。僕も赤ん坊のやうにならうと思ふのですが中々なれません。もし文ちやんのおかげでさうなれたら、二人の赤ん坊のやうに生きて行きませう[(36)]。

芥川はこの手紙で塚本文に自己の夢を託している。「すなほなまつすぐな心」をもつ「赤ん坊」のごとき女性であってほしいという願い。

純粋というべきか、それとも無垢といったらよいのか。その姿が現在のままをおおらかに受け入れる包容力をもつという。この物語の阿濃のイメージは塚本文のごとき女性像を重ね合わせている。それも母性への思慕をこめて…。

それはおそらく少なくとも生後七か月で実母ふくが発狂し、芥川家（芥川道章）の養子にやられた芥川のインフェリオリティ・コンプレックスだったといえよう。養子先ではもちろんのこと、生家にあって、しかも実母がいながら、実母の発狂のためにただの一度として乳を飲まされたことはなかったのである。芥川のインフェリオリティ・コンプレックスの根底には子にとって狂える母は自己が回帰し抱かれる懐の役割を果たさないという思いがある。常に母の愛に渇き、その愛を求め続けて得られなかった芥川の孤独な心が横たわっているのである。

もう一つ考えておきたいことは、大正六年というこの小説の発表された時期を考えれば、その時期、「母性」「母性愛」という言葉が一般に流通し始め、「母」をめぐるイデオロギーが強固に構造化されていく時期であったことに注意すべきだろう。たとえば加納美紀代は、この時期、すなわち一九一〇～一九二〇年代に「母」がイデオロギー化していく事態を捉えて、その特徴を「母性」が「自己犠牲と無限抱擁」を含み持ち、「近代的な自我を真向から否定し、女に「無我」と「献身」を要求するものとなった[(37)]」と指摘する。さらに、この時期になってにわかに「母性」が浮上してくる時代状況に対しては、与謝野晶子が「女が世の中に生きていくのになぜ母となることばかりを中心的要素とせねばならないか[(38)]」と批判し、平塚らいてうとの間で行われた「母性」をめぐる一連の議論ー「母性保護論争」が社会的トピックスとして立ち現れてくる時期でもあったことは周知のことであろう。芥川が満たされぬ母性愛を意識せざるをえなかったことも十分理解できる。

このような同時代コンテクストから振り返ってみれば、「白痴に近い天性」の女として造形されていた阿濃が、加納美紀代の指摘する「近代的な自我を真向から否定」した「母」＝「母性」イデオロギーを見事なまでに体現させていることはもはや疑いようのない事実だと思われる。そんな阿濃は「偸盗」の他の登場人物たちから「阿呆」な女だと言われつづけていた。それはまさにこの「阿呆」という言葉の一点において、「偸盗」が同時代コンテクストにおける「母」の置かれた位置をほぼ正確に言い当てていることを示していたといってよかろう。

いわば、「偸盗」で母性による〈無限抱擁〉の救済を無意識のうちに芥川は試みている。それが後年、キリストの母なるマリアに結晶してゆくとみる。芥川にとっての〈母〉はあらゆる苦しみや悩みを自分の中に抱きとる慈愛にあふれた存在、世界を救済するマリア的母性でなければならなかった。この〈母〉への痛烈な思いが太郎次郎兄弟の愛と阿濃の母性をつらぬいているがゆえに、この物語に豊かな内実を与えることができたのである。

注

（1）松岡譲宛書簡、大正六年三月二九日付
（2） 海老井英次「『偸盗』への一視覚」『語文研究―（九州大学）』三一・三二合併号、昭和四六年十二月
（3）越智治雄「偸盗」『国文学』第十七巻十六号臨時増刊号、昭和四七年十二月
（4）三好行雄「下人のゆくえ――『偸盗』論の試み・その一」『日本文学』、昭和四八年七月
（5）吉田精一『芥川龍之介』三省堂、昭和十七年十二月
（6） 海老井英次「『偸盗』への一視覚」『語文研究（九州大学）』三一・三二合併号、昭和四六年十二月
（7）海老井英次「『偸盗』への一視覚（続）」『近代文学考』二号、昭和四九年三月
（8）越智治雄「偸盗」『国文学』第十七巻第十六号臨時増刊号、昭和四七年十二月
（9）東郷克美「『猿のやうな』人間の行方―『羅生門』『偸盗』から『地獄変』へ」『一冊の講座　芥川龍之介（日本近代文学二）』有精堂、昭和五七年七月
（10）森正人「『偸盗』の構図」『熊本大学文学部論叢』平成二年三月
（11）海老井英次「『偸盗』への一視覚」『語文研究（九州大学）』三一・三二合

併号、昭和四六年十二月
(12) 東郷克美「『猿のやうな』人間の行方—『羅生門』『偸盗』から『地獄変』へ」『一冊の講座 芥川龍之介（日本近代文学二）』有精堂、昭和五七年七月
(13) 浅野洋「『偸盗』論の前提」『作品論芥川龍之介』双文社出版、平成二年十二月
(14) 友田悦生「「偸盗」の挫折と真理」『芥川龍之介作品論集成』翰林書房、平成十二年三月
(15) 越智治雄「偸盗」『国文学』第十七巻第十六号臨時増刊号、昭和四七年十二月
(16) 海老井英次『芥川龍之介論攷』桜楓社、昭和六三年二月、一四七頁
(17) 森正人「『偸盗』の構図」『熊本大学文学部論叢』平成二年三月
(18) 長野嘗一「偸盗」『古典と近代作家—芥川龍之介』有朋堂、昭和四二年四月
(19) 海老井英次「『偸盗』への一視覚」『語文研究（九州大学）』三一・三二合併号、昭和四六年十二月
(20) 海老井英次「『偸盗』への一視角」『語文研究（九州大学）』三一・三二合併号、昭和四六年十二月
(21) 越智治雄「偸盗」『国文学』第十七巻第十六号臨時増刊号、昭和四七年十二月
(22) 三好行雄「下人のゆくえ——『偸盗』論の試み・その一」『日本文学』、昭和四八年七月
(23) 宮坂覚「芥川龍之介『偸盗』論（上）——〈黒洞々たる夜〉における〈愛〉のカオス」『フェリス女学院大学研究紀要』第十六号、昭和五六年三月
(24) 菊地弘「偸盗・芋粥」『芥川龍之介—意識と方法—』明治書院、昭和五七年十月
(25) 菊地弘「偸盗・芋粥」『芥川龍之介—意識と方法—』明治書院、昭和五七年十月
(26) 清水康次「『偸盗』と風景」『芥川龍之介の方法と世界』和泉書院、平成六年四月
(27) 越智治雄「偸盗」『国文学』第十七巻第十六号臨時増刊号、昭和四七年十二月
(28) 越智治雄「偸盗」『国文学』第十七巻第十六号臨時増刊号、昭和四七年十二月
(29) 井川恭宛書簡、大正四年二月二八日付
(30) 三好行雄『芥川龍之介』筑摩書房、昭和五九年五月
(31) 井川恭宛書簡、大正四年三月九日付
(32) 芥川龍之介「或阿保の一生」の「三　家」、『改造』昭和二年十月
(33) 恒藤恭『旧友芥川龍之介』朝日新聞社、昭和二四年
(34) 三好行雄『芥川龍之介』筑摩書房、昭和五九年五月

(35) 塚本文宛書簡、大正五年　年次推定
(36) 塚本文宛書簡、大正六年九月十九日付
(37) 加納美紀代「「母性」の誕生と天皇制」『母性から次世代育成—産み育てる社会のために』新曜社、平成三年九月
(38) 与謝野晶子「母性偏重を排す」『太陽』大正五年二月

第二部　西洋との出会いと日本人の自覚

第五章　日本女性のしぐさへのまなざし
—「手巾」における「型」の思想と演技メソッド

第一節　はじめに

芥川龍之介の初期作品「手巾」は大正五年十月号の『中央公論』に発表された。のちに作品集『羅生門』(阿蘭陀書房、大正六年五月) に収録された。その間に本文の上で大きな訂正はなされていない。芥川龍之介の二十四歳の時の作品である。当時『中央公論』に作品が発表されるということは文壇登龍門とみなされていた。それだけに作者芥川の言葉通り「文壇への入籍届け」[(1)] ともいうべく、執筆するにあたって期するところがあったらしく、慎重に筆を運んだ。そもそもこの小説は神奈川県の一の宮に滞在中に久米正雄から聞いた話を題材としたものであって、その話をふまえて新渡戸稲造をモデルとした小説を書こうとしたことは「中央公論へは新渡戸さんをかいたので社会的反響が僕にとつて不快なものではない事を祈つてます」[(2)] と、芥川自身明言しているところである。これまでの古典物とは作風を変えて現代に題材をとった「手巾」を執筆しようとしたところにも、あるいは新しい領域を開拓して世に問おうとする気負いがあったのかもしれない。

近年の「手巾」論は、すでに「手巾」の草稿としての「武士道 (小品—久米に献ず—)」(山梨県立文学館蔵) にもとづいた「手巾」の創作過程の考察 [(3)] や、同じ新渡戸稲造をモデルにした久米正雄の「母」[(4)] との比較による「手巾」の考察 [(5)] までが提出され、アプローチの方法が従来よりもより綿密になった。それでも、作品論の焦点はあくまでも新渡戸稲造をモデルにした長谷川先生の思考や態度、信念への批判をどう捉えるかに当てられているものが多い。たとえば奥野政元は、西山夫人に対する長谷川先生の理解について「自分を越えた高い価値あるものに出会いながら、やがてはそれを、自分の価値観にまで引き下ろして、安心し満足」しているとし、「自己の一元的価値意識にかかわる見解に、引きつけてしまった長谷川先生の虚妄が、ここでは批判されていたのだ」(6) という読みを提示している。また久米正雄の「母」と比較して論じた酒井英行も、芥川の批評の不徹底を「封建的価値観、前近代的思想が残存する社会を生きざるを得ない痛苦、それとの葛藤が皆無である。時代の現実から乖離した高みから見下ろす観念性が顕わである」と指摘した上で、「『手巾』は、自己を安全地帯に置いての、新渡戸稲造への軽い揶揄である」(7) という見解に帰着している。さらに草稿「武士道」を参照している笠井秋生も、結論的には「この作品における芥川の真の意図は、武士道の型を武士道だと信ずる長谷川先生を諷刺することであった」とし、「勿論、この芥川の諷刺は、『武士道』の著者新渡戸稲造その人に向けられている」(8) と述べている。

このようにこれまでこの小説（テクスト）は文明批評が先行する人間不在の作品として理解されてきたようである。しかし本章では小説の完成度に関する議論はさておき、「手巾」を一つの演劇論、演劇のパフォーマンスの東西比較というモチーフを展開させた物語として読むことにする。このような問題意識は実は本章の筆者が韓国の芥川研究者であることによって、あくまでも異文化のまなざしを持っているという特徴にもとづくのである。〈外部〉の眼から日本人—それは長谷先生でもあり、西山夫人でもあるが—の所作（しぐさ）を批判することに文化論的意味があると考えるからである。したがって単なる時代状況論がとりもなおさず文明論へと移行させているとこの小説を捉えるのではなく、より具体的に、「手巾」の土台にある芥川の日本人に対する認識をこの小説のパフォーマンス論を通して問うことがこの小説を相対化する上で重要と考えるからである。そのためには長谷川先生がいましも読んでいる西欧の演技論と西山夫人の所作に共通するパフォーマンスを長谷川先生がどう見ているのかに注目し、作品の背後をつらぬく日本人の普遍認識を追究してゆくことにする。

第二節　皮肉の美学－演技というパフォーマンス

この小説の通奏底音ともいうべきモチーフに「ストリンドベルクのドラマトゥルギー」がある。この「手巾」の構造をあえて簡略化すると、主人公である長谷川謹造先生が「ストリンドベルクのドラマトゥルギー」を読んでいるところから小説は始まり、先生を訪れた作中のヒロイン西山夫人がとるしぐさから、先生はそれとそっくりなハイベルク夫人の二重の演技を同じストリンドベルクのドラマトゥルギーの中に見出すところで終わるというものだからである。したがって「手巾」の物語構造を支えるのは長谷川先生と西山夫人のやりとりを隈取っているいわば額縁としての「ストリントベルクのドラマトゥルギー」だということもできるとすれば、小説の主題を東西のパフォーマンス論に求めることも可能であろう。

このように、小説がストリンドベルクの作劇術を軸として展開しているところからも、物語構造そのものが劇的空間の額縁形式を想定しているとみられる。そこからこの小説を額縁小説であると規定するとき、想起されるのが第十二章で論述する「玄鶴山房」の山房世界である。そこでも論じることになるが、作者芥川にとって額縁小説とは物語叙述の有力な方法のひとつだった。なぜ額縁形式をとるかといえば、すでに論じてきたように完結的構造を有する物語が〈外部〉を遮断するように、作品（テクスト）のある場面、またはある人物が芥川と同時代の現実とダイレクトに結びつけられることを極力避けたかった。この小説の場合、特にその形式が取られてきたことは、モデル小説を借りて芥川が新渡戸稲造の思想を批判したとは受けとってもらいたくなかったからともいえる。芥川はあくまでも日本人論としての特性／普遍に関する〈知〉のありようを語りたかったのである。それは後述するとして、芥川にとって小説（物語）はそれ自体自己完結した、現実の作者身辺とその環境を遮断したまったく独自の完結的世界を指向した。額縁という方法はその芥川の意図が読者に伝えられる、もっともふさわしい方法だったのである。

本書が一貫して追求する問題意識に芥川龍之介の〈物語の方法〉と伝記的事実との関係をどう捉えるのかにあることは繰り返し述べてきた。ここでも彼の〈物語の方法〉がこの小説に見られることをあらかじめ理解してもらうために以上のような指摘をしてきたわけだが、これと関連してもう少し突っ込んで考えてみよう。この小説を愛読する三島由紀夫が気にいっているのはハンカチ（手巾）をにぎりしめながら顔で微笑している西山夫人のパフォーマンスそれ自体であって、それを写し出した芥川の功を多としているわけである。武士道を憧憬する三島由紀夫は、それにストレートに感動しているのであり、その感銘が、「最も完成されたコントだ」[(9)] という評語になったもののようである。しかしいくら三島でも、この作品のもともとの意図は美談の否定だったということになれば、きっと誉めるのに難渋したことであろう。だが、芥川の意図をどう捉えたかということは三島にしてはかなりあいまいであって、無意識にといった簡単な言葉ですり抜けようとしていることがわかる。それでも、ポスト・コロニアル批評がこの小説に応用されるまでは三島のこの評価はかなり有力なものであった。

三島由紀夫もそう捉えているように、この小説の構図は単純で、長谷川先生に対する批判と西山夫人のふるまいに対する称賛という図式になる。この対照的な図式理解をどのように考えるか。その問題は現在に至るまで大きな問題となっている。すなわち西山夫人のしぐさを「あくまでも懸命に悲しみに耐えている」としている三島の解釈がほぼ通説となっている。たしかに、「手巾」においてもっとも要（かなめ）となる部分は彼女のしぐさをどう解釈するかであると思われるが、本章は西山夫人のしぐさに注目することはするが、三島の解釈がどうというよりも、むしろ彼女のしぐさ＝型（＝演技）をストリントベルクのドラマトゥルギーと比較して捉える長谷川先生の考えを作者芥川がどう捉えているかを追究してみたい。本章は長谷川先生を批判する語り手（＝作者）の批判の方法を考察したいわけである。

ある日長谷川先生は教え子の母である西山篤子の訪問を受ける。西山夫人はかねてから入院していた教え子の息子の死を報告に来たのだった。長谷川先生は西山夫人の微笑さえ浮かべる平静な態度に不審を感じる。しかしよく観察して見ると、次のような姿態が目に映る。

> その時、先生の眼には、偶然、婦人の膝が見えた。膝の上には、手巾を持つた手が、のつてゐる。勿論これだけでは、発見でも何でもない。が、同時に、先生は、婦人の手が、はげしく、ふるへてゐるのに気がついた。ふるへながら、それが感情の激動を強ひて抑へようとするせゐか、膝の上の手巾を、両手で裂かないばかりに緊く、握つてゐるのに気がついた。さうして、最後に、皺くちやになつた絹の手巾が、しなやかな指の間で、さながら微風にでもふかれてゐるやうに、繍のある縁を動かしてゐるのに気がついた。―婦人は、顔でこそ笑つてゐたが、実はさつきから、全身で泣いてゐたのである。

西山夫人は息子の病死を告げているにもかかわらず、顔は微笑をたたえている。しかし膝の上に乗せた手はふるえ、手巾を裂かんばかりにかたく握りしめている。必死になって泣きたい感情をこらえている悲しくて美しいしぐさである。これが従来の解釈であり、たしかにそうかもしれないが、いまそれを一旦棚上げにして、この場面の彼女のしぐさというパフォーマンスに焦点を当てて考えてみる。

演劇はいうまでもなくそれ自身としては虚構である。けれども、それは場所の中での相互作用という生のありようを凝縮的に体現することによって、かえってよく有機的でダイナミックな人間的世界を表現しうるのであり、また世界把握のメタファともモデルともなりうるのである。そして世界把握のモデルとしての演劇をかたちづくっているのは基本的にいって、なによりも〈パフォーマンス〉であろう[(10)]。

髪を丸髷に結った四十恰好の西山夫人は、突然の訪問の礼儀をわきまえた日本女性の典型として描かれている。

—結構なおすまひでございます。
婦人は、稍、わざとらしく、室の中を見廻した。

　学生の死を告げられた長谷川先生はその驚きより、それによってとるべき自分のふるまいの成り行きを思案する。

　茶を飲んだものだらうか、飲まないものだらうか。—かう云ふ思案が、青年の死とは、全く独立して、一瞬の間、先生の心を煩はした。

このような描写で始まる長谷川先生と西山夫人との会話はまさしく型（しぐさあるいはパフォーマンス）と型との接触という趣がある。「稍、わざとらしく」と評する言葉に照応する先生のこの内語は二人の対面と会話が心理の動きに焦点があるというよりも、心理の動きをどう所作として表現するべきなのか、といったパフォーマンスに焦点が置かれていることを端的に示している。そのような焦点化のなかで先生は西山夫人のあまりにももの静かな所作に不審を抱く。

こんな対話を交換してゐる間に、先生は、意外な事実に気がついた。それは、この婦人の態度なり、挙措なりが、少しも自分の息子の死を、語つてゐるらしくないと云ふ事である。

所作と言葉とが一致していないことに不審をおぼえたというのは、いかにもパフォーマンスに重点を置いた先生の視線ということになろう。しかし西山夫人が手巾を「両手で裂かないばかりに緊く」握って全身で泣いている姿を知って、長谷川先生は次のような表情になる。

見てはならないものを見たと云ふ敬虔な心もちと、さう云ふ心もちの意識から来る或満足とが、多少の芝居気で、誇張されたやうな、甚、複雑な表情である。

息子を亡くした悲しみを顔の表情に表さず、最後まで「晴々した顔には、依然として、ゆたかな微笑が、たたへてゐる」という西山夫人の態度に長谷川先生が「多少の芝居気」を見て、そこに「複雑な表情」を捉えるというのは、いかにも演技的所作として見ていることをうかがわせるのだが、演技として客観視する視線の冷酷さは自分の教え子である青年の死に対する嘆きとも、また息子を亡くした夫人の深い心痛を忖度することとも無縁なところにあろう。

同じ視線は西山夫人の「眼には、涙もたまつてゐない。声も、平生の通りである。その上、口角には、微笑さへ浮んでゐる」。「──先生には、これが不思議であつた」という叙述でも繰り返し捉えられる。そこにはかけがえのない「息子の死を、語」る場合、「眼には、涙」を浮かべ、泣いて当然のこと、それが母親らしくある自然な姿だとする先生のパフォーマンス認識が控えている。そのようなパフォーマンス認識は誰にもあるものだから、そのかぎりでは格別の問題ではあるまい。しかし奇妙なのは、西山夫人のその母親らしくないパフォーマンスがなぜ自分の眼の前で現わしているのかという自問が長谷川先生には全く生じていないという点である。西山夫人の態度が「少しも自分の息子の死を、語つてゐるらしくない」とあるのだから、西山夫人の態度は先生自身に対して向けられたものと考えればその自問するはずである。

なぜ自問しなかったのかというのは「日本人たり、武士道の信者たる先生」の美意識でもって息子の死でとり乱すことのないこの婦人のパフォーマンスを見ているからであろう。先生の視線は最初から日本人の間に伝統化された〈型〉でもって婦人の動作を見つめていたのである。したがって自分の美意識に満足を与えるためにはぜひとも婦人の母親らしからぬ部分をそれ「らしく」補完させ説明づける必要があった。そしてそう解釈してこそ「日本人に特有な、丸顔の、琥珀色の皮膚をした、賢母らしい婦人」という先生の最初の印象がより強まるわけである。

長谷川先生が茶を口にしない西山夫人に気遣って先に茶をすすろうとする場面を見てみよう。(その一部はすでに引用してある)。

> 茶を飲んだものだらうか、飲まないものだらうか。—かう云ふ思案が、青年の死とは、全く独立して、一瞬の間、先生の心を煩はした。が、何時までも、持ち上げた茶碗を、片づけずに置く訳には行かない。そこで先生は思切つて、がぶりと半碗の茶を飲むと、心もち眉をひそめながら、むせるやうな声で、「そりやあ」と云つた。

用意した冷茶を「婦人が手にとらないのを」見て、先生はそれを「遠慮だと解釈した」とある。それで「くどく、すすめるよりは、自分で啜つて見せる方がいいと思つ」て紅茶茶碗を口へ持っていく。婦人から息子の死を知らされても、茶を飲むべきか否かと「云ふ思案が、青年の死とは、全く独立して、一瞬の間、先生の心を煩はした」とある。この文脈の痛烈な皮肉は注意されてよい。かなり見当違いな先生の「解釈」や「思案」が強く印象づけられる文脈である。人の死を悲しむ直接的な感情の表出は抑制され、感情とその表現の間に「解釈」や「思案」が入るということはつねに〈型〉に捉われた妙な美意識といってよく、それに左右されがちな先生の姿が端的に描き出されている。さらに長谷川先生は、飲むか飲まないかに迷ったあげく、「かぶり」と飲んで心もち眉をひそめながら、むせるような声で「「そりやあ」と云」う。こうしたしぐさは青年の死とは全く独立したものである。この小説を演技論として読むということはこのような場面と文脈からおのずと得られよう。

来訪した西山夫人を待たせる長谷川先生のふるまいには読者のほうがちょっと不快になる。それは次のような場面である。西山夫人の名刺が通されると、長谷川先生は相手を待たせながらも、もう一方では会うことを待ち遠しく思う。小説はこれは女客であるためではないとわざわざ書き込んでいるが、これが先生の演技でなくてなんであろう。

焦点をもう一度西山夫人のしぐさ（パフォーマンス）の方へ移そう。この西山夫人の「手巾」の出し方である。長谷川先生に丁寧な礼をしたあと、「示された椅子に腰をかけた。その拍子に、」と語られている。この前の場面では、長谷川先生が応接間の扉を開けて部屋に入るのと、「椅子にかけてゐた四十恰好の婦人の立上つたのとが、殆、同時である」とある。したがって手巾が出されたのは「示された椅子に腰をかけ」直した時ということになる。稿者からすると、西山夫人が最初から手巾を手にしていなかったのはどうしてかという疑問がおのずと湧いてくる。それに西山夫人の微笑はどうであろうか。西山夫人の微笑が仮に静かな「ふるへ」とともに現われているのなら、息子を失った悲しみをこらえる表情というようにごく自然に受け取れたであろう。しかし西山夫人の微笑は「はげしく、ふるへてゐる」手とともに出されたとある。つまり西山夫人の手の「ふるへ」方はやや異常というべきではないだろうか。「両手で裂かないばかりに緊く、握つて」とか、「皺くちやになつた」手巾とある。それほどの「感情の激動」がなぜここで生じなくてならないのであろうか。心からあふれる涙を「そつと」ぬぐうためというのなら、手巾は長谷川先生と対面する前すでに「腰をかけてゐた」その時点から用意されていてもよかったはずだ。

また息子が慕っていた長谷川先生の顔を見た「拍子」に急に切なさがこみ上げてきたわけでもないことは、例の「稍、わざとらしく」室内を見回したその余裕によって分かることである。そして何よりも、本当に西山夫人が「実はさつきから、全身で泣いてゐた」というのなら、悲しみは失った息子を思ってもう少し静かに自己の内側に向かっている部分があってしかるべきではないかと思う。それというのも、「この婦人の態度なり、挙措」というものがたえず「先生の眼」を意識したところで、あまりに「はげしく、ふるへてゐる」ように思われるからである。とすれば、やはり「感情の激動」のベクトルはまっすぐ目の前にいる長谷川先生に向かっていると受止めた方が無理がない。感情が自然であるよりも、感情表出の〈型〉、すなわち演技性に夫人の意図があったというほかない。ちなみにこの「微笑」は長谷川先生との面会が終るときにも出てくる。

> 婦人は、心もち頭を下げた。晴々した顔には、依然として、ゆたかな微笑が、たたへてゐる。—

悲しみは演技的な所作とかかわらせなければならないのかという疑いはこの場面にもうかがる。面会を終えて、西山夫人はなぜ「晴々とした顔」に変っているのだろうか。「ふるへ」が悲しみであるのなら、「対話を交換してゐる間」長谷川先生からなにほどの慰藉も与えてもらえなかったことに恨めしさが表されてもよかろう。それなのに西山夫人がなぜそのように変化したのか説明がつかない。「微笑」はやはりもう少し複雑な意味を含んだ「依然として、ゆたかな微笑」というものであったようである。それは西山夫人の巧妙な演技的所作にほかならなかった。

長谷川先生がもし朝鮮団扇を落とさなければ、西山夫人のふるえは気付かれなかったままだったはずである。見てしまった長谷川先生自身も次のような様子に変わった。

> 見てはならないものを見たと云ふ敬虔な心もちと、さう云ふ心もちの意識から来る或満足とが、多少の芝居気で、誇張されたやうな、甚、複雑な表情である。

西山夫人の帰った後、長谷川先生はアメリカ人の奥さんと食事をするが、その時に昼間会った西山夫人の話の一部始終を熱心に奥さんに聞かせる。長谷川先生は西山夫人の「けなげな振舞（しぐさ）」を「日本の女の武士道」だと賞賛したのである。ところが稿者からすれば、長谷川先生も西山夫人も己れのしぐさがステレオ・タイプに堕っていることに自覚的ではない。〈型〉（しぐさ）としての賢母が持っている臭みにも無自覚である。舞台上の演技さながらの振舞い（しぐさ）である。西山夫人は半ば無意識に賢母の役柄を演じているのだ。自然な自己表現ではない。日本人の集合意識の「賢母」像に自己を無自覚的に重ねているというべきであろう。

第三節 「手巾」に見える〈型〉(パフォーマンス) への異化表現

作者芥川のクンスト (技巧) からすれば、この「手巾」という小説は西山夫人と呼ばれる人物がわが子の死を告げるのにこれだけの悲劇を演ずるというところに面白さがあったに違いない。実際顔は笑っていながら、長谷川先生から見えない膝の上でハンカチを両手で裂かんばかりに強く握って全身で泣いていたと知り、その姿にいたく感動するというプロット。しかし西山夫人のしぐさ (パフォーマンス) は異文化〈外部〉の眼から見れば、結局のところ古臭いお芝居 (パフォーマンス) にすぎないのかと嘆息させられるし、あるいは古来美徳とされてきたところの日本人の〈型〉を非難するとはけしからぬと日本の芥川研究者を憤らせたりすることがあるかもしれない。しかし異文化のまなざしによる〈型〉の批判から反照して「ああそうだったのか。自分は西山夫人は美しい、と思うように教育されていたということなのか」と思い返す日本人読者もあり得ると思うのである。

たとえば読者は謡曲の「仲光」(黙阿弥、一九二八年七月) や浄瑠璃の「先代萩」(黙阿弥、一九二八年六月) に教えられて日本人は長い年月をかけてそういう伝統的な〈型〉の美学に教育されて、愛する人の死に際して顔で笑って心で泣くということを美徳と信じてきたのである。それは異文化のまなざしからすると、日本人一般が美徳と信じて疑わなかった演技の〈型〉にすぎないのではなかったか。

そのような場合、「それを耐えてこそ日本人だ」「日本人は違う」という日本人特殊論、日本文化特殊論が日本の若者の間にも根強い考えとしてある。「それはわたしが日本人だからである」とか、「日本人にしかわからない独特の考え方があるはずである」とかいう言葉が随所で聞かれる。おおむねの日本人には「賢母」の集合意識的あるいは公約数的イメージがあるだろう。それは日本の精神的風土のなかで伝統に培われ継承されてきた「賢母」像であるし、女性の忍従と献身を美徳とする封建的道徳観によって価値づけられた「賢母」でもある。〈型〉が意識を規制する以上、「賢母」としての振舞いは自覚的な自己表現ではなく、伝統のなかで造られた〈型〉を半ば無意識的に演じていると読みとれるのである。

西山夫人の振舞い（しぐさ）を異化する本章の〈読み〉に照応するかのように、作品の冒頭から長谷川先生に、「ストリントベルクのドラマトゥルギイ」を読ませて感想を抱かせる次の一節がある。

> —俳優が最も普通なる感情に対して、或一つの恰好な表現法を発見し、この方法によつて成功を贏ち得る時、彼は時宜に適すると適せざるとを問はず、一面にはそれが楽である所から、又一面には、それによつて成功する所から、動もすればこの手段に赴かんとする。しかし夫が即ち型なのである。……

ここにみえる〈型〉という言葉の意味に注意を喚起し、「二重の演技」との関連に注目したのは酒井秋生[11]であった。彼の見解によれば、「ドラマトゥルギイ」は西山夫人のインデックスである。西山夫人は日本人の集合意識として定着した「賢母」の「恰好な表現法」を、「時宜に適する適せざるとを問わず」半ば無意識的に演じているのであって彼女の振舞い（しぐさ）はすなわち〈型〉なのであるという。本章の異化のまなざしとほぼ類似する分析といえよう。

〈型〉の具体例として出されているのがハイベルク夫人の「顔は微笑してゐながら、手は手巾を二つに裂くと云ふ、二重の演技」である。女優の舞台上での演技（ハイベルク夫人）と、人生という舞台での演技（西山夫人）とを同一次元に並べることはできないであろう。顔の微笑も手巾を握る手の働きも観客に見せる演技（ハイベルク夫人）であるのに対して、西山夫人の所作は手の動きは長谷川先生（観客）から隠して顔の微笑だけを見せる演技である。しかし両者は見掛けほどには質を異にしているわけではない。それらはいずれも他者のまなざしを意識した演技という点では同質なのである。

この小説をつらぬいているモチーフは長谷川先生と西山夫人のしぐさ（パフォーマンス）であり、そしてそれを媒介するストリントベルクの「ドラマトゥルギー」ということになる。その構図は演技＝〈型〉という距離を置いたこの小説の語り手によるのだが、その認識はある意味で異化の方法といってもよい。とすれば、それがどこから乗るのかは興味がある。そこでその背景についてふれてみたい。またそれは本書の課題である物語の世界と作家の伝記的事実との緊張した関連からも追究してみよう。

浅野洋は、当時の文学青年の間での演劇熱と結び付けて「「手巾」の構成自体、いわば二幕物の家庭劇めいたきわめて〈演劇〉的な場面設定になる作品であり、長谷川先生と西山夫人の芝居じみたやりとりは、散文形式になるドラマとさえみなし得る」(12)と述べている。そのように受け止められる舞台としての〈場〉そのものを描いた背景には登場人物を戯画化することによってその人物を暗示的にも告発しようとする欲求があろう。しかし本章はそれよりも、この小説が劇的な額縁小説として完結的構造をもっていることをあらためて注意しておきたい。

なによりもこのような長谷川先生と西山夫人のパフォーマンスに対する批判的距離には芥川の心象が投影されているのではないか。芸術の絶対を誰よりも強く信じた芥川は、同時に人一倍現実の人間関係を気にする性格だった。そのことを福田恆存の言葉を借りていえば、「芥川龍之介は東京の下町に生まれ、下町に育つた人間であります。といふのは、古い家庭の対人関係といふ桎梏のなかに身を置いてゐたひとであります。（中略）自分が新しくならうとすれば、どうしても周囲のものとの平均において新しくならねばならぬといふ宿命を背負わされてゐたわけです」(13)ということである。江戸が東京へと変貌する破壊と建設のその歩みに、芥川の少年期から成年期への成長はまさに重なっている。

下町の精神的生活は「人格」ではなく「気質」を個人にあたえた。生きるということは自己の発展であるよりも、しばしば対他的な「処世」にすぎなかった。芥川自身も「久保田万太郎氏」（『新潮』大正十三年六月）の中で「僕は先天的にも後天的にも江戸つ児の資格を失ひたる、東京育ちの書生なり」とあり、「本所両国」(『東京日日新聞(夕刊)』昭和二年五月六日～二十二日）の中でも「乗り継ぎ「一銭蒸気」」の項に「僕は江戸趣味に随喜する者ではない」といっていることもよく知られている。谷崎潤一郎は「芥川君と私」(昭和二年) に「東京の旧家に育つた君は都会人の常として昔風の節度を重んじ、親しいうちにも私を遇するに飽く迄先輩の礼を以てした」と記し、「下町つ児は弱気でいけない」という芥川の言葉を伝えている。

下町という世界のなかで、隣同士の付き合いを大事にする、あるいはそれなりに律気に真面目に生きていくという、そういう一種の生活倫理みたいなものを実践していく領域での問題が〈型〉であるとすれば、〈型〉への執拗なこだわりは芥川の性格に基因しているところだろう。ただ芥川が神経質であることと、その上に見栄張りであるということが〈型〉への反発ともなっている。芥川自らを「トルストイよりも細かい」(「文芸的な、余りに文芸的な」五）リアリストと断じた志賀直哉が、「作者としての芥川君が少し気取り過ぎてゐた事は本統だ」[14] と考えたとしても、それは自然のことであった。そしてまたそれは自分の弱さを人に示したくない、負け惜しみの強い理知の人たる彼の見栄のせいであったろう。〈型〉のこだわりと嫌悪というアンビヴァレントな態度は、ある意味で、芥川の生き方にまつわりついていたということもできよう。嫌悪というのは〈型〉が〈情の自然〉に背くとは考えられたのである。

これまでみてきた西山夫人の態度は長谷川先生の信奉する武士道にかなうものであるように思えた。それは「日本の女の武士道」として、先生には理想的人間像と捉えられている。欧米で生活することの長かった長谷川先生には欧米人の感情を直截に表現する姿こそ人間の自然と思われていた。しかしその一方で、武士道を信奉する先生からすれば、文化的陶冶が〈型〉にあるとするのが自説でもある。したがって〈型〉に従う西山夫人のパフォーマンスに感動したのも無理はない。現代の世界における人間精神の堕落を救済し、東西の相互理解を容易にする方途として、長谷川先生が日頃提唱している「武士道」

に西山夫人の振舞いが合致するものだったからである。

その夜、長谷川先生はアメリカ人の奥さんにそれを「日本の女の武士道」だと賞揚し、自足した気分に浸っている。それというのも、東西文明の差異を越えて「日本の女の武士道」によって陶冶した人間像がある調和をそこに現出させたことを確認できたからであって、日頃の自説の正しさを再確認して幸福な回想にふけることができた。

> 日本と日本人とを愛する奥さんが、この話を聞いて、同情しない筈はない。先生は、奥さんに熱心な聴き手を見出した事を、満足に思つた。奥さんと、さつきの婦人と、それから岐阜提灯と—今では、この三つが、或倫理的な背景を持つて、先生の意識に浮んで来る。

しかしここから感じ取れるかなり皮肉な語感はどう捉えたらよいのだろうか。ここには前節までで考察した西山夫人の悲しみとは打って変った幸福な心境が無邪気にうかがえるからで、その間の落差がかなり意識的に突き出されているのである。この背景には長谷川先生の〈型〉の文化礼讃論を異化する姿勢が見て取れる。

長谷川先生は日本の武士道によってグローバルな精神的文明に貢献し、先生自身が東西両洋の間を結ぶ橋梁になろうと思っている。しかしこれまでの論述からでもわかるように、長谷川先生が考えている武士道は武士道というよりも武士道の〈型〉しか了解していないという皮肉を読みとらねばならない。いわば近代「日本の文明」が物質的には進歩している反面、精神面での進歩がみられないこととみごとに対応している。それゆえ「寧、或意味では、堕落してゐる」と考える「思想家」としての長谷川先生の自論は、特殊を普遍と錯覚したものにすぎず、それはのちの一九四〇年代の〈近代の超克〉というラディカルなナショナリズムの焼直しにすぎないものであった。特殊がそのまま普遍へと昇華するという、まったく内実を欠いた飛躍の論理を信じて疑わないとすれば、先生自身の「精神」や「思想」も進歩せずに「堕落してゐる」ということになる。先生の語る文明論もそっくり先生自身に返されるイロニイとして用意されている。

したがって長谷川先生への語り手の視点からする批判をいえば、先生の武士道は「東西両世界の合体」というような近代普遍主義という「錦の御旗」をふりまわすだけのコスモポリタニストのカリカチュア以外の何ものでもないのではないか。武士道精神とキリスト教精神の一致点を見出し、武士道精神を「欧米各国民と日本国民」との「相互の理解」や「国際間の平和」「促進」のための力にしようとする長谷川先生の考えは、現実の複雑怪奇な具体的問題から遊離した観念的理想論と言わざるを得ない。

しかし自説の証明を得て悦に入っている長谷川先生がストリントベルクの「ドラマトゥルギー」を開く場面が先生の「武士道」の思想を完全に異化するプロットとなっているのは皮肉というほかない。

> 揺いた手は、本を持つてゐた手である。先生は、今まで閑却されてゐた本に、気がついて、さつき入れて置いた名刺を印に、読みかけた頁を、開いて見た。丁度、その時、小間使が来て、頭の上の岐阜提灯をともしたので、細い活字も、さほど読むのに煩はしくない。先生は、別に読む気もなく、漫然と眼を頁の上に落した。ストリントベルクは云ふ。—
>
> —私の若い時分、人はハイベルク夫人の、多分巴里から出たものらしい、手巾のことを話した。それは、顔は微笑してゐながら、手は手巾を二つに裂くと云ふ、二重の演技であつた、それを我等は今、臭味と名づける。……

ストリンドベルクの「ドラマトゥルギー」の中では、西山夫人のふるまいと同じようなハイベルク夫人の演技が「臭味」と決めつけられている。そのために先生の心は揺らぐ。先生の思想が西欧の演技メソッドと対決させられるという構図に芥川の理知的な皮肉が見てとれる。日本思想としての〈型〉に照応させることで〈型〉の空虚性を浮き上がらせるという方法を取っているからである。

> それらの平穏な調和を破らうとする、得体の知れない何物かである。ストリントベルクの指弾した演出法と、実践道徳上の問題とは、勿論ちがふ。が、今、読んだ所からうけとつた暗示の中には、先生の、湯上りののんびりした心もちを、擾さうとする何物かがある。武士道と、さうしてその型と―

「平穏な調和」とは矮小化されたかたちでの思想と現実の一致をいうのだろう。それが西欧の演技メソッドの介入によって崩されてしまう。「得体の知れない何物か」とは「武士道と、さうしてその型と―」が思想の普遍をもたないことへの漠然とした不安感であり不快感ということになろう。いってみれば、長谷川先生の〈型〉の思想はかえって西欧の演技メソッドによって異化されてしまった。それによって長谷川先生の楽天的な心情にかげりが生じたことは推測してよかろう。

こうしてみると、この小説の意図は西山夫人の悲しみのパフォーマンスを西欧婦人の演技メソッドに結び付けることで、長谷川先生のコスモポリタニズムを異化することにあったのではないか。そこに浮かび上がるのは「武士道」という手段がすでに〈型〉に堕してしまっている以上、内実をともなわない主義の主張が先生の内部において観念的平和主義や国際問題への視座を矮小化しているという戯画のデッサンである。

第四節　モデル小説と風刺の精神―まとめに代えて

次の叙述は長谷川先生の〈型〉の思想の矮小性を皮肉に描いて見せている。

> 奥さんは、勿論、亜米利加人である。が、日本と日本人とを愛する事は、先生と少しも変りがない。殊に、日本の巧緻なる美術工芸品は、少からず奥さんの気に入つてゐる。従つて、岐阜提灯をヴエランダにぶら下げたのも、先生の好みと云ふよりは、寧、奥さんの日本趣味が、一端を現したものと見て、然る可きであらう。

長谷川先生において西洋と東洋の調和というとき西洋と東洋とは、とどのつまりアメリカ人の奥さんと「岐阜提灯」というものの取り合わせという域をそれ程出ていないというところにあるだろう。矮小化された思想を守る長谷川先生をさらに卑俗化しているのは、アメリカ人の奥さんと結婚し、岐阜提灯をぶら下げることで東西両洋の調和が実現していると考える程度の人物だという描写にも見て取れる。こうして「東西両洋の間に横はる架橋」は、「武士道」という〈型〉の思想を基にした先生の夢想に過ぎず、何ら具体性を持っていないように映ってくる。先生が近代化された日本を思う時の「日本の文明」という表現も、西洋文明と対置し拮抗させようとする先生の素朴な発想が根底にあろう。「日本の文明」とは言ったものの、それを「岐阜提灯」に代表させている先生にあってはその内実についての検証や認識が十分であったとは全く言いがたい。なぜそういえるのか。これまでの西山夫人との場面における演技と言葉がストリンドベルクの演技メソッドによって痛烈に異化された〈型〉の空虚性が読者に見せ付けられるからだ。

長谷川先生にとって日本の伝統文化の精粋たる「武士道」は、それが単に日本という特殊な文化に固有なものではなく、世界に開かれた普遍的な価値をもつと信じられてきた。しかしストリンドベルクの作劇術はあにはからんや、長谷川先生の信念に相反する見解を表明していた。ここには作者芥川による二重の滑稽化が見られ、長谷川先生に対する辛辣な風刺が有効に機能していることはいうまでもない。

この「東」と「西」の対立は芥川自身にも関心の強いものだった。芥川は本所という東京の典型的な下町の環境に育っている。そしてそれに反するように「西洋」への強い憧れを抱いていた。常に「東」と「西」に身を引き裂かれそうになっていた長谷川先生とは芥川自身ともオーバーラップするのである。大正期に開花した芥川の文学はそのような彼の東と西の相克、あるいは明治の文明開化と大正の明治期批判（ナショナリズム）を葛藤・止揚させた弁証法的結実であった。

このような当時の〈知〉の状況と照らし合わせた時、そこには長谷川先生という個人の観念的予定調和的な意識の背景に大正期の言説の問題が影を落としてくる。なぜならば長谷川謹造が演じたパフォーマンスは芥川たちの世代には敏感に映った「時ノ趨勢」を感受しえない前世代、すなわち明治期の知識人の姿にほかならない。蓮実重彦は大逆事件以降の〈冬の時代〉において文学を含めた知的な言説の総体が表象としてとどまり続ける〈抽象性〉に囚われていることを指摘している。それは個々の事態が問題として抽象化されていることである。

> 「大正期」の社会的な言説は、「問題」の時代にふさわしい隆盛をきわめることになる。それが「主義」としてとなえられる度ごとに、具体的な葛藤と矛盾の場が見失われ、差異が消滅してゆく[15]。

長谷川先生の唱える「武士道」も「具体的な葛藤と矛盾の場が見失われ、差異が消滅して」おり、そういった意味で、明らかに大正時代の言説を体現していると言えるのである。その意味からすると、明治期の気骨をもつ新渡戸稲造をモデルとした長谷川先生の〈大正期〉の知識人の変容されていた。文学作品のモデルはつねに作者の意図による変容をこうむることを忘れてはなるまい。アメリカ人の奥さんと岐阜提灯に心地好さを見出している長谷川先生は、東西の間に立ちはだかる具体的な葛藤や矛盾を全く問題にしていないように見える[16]。

この小説の長谷川謹造なる先生とは新渡戸稲造をモデルとしていることはつとに知られている。鶴見俊輔は日本人の性格それ自体を「折衷主義」と措定した上で、新渡戸稲造を伊藤博文、井上馨の後継として「明治中期以後の折衷主義の正統の位置」にあった者と捉える。彼らは「国家体制の奉仕者」としての役割を背負い続けた。そしてその「折衷主義」は「進歩主義のうわべをもちながら本質的には保守主義的思考」による「状況本位」[17]のものと断じられている。状況の具体性に対する信頼はやはり世代の問題とも絡んで特殊な意識の形成に関わっていく。徳川時代から〈明治天皇制下〉への近代日本の実現は、推進力となった「岩倉らの前世代以上、また新渡戸以後の世代以上の非常な経験主義的信頼性」となり、その世代にとっては特別な意味を持つことになる。つまりそれは、明治という時代に経験した具体的事実を基準とする倫理に思想や行動が支配されているということを意味する。この倫理観は明治維新をなしとげた世代にも、そのできあがった時代を享受した大正期の芥川の世代にもない、明治期の富国強兵の近代化を創造していった世代にのみ共有されるものなのであろう。それゆえに容易には〈旧い道徳〉から抜け出すことはできない。たとえ進歩主義的なカモフラージュだとしても、その内容が前代の保守性を内在させたままに留まっていることはただちに看破される。したがって「何事も必ず『我』を主張」する世代からシニカルな反応があるのも仕方はあるまい。

長谷川先生のモデル新渡戸稲造の専門が植民政策であることも重要である。とすれば、新渡戸稲造が「殖民問題」と国際平和をともに専門にしていることに、当然ながら具体的な葛藤や矛盾は何ら見られない。さきほどの蓮実重彦はまた次のように述べている。

> この時期の日本にとって「世界」がまさしく「殖民地」支配として顕在化している事実を無視して、理想化された「世界」を抽象的に主題化しているという意味でも「大正的」であり、差異を識別する感性の極端さがその事実を証明することになるだろう[18]。

新渡戸は戦争に強く反対する、フレンド会（クェーカー）というキリスト教一派に入会しているのだが、植民地という帝国主義戦争によって獲得された戦利品に関わっていること自体が奇妙というほかない。戦争に反対するならば、植民地をつくることにも反対するべきなのにそうではなく、かえって関連している仕事をひき受けている。それでも時代が時代だけに、本人にとって平和と植民地は別ではなく、自分が正しいと思っている仕事を遂行しているだけだ。文化国家である日本国が遅れている被植民国家の文化・教育・政治を代って行うことによりその国を助けてあげているという名目を信じているのだろう。この小説においてモデル化された長谷川先生が「殖民問題」を専門にしていることにも、当然ながら具体的な葛藤や矛盾が何ら見られない。

高橋龍夫も長谷川先生が植民政策を専門にしていることに触れつつ、「まさに長谷川先生の思考や態度は、そのまま大正の言説を無意識にも体現しており、この主人公像そのものが、大正の言説の問題を直截に暗示していると言えるのではないだろうか」として、「当時の知識人を少なからず取り込んでいた大正の言説への一種の抵抗と批判」(19)を示したと述べている。また下野孝文は「政治的、時局的言説をほとんど残していない芥川ではあるが、この展開には、彼の生きた所謂大正デモクラシーという時代の雰囲気が自ずと反映していたと考えられる。それが新渡戸の思想とのズレを生み出す大きな背景となったのではないか」(20)という見解を示している。まさに新渡戸の大正的変容と化した長谷川先生の思考や態度はそのまま大正の言説を素朴に無邪気に体現しており、この主人公像そのものが大正の言説の問題を直裁に暗示している。この小説における長谷川先生の痛烈な戯画化は作者芥川自身の内部に入り込んでいる大正期の〈知〉の状況への深い反省があるとみてよいのではないか。この戯画化の姿勢には芥川の生きた大正デモクラシーという時代の雰囲気が自ずと反映していたと考えられる。

注

(1) 原善一郎宛書簡、大正五年十月二四日付
(2) 秦豊吉宛書簡、大正五年九月二五日付
(3) 笠井秋生「芥川龍之介『手巾』について—岩森亀一氏所蔵の『武士道』と比較しつつ—」『日本近代文学』昭和五八年十月→『芥川龍之介作品研究』双文社出版、平成五年五月
(4) 久米正雄「母」新潮社、大正五年八月
(5) 酒井英行「二人の〈賢母〉—久米の『母』と芥川の『手巾』—」『文芸と批評』第六巻第十号、平成元年九月
(6) 奥野政元『芥川龍之介論』翰林書房、平成五年九月
(7) 酒井英行「二人の〈賢母〉—久米の「母」と芥川の「手巾」—」『文芸と

批評』第六巻第十号、平成元年九月

(8) 笠井秋生「『手巾』—武士道とその型—」『芥川龍之介作品研究』双文社出版、平成五年五月

(9) 三島由紀夫「解説」『手巾・南京の基督』角川文庫、昭和二一年九月

(10) 中村雄四郎「〈演劇知的〉の三つの構成原理」『魔女ランダ考—演劇知的とはなにか』岩波書店、昭和五八年六月

(11) 酒井英行「二人の〈賢母〉—久米の『母』と芥川の『手巾』—」『文芸と批評』第六巻第十号、平成元年九月

(12) 浅野洋「「手巾」私注」『立教大学日本文学』第五一号、昭和五八年十二月

(13) 福田恒存「芥川龍之介」『芥川龍之介研究』新潮社、昭和十八年四月

(14) 志賀直哉「沓掛にて」『志賀直哉全集』六、岩波書店、平成十年五月

(15) 蓮実重彦「「大正的」言説と批評」『批評空間』第二号、平成三年七月

(16) 高橋龍夫「「手巾」論—大正の言説との位相—」『稿本近代文学』第二一号、平成八年十一月

(17) 鶴見俊輔「日本の折衷主義—新渡戸稲造論—」『近代日本思想史講座』第三巻、筑摩書房、昭和三五年五月

(18) 蓮実重彦「「大正期」言説と批評」『批評空間』第二号、平成三年七月

(19) 高橋龍夫「「手巾」論—大正の言説との位相—」『稿本近代文学』弟二一号、平成八年十一月

(20) 下野孝文「新渡戸稲造と長谷川謹造—『手巾』試論」『叙説(叙説舎)』平成九年一月

第六章　反オリエンタリズムの世界の構築—「舞踏会」論

第一節　はじめに

「舞踏会」は大正八年十二月に脱稿され、大正九年一月一日発行の『新潮』に発表されている。その後、いく度かの改稿を加えた後、第五短篇集「夜来の花」(大正十年三月) に収められた。「舞踏会」はいまや小説教材として高等学校の教科書にも採用されており、近代小説の名作の一つとしての評価の定まった作品であると言ってもよかろう。

この「舞踏会」が「ロティの本」、すなわち正確には、Pierre Loti, *Japonerie d'Automne*（『秋の日本』）に収められた*Un Bal à Yeddo*（『江戸の舞踏会』）を粉本としていることは広く知られている。E・W・サイードによってフランスのオリエンタリズム作家と位置づけられたロティにとって『江戸の舞踏会』はあくまでも日本と十八世紀フランスとの合金にすぎなかったとされる。その本から芥川が自己の作品に借用したのは、ロティの見た日本の舞踏会の叙述ではなく、ロティの眼に映じた「ワトオの匂のある日本」という絵画的景観だけであるともされている。

「舞踏会」は、「一」と「二」の章から成る短編である。十七歳の令嬢明子を主人公とする「一」の展開が「二」では実はそれから三二年後の語りの現在において四九歳となっているH老婦人の思い出話だという構成になっている。もっと厳密にいうと、老婦人の思い出話を青年小説家が一篇の物語に仕立てたのが「一」の内容ということになり、聞き書きの段階を想定すれば、物語はH老婦人が一人称で語ったものを三人称にしたもので、したがって物語の語り手はその思い出話を聞いた青年小説家ということになる。H老婦人の思い出話に多大の興味を持って聞いた青年小説家はそれを「一」の物語として整理し、その後日談に自分も登場させて「二」をつけ加えた、そういう体裁になる。

なお序章でも触れた改稿の問題の核心を確認しておくと、初出稿と定稿の間におけるH老婦人（明子）の人物造型の大きな落差は、鹿鳴館時代の華やかなヒロインが三〇数年後になっても、踊った相手のフランス人海軍将校ジュリアン・ヴィオが当時広く読まれていた『お菊さん』の作者ピエール・ロティの本名であるということさえも知らぬ女性になり下がってしまっているというところにある。初出稿ではまったく逆に、知っている女性となっている。したがってその定稿によれば、近代ヨーロッパ的教育を受け、聡明であり、初々しかったはずの明子は、三〇数年後、ジュリアン・ヴィオとピエール・ロティが結びつかない、少なくとも西欧文学には〈無知〉と思われる女性になってしまったのである。

初出稿の結末に対する同時代の批評はこの末尾の〈落ち〉にほぼ集中している。すなわち青年作家の〈知〉に対する明子の〈無知〉によって鹿鳴館での「一夜」がより純粋で透明な〈実存の時〉になるという三好行雄の積極的な改稿評価論[(1)]に対して、初出稿の結末を支持する宮坂覚は次のように批判する。

> もちろん、改稿によってイメージが逆転したといっても、それが作品のプラスになるならば、別である。しかし、「舞踏会」においては唐突すぎでありすぎる。「舞踏会」において、明子の美化は固着していなければ、その意味をもたず、これは成り立たない。事実H老夫人は鎌倉に別荘を持ち、青年作家とも顔見知りになれる環境にいた。いわば、明子の後の姿としては、ごく自然であり、一と二の空白に大したドラマも想起させない。その彼女が、文学とも無縁でなさそうな彼女が、最後の一句によって破られている。この逆転も落ちとしては、確かにおもしろい。が、しかし、「舞踏会」全体、また明子を追跡していった時、唐突すぎ不自然である。また「舞踏会」の読者に、ジュリアン・ヴィオがピエール・ロティの本名であるという知識がなければ、この落ちのおもしろさはわからない。然るに、明子は、この芥川の意識した「読み手」よりも無知な女となり、舞踏会における聡明さ

は欠落している[(2)]。

宮坂覚はH老婦人を無知な女性とする改稿した結末になると、改稿は三二年間という空白があるにしても、明子とH老婦人との間には造型上の落差が大きすぎ、構成上の破綻を生んだと見ていて、それを明治開化期と大正時代の文明化習熟度の落差として読もうとしても、なお齟齬感は拭えない。

このように、改稿問題は明子造形の根幹にかかわるとともに、作者芥川が明治期の文明開化をどのように認識していたのかを考える上でも重要である。そこで本章はこの問題にしぼって考察を加えていくことにしよう。

それにまたこの時期における芥川が過去の明治文明開化期をどう認識していたのかを検討することが「舞踏会」を解く鍵になるように思われる。本章は明子造形→明治文明開化期→「舞踏会」という論理展開をたどる上で、そこにつらぬかれている認識というべきか、それとも姿勢というべきかが反オリエンタリズムとみるものである。ひるがえって「舞踏会」における芥川の反オリエンタリズムについて追究することは、現在に至るまで解決を見ていないテクストの改稿問題にひとつの解答を与えることになるはずである。

第二節 「開化の日本の美」としての明子造形

改稿によって明らかに変化したと言えるのはH夫人が〈無知〉になったということである。彼女は当時広く読書人に知られていたはずの『お菊夫人』の作者ピエール・ロティを知らないし、いわんやロティの本名がジュリアン・ヴィオであることの知識もないとされた。改稿によってH夫人を〈無知〉となったと述べたが、これを三好論に従えば〈無垢〉と言い換えることも可能だろう。ところで、本章の課題は明子の〈無知〉が指示する意味（価値）にある。初出の形と改作稿では、H老夫人のフランスの作家ロティに対する関係が〈既知〉から〈無知〉へと、その内容が正反対になってしまっているのである。そこで、あらためて明子の造形から考えてみよう。

作品の主題については、三好行雄の「明子や舞踏会の徹底した美化と単純化が、ロチの眼を借りて鹿鳴館に発見したワットオ的世界のくまどりを強調」し、「庭園の上の星月夜へ黙黙と眼を注いでいる士官の姿は、充実した生を生きようと決意した人間のそれであるより、花火のように燃えつきるはかないvieと、花火の消えたあとのむなしい闇とを思いやる孤独の方がよりふさわしい」(3) との〈読み〉に代表されるように、明子の美を海軍将校の「我々の生のやうな花火」との言葉と関連づけるところに主題を捉えようとするのが大勢を占めている。これに対し宮坂覚は、海軍将校の造形の失敗に端を発する作品構成上の破綻を見て取り、「二」の末尾部分の改稿の問題を踏まえつつ「「生のやうな花火」にテーマを置くことは無理をいわざるを得ない」(4) と批判的に捉えようとしている。それは三好説への批判というよりも、むしろこの作品そのものへの批判というべきで、事実、宮坂覚はプレテクストの「ワットオ」的世界から令嬢明子を「シニカルでなく」蘇生させ、「日本風ワットオ的世界」を築くという意図を読みとる観点から、明子は「精神美」をも備えた「理想的女性」であるべきだとし、明子に「無知」(5) 性の加わる改稿は人物造形および作品構成に破綻を招くものであると否定的評価を下していたことはすでに見た。

また主題を芥川の前時代（明治期）の欧化主義一辺倒の近代化批判、すなわち文明開化批判にみてとる方向性もある。佐藤勝はテーマを「日本『近代』のむなしさ・表層性を貫くとともに『近代』そのもののそれ、あるいはそれに対する懐疑をも射程距離内に置く」(6) 点に見出し、榎本隆司は「ロティへの共感を背景に、鹿鳴館の舞踏会を、そして明子を中心に『開化』への批判を展開している」(7) とする。ここには明治文明開化の政策と明治の人々に距離を置く大正期知識人の一人たる作者芥川の批判意識を読みとろうとする方向性がうかがえる。

このような多岐にわたる先行研究において本章が注目するのは日本近代の認識にかかわる芥川の反オリエンタリズムである。もともとそれこそ反文明開化の姿勢を取る内省的知識人芥川の本質ともいえるのだが、それには八〇年代以降の文化・文学批評理論を時代を遂行させて適用するという倒錯した発想が気になるが、この小説にはどうしてもサイード的ポストコロニアル批評の元になったオリエンタリズムがもっともふさわしいと認めざるをえず、その適用によってより有意味的な解釈が見出されると信ずる。そこでその方法論としてまず明子の美の普遍性への獲得について考えてみることから始めることにする。

「舞踏会」の「一」の章はさらに四つの部分から成っている。その構成は芥川の小説の多くがそうであるように起承転結のはっきりした構成である。

第一段は、美しい明子が華やかな舞踏会へと登場する場面、それに作品のトポス（位置）である鹿鳴館の舞踏室の描写といった導入部である。起・承・転・結の構成でいえば、起の展開といえる。次の二段は、舞踏室に入った明子が、紳士的なフランス人海軍将校と優美な舞踏を舞う場面である。舞いながら交わされる会話で、明子の純粋な心情が次第に高揚するように読者を引き込んでいく。この第二段は起を受けるかたちでの承の構成である。そして第三段に入ると、この二人は舞踏室から豪華な食卓のある一階の部屋に降りる。そこでの会話は明子の美しさへの讃嘆から次第に海軍将校の皮肉な独白へと、焦点が移行していくという転調を見せる。まさに転の段といってよい。第四段は、これまでの二人の会話を美しくはかない花火が包み込むという暗喩の機能をもたして巧みにまとめている。華麗な人生を生きる明子とはかない人生に思いをはせる将校が並んで美しく散る花火を見つめながら終わる。ここは結の構成である。

ここでの課題たる明子の造形を焦点に筋立をたどろうとすると、物語は明子が「生まれて始めて」の舞踏会に参加すべく「鹿鳴館の階段を上つて行」くところから始まる。

> 初々しい薔薇色の舞踏服、品好く頸へかけた水色のリボン、それから濃い髪に匂つてゐるたつた一輪の薔薇の花—実際その夜の明子の姿

は、この長い辮髪を垂れた支那の大官の眼を驚かすべく、開化の日本の少女の美を遺憾なく具へてゐたのであつた。

鹿鳴館はあふれるヨーロッパの文化の中にオリエンタルな要素を多分に含み、華やかな美の空間を呈している。それは明治初期の日本に花開いたワットオ的風景として構築されている。そんな雰囲気のなかで明子はまず「支那の大官の眼」を通して東洋の美—その中に日本女性の美も含まれよう—を体現する女性として描かれている。ここでことさらに「支那の大官の眼」を強調するのは、明子が東洋（日本的美も含む）と西洋にかかわりなく、普遍的な美をもつ女性であることを浮かび上がらせるためである。作者芥川が普遍的な美の存在を信じていたかどうかはわからない。しかし少なくとも、この小説の明子造形は彼女がオリエンタリズムを超越した美の所有者であることを訴えかけていることはいえるであろう。

ちなみに明子の姿を描いた部分を拾っていくと、薔薇の花が明子のイメージを形作っていることがわかる。—「薔薇色の舞踏服」、髪に挿す「一輪の薔薇の花」、「華奢な薔薇色の踊り靴」。ふつう薔薇はワットオの絵からも知られるように、西洋のロココ風装飾で好まれた花である。安藤宏[(8)]が言うように、菊の東洋と薔薇の西洋が対比的に描かれているとみてよかろう。明子の「薔薇」の色はローズピンクであるから、西洋の花の王である「薔薇」に譬えられた美しい日本の少女は初々しい官能を漂わせている。またそれでこそこの小説は「日本と西洋との不思議な合金」と言い得るわけである。

この鹿鳴館の舞踏会は明子にとっては国際的な社交界へのデビューであった。そんな中でも明子は臆することなく、舞踏会の感興を満喫している。会場に近づく明子に舞踏会から流れ出る音楽は「抑え難い幸神」の吐息に聞こえてくるのである。

と思ふと又階段を急ぎ足に下りて来た、若い燕尾服の日本人も、途中で二人にすれ違ひながら、反射的にちよいと振り返つて、やはり呆れたやうな一瞥を明子の後姿に浴せかけた。

ここで主人公明子の美しさに対し、「呆れたやうな視線」を浴びせる人たちが点描され、明子の美しさを「開化の日本の少女の美」と表現している。「呆れたやうな」という表現には日本人を低く見ている西洋人の目が感じられる。

明子の女性像は年齢は十七歳で、ちょうど少女と大人の女が入り交じる花盛りに設定されている。家柄も良家の令嬢としてあり、そして教養もフランス語や舞踏（dance）といった西洋の淑女のそれを身に付けているとある。ところで、この「日本の少女の美」に、なぜわざわざ「開化の」という修飾語が付いているのだろうか。「開化の」で明子の美にどのような新たな意味を付け加えることを意図しているのだろうか。

明子が「私も巴里の舞踏会へ参つて見たうございますわ」というと、フランスの海軍将校は「いえ、巴里の舞踏会も全くこれと同じ事です」と答え、さらに「巴里ばかりではありません。舞踏会は何処でも同じ事です」と「半ば独り語のやうにつけ加へ」る。海軍将校にとって明子は「どの国のどの舞踏会も同じ」という彼の認識からすると、普遍の美しさを持って存在していた。

この意図は次の場面でよりはっきりする。海軍将校は自分の西洋の女性に関する知識に照らし合わせて真剣に明子にその美が西洋においても通用することを理解させようとする。

> 「いえ、御世辞ではありません。その侭すぐに巴里の舞踏会へも出られます。さうしたら皆が驚くでせう。ワツトオの画の中の御姫様のやうですから。」
>
> 明子はワツトオを知らなかつた。だから海軍将校の言葉が呼び起した、美しい過去の幻も—仄暗い森の噴水と凋れて行く薔薇との幻も、一瞬の後には名残りなく消え失せてしまはなければならなかつた。

海軍将校は明子の美を「ワツトオの画の中の御姫様のやう」だとい

う。彼女の美が普遍性をもっている（西洋の世界にも迎えられる）ということを暗に訴えようとしているのである。西洋世界の美の一つ（ロココ風）がワツトオの画に凝縮されていて、その舞踏する貴婦人画を介してロココ風の美人のイメージが生々と漂い出て明子の造形を肉付ける。

舞踏会の場面のクライマックスは二人がテラスから花火を眺めるプロットであろう。散ってゆく花火を「悲しい気を起させる程それ程美しく」眺めたとき、明子はフランス人海軍将校とともに永遠と対峙した瞬間を確実に共有していた。

> 其処には丁度赤と青との花火が、蜘蛛手に闇を弾きながら、将に消えようとする所であつた。明子には何故かその花火が、殆悲しい気を起させる程それ程美しく思はれた。
> 「私は花火の事を考へてゐたのです。我々の生のやうな花火の事を。」

花火はこの人生が瞬間に過ぎないことを最も明確に象徴するものとして取り上げられる。明子とフランス人海軍将校の二人への焦点化はそれまでの美に対して人生を対置させるといった最後のクライマックスの場面で、あざやかなコントラストのシーンを作っている。舞踏と花火の一瞬に燃えては消える性質に美と人生の華やかさとはかなさを巧みに譬えていて美しい余情を感じさせている。鹿鳴館を舞台とした芥川の浪漫的で美学的な世界の展開はこの花火に凝縮されて結ばれる。

こうして鹿鳴館の社交界にデビューした令嬢明子は西洋の教養と美を身につけた理想化された少女として描かれているといえる。たとえ海軍将校の内面にまではその知性が届かなかったとしてもである。明子にとって初めての舞踏会は人生への旅立ちである。作者芥川は、このように明子という少女に人口の翼を与え、理知の光を浴びた人生のはかなさや悲しみを華麗な舞踏会の輝きの背後に沈め、ワットオの匂いのする太陽の世界、時間を超越して人工の織りなす美の絶頂の世界へ舞いあがらせたというべきかもしれない。

それは作者芥川の美の理念のなかで作られた明子造形になってしまったということである。それゆえに明子は明治の開化政策に似合う開化の美を燦然と輝かすかのように造型されている。人間の心理をうがつに巧みな作者芥川といっても、さすがに海軍将校と明子という若い男女の知性を互いの内面にまでは届かせることはできなかった。ただそれでも、若き生の輝きを放って、はつらつとした明子の姿態は、この夜、海軍将校が「生のやうな花火」といみじくも表現しきった内実を浮き上がらせる効果をもつからである。

第三節　美と普遍－反オリエンタリズムの表象をめぐって

この小説が美の普遍を根拠にしてロティのオリエンタリズムに反発しようと意図したとき、作者芥川はどのような趣向をもちいたのだろうか。前節が美の普遍性についてだったが、その問題を考える上でヒントになるのが次の一節であろう。

> 其処には丁度赤と青との花火が、蜘蛛手に闇を弾きながら、将に消えようとする所であつた。明子には何故かその花火が、殆悲しい気を起させる程それ程美しく思はれた。
> 「私は花火の事を考へてゐたのです。我々の生のやうな花火の事を。」
> 暫くして仏蘭西の海軍将校は、優しく明子の顔を見下しながら、教へるやうな調子でかう云つた。

このフランス人海軍将校は己れの生の認識を通じて彼の孤独が仏教の無常につながっていくことを伝える一節である。それがフランス人の口を突いて出たということから、東洋の仏教思想が普遍性をもつことが強調されているとみることができるのではなかろうか。問題は、この一節が明子の美の普遍性と並行することで、この小説の反オリエンタリズムとしての普遍的価値の発見につながるという論理展開を意図しているのではないかということである。その意図を検討するためにはこの一節の海軍将校の無常を通して追究してみたい。

この作品は明子の美が東洋と西洋とをつらぬく普遍性をもつことを強調していると捉えた。この小説はそれに対してというかたちでこの一節ではオリエンタリストのフランス人海軍将校（ピエール・ロティ）の思いとその言葉を通して人間の生にも（仏教的）無常がつらぬいていることを言わせることをねらったとみたい。

作品の視点は明子を離れて海軍将校の孤独、アンニュイに移行していく。次に引用する叙述は華麗な舞踏会場の描写である。

> 皇室の御紋章を染め抜いた紫縮緬の幔幕や、爪を張つた蒼龍が身をうねらせてゐる支那の国旗の下には、花瓶々々の菊の花が、或は軽快な銀色を、或は陰欝な金色を、人波の間にちらつかせてゐた。しかもその人波は、三鞭酒のやうに湧き立つて来る、花々しい独逸管絃楽の旋律の風に煽られて、暫くも目まぐるしい動揺を止めなかつた。

これらが明子の目に映っている光景ではあるが、しかしフランス人海軍将校には「皇室の御紋章」と「菊の花」が絶えず翻っている荘重な舞踏場にさして関心がない。オリエンタリストとして極東の日本国のナショナリズムを無視しているともいえるが、作者芥川の意図からすると、このオリエンタリストといえども、特殊（ナショナリズム）の美ではなく、普遍（グローバリズム）の人生と美に思いを馳せているとしたいのだろう。それゆえに、パリばかりか舞踏会はどこでも同じだといい、平凡な人生に対してアンニュイをもつことを、あえて強調するかのようである。三好行雄はこの「舞踏会は何処でも同じ事です」という海軍将校の言葉に言及して、「それは歓楽のなかに唯ひとり覚めた人間の独自であり、孤独な想念であった。このニルアドミラリイはピエール・ロチのものであるより、芥川龍之介によりふさわしい」(9) と説く。たしかにそうだが、この小説の意図を作者芥川にのみ還元してはなるまい。その意図は明らかにフランス人のオリエンタリストの意識の内部に入り込むことにある。

> 一時間の後、明子と仏蘭西の海軍将校とは、やはり腕を組んだ侭、大勢の日本人や外国人と一しよに、舞踏室の外にある星月夜の露台に佇んでゐた。
> 　欄干一つ隔てた露台の向うには、広い庭園を埋めた針葉樹が、ひつそりと枝を交し合つて、その梢に点々と鬼灯提灯の火を透かしてゐた。しかも冷かな空気の底には、下の庭園から上つて来る苔の匂や落葉の匂が、かすかに寂しい秋の呼吸を漂はせてゐるやうであつた。

レースや花の波の休みない動揺、調子の高い管弦楽のつむじ風、花火が打ち上げられるごとにあがる人々のどよめき、そうした狂騒の世界のただなかにバルコニーという空間はあたかも一種の真空状態のような静寂な自然との交感の場である。少なくともフランス人海軍将校と明子の一瞬の出会いが〈静寂な自然〉の中にコレスポンド（correspondence）の技巧によって融合している。景情一致の表現に東洋的美を認めてもよかろう。フランス人海軍将校は東洋の美にひたっている。

フランス人海軍将校は当夜の舞踏会に参加した者のなかで西洋の美を判定しうる最高の権威を持つ人物であるともいえる。まして彼がフランスのオリエンタリズムの作家の一人ピエール・ロティをモデルとしているとすれば、芥川の皮肉な意図は見え透いていよう。そういう海軍将校にむかって明子は、自分の美しさが西洋の女性のそれに匹敵すると、彼女の美を讃美する彼の視線にふと女らしい疑いを抱く。そしてさりげなく西洋の女の美しさを感歎してみせる。

> 「西洋の女の方はほんたうに御美しうございますこと。」
> 　海軍将校はこの言葉を聞くと、思ひの外真面目に首を振つた。
> 「日本の女の方も美しいです。殊にあなたなぞは—」
> 「そんな事はこざいませんわ。」

「いえ、御世辞ではありません。その侭すぐに巴里の舞踏会へも出られます。さうしたら皆が驚くでせう。ワツトオの画の中の御姫様のやうですから。」

彼のいう「殊にあなたなぞは―」、「その侭すぐに巴里の舞踏会へも出られます」という称讃の言葉でもって、明子の美しさは西洋の美となんら変わることがないと保証された。そして注意すべきは彼は東洋の仏教思想に造詣があり、東洋の美にひたっているとすれば、彼のまなざしは単に西洋のそれにとどまらず、東洋への共感をないまぜにした混交（ハイブリッド）のまなざしであるということである。こうして明子の美が普遍を獲得する仕掛けがほどこされる。

異国で開かれた舞踏会に、海軍将校はいささかの心の充足を求めていたのではない。それはエキゾティックな興味からであった。だからこそ、ちょっとした会話の行き違いによってきざしかけた乖離によってその充足感は脆くも打ち砕かれそうになる。それまでは明子の初々しさによって中和され、麻痺していたというべき海軍将校のアンニュイ（倦怠）や孤独感がたしかな重みをもって戻ってきた。そこにはもう、踊りながら明子に視線を送っていた彼の面影はない。それに呼応するように場面は転調していく。作者芥川の繊細な詩的表現に注意すべきなのだろう。

ただだからといって、フランス人の海軍将校は故郷のことを考えているのでもない、「何だか当てて御覧なさい」と海軍将校がいったとき、花火があがる。海軍将校にとって人間の生というのは「蜘蛛手に闇を弾きながら、将に消えようとする」花火のような存在にすぎないものだという空しさを感じさせる。このように生というものが消えていく花火のように瞬間的な感動にすぎない、空しいものだという海軍将校の認識がこの作品の主題ということができるかもしれない。深い虚無の闇の中できらめく、一瞬のかけがえのない生の輝きを、将校はこの夜、明子も自分も確かに持って生きていることを感じ、「我々の生のやうな」と明子に語ろうとするのである。しかしこの節の冒頭で指摘しておいたように、このフランス人のオリエンタリストに東洋の仏教思想を内面化させる意図は明子の美の普遍に仏教の無常の普遍を畳みかけることで芥川の反オリエンタリズムを浮上させるというのが本章の〈読み〉なのである。

広間の小憩から「一時間の後」におなじ眼が露台から庭園の上に広がる夜空にむかい、そこに閃いては消えていく「花火」の彼方に幻想を追い散らす現実の生そのもののはかなさと虚しさとを凝視する。そのような眼をもつ海軍将校の身に深い寂寥感が漂うのは当然のことであろう。時の推移に対する悲しみの情調はそれ程に美しく思われるのが「我々の生のやうな花火」なのである。ここにはたしかに、「束の間に燃えて落ちる花火」の砕けきらめく瞬間とその後の闇へのまなざしがある。三好行雄がこの「恋の終りに似た感傷や悲哀」「燃えつきる終焉の刻をいたむ〈Sentimentalism〉」と指摘し、「舞踏会」に忽然とよみがえったのは、この「青春の〈虚無〉ではなかったか」[10] と論じたのは、芸術至上主義者芥川の美意識にあてはまるかもしれないが、それよりも、反オリエンタリズムの闘士芥川龍之介にとってはこの小説の仕掛けにすぎなかろう。

このようにとらえてくると、この小説の構成にはいかにも芥川らしい知的感性がつらぬかれていることがわかる。その知的構成がめざしたものは、フランス人海軍将校への焦点化であり、次には彼の視線を通して鹿鳴館・舞踏会・明子の美・(花火のごとき) 人生を結合させたことである。オリエンタリストの視線を借りて特殊と普遍の価値転換をさせること、それがこの小説の反オリエンタリズムの方法であった。彼のアンニュイを帯びた美意識によれば、それは人生が一瞬のうちに推移するものであること、すなわち無常への美的感受性であった。そこに十九世紀末の退廃趣味につながるフランス象徴派詩人的なアンニュイがあるのではといってきたが、あらためて芥川の意図を再考すると、そこにやはり仏教的無常観を捉えたと見なければならないように思われる。そのことによって彼の内面において西洋のオリエンタリズムは相対化され、西洋と東洋を止揚した普遍的な美があの夜空に輝く花火の彼方に求められた。彼の内面の追求こそがロティに代表される西洋のオリエンタリズムを超える芥川文学の反オリエンタリズムであった。

このフランス人海軍将校のアンニュイが仏教的無常観をひき寄せたということには背景がある。それは無常が明確な観念にまで高められ、実在の如実相として明らかにされたのは東洋の仏教においてであったということである。人間は単に存在的な意味においてだけではなく、精神的な意味においても自己肯定を脅かされている。そこに第二の類型としての空虚と無意味の不安がある（ティリッヒの説、ちなみに第一には「運命と死の不安」、第二には「罪責と断罪の不安」）。無が精神的自己肯定を攻撃する形は直接的には空虚という形をとる。空虚の不安はある確信が外的事件や内的変化によって打ち砕かれ、創造的エロスが無関心と嫌悪に化してしまうところに生じる。そしてこの空虚が、さらに個々の内容に意味を与えるところのある意味の喪失、精神生活の中心であり究極的現実である究極的関心の喪失の不安となるとき無意味の不安が生じる[(11)]。

こうしてフランス人海軍将校のアンニュイは仏教的無常に貫かれることで東洋思想に普遍性が見出されたのだが、それはまた芥川における反オリエンタリズムに対して普遍的価値の基盤を付与することであった。

第四節　「舞踏会」と反オリエンタリズム

芥川は人間の実存において東洋と西洋に差異をもうけるのではなく、普遍性がつらぬいていることを主張したかったと解釈したい。その意味でも、この作品にはまさに反オリエンタリズムの姿勢がつらぬかれていると読めるのではなかろうか。芥川のこの小説はこれまでの考察からいっても、東洋の特殊を西洋の普遍（あるいは東洋との相対からいって特殊か）と、一個の西洋人の〈知〉の内部で融合させるという方法をとった。それによって東洋／西洋の普遍／特殊の差異（差別）を無化することで〈反オリエンタリズム〉を達成しようとしたのである。このような論理で注意しなければならないことは、芥川の反オリエンタリズムの姿勢はのちのW・E・サイードのポストコロニアル批評とはまったく異なるもので、芥川に独自の〈反オリエンタリズム〉の方法であったということである。

ただ本章はこの小説における芥川の方法が明らかにオリエンタリズムの「(作家) ロティの本」に対する反発から出発しているという執筆動機からしても、この小説を日本人作家による反オリエンタリズムの所産と見ようと思う。ただサイードのオリエンタリズムは近代の思想・学問体系に埋めこまれた西欧中心主義・植民地帝国主義を正当化する機能—サイードがピエール・ロティをオリエンタリズム作家と認めるのは、ロティの内部とその表現にこの意識を捉えるからである—を暴きそして脱構築して、啓蒙主義時代以後の歴史を西洋と〈他者〉との支配と抵抗の歴史として再認する。その前提には西欧の帝国主義思想ならびに民族主義への批判的姿勢が確固としてある。このような彼の方法は英米圏で活発に議論される思想で、コモンウェルス文化研究、黒人文化研究、エスニシティ研究の遺産を継承しつつ、『オリエンタリズム』(一九七八年) を契機として、以後、主に旧植民地国出身の知識人によって練り上げられ、一九九〇年代に入って思想・文化研究の主流となる。思想的にはポスト構造主義、ポストモダニズムと関連するが、知と権力、他者の表象、人種、民族主義、エスニシティ、ジェンダーをめぐる問題を中心化し、すべての学問・思想分野にポストコロニアル的視点の組み入れを必須とするまでになった。

サイードのポストコロニアル批評によれば、帝国主義と植民地主義はただ単に資本蓄積や資源・領土の奪取と経営を意味しているのではない。それらは社会・経済的あるいは政治・軍事的な権力以上に強力な力の源泉となった言説の体系と結びつき、それによって支えられてはじめて圧倒的な優位と支配を確立することができたのである。その意味ではオリエンタリズムは一種の文化的支配のことである。

サイードのオリエンタリズムをあえて言説の体系として把握するの

は、それが現実の政治的なプロジェクトを後追いしながらそこに付加されるような単なるイデオロギーの類ではないことを明らかにしたいためである。それはむしろ政治や権力の深部にまつわりついて、その作用とともに威力を発揮するような執拗で狡猾な力であり、実際の帝国建設や植民地支配に先だって、西洋以外の残余の世界を一定の支配の枠組みのなかに封じ込めようとする文化装置である。これによって東洋は、詮索、研究、判決、訓練、統治の対象として、教室、法廷、監獄、図鑑のなかに配置され、超越的な主体としての西洋によって恣意的に表象され創造されるようになった。この意味でオリエンタリズムは、東洋と西洋とを問わず、思考に対する内側からの強力な制限として驚くべき影響力を発揮してきたのであり、ポストコロニアリズムの現在においてもそのヘゲモニーは失われているわけではない。

本章がこの芥川の作品を日本人作家による〈反オリエンタリズム〉の所産と見るのは以上の学的方法に照応させた結果である。そして芥川の方法については前節で考察したところである。ただ繰り返すが、その方法は特殊／普遍の交換という〈近代の超克〉のごとき内実の空無なものではなく、特殊の内部に普遍を捉えることでオリエンタリズムを脱構築しようとする、いわばナショナリズム的発想である。とすれば、その方法は決してサイードのポストコロニアル批評とはまったく異なる。それゆえにこの小説を〈反オリエンタリズム〉の構築と限定するわけである。その点で、従来の研究はこの作品、とりわけ明子造形を日本という領域に限ったところで、作者芥川の美意識との関係から読み解こうとする限界性をもっていたといわざるをえない。本章は明子造形をことさらに外国人（東洋／西洋）の視線にゆだねたところに作者芥川の反オリエンタリズムの意識的な方法を見ようとしたわけだが、その意図は決して明子造形に留まらない。なぜならば明子の視線や、海軍将校の心的風景に、芥川のというよりも、日本的伝統の美意識を重ね合わせたところにも明らかだからである。

「舞踏会」を書くにあたって芥川が直接に参照した文献として、河盛好蔵と安田保雄が『日本印象記』を想定しているのに対して、三好行雄[12]はその原文を考えている。「舞踏会」の描写には粉飾された大づかみの訳文にしたがったと見るより、おそらく英訳本によって原作の細部にまで、くわしく目をとおしていたという推測も不可能ではない。ロティは『江戸の舞踏会』の随所に先進国の洗練された文化人の眼に映る皮肉で警抜な観察と批評をちりばめている。明子が美しいのは単に姿だけではない。鹿鳴館の少女たちを「機械人形」と眺めたロティの表現を逆手にとろうとする意図が明らかにうかがえる。芥川が眼を付けたロティの『江戸の舞踏会』には、舞踏会に参加した「伯爵夫人」の素性を詮索する次のような文章がある。

> そのかたわらに立っている三人の女性には、すぐ好奇心で目を注いだ。とくに最初の女性こそは、明らかにあの「伯爵夫人」であるに相違ない。ついさっき汽車のなかで、わたしはこの夫人の身の上話を人々から聞いたのである。彼女はもとゲーシャだったが、大臣に出世する途中の一外交官に見そめられ、落籍されてその妻になり、そしていまでは、外国大臣たちの社交界において、エドの花形たる役割をになっているのだそうである。

ここには日本女性で、美しくかつ踊りのできる女性は「ゲーシャ」(芸者) だというオリエンタリズムの偏見が認められる。西洋人のオリエンタリズムにとって「ゲーシャ」は美と舞踏の芸能者であって、教養的には無知だという固定観念があったということである。そしてさらにいえば、ロティは鹿鳴館の社交の「花形」はすべて彼女たちだと見抜いていることである。

芥川の「舞踏会」で明子が「伯爵夫妻」に父親と共に挨拶を交わす場面があるが、「伯爵夫妻」の「妻」はロティの叙述に見える「あの伯爵夫人」と同一人物である。そこに芥川の対抗意識を見るべきだろう。芥川作品のヒロイン明子は「権高な伯爵夫人の顔だちに、一点下品な気があるのを感づくだけの余裕」を持つ若い女性として描かれる必要があったからである。初めて社交の場に不安と興奮を覚えながらも、明子はしっかりとした判断力をはたらかせることができる知性の輝きをそなえた女性として描かれている。ロティが「伯爵夫人」の前歴の事実を述べた一節を使って、芥川はその夫人とは距離を置いてみごとに知性と美しさをかねそなえた明子を描いた。ここからも芥川の創作意図はロティの描いた開化の日本女性をロティの眼に反発する知的な仕掛けを通して描くことにあった。

ロティの見る日本の貴婦人たちは個性がなく、おしなべて異様である。つるし上がった眼の微笑、内側に曲がった足、平べったい鼻、子猫みたいなおどけたちっぽけな顔の女性たちは皆似通っている。彼女たちはかなり正確に踊るが、それは教えこまれたもので独創性にかけ、ただ自動人形のように踊るだけである。それはロティが西洋風な装いの裏にある日本の後進性の確認のためにだけ有効だったのである。白人男性のオリエンタリズムの眼差しに対する作者芥川の反発と批判を思うべきかもしれない。

鹿鳴館時代の日本が〈猿〉芝居であり、滑稽であり、恥ずべきものであったとの認識が大正期の知識人にとっても一般的であった。しかし鹿鳴館を捉えるオリエンタリズムへの反発の姿勢は芥川の「舞踏会」を貫いている。ロティの優越感あふれた皮肉の視線にさらされてはじめて、鹿鳴館は十八世紀フランスと十九世紀日本の合金たり得たのであって、それはおそらく意訳によっては伝えがたい質のものであった。そのことを芥川は熟知していたともいえる。芥川龍之介はあえてそこでの舞踏会をロマンの香り高い景として美化して描き出しているのであり、そこに芥川のこの作品における鹿鳴館の特色を確認してもよいであろう。

> 明い瓦斯の光に照らされた、幅の広い階段の両側には、殆人工に近い大輪の菊の花が、三重の籬を造つてゐた。菊は一番奥のがうす紅、中程のが濃い黄色、一番前のがまつ白な花びらを流蘇の如く乱してゐるのであつた。さうしてその菊の籬の尽きるあたり、階段の上の舞踏室からは、もう陽気な管絃楽の音が、抑へ難い幸福の吐息のやうに、休みなく溢れて来るのであつた。

このように「菊」は天皇・日本帝国を象徴する花ではないか。江戸時代においては庶民的な花でもあった菊は、明治初年ころに皇室の紋章として「十六弁八重表菊」が制定され他氏の菊紋の使用が禁止されると、シンボルとしては国家を象徴する機能を持たせられるのである[(13)]。この「菊」が天皇制を象徴していることはいうまでもなかろう。舞踏会という唯美の世界の中心には「大輪の菊」で表象される天皇制が据えられている。そしてこの小説の明子像はオリエンタリズムを超越した美の所有者であることを訴えかけている。その背景には、すでに言及したこの小説がロティのオリエンタリズム紀行文に対抗する反オリエンタリズムの文学作品として執筆されたという事情がある。この作品が東洋と西洋の政治家と軍人（＝文学者）の両方による複眼的な視線を明子に注がせることによってその美を称讃させるという構図を取っていたのは、まさにロティに対する反オリエンタリズムの意図がこの作品をつらぬいているからである。

> 海軍将校はかう云ひながら、二人の食卓を繞つてゐる人波と菊の花とを見廻したが、忽ち皮肉な微笑の波が瞳の底に動いたと思ふと、アイスクリイムの匙を止めて、
> 「巴里ばかりではありません。舞踏会は何処でも同じ事です。」と半ば独り語のやうにつけ加へた。

このように、海軍将校に言わしめているところに、これみよがしに美の普遍性を彼（＝ロティ）に納得させようとする魂胆を読み取ることも可能だろう。このようにみようとすると、実はフランス人の海軍将校にも反オリエンタリズムはつらぬかれている。

> 相手の将校は、頰の日に焼けた、眼鼻立ちの鮮な、濃い口髭のある男であつた。彼女はその相手の軍服の左の肩に、長い手袋を嵌めた手を預くべく、余りに背が低かつた。が、場馴れてゐる海軍将校は、巧に彼女をあしらつて、軽々と群集の中を舞ひ歩いた。

この人物造形は「相手の将校」という語でわかるように、明子の舞踏の相手をした当のフランス人海軍将校についてである。ただ異様というか、滑稽というべきか、男女二人の華やかな舞踏場面でありながら、明子はあまりに背が低くて将校の肩に手を預けられない。川上光教もいっているように、「いくら相手がフランス人であっても、主役を舞踏しにくいほどの低い身長に設定するのは適切とは思われない」[14]ということもうなづけよう。とすれば、そこに明らかに芥川の意図と技巧があることを考えてみてもよかろう。

一つの解釈としては、フランス人の海軍将校の前で一生懸命背伸びして踊る明子は当時の日本に似ている。外国の文明に引けを取らないために表面だけ繕って背伸びをする欧化政策時代の日本である。その欧化政策の代表／表現がこの明子が背伸びして踊る鹿鳴館であるとすれば、この二人の不調和に皮肉をこめた比喩を求めることもできよう。

しかしおそらくそう読むべきではあるまい。それよりも場面を見てすぐわかることだが、彼はまさに西洋の軍人の典型として造形されているとみるべきだろう。軍人の端正さを見せながら、しかも彼女の美の讃美者として彼は明子の前に現れたのだ。彼は優美なしぐさで明子を舞踏に誘い、踊りながら次のように想像する。

> こんな美しい令嬢も、やはり紙と竹との家の中に、人形の如く住んでゐるのであらうか。さうして細い金属の箸で、青い花の描いてある手のひら程の茶碗から、米粒を挟んで食べてゐるのであらうか。—彼の眼の中にはかう云ふ疑問が、何度も人懐しい微笑と共に往来するやうであつた。

こういうほほえましいフランス人海軍将校の内面に入り込んだ感慨はこの小説にとってどのような意味があるのだろうか。それを本章は前掲した「支那の大官の眼」と同じ意味をもつとみたい。支那の大官の視線が明子に東洋の美を見出したのと同じく、フランス人海軍将校の「こんな美しい」という思いには、明子に西洋の美と等価の美を見出したと捉えたいのだ。そこにこそ作者芥川の反オリエンタリズムの意図があった。

芥川はおそらくロティの『江戸の舞踏会』で唯一といってよいほど好意的に描いている日本で「最も輝かしい工兵将校の一人であるお方の令嬢」である「カラコロモ嬢」を自分なりの理想的女性として立ち上げたのであった。しかし花火の場面から明子は海軍将校と会話を重ねるごとに、ワキに押しやられていく。そしてついには海軍将校の想念から取り残されてしまう。このシテとワキの逆転にむしろ芥川の反オリエンタリズムの姿勢がロティへの反発として強かったことが示されているとみるべきなのだろう。

第五節　大正期の知識人芥川龍之介の〈知〉のありよう
—むすびに代えて

このような反オリエンタリズムの姿勢の問題は芥川と同世代の作家、すなわち大正期の知識人すべてに共通する〈知〉のありようではあろうが、とりわけ芥川にとって切実であった。それは本所の芥川家に育ったという彼の生い立ちによるからである。本所という土地が江戸情緒を色濃く残していたうえに、代々江戸城の御奥坊主を勤めていた芥川家は、江戸趣味が染み付いていると言ってもいい家庭であった。養父道章が南画や俳句に親しみ、一中節を唸るなかで、芥川は「江戸」にどっぷり浸って育ったと言っても過言ではなかった。

芥川は吉田弥生との恋の破綻の傷もようやく癒え、大正七年塚本文と結婚し新生活を始めた。そしてこの年に田端に転居し「我鬼窟」を構えた。この「我鬼窟」は若い作家たちの一種の文学サロンとなった。芥川は若い作家たちに囲まれ、意気盛んだったことは想像に難くない。生涯の友となった小穴隆一との出会いもこの年である。また五月には初めての長崎旅行がなされた。この二〇日間の長崎旅行は芥川の切支丹趣味を十分に満喫させるものだった。この旅行も「舞踏会」

の創作動機と無関係ではあるまい。長崎は『お菊さん』の舞台でもあったからである。芥川の意識には当然長崎と『お菊さん』が結びついていたであろうし、また「舞踏会」の粉本となった同じロティの『秋の日本』が想定されていたであろう。

それと関連して注目したいのはいわゆる「狂人の娘」(「或阿保の一生」) として芥川に関わった女流歌人秀しげ子との出会いである。芥川が秀しげ子を識ったのは「十日会」の六月例会であった。芥川は相当積極的であった。秀しげ子との出会いは彼女を「愁人」と呼ぶほどに芥川をうわついた心持ちにさせた。このうわついた感情は決して透明なものではなかったはずである。妻の文はすでに長男比呂志をみごもっていた。芥川が倫理的問題に没交渉であったとは考えられない。この感情のひずみのようなものが「舞踏会」における明子と青年将校との感情のチグハグさに微妙に翳りを落しているように思われる。そして明子との華やかな感興の中から海軍将校の心だけがするりとぬけるといった孤独感は、芥川の秀しげ子との交渉から生まれる内的風景と全く無関係でもあるまい。

とはいえ、時代はすでに明治も後半、十九世紀から二十世紀の変わり目でもある。芥川は日本と中国の古典に親しむと同時に、小学校二年のときより英語を学び、西洋の文化も貪欲に吸収していった。東大では英文学を専攻し、芥川は文字どおり「古今東西」の教養主義の時代でもあった当時でも希有の、膨大な教養を蓄積することになったのである。それは単なる上滑りの知識ではなく、芥川の血肉ともなった。

以上のような時代的推移と、作者芥川の思想の変化の下に「舞踏会」は書かれたものである。その点からこの小説の成立環境についてもう少し追究してみよう。

なによりも「舞踏会」におけるおもなモチーフは帝国主義の問題であろう。なぜならばこの小説が歴史的に明治天皇の誕生日を祝う天長節の行事である舞踏会を背景にしている点を見逃してはなるまい。日本帝国主義を肯定的に受容してこの作品（テクスト）のベースとしている事実に本章は注目する。

芥川と帝国主義との関係が想定できるのは中学校四年（明治四二年）の時に書かれたという「武士道」であろう。

> 一巻の国史を繙かば如何に武士道の、日本武士の上に及ぼせる感化の大なりしかを、知るに足らむ。蔚山の籠城に、死鳥の血を啜りし猛将は、武士道の権化には非るなき乎（中略）我国史はこの武士道の生める、この日本武士を以て飾られたる光栄多き歴史也。
>
> 　云ふ勿れ。東溟の絶島一のナポレオンなしと。神風吹いて、西海の怒涛、胡気をつくす所、莞爾として、ほゝえむ相模太郎の雄姿を見ずや。希くは、我等、この武士道の旗幟を仰いで、我尊き国史を汚さざらむ哉。

ここにはその当時の芥川の〈武士道〉と〈武士〉に対する強い確信、それに日本国史に対する誇りが表われている。特に帝国主義の征服者であるナポレオンを十三世紀中国の元国と高麗の連合軍が二回にわたって日本を征伐しようとした遠征軍を防いだ鎌倉時代の相模太郎（北条時宗の通称）と同一線上においたことは示唆するところが大きいだろう。それは明治時代の忠君愛国を標榜した日本帝国主義の精神がその「武士道」に溶け込んでいると思われるからである。

ところで芥川は、大正十年三月、大阪毎日新聞社の海外視察員として中国旅行に出かけている。三好行雄は「大正十年の中国旅行は—芥川文学の終った地点からのパースペクティブでいえば、—その転機を外からうながす運命的な事件であった」(15) というが、この時期の芥川の海外旅行はたしかに注目されてよいものである。芥川が中国旅行をした大正十年の中国は西欧及び日本による列強の帝国主義的進出が一応出そろって、それに対する中国人民の抵抗が自覚と確信とをもってなされはじめた時期であった。当時の芥川にこの悩める大国がどのように映ったかは興味あるテーマとなるが、その「支那遊記」や書簡は多くを語らず、期待するような答えは返ってこない。「湖南の扇」（『中央公論』大正十五年一月）にも、長沙でのこととして「ついきのふの朝、或女学校を参観に出かけ、存外烈しい排日的空気に不快を感じ」とあるが、その排日感情の出所を問うことをしていない。芥川には中国と中国の民衆がいかに苦しんでいるかを察する前に、自国の優位性と対象への侮辱が優先せざるを得なかったのだ。それゆえか、上海という大都会の罪悪をとりあげても（「上海遊記」『大阪毎日新聞』『東京日日新聞』大正十年八月十七日～九月十二日」）、それは中国民族そのものの劣等性からくるもののような印象を与える文章となってしまっている。

しかし、芥川が当時の中国の政治や社会にまったく無関心であったとは断定できない。章柄麟や鄭孝胥や辜鴻銘らの学者訪問は、当時の中国知識人が中国の将来をどう考えているかを確めたかったからにほかならない。「上海遊記」には、「章柄麟氏」「鄭孝胥氏」の章が、「北京日記抄」（『改造』大正十四年六月）には「辜鴻銘先生」の章があり、それぞれのプロフィールを伝えている。中でも章柄麟訪問の収穫は大きかったと言われる。

関口安義の見解[16]によると、章柄麟、字太炎は清朝末期の革命家で、孫文や黄興と並んで〈革命の三尊〉ともいわれた人物である。文化大革命後の現代中国でも彼の再評価は進んでいる。彼は中華民国成立後に政治の第一線を離れ考証学に没頭し近代屈指の学者と見なされていたという。芥川は上海滞在中に章柄麟邸を訪れ、「現代の支那を中心とした政治や社会の問題」（「上海遊記」）を語り合っている。「僻見」（『女性改造』大正十三年三月～九月）中に次のような言説がある。

> 僕は上海のフランス町に章太炎先生を訪問した時、剥製の鰐をぶら下げた書斎に先生と日支の関係を論じた。その時先生の云つた言葉は未だに僕の耳に鳴り渡つてゐる。──「予の最も嫌悪する日本人は鬼が島を征伐した桃太郎である。桃太郎を愛する日本国民にも多少の反感を抱かさざるを得ない。」先生はまことに賢人である。僕は度たび外国人の山県公爵を嘲笑し、葛飾北斎を賞揚し、渋沢子爵を罵倒するのを聞いた。しかしまだ如何なる日本通もわが章太炎先生のやうに、桃から生まれた桃太郎へ一矢を加へるのを聞いたことはない。のみならず

この先生の一矢はあらゆる日本通の雄弁よりもはるかに真理を含んでゐる。

章柄麟の言葉には、侵略者桃太郎というイメージが日本帝国主義、特に当時の日本政府の植民地政策と重ねられている。それを芥川は鋭く察知し、そこに民族と時代に規定された〈読み〉があるのを見抜いたのではないだろうか。その三年後、芥川はユーニクな観点をもった「桃太郎」(『サンデー毎日』大正十三年七月一日) を書く。帝国主義日本の戯画ともいえる作品であることはよく知られている。

芥川の反オリエンタリズムというのは東西の差異への怨念というのではなく、日本の特殊を普遍へと昇華させようとするところに重みをおいていることがここからもうかがえよう。この芥川思想の背景には彼の帝国主義に関する見方がうごめいている。「舞踏会」は作家の帝国主義に対する揺れと東洋への傾倒がないまぜとなったところに成立したということが大きく捉えられるようである。

注

(1) 三好行雄「『舞踏会』について―芥川龍之介へのアプローチⅠ」『日本文学 (立教大学)』第八巻、昭和三七年六月
(2) 宮坂覚「『舞踏会』試論―その構成の破綻をめぐって」『文芸と思想』三九、昭和五十年二月
(3) 三好行雄『芥川龍之介論』筑摩書房、平成五年三月
(4) 宮坂覚「『舞踏会』試論―その構成の破綻をめぐって」『文芸と思想』三九、昭和五十年二月
(5) 宮坂覚「『舞踏会』試論―その構成の破綻をめぐって」『文芸と思想』三九、昭和五十年二月
(6) 佐藤勝「舞踏会」『国文学』昭和四四年六月
(7) 稲垣達郎「舞踏会」『批評と研究　芥川龍之介』芳賀書店、昭和四七年十一月
(8) 安藤宏「「舞踏会」論―まなざしの交錯―」『国文学』学灯社、平成四年二月
(9) 三好行雄「『舞踏会』について―芥川龍之介へのアプローチⅠ」『日本文

学（立教大学）』第八巻、昭和三七年六月
(10) 三好行雄『芥川龍之介論』筑摩書房、平成五年三月
(11) 長谷正当「空と無常」『日本文学と仏教』第四巻、岩波書店、平成六年十一月
(12) 三好行雄『芥川龍之介論』筑摩書房、平成五年三月
(13) 千鹿野茂『日本家紋総監』角川書店、平成五年
(14) 川上光教『芥川龍之介』武蔵野書房、平成十三年五月、一一五頁
(15) 三好行雄「南京の基督に潜むもの」『国語と国文学』昭和四六年一月
(16) 関口安義編『芥川龍之介実像と虚像』洋々社、平成二年十月

第三部　ロマンとしての物語の追求

第七章 「蜘蛛の糸」の童話世界、
または仏教世界（コスモロジー）の芥川的変容

第一節　はじめに

「蜘蛛の糸」は大正七年（一九一八）四月に書かれ、同年七月児童雑誌『赤い鳥』第一号に掲載された。その後芥川龍之介自身の選集『傀儡師』（新潮社、大正八年一月）などに収録された。なお初出時の鈴木三重吉の加筆部分を削り、元の原稿どおりに復元したのは第一回全集（昭和二年十一月～昭和四年二月、岩波書店）以降である。その典拠となった話は芥川の死後探求され、古くは吉田精一がドストエフスキー『カラマーゾフの兄弟』の第七篇第三章「一本の葱」の中の挿話の影響を指摘した[(1)]が、現在では片野達郎[(2)]により指摘されたポール・ケ―ラス（Paul Carus）「カルマ（Karma）」の鈴木大拙述による日本語訳である『因果の小車』[(3)]が「蜘蛛の糸」の出典であると特定されるに至っている。

発表形式から分かるとおり、「蜘蛛の糸」は芥川龍之介の数少ない児童文学作品の一つとして知られているものである。第二次世界大戦から現代まで一般読書界では人気があり、子供への読み聞かせも続いている。現代の小学生の多くは直接には読まなくとも、アニメや漫画など映像を通してこの話と出合っているケースが多い[(4)]。児童向けということで、この「蜘蛛の糸」は芳賀矢一の『国語読本』（明治書院、昭和十二年刊）に収録され、大正末にはほとんど「中学校女学校の読本に大ていそれが連載され」[(5)]るというほどの好評を博した。そのた

め、出典捜しも行われたようだが、犍陀多の名は仏教経典の集大成版である大蔵経中には見当たらず、芥川龍之介は問われてもはっきりと語らなかったらしい(6)。この作品は子供の読者によく知られて人気のあるわりには、発表の当初から芥川研究者の間での「蜘蛛の糸」の評価は総じて過小評価であり、否定的見解が多い。

その中で「蜘蛛の糸」一篇が芥川童話の第一作であるという事情もあってか、原話の孕む宗教的モチーフ、さらには作品の起伏をなす人間のドラマという形式性を切り捨て、我執のゆえに堕獄するという懲悪の教訓的モチーフのみを軸として読まれることが多かったと思われる。童話的文体への最初の試み、その表現の彫琢こそが作者芥川にとっては主要な課題であった。そのために彼の美的感受性とはうらはらに、むしろある倫理的な違和感の残るものとなったと評価され、それがいままでの一般的な読みであった。本章の見るところ、それはどうやらテーマ主義的見地に立つところからもたらされたとみてよく、評者のもつモラルないし理想や人生観の尺度でもって作品世界を解釈することにつながるものであって、それはつまりテクストの〈外部〉から論じるという方法だったといえる。しかし「蜘蛛の糸」は作品（テクスト）の完結的構造からすると、実は芥川当時の社会的文化的なコンテクストという〈外部〉から遮断されていて、まったく影響を与えることはなかったのである。

児童向けか、それとも題材からいって宗教文学というべきかどうかはともかく、この作品の世界が現実と地続きの自然主義リアリズム文学でないことは確かである。というのは、この作品には単純ながら一つの独自の宇宙観（コスモロジー）が背景となっていて、その世界観に支えられてプロットや主題が成立しているからである。その点からすると、芥川の文学テクストの多くがそうであるように、この作品もまったく完結的構造をもつ物語である。したがって本章もまた本書のテーマである作者芥川と〈物語の方法〉というテーマへとつらなっているものである。完結的構造ゆえにかえって時代に捉われることなく、読者の自由な想像力を喚起し物語世界への自然な参入を可能にする。このような〈物語の方法〉あるいは〈語り〉の機能、さらに本質的な意味でいえば、〈言葉〉の想像力という観点からこの物語を検討するというのが本章の目的である。

第二節 「蜘蛛の糸」のコスモロジー（宇宙観）の構造

「蜘蛛の糸」は三章から成っている。「一」と「三」が釈迦を中心とする極楽の世界であり、間にはさまれた「二」が犍陀多を中心とする地獄の世界である。物語の時間は朝から昼近くまでの五、六時間ということになろうが、その時間内で〈明―暗―明〉というように小説空間が変化する。ここに作者芥川の物語の方法が認められるのだが、ここではまずこの物語の独自の世界構造に言及しておこう。

その場合、目立つのは二項対立のコスモロジー構造であって、「蜘蛛の糸」の時空構造は意識的なかたちで二項対立の手法を取り入れている。したがってこの作品における完結的構造はこのコスモロジー構造をなす極楽と地獄という二つの空間とその両者をつなぐ蜘蛛の糸が象徴する連関にあるというべきである。こうして「蜘蛛の糸」の物語世界は層的になり、最上層に極楽があり最下層に地獄があって、その中間に細い糸がこの両者をつないでいるという構造になる。この糸に関して平岡敏夫はこれを地獄と極楽をつなぐ「美の糸」という新しい解釈を提出している[(7)]。これは従来の道徳的・宗教的解釈に対して美的解釈とでもいうべきものだが、この解釈には納得できないものを感じる研究者が多い。そこで本章はこの疑問に焦点をあてるかたちで論述をすすめようと思う。

「一」で語り手はまず物語を明るい極楽の描写から始める。犍陀多の話は極楽の朝から昼までの穏やかな半日の間の蓮池の底で起こったごく些細な夢のような出来事にすぎない。池の中に咲く蓮の花はみんな玉のように真っ白で、そのまん中にある金色の蕊からは何ともいえない好い匂が絶間なくあたりへ溢れている。蓮池の下には水晶のような水を透き徹して、三途の河や針の山の景色が「丁度覗き眼鏡を見るやうに」はっきりと見える。つまり極楽の情景はいかにも清浄に典雅に描かれ、地獄との隔絶感を露骨に示す。そんな情景の中、釈迦が犍陀多の姿を池の水底を通して遠くから見つめるという行為だけが極楽の優美なイメージを纏いつつも、両極の世界をつなぐ発端となる。

このような池の水底を境にして接続しているように見える二元的世界構造にもかかわらず、一方で、芥川の極楽／地獄の空間認識は極楽から地獄まで空間的に広がっていて、「遠い遠い天上から」とあるように、極楽と地獄が何万里となく隔てられているとしている。明らかに矛盾するようだが、後者の認識のほうは一般的に仏教の穢土と浄土の距離観といった仏教の宇宙観を知識的にふまえている。それに対して前者は「蜘蛛の糸」のプロットと結びついた、いわば童話的な宇宙観である。物語にあっては極楽／地獄は池の水底をはさんでこちら側と向う側にある両極の異世界というコスモロジーから上下に隔てられてはいても、まるで鏡をはさんだ現実世界と鏡像世界の関係にあるかのように構造化されている。読者は語り手に導かれて極楽と地獄の様子をまるで鏡のこちら側と向う側として見比べ、そこで起こる物語を理解するのである。ただこの極楽と地獄といった両極の世界を語っていく語り手はそれぞれの世界で起こっていることとはまるで没交渉との印象を受ける。この語り手の位置は炉辺での民話の語りと同じく、聞き手のいる—語りの場（現在）にとどまるお婆さん（＝語り手）の位置にいるといってよく、これが児童文学の約束なのである。

この語り手と釈迦の二つの優しい眼差しに見つめられて「蜘蛛の糸」は展開されていく。そのきっかけとなるのは次の一文「或日の事でございます。御釈迦様は極楽の蓮池のふちを、独りでぶらぶら御歩きになつていらつしやいました」という釈迦の、いかにもゆったりとした行動からである。

この語り手の視線が釈迦のそれと同化し始める。釈迦は池の水底を通して下層の地獄でうごめき苦しんでいる犍陀多を見ながら、以前蜘蛛を助けたことがあるのを思い出し、彼を地獄から救い出してやろうと考える。そこで今度は蜘蛛の糸を玉のような池にうかぶ白蓮の間からはるか下にある地獄の底へまっすぐにおろす。こうして極楽と地獄はその蜘蛛の糸によって連絡がとれることとなった。読者（あるいは聞き手）の視線はその蜘蛛の糸の先を追いかけるかたちで移動し、今度は犍陀多の視線と同化して下から糸を見上げる位置に置かれる。

> 所が或時の事でございます。何気なく犍陀多が頭を挙げて、血の池の空を眺めますと、そのひつそりとした暗の中を、遠い遠い天上から、銀色の蜘蛛の糸が、まるで人目にかかるのを恐れるやうに、一すぢ細く光りながら、するすると自分の上へ垂れて参るのではございませんか。

犍陀多はそれを見るや「驚いたのと恐ろしいのとで、暫くは唯、莫迦のやうに大きな口を開いた侭、眼ばかり動かして居りました」と語られる。そこには読者（児童）とともに童話的世界観の素朴な仕掛けに驚かされるのだが、それとともに天上（神）からの救済という宗教的な概念が巧みに映像化されていることに注目される。それだけに、それに対してまったく信じられないというそぶりを見せる犍陀多はもともと信仰心などのない、いわば徹頭徹尾の俗人であることが構図化されている。

蜘蛛の糸によって、地獄と極楽という両極の世界の時間と空間は接続される物語世界。それは人間の側からいうと、極悪から極善にいたる一本の糸で結ばれたボーダーレスの世界になったということでもある。ただこの宇宙観の内部では堕獄している犍陀多の罪の自覚も善行の記憶も問われることはないのだが、それでも犍陀多は極楽を見ることなどできない。あくまでも覗き眼鏡で極楽から地獄を見ることができるのは釈迦だけである。釈迦は人間世界の善悪を超越した存在だからということになろう。

この小説における空間構造についてはすでに鏡の比喩で若干は言及しておいたが、あらためて問題はそれが仏教の世界観（宇宙観）を正確に反映しているのか、それとも何か別の考えにもとづいているのかということである。

> この極楽の蓮池の下は、丁度地獄の底に当つて居りますから、水晶のやうな水を透き徹して、三途の河や針の山の景色が、丁度覗き眼鏡を見るやうに、はつきりと見えるのでございます。

極楽と地獄が空間的に上下に連続しているというイメージによりこの作品は成り立っているが、日本人の仏教観からすると、そのようなことはあり得ない。たとえば日本人の地獄観についていえば、それに最も大きな影響を与えたのは源信の『往生要集』(8) であろう。それによれば、地獄は人間の住む閻浮提の一千由旬より下にあり、等活地獄から最下層の無間地獄までの八層に分かれている。それは餓鬼・畜生・修羅・人・天という五道の衆生の住む須弥山を中心とした世界からすると途方もないほどの距離で隔てられた下層に位置する。しかし極楽浄土は『阿弥陀経』(9) では西方十万億土のかなたにあるという。したがって空中（極楽）から地獄を見下ろすというようなこともまたあり得ない(10)。

地獄と極楽は本来の仏教的世界観からすれば、比喩的には対概念になるが、その宇宙観からすれば、地獄はあくまでも六道のうちの最下層にあり、極楽もそれとは全く別個に数ある仏の浄土（仏国土）の一つにすぎない。しかし『往生要集』や浄土教の強い影響から、日本人にとって地獄といえば極楽と一対の反対世界と捉えられるようになった。加えて明治期に入ると、キリスト教の地獄と天国の概念も導入され、単純化していえば、人界を中心に、下方に地獄、上方に極楽（天国）という垂直的図式が一般化した。「蜘蛛の糸」の宇宙観はこのような素朴な宗教的コスモロジーの絵画化ともいえよう。さらに地獄描写に関していえば、後述する「血の池」というのも地獄絵に必ずといってよいほど描かれるものであるが、それは中国において十世紀以降に成立した疑経『血盆経』(11) にもとづくもので、道教にも取り入れられ広く民間に流布したものである。女人は産の血と月水で地を穢すゆえに罪を得て血盆池地獄で苦しみを受けなければならず、それを救済するのが『血盆経』だとされた。したがって血の池地獄に堕ちるのは必ず女性でなければならない[(12)]とされる。

このようにみてくると、「蜘蛛の糸」は決して仏教の世界観・宇宙観の伝統的知識にもとづいているものではない。このことが何を意味するかといえば、「蜘蛛の糸」を読むにあたって仏典あるいは仏教説話の知識など必要としないということである。この童話＝小説の世界は仏教的世界観と仏教的人間観からは自由だった。それは本書のテーマである芥川の〈物語の方法〉の枠組をなす完結的構造にとって大きな意味をもつ。この小説の物語世界にとって実は仏教的知識は〈外部〉なのである。もしも仏教的知識がこの物語に浸透しているとすれば、仏教の広大な世界観と地続きになって物語の完結性は崩れ去ってしまうだろう。そんな知識など子供たちにとって不必要な知識にすぎない以上、芥川の物語世界はこの〈外部〉を遮断することによって完結的構造を確保しているのである。そしてそれが作者芥川の自由な〈知〉をはたらかせる場となる。

この小説の空間構造である上下に連続した極楽／地獄はまえでは鏡の比喩で説明しておいたけれども、日本人の民俗意識からすると、むしろ井戸の底に異界が広がるとか、岩穴に入って地下に降りていったら異世界に入り込んでしまったという観念と類似している。そのような素朴な異界観は民話や昔話にいくらでも残っている。読者にとっては仏教的世界観よりも、こちらの民族的異界観念に親しみをおぼえたのではなかろうか。

とすると、次のような場面も極楽の図像学であるよりも、芥川が自由に空想した楽土の絵画化（イメージ）であろう。

> 幸、側を見ますと、翡翠のやうな色をした蓮の葉の上に、極楽の蜘蛛が一匹、美しい銀色の糸をかけて居ります。御釈迦様はその蜘蛛の糸をそつと御手に御取りになつて、玉のやうな白蓮の間から、遥か下にある地獄の底へ、まつすぐにそれを御下しなさいました。

このような絵画化が可能であったのは、この作品（テクスト）があくまでも童話だからだという意識である。このような自由な想像はこの小説の釈迦像にも及んでいる。蓮の花の何ともいえないよい匂が漂う極楽をぶらぶら気ままに歩き、朝から午の時間の無聊（退屈）を紛らしている釈迦の様子。釈迦がこの日地獄を覗いたのはまったくの偶然にすぎない。すると、その池の水底に堕獄している犍陀多という男がほかの罪人と一緒にうごめている姿が眼に止まるのである。

> こちらは地獄の底の血の池で、外の罪人と一しよに、浮いたり沈んだりしてしてゐた犍陀多でございます。何しろどちらを見ても、まつ暗で、たまにそのくら暗からぼんやり浮き上がつてゐるものがあると思ひますと、それは恐ろしい針の山の針が光るのでございますから、その心細さと云つたらございません。

地獄の底に一緒にうごめいているほかの罪人と区別して、犍陀多を地獄から救い出してやろうと思ったのは彼がたった一つよいことをしたからであった。その善行というのは路ばたを這って行く一匹の小さな蜘蛛を見て、最初犍陀多は最初足を挙げて踏み殺そうとしたが、これも小さいながら命のあるものに違いない。その命をむやみにとるということはいくら何でも可哀そうだと思い、その蜘蛛を殺さなかったというものである。釈迦は犍陀多の存在をこの蜘蛛を助けたという善行で思い出しているだけである。釈迦の救済は恣意的といってもよいほどに彼の自由意志にあるのであって、厳密な教理が打ち立てた救済予定説などはまったく考慮されていない。

このようにみてくると、「蜘蛛の糸」は偶然と自由に支配された物語であるといってもよかろう。語り手の語る物語を追っていくと、釈迦が地獄の犍陀多に眼をとめ救ってやろうとしたのは偶然の行為、朝の散歩の途中の気まぐれ、いわば退屈しのぎにしたこととの印象を与えられる。「蜘蛛の糸」は極楽の絶対者が地獄の罪人を見下ろし、救済にふさわしい倫理的行動をとったかどうかを見極めるという宗教的な意図を持った物語でないことがわかろう。したがって犍陀多の行為は自己の何かを犠牲にして善行を施したといえるほど宗教的に積極的な行為ではなかった。このことと関連して片岡良一は「此作の場合特徴的なのは、さういふ弱さや醜さに対して、主人公カンダタが一つも反省的でない点である」[13]という。この見解は「蜘蛛の糸」をあくまでも宗教的主題を持った小説と捉えていることから起こった誤解である。もしも宗教的主題ということに固執するならば、たとえば、典型的な仏教説話であれば、ここで犍陀多は蜘蛛を殺さなかったという生前の善根により、直ちに地獄から救われなければならないはずである。

この童話の世界とその存在者とは一見断絶した両極の世界に住みながらも、一筋の蜘蛛の糸で繋がることでその境界を無くす。そしてまた釈迦の〈我〉から発する恣意性は、釈迦を超越者ではなく、むしろ揺れ動く人間性の範疇へと組み込んでいく。この小説（童話）の釈迦は極端にいえば、単なる観察者として、突発事のなりゆきをたたずみながら見ていればよい傍観者的存在にすぎないともいえる。救い出してやろうという当初の意図は垂れ下った蜘蛛の糸という事象だけに具現させて、あとはただ見ていることしかしない。釈迦は決して作中の当事者になろうとはしない。それゆえに糸を切ったのは釈迦ではない。犍陀多の運命を操ることのできない釈迦は全能ではありえない。

第三節　普遍化される童話の主題―童話から「再話」へ

では、この「蜘蛛の糸」とはどのような主題を持つのか。本章ではこれまで次の事柄を確認してきた。

一、その世界構造は仏教的な知識を〈外部〉として遮断し、説話や民話にみられる民族的な異界観念を受け入れている。そのことは同時に仏教的宇宙観にもとづく主題から自由だということ。

二、釈迦の造形は偶然と自由に支配される存在にすぎず、それゆえに絶対的な救済者ではありえないということ。

この二点から見るとき、この小説の焦点は釈迦ではなく、蜘蛛の糸にすがる犍陀多にあることがわかる。なぜか。まずこの小説の世界は偶然と自由に規定されているのであって、釈迦すらこの世界の法則の内部にいる以上、その力は気まぐれに発揮されるにすぎない。とすれば、犍陀多が糸によじ登れるかどうか、すなわち犍陀多の救済は偶然と自由の支配する世界を背景にすることで自身の主体的な倫理・意志・努力にもとづいている。偶然とはテクストの中の犍陀多にとっては得体の知れない運命ということになるのかもしれない。読者からみれば、その運命は明らかに叙述としての語りから生起するものだと認められるものなのだ。

このように、この小説は人間にとって他者である超越者（釈迦）の力にあるのではなく、あくまでも犍陀多という人間の自由意志にあるというように主題をしぼり込んでいく。こうして彼は糸にすがる。

> この分でのぼつて行けば、地獄からぬけ出すのも、存外わけもないかも知れません。犍陀多は両手を蜘蛛の糸にからみながら、ここへ来てから何年にも出した事のない声で、「しめた。しめた。」と笑ひました。所がふと気がつきますと、蜘蛛の糸の下の方には、数限りもない罪人たちが、自分ののぼつた後をつけて、まるで蟻の行列のやうに、やはり上へ上へと一心によぢのぼつて来るではございませんか。

犍陀多は思いがけず苦の地獄から脱出できるかもしれないと喜び、懸命によじ登って来たのだが、ふとうしろを振り返ってみると、無際限な数の追随者があとに従って来るではないか。

> そこで犍陀多は大きな声を出して、「こら、罪人ども。この蜘蛛の糸は己のものだぞ。お前たちは一体誰に尋いて、のぼつて来た。下りろ。下りろ。」と喚きました。

このような犍陀多の叫びは犍陀多からすれば至極当然のことといわなくてはならない。ここにこの小説の主題となるエゴイズムと救済を導き出すプロットのクライマックスがある。

糸は「まるで人目にかかるのを恐れるやうに（中略）するすると自分の上へ垂れて参」った訳だから自分の所有物だとみなせよう。それなのに、ほかの「罪人ども」のせいで「もし万一途中で断れたと致しましたら、折角ここへまでのぼつて来たこの肝腎な自分までも、元の地獄へ逆落しに落ちてしまはなければな」らないとしたらどうなるか、その恐怖は正当なものというべきであろう。細い糸に何百何千という人間が一列に一心にせっせと登ってくる光景は現実の苦から逃れよう、必死に生きようとする裸形の人間の姿を想わせる。地獄と極楽との間の一筋のか細い糸そのものがこの現実世界からの救済不可能な絶望を象徴しているともいえよう。

とすれば「蜘蛛の糸」の犍陀多の行為は決して特殊なものではない。むろん犍陀多はその生前に人を殺したり家に火をつけたり、いろいろ悪事を働いた大悪人であった。しかしそれでも、地獄から極楽へ抜け出そうと蜘蛛の糸をたぐり始める段になると、ごく普通の現代の絶望を生きる哀れな人間になって地獄のごとき苦の現実から抜け出ようと必死になって蜘蛛の糸をたぐる。

極楽につらなる糸は俺のものだとわめく時、犍陀多はエゴイズムにこり固った罪人となるばかりで、他者を受け入れる余裕などない。ただ犍陀多とても、下からよじ登ってくる罪人たちと同じ罪人であることに変わりはないのだが、糸にすがりつくことのできた彼には自らも罪人であるという認識が完全に欠落してしまった。自分が生きるか自他ともに滅ぶかの二者択一を迫られた場合、はたして後者を選ぶ人間が存在するであろうか。そこに宗教でいう利他心とか慈悲心とかの介在する余裕が考えられるであろうか。これは犍陀多にとってはむろんのこと、人間一般にとっての恐るべきエゴイズムの問いかけであるにちがいない。

しかし犍陀多のつかんだ糸は彼がわめいた瞬間にぷつりと音を立てて切れた。この小説によれば、自己の救い（救済）はあくまでも自己の意志と努力、そして偶然と自由の支配する世界に住む他者への思いやりというほんのわずかな倫理観によるのだ。それでも、人間である以上エゴイズムから自由になることはできない。これがこの作品が創出する主題である。犍陀多の行為は登場人物の行為として終わらず、より普遍化されて人間全体の問題となりえている。岸本重陳は「芥川龍之介の小説「蜘蛛の糸」ではないが、人は少しでも高い生活をしようと生活の段階を、生活の糸をのぼっていく努力を懸命に続けてきた。もしその糸が切れたら、あるいはその糸から手を離せば地獄に落ちてしまうから、必死の力で蜘蛛の糸をのぼり続けざるを得ない」[14]と述べている。童話の教訓であれば、犍陀多は下からよじ登って来る罪人に向かってエゴイズムをむき出しにすべきではなかったということになろう。ほかの罪だけ人ともども救われなければならなかった。しかしこの小説の細い蜘蛛の糸はそれを不可能なこととする。とすれば、自己か、それとも他者もかという選択はエゴイズムにとって究極のアポリアであり、問いはそのまま問いとして投げ出されたままであろう。犍陀多がいずれの選択をしても、堕獄することは決まっていた。

釈迦が糸を垂らすことによって作動し始めた装置のような感のあるこの第二段のプロットが唐突に糸を切ってその動きを停止する。そこに何らかのテクストの論理があるのであろう。端的にいえば、糸は誰が切ったのか、あるいはなぜ切れたのかという問題である。その観点でいえば、たとえば酒井英行は次のような要領を得た分析をしている。

> 犍陀多が「下りろ。下りろ。」と喚かなかったならば、蜘蛛の糸は切れなかったはずだから、後から後から無数の罪人が糸を上って極楽に行くであろう。御釈迦様が救いの手を差し伸べるつもりのなかった罪人までが地獄を脱出して、地獄はからっぽになってしまうのだ。犍陀多が「無慈悲な心」を起こさなかったならば、作品世界が矛盾し、狂いを来たすのである。作家が構想した作品世界の構造そのものが、犍陀多に「無慈悲な心」を起こさせる必然性を孕みもっていたのである。その意味において、作品世界の構造が、彼に「下りろ。下りろ。」と喚かせたのだと言えよう[15]。

この分析は他の芥川の童話にも見られる〈ダブル・バインド〉をも

照射し、作品の構造に目を届かせている点においてすぐれているといえよう。しかしその解釈はおそらく童話の教訓を越えているのであろう。とすれば、この小説のプロットには多義的解釈が許されているということだ。〈言葉〉の想像力という文学の魅力がある。童話を越えた主題批評とは、他人を押し退けないでは生きられない社会、そしてその社会を生きなければならない悲しい人間の性に求められる。それは意識するしないにかかわらず、人間誰しもが持つもので、生まれながら負うているエゴイズムの罪ともいえるものだ。

さらに犍陀多のみが「独楽のやうにくるくるまはりながら」落下し、「血の池の底へ石のやうに沈んで」しまう。それは一つの読み方として、数限りない罪人たちが犍陀多のエゴイズムが試されるための幻影であったと解釈することが可能であるかもしれない。しかし犍陀多は人間はエゴイズムから決して自由にはなれない、ということの表象なのであって[(16)]、他の罪人たちも犍陀多ならざる者はなく、犍陀多は人間そのものを代表するものとして描かれている。

完結的構造は一場の舞台のシーンに似る。犍陀多が自己の役回りに気づくことなく終始立ち回ったと読んでもよかろう。舞台の立役者である御釈迦様は沈黙を守り登場しない。舞台に底流するのは因果応報の理ではむろんない。児童文学の主筋である道徳や倫理でもない。「二」はエゴイズムの究極の問いが解決不能である以上、それら意味的なもの一切を剥奪された人間の実存を露呈する場となっていよう。蜘蛛の糸は切り取られた人間の実存をほんのわずか釣り上げただけなのだ。関口安義が「本作には実存の問題が託されているとも見られるのである」[(17)]と述べたのは、きわめて妥当である。「蜘蛛の糸」という作品はメルヘンチックな虚構の中に人間の実存が剔抉された作品であると言えよう。

絶望的なまでに閉塞した犍陀多の実存を見せつけられるに至り、〈地獄〉はついに我々のものとなるのだ。「後には唯極楽の蜘蛛の糸が、きらきらと細く光りながら、月も星もない空の中途に、短く垂れてゐるばかりでございます」。この極楽から垂れている蜘蛛の糸を見つめるのは、一人犍陀多ばかりではない。人間誰もが見つめるものだ。それだけに一筋の糸の印象は鮮烈なものとしてとどまるのである。

物語はやがて釈迦がその池のふちにたたずんで水の面を蔽っている蓮の葉の間からふと下の様子を御覧になったという、始発と同じ光景を再現することで円環構造をなす。これも〈外部〉を遮断する完結的構造の特徴といえる

> 御釈迦様は極楽の蓮池のふちに立つて、この一部始終をぢつと見ていらつしやいましたが、やがて犍陀多が血の池の底へ石のやうに沈んでしまひますと、悲しさうな御顔をなさりながら、又ぶらぶら御歩きになり始めました。自分ばかり地獄からぬけ出そうとする、犍陀多の無慈悲な心が、さうしてその心相当な罰をうけて、元の地獄へ落ちてしまつたのが、御釈迦様の御眼から見ると、浅間しく思召されたのでございませう。

この場面の象徴性は人間のエゴイズムのアポリアに対するというよりは、現代の世界においては絶対者の救済を信じられなくなった人間の主体性なるものの暗い宿命に対する重大な疑惑を示すものかもしれない。菅忠道が「芥川龍之介の「蜘蛛の糸」にしても、人間の利己心を、おろかなむなしいものとして描いているが、人間の本質とはこのようなものだと、あきらめてしまっている」[18]と批評するのは人間の利己心がまさに自我の表出として認めなくてはならないという前提がある。絶望状況にある現代世界の人間の実存を生きていた当時の人々すべてにとって反省と思索とを要請している問題だった。「悲しさうな御顔」の理由も犍陀多個人への同情や悲嘆ではなく、人間の実存そのものへの諦観として全体へと拡散する。

犍陀多の落下を確認した釈迦は「悲しさうな御顔をなさ」ったまま「又ぶらぶら御歩きになり始め」る。釈迦は何が悲しかったのだろうか。語り手は次のように説明する。

> しかし極楽の蓮池の蓮は、少しもそんな事には鈍着致しません。その

> 玉のやうな白い花は、御釈迦様の御足のまはりに、ゆらゆらと蕚を動かして、そのまん中にある金色の蕊からは、何とも云へない好い匂が、絶間なくあたりへ溢れて居ります。極楽ももう午に近くなつたのでございませう。

「無慈悲」なのはむしろ蓮池の蓮のほうであった。一人の人間が超越者の救抜の機会を手にしながらその幸運をついに生かせず、地獄に二度までも堕ちたのである。覚醒しえないこと、つまり道徳的に死ぬこと、それはひとり犍陀多だけの問題ではない。人間はさまざまな局面で下意識において覚醒を遠のけ、道徳的な死をくりかえす。変わらぬものはただ「朝」が「午に近く」なったということ、また「蓮池の蓮」は花をつけているということだけである。無力な釈迦にとってこの平和はむしろ耐えがたいものであったろう（少なくとも語り手はそう信じている)。「犍陀多が血の池の底へ石のやうに沈んでしま」った以上、外界との接触の機会は二度と釈迦に与えられないだろう。現代の世界に絶対の超越者でなくなった釈迦は「悲しさうな」顔をして耐えるしかなかった。このささやかな事件の後も釈迦には何も変わらない残酷で無慈悲な時間が与えられているだけである。

第四節　むすびに

この作品には単純ながら、一つの独自な宇宙観（コスモロジー）が背景となっていて、その世界観に支えられてプロットあるいは主題が創出されている。その点からすると、この作品はまったく完結的構造をもった物語であって、芥川の文学テクストの多くはまさにこのような自己完結した物語だった。したがってこのような〈物語の方法〉あるいは〈語り〉の機能、さらに本質的な意味でいえば、〈言葉〉の想像力という観点からこの物語を考察してみたいというのが本章の目的であった。

考察は完結的構造から作品の主題に至り、本章はそれをエゴイズムと人間の救済というアポリアに求めることができた。それは換言すれば、人間の実存の限界状況の表象といえる。どんな悪人にも一片の慈悲心はある。それが救済の契機となりうる。しかしそれを妨げるのは人間の利己心であるという趣旨は明確である。童話の読者に対してはここまででよい。しかし釈迦が救済しがたい人間のエゴイズムを浅ましく思って悲しげな顔をした。そこから芥川作品における人間の救済とは何かが問われてくる。救済の糸を切られた犍陀多にとっては果てしない人生の営みと苦しみはつづくだろうというところに作品の真の主題があるのではないか。いずれにせよ、作品のその光と闇の双方を無意識の裡にも獲得できるような、真に優れた文学性を持つと呼ばれるべき童話をこの作品で精一杯苦しんで創作し得たこと、そこに、「蜘蛛の糸」が芥川固有のモチーフを越えて、童話とか小説とかの枠組に収まらない普遍性を生じさせているように思われる。

児童文学としての自己規定を重視するとき、この小説に登場するお釈迦さま・極楽・地獄といったさまざまなモチーフを厳かな仏教的宇宙観および教理から解き放ったことで、児童の身近かに近づけたことはこの小説（童話）が炉辺での爺・婆々の語りの形式を意識したからだろう。作品をつらぬく実存的な感触が童話を裏切り、作者芥川は作品を独自の〈御伽噺〉へと昇華させた。現実のリアリズムでは描き切れない人間の実存への問いかけが文学としての童話（再話）だからこそ表現し得たのである。

注

（1）吉田精一「芥川龍之介の生涯と芸術」『芥川龍之介』新潮文庫、昭和三三年一月

（2）片野達郎「芥川龍之介『蜘蛛の糸』出典考―新資料『因果の小車』の紹介―」『東北大学教養部紀要』昭和四三年一月

（3）鈴木貞太郎訳『因果の小車』長谷川商店、明治三一年九月

（4）関口安義「『蜘蛛の糸』解説」『芥川龍之介全作品事典』勉誠出版、平成十二年六月

（5）楠山正雄「日本童話名作選集―蜘蛛の糸・りんごのお化」あとがき、新潮

社、昭和十七年、二二八頁

(6) 安田保雄「『蜘蛛の糸』の原典とその著者について」『比較文学』第十三巻、昭和四五年十月

(7) 平岡敏夫『芥川龍之介』大修館書店、昭和五七年十一月

(8) 源信の著。三巻または六巻。九八五年成る。経論中から往生の要文を抜粋し、念仏を勧説したもの。(広辞苑第二版、岩波書店、昭和四四年五月 所収)

(9) 浄土三部経の一。四〇二年鳩摩羅一の訳。一巻。西方極楽浄土の様子を説き、念仏唱名をすすめているもの。広辞苑第二版、岩波書店、昭和四四年五月所収

(10) 吉原浩人「仏教的世界観との懸隔と地獄の形象」『国文学解釈と教材の研究』第四一巻五号、学灯社、平成八年四月、八九頁

(11) 千丈実巌の撰文による『血盆経縁起』一巻、桂香院の寄進による『血盆経』二巻。

(12) 吉岡義豊「中国民間の地獄十王信仰について—玉歴至宝鈔を中心として—」『吉岡義豊著作集』第一巻、五月書房、平成元年六月

(13) 片岡良一「『蜘蛛の糸』の観点一つ」『国語解釈』、昭和十二年十月

(14) 岸本重陳『中流の幻想』講談社、昭和六〇年、一一八頁

(15) 酒井英行「芥川龍之介の童話（続）」『藤女子大学国文学雑誌』四六、平成三年三月

(16) 笠井秋生『芥川龍之介　人と作品』清水書院、昭和四一年五月

(17) 関口安義「芥川龍之介の「蜘蛛の糸」」『児童文学世界』、平成三年六月

(18) 菅忠道『日本の児童文学』大月書店、昭和三一年四月

第八章　コスモロジーの構造、物語の享受
—「杜子春」をめぐって

第一節　はじめに

「杜子春」は大正九年七月『赤い鳥』第五巻第一号に発表された。後に短編集『夜来の花』（改造社、大正十一年八月）には童話として「魔術」「蜘蛛の糸」とともに収録された。材源について芥川は「拙作「杜子春」は唐の伝奇小説『杜子春伝』の主人公を用ひをり候へども、話は三分の二以上創作に有之候」(1) と言及している。

ちなみに、『杜子春伝』は唐の李復言（七七五年～八三三年）の書いた神仙小説で、明清の叢書などの中には時に唐の鄭還古撰という説もある。芥川の説明にもかかわらず、物語のかなりの部分を原典『杜子春伝』にたよっているが、それに題材を求め、それを巧みに再話したものだ。『杜子春伝』のほかに、たとえば川島絹江（『大学古典叢書四』勉誠出版）が「大唐西域記」を新たに付け加えている。さらにいえば、従来から地獄の様相については芥川旧蔵の『絵本西遊記』にたよっていると思われる。「子供の時の愛読書は『西遊記』が第一である」(2) といっていた芥川にとっては『西遊記』からの影響が大きいにちがいない。また父母が畜生道に落ちて痩馬になっているところは『今昔物語集』巻十九第三話「内記慶滋母胤出家物語」が典拠として指摘されている (3)。

童話というジャンル形式ゆえか、「杜子春」は「蜘蛛の糸」とともに最もよく読まれている作品である。一般に芥川童話は、他の小説に見られる意識的に細工を施された息詰まる緊張感に代って、自然な寛ぎと潤いがあり、ともすれば芥川の力作と呼ばれる小説でも失われがちな典雅さとナイーヴさに充ちているといわれている。

先行研究は、古くは正宗白鳥が「芥川氏の文章を評す」で、「「蜘蛛

の糸」などの童話の世界は、ストーブで温められた温室的書斎での仮寝の夢に過ぎない」としたうえで、「杜子春」についても「有り振れた人情に雷同して作為された物語」(4) と断じているのが現在でも知られているが、本格的研究では直観的評論ではなく、原典との比較、童話の作品群との内的関連、修辞の問題などを中心に綿密に展開されてきた。たとえば三好行雄は「杜子春が最後に手に入れた幸福は老いた素戔嗚の安住した炉辺の幸福に通じる」(5) と論じた。仙人に脱化するために、自身を非人間的試練に追い込んだ杜子春の人間性回復の過程には芥川一流の肉親愛が持ち込まれており、その愛は肯定されているが、ただ本章からすると、人間性の全的肯定だとは言い難い。尾崎瑞恵がこの作品に言及したうえで「作家としての芥川も、児童物に対してだけは本来の芥川になれた」(6) という「本音」説を主張しているが、それに対して宮城達郎は「作者の精神に纏綿するあらゆる複雑な陰翳は拭い去られ」「子供に与えて差支えない健全な部分だけが示されている」(7) という「作為」説を強調する方向もあって、決着を見ていない。

本音説の作為説、このような主題批評はいずれにしろ芥川が意識した表現を分析するという立場だが、その一方で、本音説は研究は芥川が無意識に表現したものを掘り起こす方向にも向かっている。芥川における母不在の問題については早くから三好行雄（「宿命のかたちー芥川龍之介における〈母〉」、昭和四九年十月）が注目しているが、それを受けて平岡敏夫は、杜子春を呼ぶ声が芥川の「母を呼ぶ真実の声」、そして「聖母マリアを呼ぶ「西方の人」の声につながっていく」(8) と論じた。その認識は本書の「偸盗」論でも示唆しておいたことだが、芥川の〈母〉が次第に〈無限抱擁〉の母性の慈愛へと向かっていたという平岡説は現在でも注目されてよい。

このストーリーの表層において誰もが容易に読み取ることのできる、酷薄な世間の人々と対照される親の愛の真実、平凡な生活の中の本当の幸福といった倫理的、道徳的モチーフをどのように評価するかがこれまでの「杜子春」研究の主軸となってきたといってもよかろう。

本章にとっての前提は杜子春の人間観、世界観を変えていくダイナミズムを読者も共有するならば、結末に向けて読者にも生への一つの可能性を示唆する〈物語性〉を発揮することになるというところにある。この〈物語性〉を芥川の〈物語の方法〉と呼ぶことにすれば、その〈方法〉を通して杜子春・仙人に集約される人間愛あるいは物語の享受について読み解くことから始めねばなるまい。そのような〈読み〉が利害や打算を超えた母子関係という作品の核心に結晶されてくるのだが、それを支える作品の意匠としての人物と場面の設定、殊に典拠と異なる結末の設定は「杜子春」という作品に〈物語性〉を付与する必要条件と言えるのではないか。ここでは「杜子春」の〈物語性〉を中心に作品を検討してみたい。

第二節　コスモロジー（異界）の構造

「杜子春」はすでに言及したように、原典である唐代伝奇の『杜子春伝』をプレ・テクストとして、そのプロット構成を骨子とする。その意味で「御伽噺」的ではあるのだが、いわば典拠を脱構築するかたちで書かれているところに芥川の中国古典物の特徴がある。

その全体を通観して看取できる第一の特徴は、〈三〉という数をめぐる展開である。テクスト全体は三部構成を基本に、各章内部はさらに細分化されて〈三〉という数をめぐる言説によって構築されている。いま梗概を記すに当って〈三〉の二倍の六節に分けて述べてみよう。

「一」春の夕暮れ、落胆した杜子春が洛陽の西門の下で、一人の老人に出会う。

「二」老人から金を恵まれた杜子春はすぐに使い果たし、再び洛陽の西門の下に来て老人から金を恵まれる。

「三」再び零落した杜子春は人情のはかなさを知り、仙人になろうと決心する。

「四」仙人になるために老人（その名を鉄冠子という）に連れられて峨眉山に入り、母の幻を見せられ、またその声を聞かされるが、老人の言葉に従って声を出さずにいる中に気絶してしまう。

「五」地獄に堕ちた杜子春の魂は母が苦しめられるのを見かねて声を発してしまう。

「六」杜子春は仙人になることも、大金持になることもあきらめて、人間らしい正直な暮しをしようと考え直し、鉄冠子から泰山の南麓に一軒の家をもらう。

このうち「四」と「五」は杜子春の受けた難行苦行の数々が語られ、この作品のクライマックスを構成している。「四」は峨眉山における修行である。「たとひどんなことが起らうとも、決して声を出すのではないぞ。もし一言でも口を利いたら、お前は到底仙人にはなれないものだと覚悟しろ」という老人の戒めを胸に、虎と蛇の来襲を退け、雷雨にもめげず、神将の戟先にも屈しなかった。「五」は地獄における難行で、閻魔大王に威され地獄でのさまざまな責め苦を味わわされる。それらにも平然として口を割らなかったが、最後になって畜生道に堕ちた父親が眼前で責めさいなまれ、母の顔をしたその馬が「心配をおしでない。私たちはどうなつても、お前さへ仕合せになれるのなら」と言うに及んで、耐えきれずに「お母さん」と叫んでしまう。

この童話が何を語ろうとしているのかを追究するまえに、芥川童話の特徴ともいえるコスモロジーの問題に言及しておこう。第七章の「蜘蛛の糸」論でも試みたように、作者芥川はその童話の世界を現実世界のリアリティと断絶させるために、まったく自己完結した異界を形成する。完結的構造と呼ぶ芥川の〈物語の方法〉である。それが「蜘蛛の糸」では極楽と地獄が上下に接続するファンタスティックな異界構造だった。それを物語の世界として芥川は現実のリアリティに捉われざるをえない〈知〉を思いのままに解放したとみてもよかろう。作者芥川にとって童話は、〈知〉を解放することによる〈知〉の遊びそのものだった。

したがってこの「杜子春」にとっても異界というコスモロジー形成が真先に優先されたのではなかろうか。この作品でのコスモロジーは仙界と地獄（六道世界）にあるが、ストーリーから説明すると、杜子春は仙人によって仙界に導かれていく。仙人になるために杜子春が連れていかれたその試練の場が峨眉山。その次が峨眉山で試された試練に彼が耐え、口をきかなかったために神将に三叉の戟で突き殺されて落ちて行った先が地獄である。「杜子春の魂は、静に体から抜け出して、地獄の底へ下りて行きました」。魂は天上に上昇するのではなく地獄に下降し、そこにおいてもまず手始めに肉体的な呵責を受ける。そこでの厳しい苦行がいわゆる冥界訪問の話型と結びついて、いつのまにか地獄での苦行へと移行し、そこで畜生道へ堕ちていた父母を幻視するというものである。

実はこのように説明してくると、そこに、一、主人公が聖なる異人によって異界へと導かれる。二、異界において厳しい苦行につとめる。三、(仮死状態に陥る)。四、冥界における苦行で試練を受ける。五、地獄（畜生道）に堕ちた父母を幻視する、という要素から成り立っていることがわかる。このうち四と五については、それらが古典の説話に見える冥界訪問譚の話型に従っているといっておいた。この要素に照応する説話として著名なのが「道賢冥途記」(「北野社誌」)を原型とする日蔵六道廻り譚で、その絵巻は「天神縁起絵巻」(『日本絵巻物集成』角川文庫、昭和五三年）にその絵画と詞章が収められている。

それによると、道賢は吉野金峯山に登山し、笙（しょう）の窟（いわや）で厳しい苦行に入る。何日にも渡る苦行に心身は衰弱の極限に達し、そのまま意識を失ってしまう。これが「杜子春」の二→三の苦行から四（仮死状態）へと照応する。すると、そこへ不動明王が現れ、道賢の口に甘露を含ませ蘇生させようとする。やがて息を吹き返した道賢を不動明王がともなって六道巡りへと連れて行く。これが一→五の要素と照応するとみてよかろう。ただし五では父母を幻視するのではなく、地獄に堕ちて火刑の苦を受けている醍醐天皇を幻視するという内容である。

「道賢冥途記」がいかなる目的をもっているかはここでの問題ではないので省略しよう。問題は芥川の「杜子春」が唐代伝奇に材源を求めながら「三分の二以上創作」といっているそのストーリー内容が説話文学における異界訪問譚の話型を、おそらく芥川にとっては無意識的ながら、物語伝統の約束に従って自己の物語（童話）の枠組としているということである。そこには物語（童話）の世界を現実から完全に切り離そうとする意識、それに宗教的世界への心情的共感を背景にして、やはり「蜘蛛の糸」と同じように、現実に抑圧される〈知〉を解放しようとしたという芥川に共通する心性を見ることができる。

第三節　〈知〉の解放―母の愛

この童話（物語）で芥川は自己の抑制された〈知〉の何を解放しようとしているのかをさぐってみよう。その点でまず注目されるのが杜子春が地獄で鞭打たれる父母の姿に接する場面で、次のように述懐するところがある。

> 母親はこんな苦しみの中にも、息子の心を思ひやつて、鬼どもの鞭に打たれたことを、怨む気色さへも見せないのです。大金持になれば御世辞を言ひ、貧乏人になれば口も利かない世間の人たちに比べると、何といふ有難い志でせう。

これは地獄で責め抜かれる母親の杜子春への無償の愛であり、その母の愛ゆえに発してしまった杜子春の「お母さん」という一声である。これは芥川の文学作品に通底する重要な思想と主題にかかわると思われる。芥川の母親不在のコンプレックスが彼の創作に深い影響を与えていることは第四章「偸盗」論でも考察しておいた。しかしこの童話でのそれはきわめて凝縮された、しかも教訓的な表現で捉えられている。このプロットについては勝倉寿一が「年少者に与える感銘の核」は「母の声への杜子春の感応、すべての利害・打算を振り捨てた無償の愛への魂の交感にあった」[(9)] と述べている。また平岡敏夫も同様の箇所を中心に、概念化された言葉では汲みつくせない表情などに湛えている深く切実なものに着目しつつ「芥川の表現の力」を強調し、そこに芥川の秘められた「母を呼ぶ真実の声」[(10)] を見いだしている。その主題批評の根底に母親不在のコンプレックスを想定することは共通している。

原作は子への愛という欲情（愛欲）を否定する道教的な禁欲の戒めに創作意図を置いている。原作においては意味不明な「噫噫」に対して、芥川童話の杜子春は畜生道に落ち、馬の形にされて鞭の苦しみを受けながら、なおわが子の幸福だけを思っている母を見るに耐えられず、「お母さん」と一声叫ぶ。芥川は杜子春が「お母さん」と叫ばざるをえなかったところに母子の愛の美しさと尊さを強調したとみてよかろう。母が子へ向かう愛の原作をうちかえして、芥川がわざわざ子が自己犠牲の母へ向かう愛を設定するのは発狂の実母に対する深い渇望が潜在しているためと思われる。周知の如く、芥川は狂人の母を持ち、生後まもなく母方の親類である芥川家に養子として迎えられ、その姓を継いだ人である。幼年時の彼は養父母に馴染まず、むしろ同居していた伯母ふきの手によって育てられたようだ。こうした点についてはすでに村松定孝に若干の言及がある [(11)] が、杜子春の母親像の中には、狂気ゆえに失った母のイメージが托されているのではないかと、本章は考えるものである。

では、なぜ杜子春は仙人になろうと志したのであろうか。そのあたりの事情を確認しておきたい。杜子春は二度ならず三度までも財産を使い果たし、行きくれて洛陽の西の門の下に立ったのだが、仙人鉄冠子からまたしても黄金を提供されようとした時、その申し出を遮って次のように語っている。

> 「いや、お金はもう入らないのです。」
> 「金はもう入らない？ははあ、では贅沢をするにはとうとう飽きてしまつたと見えるな。」
> 　老人は審しさうな眼つきをしながら、ぢつと杜子春の顔を見つめました。

「何、贅沢に飽きたのぢやありません。人間といふものに愛想がつきたのです。」
　杜子春は不平さうな顔をしながら、突慳貪にかう言ひました。
「それは面白いな。どうして又人間に愛想が尽きたのだ？」
「人間は皆薄情です。私が大金持になつた時には、世辞も追従もしますけれど、一旦貧乏になつて御覧なさい。柔しい顔さへもして見せはしません。そんなことを考へると、たとひもう一度大金持になつた所が、何にもならないやうな気がするのです。」

仙界には富が集中していることがうかがえよう。富のもたらす物欲が人間の心を大きく変えるという。資本主義が成熟してきた芥川の時代が背景にあろうか。いやそうではあるまい。あくまでも童話である以上、人間の普遍的な欲望表現なのであろう。杜子春は極端に贅を尽くして没落を繰り返したからこそ、人間の欲望に支えられた金銭による人間関係の脆弱さや空虚さをはじめて実感したのである。

そしてその結論として、杜子春は鉄冠子に弟子入りして仙人になろうと志すのである。しかし杜子春は仙人になろうと思う反面、まだこの段階では本当には現世の欲望を思い切ってはいない。その言葉の少し前ではこういっていた。

「何、贅沢に飽きたのぢやありません。人間といふものに愛想がつきたのです。」
　杜子春は不平さうな顔をしながら、突慳貪にかう言ひました。
「それは面白いな。どうして又人間に愛想が尽きたのだ？」
「人間は皆薄情です。私が大金持になつた時には、世辞も追従もしますけれど、一旦貧乏になつて御覧なさい。柔しい顔さへもして見せはしません。そんなことを考へると、たとひもう一度大金持になつた所が、何にもならないやうな気がするのです。」

杜子春の二度にわたる遊蕩は、もちろんそれ自体道徳的に批判されるべきものであろうが、なかなか育った環境に培われた価値観や思考様式を自ら転換させることは難しい。贅を尽して貧乏になった杜子春に対して「さうすると人間は薄情なもので、昨日までは毎日来た友だちも、今日は門の前を通つてさへ、挨拶一つして行きません」と、語り手は杜子春の心境を代弁するように語る。元金持ちの息子として育った杜子春の価値観が転換しないかぎり、彼にとって金銭を軸にしてしか人間関係を計ることはできないのである。

ここで杜子春がいう「人間といふもの」のなかにはおそらく彼自身は含まれていない。「といふもの」という突き離した言い方には自身が見つめる「人間」とは距離を置いているところに杜子春はいるからである。したがって彼の認識は杜子春から他者に向けられているのだが、その論理の拠点である自分に対しては何ら疑義を差しはさんではいない。たとえば、もしその論理の拠点を他者に置いてみれば、「人間といふもの」のなかに〈他者の他者〉である自分も含まれるはずなのに、杜子春はそのことを認識していない。杜子春には真の意味の他者が認識されていないということであろう。いうなれば、杜子春の論理は一方向的なものであり、双方向的に、言い換えれば相互媒介的に真に達観されたものではない。そのような意味では、自分だけには愛想がつきずに贅沢に飽きないことは充分にできるのである。だから、真の他者を認識しない杜子春からする仙人との会話あるいは応答には本当の対話が成立することはない。

ところが次のような杜子春と仙人鉄冠子のやりとりがある。

> 「なれません。なれませんが、しかし私はなれなかつたことも、反つて嬉しい気がするのです。」
> 　杜子春はまだ眼に涙を浮べた侭、思はず老人の手を握りました。
> 「いくら仙人になれた所が、私はあの地獄の森羅殿の前に、鞭を受けてゐる父母を見ては、黙つてゐる訳には行きません。」

杜子春はあれほどなりたかった仙人になれなかったことを喜ぶ。それは仙人になって人間世界と位相の異なるところで生きたいと思う自らの願いと、母に声を掛けたいと思う自らの欲望との葛藤において母との交感を選んだことからわかるように、まったくの他者との関係から決めた生を生きることよりも、肉親との交感を保持しながら生きることを選ぼうとした。もし杜子春が仙人の戒めを破ることなく苦行を成功させていたなら、不老長寿とあらゆる富、それに人間の本能としての快楽を尽すことのできる仙界へと入る資格（乗仙）を手にしたことであろう。しかし杜子春はその非人間化への欲望をすべて捨てて母の愛に応える。言い換えれば、非人間化の道を歩もうとしていた杜子春の人間性回復への、いわば回心のきっかけを与えたのが母の愛だったのである。とすれば、ここでの母の愛は宗教的回心にも匹敵する。

この杜子春の生き方、考え方が童話としての機能に戻せば、子供への教訓ということになろう。体験と反省、労働、労働の拒否と厭世観、一人よがりの考え方と他人を思いやる心、これらの人間にとっての条件において杜子春は反面教師だったのである。より良い人間とは、それがこの童話の教訓だった。そしてそれを素朴な表現に託した芥川龍之介その人の人間の条件だったということもできよう。

それゆえにこの童話にとって欠かすわけにはいかない、意外などんでん返しがある。最後の「六」において、慈母の痛ましい境遇に思わず声を発し仙人になりそこなった杜子春に対し、鉄冠子は次のように語って聞かせる場面がある。

> 「もしお前が黙つてゐたら―」と鉄冠子は急に厳な顔になつて、ぢつと杜子春を見つめました。
> 「もしお前が黙つてゐたら、おれは即座にお前の命を絶つてしまはうと思つてゐたのだ。―

しかし、すでに修行に入っていた杜子春は仙人の命令に従って沈黙を続けてきたわけである。最初の鉄冠子の命令とは次のようなものであった。

> 「おれはこれから天上へ行つて、西王母に御眼にかかつて来るから、

お前はその間ここに坐つて、おれの帰るのを待つてゐるが好い。多分おれがゐなくなると、いろいろな魔性が現れて、お前をたぶらかさうとするだらうが、たとひどんなことが起らうとも、決して声を出すのではないぞ。もし一言でも口を利いたら、お前は到底仙人にはなれないものだと覚悟をしろ。好いか。天地が裂けても、黙つてゐるのだぞ。」と言ひました。

このように、「たとひどんなことが起らうとも、決して声を出すのではないぞ。」という命令と、前掲の「もしお前が黙つてゐたら、おれは即座にお前の命を絶つてしまはうと思つてゐたのだ。」という言葉とは、同じ仙人の言葉としては当然矛盾をきたすはずである。杜子春にしてみれば、黙っていなければ仙人の術は得られず、黙っていれば殺されるということになり、これは言ってみれば、最初からアポリアに陥されていたというべきかもしれない。

後者の仙人の言葉には二つの命令が含まれている。それは「おれの帰るのを待つてゐる」こと、それに「決して声を出すのではないぞ。」である。この二種類の命令を守ることが杜子春が仙人になるための前提であった。ただし、ここでもう一つ厳密に見ておかねばならないのは、仙人のほうはこの二つの命令を守り抜けばそれでただちに仙人になれるとはいっていないということである。仙人はあくまで「一言でも口を利いたら、お前は到底仙人にはなれないものだと覚悟をしろ」といっているのであり、その「到底」には裏を返せばそれくらいのことができなければ、仙人の修行の入口にすら入ることができないのだということが含意されていそうである。どうやら、一言でも口を利かずにいたら、そのまま仙人になれると思ったのは、杜子春の勝手な思い込みであったという気味が濃いようである。

ところが、杜子春がそのまま声を出さなかったら、仙人は即座に彼の命を絶とうとした。それは直接的には杜子春がもし父母の苦しみを黙過したらその報いとしてということであった。杜子春へのアポリアはどうして用意されねばならなかったのだろうか。仙人になりたい杜子春なのに、どうして課された戒めを破らなければ殺すと、最後になって仙人はおごそかに言ったのだろうか。

杜子春が仙人の戒めも忘れて、「「お母さん。」と一声叫びました」のが倫理的に見て正しい行為であったとすれば、仙人は杜子春の心を賞め、それゆえにこそ仙人の術を教えてやるのが本当だと考えるのが当然であろう。しかしこの童話の筋立はそうはならず、意想外の結末を用意して読者を驚かせる。そこには看過しえない二つの問題がひそんでいるのだが、そんなことよりも、読者はその結末に感動する。したがって本章が二つの問題にこだわるならば、あるいは童話の感動を無視することになるかもしれない。それでもあえて二つの問題を考えることにしよう。その一つは、これまで見てきた仙人の矛盾する言葉であり、それによって杜子春が陥ったアポリアであるが、いま一つの問題は心根の優しい母親がどうして地獄の畜生道に堕ちたりしなければならないのかということである。これらは実は連動している。説明の便宜のために後者から見ていこう。

問題は畜生道である。たしかに畜生道は餓鬼道・地獄とともに三悪道と呼ばれて地獄に一括されるのが通仏教的理解だが、たとえば江戸時代には『血盆経』という教典が通行し、そこでは女人は「血の池」地獄に堕ちるとされて怖れられている[12]。ただしそこは六道の最下層の地獄であって畜生道ではない。また中世説話の冥界訪問譚でも醍醐天皇は堕獄して火刑の苦を受けているとされている。

これをどう理解すべきなのかはよくわからないのだが、そこには複数の理由が想定されるのかもしれない。まずたとえば、この小説がもともと童話として執筆されたものであるから、あまりにむごい地獄描写は避けたということが考えられる。それにまた死後の異界を仏教的転生という考え方で理解させるほうが子供にはよくわかるのではと考えて、現世の人間の姿のままで地獄の苦を受けるというのでは異界のイメージはよく伝わらないとすれば、人間の姿が別の動物に生まれ変わるとしたほうがヴィジュアル的に異界のイメージが伝えられると判断したのかもしれない。

しかし芥川が中世的な物語世界へのあこがれが強かったことをふまえるとき、中世的仏教における亡者観をたどっておくことも無益ではなかろう。たとえば父親が畜生道に堕ちるという場合、それは生前の現世において動物を虐待するか、屠殺するかした報いとされる。芥川小説では背後に点景としてしか描かれていない父親だが、おそらく杜子春の父親は農民として牛馬を農耕に利用していたか、牛馬あるいは豚や鶏の肉を食べたことの報いということが想定される。それに対して母親はそういう報いとしてというよりも、中世仏教の女人観によるというべきだろう。『法華経』提婆達多品に龍女成仏という説相がある。この説相を経証として龍女から貪瞋痴の「三毒極成体」という女人観を導き出している（『渓嵐拾葉集』天台宗法華経）。この女人観では龍女は畜生とされるところから、女人は死後畜生道に堕ちると観念された（大原御幸『平家物語』）。芥川の「杜子春」からそこまで読むことなどとうていできない。しかし芥川が中世の文学を愛していたことは彼の創作からうかがえるとすれば、そこから中世的女人観が畜生道と結びついていることは教養としてあったということも否定できまい。

では、なぜ女人と畜生が結びつくのか。そこに女人観の貪欲を代入するとわかりやすい。貪欲とは近代語でいえば、まさにエゴイズムである。杜子春に語りかけた母の言葉を見てみよう。

> 「心配をおしでない。私たちはどうなつても、お前さへ仕合せになれるのなら、それより結構なことはないのだからね。大王が何と仰つても、言ひたくないことは黙つて御出で。」
> それは確に懐しい、母親の声に違ひありません。

これは子供に対する自己犠牲の母性愛といってよかろう。この母性愛が第三者に対して強烈なエゴイズムを隠し持っていることを忘れてはならない。「お前さへ仕合せになれるのなら」、他人はどうなってもかまわないというエゴイズムがひそんでいるのである。母親は「お前さへ仕合せになれるのなら」と語っているのに、なぜか、父親の方には言葉がないという事実に注目すれば、そこに母不在のコンプレックスを終生もちつづけた芥川が母の愛を極限まで昇華させようとしていたこともみてとれよう。

このような芥川のインフェリオリティ・コンプレックスを背景とするとき、問題の前者、すなわち意想外の結末が秘める謎も解明されよう。子供としての愛、また母から反射された愛であるため、仙人にならなくても正直な暮しをしたいと言っており、これは人間らしい生活の中に誕生した愛だったと考えられる。だからこそ、読者は感動するのだ。それも理よりも情に価値をおく日本の読者にとってはそうなのである。逃れることのできない人間愛を追求して人間の愛情の美しさに安定感を得ている。

このようにみてくると、この芥川の童話がまさに愛のこもる、心やさしい物語だということがあらためて確認されよう。それも決して理に裏打ちされた愛ではなく、いかにも情としての、〈無限抱擁〉としての愛の物語だということでもある。それはなにも母に限るわけではない。次のような仙人の言葉も考えてみよう。

> 「おお、幸、今思ひ出したが、おれは泰山の南の麓に一軒の家を持つてゐる。その家を畑ごとお前にやるから、早速行つて住まふが好い。今頃は丁度家のまはりに、桃の花が一面に咲いてゐるだらう。」と、さも愉快さうにつけ加へました。

これは、ある意味において限りなく甘くやさしすぎる言葉だと思われる。洛陽の西の門の下に三度立った杜子春に対し、仙人は「ではこれからは貧乏をしても、安らかに暮らして行くつもりか。」と尋ねる場面があった。その言葉に比べれば、このように、桃の花咲く畑付きの家をただでくれてやるというようなことは、果たして貧乏でも全くの独力による人間らしい正直な生き方をさせることになるのかどうか、疑問であろう。

第四節　仙人像の造形—物語の享受

その疑問に答えるまえに、芥川の〈物語の方法〉を知る上で絶好の資料となるのがこの仙人鉄冠子の造形に認められる。それは人間の俗世界を脱した仙界の住人、すなわち仙人というもののあり方こそそれ自体が芥川の考えを託す格好の素材としてより積極的に選びとられたものであるといえるからである。

「杜子春」における仙人鉄冠子について芥川は河西信三宛書簡に「鉄冠子と申すのは三国時代の左慈と申す仙人の道号に有之候。三国時代には候へども、何しろ長生不死の仙人故、唐代に出没する差支へなかるべく候」(13) と記している。さらに仙人鉄冠子の容貌といえば、芥川の中国旅行後書かれた『上海遊記』の一節を想起できる。「支那の小説を読んでみると、如何なる道楽か神仙が、乞食に化けてゐる話が多い。あれは支那の乞食から、自然に発達したロマンティシズムである。日本の乞食では支那のやうに、超自然な不潔さを具へてゐないから、ああ云ふ話は生まれて来ない」(14) という話がそれである。仙人鉄冠子であろうとも、芥川の想像の仙人像はおそらくほとんど支那小説から学んだものだと考えられる。

そこで、しばらくこの鉄冠子という仙人のキャラクターを見ておこう。仙人の行動はかなり神秘的である。いつも「どこからやつて来たか」わからないし、また知らないうちにどこかへ消えてしまう。仙術をもって杜子春の考えを察知したり、二度にわたって彼を一夜の内に天下第一の大金持ちにしたり、それに仙人になろうとする杜子春に幻覚の試練を与えたりすることもできる。いわば、文字通り超自然能力の持ち主である。しかしその一方で、一人の「片目眇の老人」という描写からは普通の老人よりも俗っぽい印象を受けるところに、むしろ滑稽味を感じさせる。俗っぽい老人として鉄冠子は時々失敗することもある。このような俗っぽい仙人の造形には作品内部の構造上の矛盾とみる読み方もある (15)。それはそれなりの理由があると思うのだが、そこに作者芥川の地上志向の一つの表現が内包されているとみてよかろう。たとえば仙人が二度にわたって杜子春を大金持ちにした目的は、杜子春を貧乏にしても、安らかに暮らしていく生活をさせたいというところにあった。しかし杜子春が贅沢な生活に飽きると共に人間界の生活にも飽きてしまう。そのたびに仙人の予想ははずれた。もし何でもできるというのが仙人の資格ということであれば、予想はずれは超自然能力者たる仙人としては大失敗だともいえよう。

仙人はすでに喜怒哀楽など人間界の感情を超越しているはずだが、この作品では仙人鉄冠子が自己の心情を積極的に表す箇所がしばしば見られる。たとえば仙人が杜子春を連れ、一本の竹杖に乗って峨眉山へ飛んでいく途中、「朝に北海に遊び、暮には蒼梧。袖裏の青蛇、胆気粗なり。三たび嶽陽に入れども、人識らず。朗吟して、飛過す洞庭湖。」という歌を歌いだした。白い鬢の毛を風になびかせながら放歌するのはたしかに仙人らしい行動ではあるが、歌詞に自在の身である喜びが盛られているにしても、それがあまりにも誇張して表現されるところには仙人の遊び心が読み取れる。いかにも俗人らしいといわざるをえない。その上、仙人の言葉遣いや態度が横柄であったり、親切であったり、とよく変わるところにも仙人らしくない行動を見てもよかろう。

このような仙人の造形は原典にない芥川の創作である。もっと通俗的な人間性について求めていくと、非人情であるはずの仙人が世俗の論理にもとづいて物事の理非曲直を判断することもある。たとえば仙人境に憧れる杜子春は地獄に堕ちた母親の無償の愛に感動し、禁を破って声を出してしまい、仙人になることに失敗する。それでも、かえって嬉しい気がすると語る。すでに繰り返したものだが、それに対して仙人は「もしお前が黙つてゐたら、おれは即座にお前の命を絶つてしまはう」といって、杜子春の人間界復帰の行動を肯定する。しかも仙人は道徳高尚な存在であるはずなのに、自ら約束を破ろうとする。そのまえの命令では、何があっても声を出してはならないことを守れることができれば、仙人にしてあげると約束したにもかかわらず、このように言っているのである。このいかにも矛盾した仙人の戒めを杜子春が忠実に守っていたら、仙人に殺されてしまうことになる。このような矛盾に満ちた行動はどうも仙人らしいとは思われない。芥川の描く仙人のキャラクターは超能力の持ち主でありながら、完全に自由に人間界を把握することはできず、またしばしば仙人らしくない言行も露出したりする、いわば、俗世間の色合いを相当に帯びているのである。

さらに、いかにも芥川的仙人ということでいえば、仙人にはその突然の出現や杜子春に与える黄金のありかを指示する仕方には気まぐれを装った芝居じみた様子が感じとれる。

> おお、幸、ここに竹杖が一本落ちてゐる。では早速これへ乗つて、一飛びに空を渡るとしよう。」(中略)「おお、幸、今思ひ出したが、おれは泰山の南の麓に一軒の家を持つてゐる。その家を畑ごとお前にやるから、早速行つて住まふが好い。

そして、西の門の下で杜子春の前に「夕日の光を浴びて、大きな影」を落とすといった形象や同じく影にまつわって「お前の影が地に映つたら、その頭に当る所を夜中に掘つて見るが好い」、「お前の影が(中略)、その胸に当る所を(後略)」「お前の影が(中略)、その腹に当る所を(後略)」といったもったいぶった言葉には、どこかメフィストフェレス的な詐術を感じさせるものがある。なぜならば、杜子春が「いや、お前は若い者に似合はず、感心に物のわかる男」だということさえなかったとしたら、さらに下半身の影を掘らされ、それがついに爪先にまで行き着いた時、全ての影を売り渡していたというようなことも、この小説テクストの可能性としての〈空所〉を想像すればありうることである。そのような仙人の形象は原典にない芥川の造形なのである。

この仙人の造形にはどこかユーモアと余裕を含む豊かな人物像の形象という方向性がうかがえよう。そこに物語伝統が大きくからんでいる。仙人の物語(神仙物語)は古代中国の伝奇小説以来、日本の説話文学による継受といった東アジアに広がる文化・文学伝統となっていた。そこから得られる仙人像は物語伝統によって共通の元型（祖型）が形成され、それが確固として語り伝えられている。芥川はその祖型としての仙人像を核として、そこに自己の創造力による新たな造形を付け加えることで、芥川の仙人像はより豊かな個性をもった仙人鉄冠子を生み出した。

ジャンルとしての〈物語〉とは物語伝統による祖型性のうえに作者の思い描くファンタジーが、そして近代のリアリズム成立以後は、日常的リアリズムが織りなされて成立している。芥川がロマネスクな小説を構築しえた秘密はこのような〈物語〉を十分に享受しえていたところにあったということもできよう。

そんな仙人だからこそ、この小説ではきわめて心やさしく愛情豊かな仙人であったのだ。そこで、あらためて前述の杜子春に家を与えた場面に戻ると、そこにはまたうがった見方がある。人里離れた泰山の麓の桃花源境を思わせる家での生活というものは、人間らしいというよりも、むしろ仙人らしい生活のようにも思われてくる。大金持ちか貧乏人かで態度を変える世間の人たちへの愛想づかしから、仙人になることを志した杜子春にしてみれば、これはある意味において、乗仙の目的を達したことにもなるのであろう。すべてはむろん怠け者の杜子春に、貧乏をしても、安らかに暮らして行くことを教えるための仙人の深い配慮、というよりもやさしい愛情であったといえばそれまでである。そのため、最終的に杜子春が決定した「人間らしい、正直な暮し」というのも、〈無限抱擁〉としての愛に包まれた、きわめて微温的な結末でしかない。

第五節　「人間らしい」とは―むすびに代えて

杜子春のいう「人間らしい」とは何を指すのだろうか。杜子春はもとから利己的な視点でしか人間を見ていなかった。そしてその狭い人間像を全体の人間にすりかえて、人間そのものに愛想をつかす。その後、母の声によって失った人間への愛を取り戻したとされるが、しかし、自分の子供さえ幸福ならばという母の声は、エゴイズムの所産だったのである。杜子春はその中にのみ「人間愛」を見出したにすぎず、決して世間一般の人間の中に見出したのではなかった。杜子春はおそらく本人も無意識のままに、それを「人間らしい」という言葉にすり替えている。だから酒井英行も杜子春の「人間らしい正直な暮しをするつもり」というその実質に疑問を呈し、「富が幸福をもたらさないこと、無意味なものであることはたしかに知った。母親の自己犠牲の愛の心も再確認した。しかし、彼が仙人を志願した契機である「薄情」な世界はなにひとつ変わることなく、厳然と存在しているのだ。他人の心との対比によって、母性愛のありがたさに感動した杜子春が、他人への信頼を取り戻す契機はなにひとつ書かれていないのだ。「人間は皆薄情です」という他者把握は変わっていないはずである」(16) と述べている。母親の〈無限抱擁〉を受けて回心するにはしたが、何らの自己反省もないまま地上に帰還する杜子春その造形に知識や理知、観念や自意識で塗り固めた芥川の自己嫌悪をともなった自己に対する批判、さらには日本の近代人に対する、ほろにがく絶望的な批判といった、それなりの毒味を漂わせていることは忘れてはならない。それらを包み込んで「杜子春」という作品は、人間のあるべき姿としての価値体系が印象的な場面や具体的な描写によるイメージとともに読者の脳裏、胸中にとどめられる〈物語性〉を備えた文学として読まれるべきなのではないか。

杜子春はきわめて厭世的に、そして逃避的な姿勢で仙人を志して人間界からの脱出をはかる。その結果、晴れ晴れした調子で人間らしい正直な暮しへの意欲を語る杜子春には、〈無限抱擁〉としての愛に開眼した者の喜びが溢れている。しかしそれで杜子春本来の願望は達成できたのだろうか。あるいは杜子春が本当に人間らしい人間になったといえるのだろうか。これについて渡部芳紀は「人間界からの脱出の情を捨て、愛のもとに、ささやかながらも人間らしい生活を送っていこうとする」(17) ことだと指摘し、大塚繁樹は「平凡自由で、幸福な生活を指向している」[18] としている。いずれも人情味と平凡さを指摘している点で共通している。生への解答を得た杜子春の姿に山敷和男は「おそらく杜子春は「自ら神にならうとすること」をあきらめた人間である。臆病な、平凡な、侏儒として一生をすごしたいと祈る「侏儒の祈り」の人間である。それは大正の小市民の祈りを代表している人間である。杜子春をそういう人間に描き上げることによって、『杜子春伝』の近代化が完成した」[19] と述べている。これら先行研究は「人間らしい」という生き方についてそれぞれの解釈を見せているといってよく、そこに解釈の多様性というこの作品の魅力を捉えてよかろう。

「杜子春」はそういった意味で、近代の〈神話〉に対してのアンチテーゼを含みつつ、人間性回復と自然美とを指向する一つの健全性を備えた「信頼できる虚構」としての物語であることが再確認されるのである。

注

(1) 河西信三宛書簡、昭和二年二月三日付
(2) 芥川龍之介「愛読書の印象」『文章倶楽部』、大正九年八月
(3) 高橋龍夫「『杜子春』論」『稿本近代文学』、昭和五四年七月
(4) 正宗白鳥「芥川氏の文章を評す」『中央公論』、昭和元年十月
(5) 三好行雄『杜子春・南京の基督』解説、角川書店、昭和四三年十月
(6) 尾崎瑞恵「芥川龍之介の童話」『文学』第三八巻六号、昭和四五年六月
(7) 宮城達郎「『杜子春』考」『解釈』第二〇巻八号、昭和四九年八月
(8) 平岡敏夫「『杜子春』—母を呼ぶ声」『芥川龍之介—抒情の美学』大修館書店、昭和五七年十一月
(9) 勝倉寿一「「杜子春」の背景」『文芸春秋』、昭和五八年九月
(10) 平岡敏夫『芥川龍之介　抒情の美学』大修館書店、昭和五七年十一月
(11) 村松定孝「芥川龍之介の童話—『杜子春』をめぐって—」『解釈』、昭和四六年三月
(12) 吉岡義豊「中国民間の地獄十王信仰について—玉歴至宝鈔を中心として—」『吉岡義豊著作集』第一巻、五月書房、平成元年六月
(13) 河西信三書簡、昭和二年二月三日付
(14)『上海遊記』「七　城内（中）」、大正十年八月～九月
(15) 越智良二「『杜子春』の陰翳」『愛媛国文研究』、昭和五四年十二月
(16) 酒井英行 第四章　龍之介の光と影」『芥川龍之介　作品の迷路』有精堂、平成

五年
(17) 渡部芳紀「作品論『杜子春』」『国文学解釈と教材の研究』臨時増刊号、昭和四七年十二月
(18) 大塚繁樹「『杜子春伝』と芥川の『杜子春』との史的関連」『愛媛教育大学紀要』、昭和三五年十二月
(19) 山敷和男「『杜子春』論考」『漢文学研究（早稲田大学）』九、昭和三六年九月

第四部　自己完結の物語―物語と作家の伝記

第九章　物語作家としての芥川―「戯作三昧」をめぐって

第一節　はじめに

江戸の読本作家滝沢馬琴を主人公とする「戯作三昧」は、『大阪毎日新聞』の夕刊に大正六年十月二十日から十一月四日まで十五回にわたって連載された芥川龍之介の新聞連載小説の第一作であるのち第三短編集『傀儡師』（新潮社、大正八年一月）に収められた。材源については吉田精一が『芥川龍之介』(1) で、和田万吉の上梓した滝沢馬琴の『馬琴日記鈔』（文会堂書店、明治四四年二月）をあげるが、のちの著書『芥川龍之介の芸術と生涯』(2) では饗庭篁村の『馬琴日記鈔』に改め、現在ではこれが定説となっている。明治末期の馬琴ブームの中で刊行された『馬琴日記鈔』は、馬琴の六十歳から八十歳に至る十八年間の日記を事項別に抄出分類したものである。

その他の素材としてはで永井荷風の『散柳窓夕栄』(3) を、また中野記偉がR・ブラウニングの詩「Abt Vogler」をあげ (4)、さらには剣持武彦がリルケ原作森鷗外訳『家常茶飯』をあげている (5)。

芥川は馬琴の読本、特に『八犬伝』を小学時代から愛読していたことはつとに知られている。芥川の青年時代からの別号である「椒図」も『八犬伝』巻之一第一回にある「椒図は口を閉るを好み」に由来している。このことからも馬琴や『八犬伝』に対する芥川の愛着の深さも理解できる。この小説は『八犬伝』の執筆中の滝沢馬琴に仮託して芥川自身の人生観及び芸術観を形象化した告白的な小説となっているという従来の通説もわかる気がする。言い換えれば、その小説には作者芥川その人が当面している芸術の諸問題が書き込まれており、そこには作者芥川と作中人物の二重性を帯びた奥行きが作品に描かれた時間の限定をはるかに越えて、作者芥川その人の心象にまで至っているとするのである。ここには作者＝主人公とする歴史的実証主義による解釈の典型が見てとれる。

作品の構成をまず見ると、語り手の視点は常に馬琴に添って展開されており、時間的にはわずか一日の彼の生活と心象を描写しているだけだが、『馬琴日記鈔』と照合させてみると、何年間かの事項を凝縮していることがわかる。「戯作三昧」は、漢数字で番号をふられた十五の章から成り、各章は基本的に一日の時間軸に沿って配列されている。たとえば「天保二年九月或午前」から同日の深更までというのがそれである。午前は外部との関係を中心に展開し、午後はより内面的な問題を中心とし、そして夜は三昧境に沈潜する時間である。

三好行雄の解説によれば、この小説の物語の方向軸は芸術家の〈外〉から〈内〉へと流れ、「かれのかかえこむ本質的な苦悩をめざす」[(6)] ことになると言う。すなわち具体的には、「一」芸術のための芸術か、人生のための芸術か、「二」作家的精進への自負と怖れ、「三」政治と文学、「四」自己の芸術的才能への懐疑と絶望であるという。従来の「戯作三昧」についての研究は、作品に反映されている作者芥川の芸術観を中心にした世界観の特質を究明しようとした歴史的実証主義が主流をなしている。このような解釈がいかに確固としたものであるかがうかがえよう。

しかし本章は視座を変えて、この小説の〈物語性〉の追究という課題に向かうことにする。それはこの物語と作家の伝記的事実との相関の再検討ということにもつながろう。作家の伝記的事実との関連からすると、実は「戯作三昧」は作品（テクスト）の自己完結性がきわめて高く、〈外部〉の作者芥川周辺の環境がまったく影響を与えることはなかったとみている。芥川の〈物語の方法〉からすれば、芥川は仮託小説を書くはずがないとみられる。作品は物語世界を現在とは異なる近世に取っていること、それに読者・批評家といった〈外部〉が馬琴の創作から徹底的に排除されていることなどが指摘できよう。したがって本章は、物語世界の表現を拠り所にして作品固有の秩序と思想を明らかにすることをあえて唯一の方法にする。そのことがどうして作者芥川の精神の「深層構造」につながるのか、物語と作家の伝記的事実の相関があらためて本章の課題となる。

第二節　作者芥川の物語性—物語作家の馬琴の心象風景を通じて

「戯作三昧」において最も精細な分析を示したのは蒲池文雄[(7)]である。蒲池文雄は作品全体を「九」以前と「十」以後とに大きく二分し、前半に馬琴の創作意欲を阻害する外面的・偶発的障害が、後半に同じく内面的・根本的障害が描かれているとする。その上で、前半における馬琴の心理的基調を「不快」、後半におけるそれを「不安」として析出し、さらに障害とその克服のサイクルが漸層的に反復され、最終的に戯作三昧の境地へ至るとまとめている[(8)]。さらに蒲池によると、この小説の語り手は世間という「さまざまな雑多」な人間たちに存在する〈下等さ〉を自己の視点に据えて馬琴の心の振幅（心理）を描き出すのだが、しかし明確な語り手像は析出されないが、少なくとも馬琴からは距離を置いているとする。

この小説の「一」から「四」までは神田の銭湯松の湯に舞台をとっている。冒頭章「一」では、静かに湯を使う馬琴の姿がまず描き出されている。ふと身の老いを感じて手をとめた馬琴は桶の湯に影を落とした秋の空と赤い柿の実とを見つめる。

> 老人の心には、この時「死」の影がさしたのである。が、その「死」は、嘗て彼を脅したそれのやうに、忌はしい何物をも蔵してゐない。云はばこの桶の中の空のやうに、静ながら慕はしい、安らかな寂滅の意識であつた。一切の塵労を脱して、その「死」の中に眠る事が出来たならば—無心の子供のやうに夢もなく眠る事が出来たならば、どんなに悦ばしい事であらう。自分は生活に疲れてゐるばかりではない。

何十年来、絶え間ない創作の苦しみにも、疲れてゐる。……

馬琴の心に影をさす「死」にさえ慕わしさをおぼえるような、深い疲労に浸った彼の心象だが、それは陰欝な人生の黄昏の象徴的な表現にほかならない。馬琴はまだ「老年に抵抗する底力」を残し、「旺盛な動物的精力」をみなぎらせているとは言え、いまふと長年の創作活動に疲れ、老いを認識したとき、不意に「死の影」が忍び寄ってくることに気づくのである。このような冒頭の感懐はそのあいだに「塵労」の煩いと反発とをはさんで、末尾の「戯作三昧の心境」といちじるしい対照をなす。

ところで、「戯作三昧」において提起されている問題についてはすでに多く説かれているが、これを整理してみると次のようになるだろう。

一、文学・作家・読者の関係—媒介としてのメディア・批評家—

（1）読者の読み方と自作の本質との差

（2）批評家と作家の問題

（3）出版業者の低劣な人格と巧みな戦術に対する憎悪

（4）亜流作家志望者への悪態

二、芸術と道徳との相克

三、道徳・政治と文学の問題

これらの項目がほぼこの作品のプロットに沿って展開されていると考えられる。それゆえこの項目をたどることがそのままこの作品のストーリーを追うことになるのだが、あらかじめ注意しておきたいことは、これらの項目内部の関係、項目全体の総合的関係は作者芥川と同一視される寓喩と捉えるのではなく、隣接関係にある換喩とみるべきだということである。それは作者＝主人公ではなく、作者における社会・文化関係全体がこの小説主人公馬琴のそれと〈隣接〉するということである。小説は銭湯で馬琴を見つけた近江屋平吉がしきりに馬琴の作品をほめる場面に移ったところでこの問題は始まる。

「どう致しまして、一向結構ぢやございません。結構と云や、先生、

> 八犬伝は愈出でて、愈奇なり、結構なお出来でございますな。」
> 　細銀杏は肩の手拭を桶の中へ入れながら、一調子張上げて弁じ出した。
> 「船虫が瞽婦に身をやつして、小文吾を殺さうとする。それが一旦つかまつて拷問された揚句に、荘介に助けられる。あの段どりが実に何とも申されません。さうしてそれが又、荘介小文吾再会の機縁になるのでございますからな。不肖ぢやございますが、この近江屋平吉も、小間物屋こそ致して居りますが、読本にかけちや一かど通のつもりでございます。その手前でさへ、先生の八犬伝には、何とも批の打ちやうがございません。いや全く恐れ入りました。」

この近江屋平吉のほめ言葉に対して、馬琴は次のように内省する。

> 馬琴は黙つて又、足を洗ひ出した。彼は勿論彼の著作の愛読者に対しては、昔からそれ相当な好意を持つてゐる。しかしその好意の為に、相手の人物に対する評価が、変化するなどと云ふ事は少しもない。これは聡明な彼にとつて、当然すぎる程当然な事である、が、不思議な事には逆にその評価が彼の好意に影響すると云ふ事も亦殆どない。

この内面、とりわけ「その評価が彼の好意に影響すると云ふ事も亦殆どない」という最後の一文に本章は最も注意を払う。それはすでに言及した読者や批評家といった〈外部〉が馬琴の作品（テクスト）に影響を及ばさないということの宣明であって、この芥川の「戯作三昧」が〈外部〉を遮断した完結的構造をもつということをも示唆しているからである。そのことをさらに敷衍すれば、〈外部〉の読者にとっては、それ以外の作者芥川の伝記的事実あるいは社会環境をまったく考慮する必要などないということでもある。つまり、作品は作品成立時点の〈外部〉とはなんらの交渉もない。それが作者芥川の〈物語の方法〉であって、それゆえに作中人物の馬琴に芥川龍之介の伝記的事実が二重映しになるなどということは作者自身が意識的に避けたとみられる。馬琴と芥川とはまったく違うのだ。したがってこの小説の馬琴は決して芥川のカリカチュアではない。もし二人の間に〈二重性〉が認められるとすれば、それは後章にも指摘する換喩関係に〈芸術家〉ないし〈物語作家〉としての隣接性の一致にすぎず、決して同一視ではない。この作品はまさに〈物語作家〉馬琴の心象風景であって、そこに作者芥川は自己の隣接性を見出すだけである。したがって少なくとも、芥川の意識では別個の機能的存在である語り手を介してこの作中人物をまったく他者として表象しているということになるわけだ。

ただこのような〈物語の方法〉が認められるとすれば、隣接関係に限定して作中人物の心象から作者芥川の内面の類似性をとらえようとしても一向にかまわない。そこには当然類似と差異があるはずだ。たとえば、芥川は読者が自作の本質を正しく評価していたとは考えていなかったことが、「小説の読者」(『文芸時報』昭和二年三月)でわかる。彼はその中で「今の小説の読者といふのは、大抵はその小説の筋を読んでゐる」と、筋(ストーリー)をたどるだけで終わってしまう読み方に不満を感じている。芥川は自作の本質を近江屋平吉のいう「愈奇なり」というような筋の変化では捉えていなかった。そのために芥川は小説の筋だけを追う読者が作家志望に変貌した時には、好意とは正反対の嫌悪の感情を吐露する。それが一の(4)の「亜流作家志望者への悪態」に認められるのだが、それは表層の類似の一例にすぎない。

そして次に「戯作三昧」が提示しているのは批評家に対する作家の姿勢についてである。「戯作三昧」では「眇の小銀杏」が批評家として登場する。

> 「曲亭先生の、著作堂主人のと、大きな事を云つたつて、馬琴なんぞの書くものは、みんなありや焼直しでげす。早い話が八犬伝は、手もなく水滸伝の引写しぢやげえせんか。が、そりやまあ大目に見ても、いい筋がありやす。何しろ先が唐の物でげせう。そこで、まづそれを読んだと云ふ丈でも、一手柄さ。所がそこへ又づぶ京伝の二番煎じと

来ちや、呆れ返つて腹も立ちやせん。」

このように、「眇の小銀杏」の批評は馬琴の創作態度と方法論に集中する。「眇の小銀杏」は馬琴の創作が中国の古典の「引写し」にすぎないと罵倒する。それとは打って代わって十返舎一九、式亭三馬を称揚して、自己の生活経験にもとづくリアリズム的姿勢の実感性に価値を置こうとするのである。

「そこへ行くと、一九や三馬は大したものでげす。あの手合ひの書くものには天然自然の人間が出てゐやす。決して小手先の器用や生噛りの学問で、捏ちあげたものぢやげえせん。そこが大きに蓑笠軒隠者なんぞとは、ちがふ所さ。」

この「眇の小銀杏」の言葉に対する非難に対して馬琴は次のように応じている。

馬琴の経験によると、自分の読本の悪評を聞くと云ふ事は、単に不快であるばかりでなく、危険も亦少くない。と云ふのは、その悪評を是認する為に、勇気が沮喪すると云ふ意味ではなく、それを否認する為に、その後の創作的動機に、反動的なものが加はると云ふ意味である。さうしてさう云ふ不純な動機から出発する結果、屡畸形な芸術を創造する惧があると云ふ意味である。時好に投ずることのみを目的としてゐる作者は別として、少しでも気魄のある作者なら、この危険には存外陥り易い。だから馬琴は、この年まで自分の読本に対する悪評は、成る可く読まないやうに心がけて来た。が、さう思ひながらも亦、一方には、その悪評を読んで見たいと云ふ誘惑がないでもない。

「眇の小銀杏」のいうことをいま一度整理していえば、馬琴の読本は（1）古典文学の「焼直し」であり、（2）当世風の人情世態には眼もくれない、（3）その反対が十返舎一九、式亭三馬の当世風の下世話で、いまの人情世態を巧みに表現している、というふうにまとめられよう。これを作者芥川の同時代の寓喩とみる必要はなく、自然主義リアリズム文学に対する読本の（物語文学）の差異ととらえればよいのだろう。物語文学がリアリズムによる自然主義と異なって、決して作家一人の頭脳の産物でないことはいうまでもない。そこに大いなる物語伝統への間テクスト性が問題になるのであって、〈物語〉はその間テキスト性に媒介されての創造のメカニズムによって不断に再生産されていく秘密があるとする。ここではこれ以上に突っ込むことはしない。それよりも、馬琴の物語の方法にひそむのは、馬琴の読本がそのような古典文学のモチーフとストーリーを物語伝統として利用するものであった、作家の個人的事実とはまったく無縁だと訴えることに注目すべきだろう。ここでもまた物語の創作が〈外部〉からの現実の社会的文化的コンテクストを遮断する完結的構造にあることへの共感だといえよう。

銭湯を出た馬琴は家に帰る路で「眇の小銀杏」のいった悪評を一つ一つ綿密に点検したが、それがすべて愚論であることを確認したものの、不快な気分が残ることはいなめなかった。しかし高い空を仰ぎ、朗らかな鳶の声を聞いて、古今に比類のない大伝奇『八犬伝』の完成を目指して天日のごとく歩む自信を思い、自身を取り戻していった。帰宅してみると、家族は墓参りに出かけた後で、『金瓶梅』の版元である和泉屋市兵衛が持ち受けていた。原稿の依頼である。馬琴は多忙を理由に断るが、和泉屋は何とか原稿を貰おうと、いま世間を賑わせている義賊鼠小僧の噂を持ち出して馬琴の好奇心をくすぐり、また同じ作家仲間である柳亭種彦や為永春水などの評判等を抜け目なく聞かせて馬琴の競争心をあおりたてる。

しかし馬琴は、戯作者をまるで自分の家で使っている職人の如く、和泉屋が横柄に話すのを聞くと、また自分も彼らと同列に扱われているのかと思って腹立たしくなり、和泉屋を追い返してしまう。こんな読本を商品としてしか考えない俗物を相手にして、ますます自分が卑しくなり下っていくことに自己嫌悪を覚えるのであった。版元（出版業者）は「先生」と敬っておきながら、売れ行きのよい作品を職人に強いて書かせるように操作しようとしている。馬琴にとってこのようにして書かせられるものは商品であって、芸術家としての仕事にはなりえない。和泉屋市兵衛は俗世間を支配する商売の論理で馬琴を動かそうとしている。そのことに腹立たしさをおぼえるのである。そしてここでも作品（テクスト）は〈外部〉を徹底的に排除するという完結的構造への潔癖さが認められるということである。

そのことは次の「戯作三昧」に登場する作家志望者にもかかわろう。志望者は長島政兵衛という人物である。

> この男はその手紙によると、二十一の年に聾になつて以来、廿四の今日まで文筆を以て天下に知られたいと云ふ決心で、専ら読本の著作に精を出した。八犬伝や巡島記の愛読者である事は云ふまでもない。就いてはかう云ふ田舎にゐては、何かと修業の妨になる。だから、あなたの所へ、食客に置いて貰ふ訳には行くまいか。それから又、自分は六冊物の読本の原稿を持つてゐる。これもあなたの筆削を受けて、然るべき本屋から出版したい。―

これは政兵衛の手紙のあらましである。馬琴はこの男の希望に対して彼が耳が不自由であることに同情し、丁重な言葉でもって断りの返信を送るが、馬琴の善意にかかわらず、政兵衛は今度は馬琴の読本のみならず、人格まで否定するような手紙を書き送ってくるのである。馬琴が物語伝統と個の自由の葛藤のうちに物語文学の創作に生きようとするとき、つねに現われてくるのはなんらのオリジナリティもないまま、ただ単に物語文学の形式を借りてプレ・テクストの模倣に始終してしまう手合いである。ここに至って、馬琴は政兵衛に対して「自分の読本が貴公のやうな軽薄児に読まれるのは、一生の恥辱だ」という痛烈な嫌悪の姿勢を見せる。

このような手厳しい文句をあえて加えたというのは、彼の作品（テクスト）が読者と同時代の風潮に迎合するものでないという発言なのか、それとも高踏的な芸術至上主義の発言なのかは一考を要する。もし後者であれば、「あんな連中に僕の小説がよまれるんだと思ふと実際悲観してしまひます。僕はもう少し高等な人間の高等な精神的要求を充す為に書いてゐるんですがね」[9]という作者芥川の気持と照応するものである。ただしその関係は〈物語性〉が媒介する読本と小説の隣接性という〈照応〉でなければならない。しかし本章は、芥川の〈物語の方法〉からいって前者の理由も捨てがたいと思っている。

長島政兵衛は同情に値することはあったにしても、その言うところは「余りに虫のいい事ばかりである」。馬琴に世間の「下等さ」を身に付けた男と見られてもやむをえないだろう。その長島政兵衛に「人格の下等さ」をいわれた馬琴は、政兵衛に「軽薄児」の言葉で応酬する。

ここに本章は作者と作品（テクスト）のズレを読みとることができる。たとえば、以上に列挙した馬琴を不快にする〈生活〉の本質である「世間の下等さ」とは、つきつめてみると、「人格的下品さ」「卑しさ」「軽薄さ」などの要素もふくんでいるが、自分に都合のいいようにしか考えない手前勝手な利己主義＝エゴイズムにゆきつくと考える。馬琴が〈芸術的営為〉によって超脱した〈生活〉とはエゴイズムに満ちた下等な世間だった。半可通の愛読者も、批評家も、出版業者も、作家志望者も、改名主も、馬琴の都合をまったく考慮せず、自分の利害だけで行動している。家族の反対による失恋の心痛のなかで「僕はイゴイズムをはなれた愛の存在を疑ふ」[10]と告白した芥川にとって、近代的人間にとって逃れえないエゴイズムは決して避けては通れない問題だったはずである。彼はそれを「下等な世間」の深層に見出していた。ただだからといって、その作品（テクスト）がそのような「下等な世間」の現実を映すということなどありえない。馬琴の芸術観からすれば、〈物語〉は決して現実と地続きの第二の現実の構築ではないからだ。

したがって世間（生活）が下等だと言うのはこの作品（テクスト）にとってのことではなく、馬琴とその環境の問題として読んでいいだろう。つまり作者の日常生活の意味だ。しかし、日常生活を下等だから自分が堕落すると言うのをそのまま認めるわけにはいくまい。もしそうであるならば、馬琴はその世間との接点を断つ意識が必要である。馬琴は接点を断つかのような素振りをしていながら、世間を捨てることができない。芸術家を自負する者といえども、世間（生活）とは必ずしも明らかに分断できるものではありえない。いうまでもないが、芸術家として自己規定すると否とにかかわらず、馬琴という個人の存在は世間（生活）に生きなければならない。

やがて小説の方向は芸術家の〈外〉から〈内〉へ、彼がいましも抱え込んでいる、より本質的な苦悩に踏み込むことになる。つまり「十」の前半では、『水滸伝』によってもたされた馬琴の不安が描出されている。さきほどの蒲池文雄が指摘しているように[(11)]、「十」以降を内的障害に起因する「不安」を描出していることになる。そしてその馬琴の世俗への嫌悪を昇華するのは渡辺崋山との交友であり、孫の太郎の存在である。

蒲池論を本章にひきつけていえば、馬琴にとっては作品（テクスト）と自己の伝説の関係は決して相即的ではありえない。作品を大きく規制する物語伝統と個の主体的自由（創作意欲）とが対立・緊張するかたちで馬琴の内面をゆさぶっている。昼食をすませた後の、「十」から「十三」までを見てみると、『水滸伝』を前にしてある疑問が浮かび上がる。それは道徳を重んずる馬琴と芸術家としての馬琴との間にいつも纏綿する疑問である。芸術と生活の問題が芸術と道徳の問題へと移行する。

馬琴は以前から「先王の道」を疑わなかったし、自作を「先王の道」の芸術的表現だと公言していた。だが、「先王の道」が芸術に与える価値と、彼の心情が芸術に与えようとする価値との間には存外大きなへだたりがあり、そこには解決しようのない矛盾がはらまれている。国家・社会・市民の関係があらゆる領域で緊密性を増しているとき、文学（芸術）が独自に存在するということなどありえない。当然芸術は国家や社会のイデオロギー的状況の緊張のなかでしかテクストを構築しえない。しかし馬琴からすれば、自己の思想がイデオロギーとはズレていると信ずる以上、イデオロギーは彼の芸術に何らの価値も付与してくれない。しかしそうとすると、馬琴の内部には国家・社会のイデオロギーと芸術との相克が疑問として存在し、それが馬琴を不安にしているのである。こうしたイデオロギーと芸術の問題があるところに、馬琴と崋山の対話を通じて芸術と現実の政治の問題も絡まっていく。

崋山が帰った後、『八犬伝』の稿を継ぐべく馬琴は机に向かい、すでに書いた原稿を読み返す。

> 彼が数日を費して書き上げた何回分かの原稿は、今の彼の眼から見ると、悉く無用の饒舌としか思はれない。彼は急に、心を刺されるやうな苦痛を感じた。「これは始めから、書き直すより外はない。」

馬琴が妬ましさを覚えるほどに自分の絵のことばかり考えている崋山の気魄。それに虚心に画かれた『寒山拾得』の絵。毀誉に煩わされる心ゆえに芸術家本来の姿から遠のいていた馬琴の眼の曇りがそれらに接して、いやおうなくおのれの芸術の不純さが自覚されてくる。もし芸術が完結的構造をもつと信ずるならば、それはまさに個と文化伝統の鋭い緊張関係にのみあるのであって、そこから〈外部〉の毀誉などを遮断しなければならない。画家の崋山はそれを実行している。それに対してこのプロットを作者芥川の現在の隣接関係とひきくらべるとき、台頭するプロレタリア文学が鋭く国家制度とイデオロギーに対決することに妬ましさと不安を覚えるとともに、しかしそれから距離を置く自己の芸術の位置を換喩関係によって隣接させているとみることができよう。しかしそれはあくまでもそう隣接させることも可能だということにすぎない。芸術＝文学にあっては文化伝統と個の自由との葛藤の内部に新たな芸術が孕まれるという認識が作者芥川を近世の戯作家馬琴にひきつけさせている、つまり隣接させているだけなのだ。

このような限界を厳密に守るならば、「戯作三昧」は馬琴の物語としての〈読み〉を芥川文学というコンテクストの中に置いて〈読む〉ことも可能なのである。それはどうしてか。馬琴の物語としての〈読み〉は、芥川自身による「僕の心もちを描かむ為に馬琴を仮りた」(12)

という自註もあり、それに関してはすでに先行研究[13]による詳しい考察がある。しかし「馬琴を仮りた」という形式である限り、晩年の芥川にみられる深刻な〈告白〉と同じ程度のものではないことを留意しておくべきである。だから三好行雄は「戯作三昧」の作者芥川と滝沢馬琴の関係が「〈告白〉ということばがふさわしいほどさしせまったものではな」[14]いと述べている。本章はそれを物語のもつ完結的構造と個の自由の葛藤というモチーフを捉えて検討したわけである。

すなわち作品の創作主体が作家である限り、作品研究において時代というコンテクストの内部の作家の世界観などが作品にいかに刻まれているかを探ることはたしかに重要な作業である。とりわけ、馬琴という傀儡を通した作家自身の生き方の投影の場である「戯作三昧」の場合、作家論の次元からの作品研究の必要性はあらためて言うまでもないであろう。しかし、それだけが作品研究の唯一の方法だとは言えないのではあるまいか。それは芥川文学の物語の方法が作家と作品（テクスト）の相即を排除していることに見てとれよう。

第三節　芸術観の態度における明と暗—その主題をめぐって

作者芥川の〈物語の方法〉からすれば、馬琴をあくまで読本の戯作者として突き放したかたちで捉えているのであって、決して作者芥川はこの主人公に同化しているわけではない。自己の分身としてではなく、同じ芸術観をもつ別個の作家の生き方への多大の興味から、作者芥川はこの主人公を自己の換喩としてこの作品の主題を追究していく。それが芥川になんらかの指針を与えられると信じてであろう。

ところで、「戯作三昧」は主題批評に際しての振幅がかなり小さな作品だといえる。吉岡由紀彦の指摘の通り、最終章における馬琴の戯作三昧の境地に主題の核を看取する見解が一般的だといってよい[15]。公約数的にまとめれば、創造行為への没入による心的飛翔の時間にあってこそ芸術家の生は十全に発現する、ということになる。しかし海老井英次は主題を芸術至上主義に見る見方に疑問を提出し、芥川は芸術を「人生との関連において把握しており」、「自足」[16] 的なものと考えてはいないと述べる。本章からすれば、この見解は自然主義リアリズムから捉えようとするもので、まったく本章の立場とは異なっている。

このような先行研究を念頭におきながら「戯作三昧」の主題について考えてみる。

本章は研究の方向性に棹さすものということができるが、ただこれまでの研究では見逃されている芥川龍之介の同時代の文学思潮のディテールを掘り起そうと試みる。

一、単なる自然主義リアリズムの文学を志向するのではなく、古典文学を枠組とする〈物語〉の文学を志向していること。

二、ジャンルとしての〈物語〉は日本ばかりでなく、日本以外の文学（物語）の伝統を豊饒に秘めていること。

三、ただしそれゆえに、時代の体制イデオロギーとは距離を置き、それを〈外部〉とみなして物語内容にそのイデオロギーが浸みこむことを警戒する。

四、それから体制イデオロギーと鋭く対決する社会主義リアリズム文学（マルクス主義文学）の台頭もやはり〈物語〉にとっては〈外部〉にすぎないこと。

五、したがってそれ自体自己完結している〈物語〉創作という芸術の領域においても〈外部〉のイデオロギーに対する肯定／否定の態度決定が迫られるということに不安と疑念をおぼえていること。

このようにディテールがとらえられるとみなした。馬琴は思想的・イデオロギー的な問題については初めから及び腰であった。

> この点に於て、思想的に臆病だつた馬琴は、黙然として煙草をふかしながら、強ひて思量を、留守にしてゐる家族の方へ押し流さうとした。が、彼の前には水滸伝がある。不安はそれを中心にして、容易に念頭を離れない。

こういう馬琴が、芸術とイデオロギーの相克を突きぬけた作品を望むなどそもそも「虫の好い」空想なのである。馬琴は政治と文学のあれかこれかで、アポリアを解こうとは決してしない。状況の止揚としてあらわれる戯作三昧の境地は、馬琴のかかえこむ芸術とイデオロギー、もしくは政治と文学の、それらの問いの発せられた地上とは次元を異にする伝統と創作とが緊張関係にある世界であった。

「十三」は崋山が帰った後で「馬琴はまだ残つている興奮を力に、八犬伝の稿をつぐべく」努力するのであるが、「何枚かの原稿を」読み返しても「自分の心もちとぴったり来ない」。その上「字と字との間に、不純な雑音が潜んでゐて、それが全体の調和を至る所で破つてゐる」のである。ここでいう「不純な雑音」こそ完結的構造を有する〈物語〉の創作にとって〈外部〉の侵入ということなのである。それを許したということは「今の己の心もちが悪いのだ」と「心の中で狼狽し」ている。現在の馬琴にはそれが〈物語〉の内部のオリジナリティーにも影響を及ぼしている。「何等の感激をも含まない詠嘆が」気になるのである。「彼は机の前に身を構へた侭、親船の沈むのを見る、難破した船長の眼で、失敗した原稿を眺めながら、静に絶望の威力と戦ひつづけた」と、茫然自失の状態でいる。

崋山退場の後になって孫の太郎が『八犬伝』の失敗を自覚した直後の「憂鬱な気分の」馬琴の前に登場する。母のお路や祖母と一緒にお寺参りに出掛けていた太郎は、帰ってくるなり、執筆中は家内の誰も入って行かない書斎の襖を開け、馬琴の膝の上へ勢いよく飛び乗る。

> もしこの時、彼の後の襖が、けたたましく開放されなかつたら、さうして「お祖父様唯今。」と云ふ声と共に、柔かい小さな手が、彼の頚へ抱きつかなかつたら、彼は恐らくこの憂鬱な気分の中に、何時までも鎖されてゐた事であらう。

太郎だけが「子供のみが持つてゐる大胆と率直とを以て」馬琴に直接触れるのであり、その時、馬琴の顔には「別人のやうな悦びが輝いた」のである。

「お祖父様唯今。」
「おお、よく早く帰つて来たな。」
　この語と共に、八犬伝の著者の皺だらけな顔には、別人のやうな悦びが輝いた。

「別人のやうな悦び」に表われているように、太郎の登場そのものは馬琴において物語創作の葛藤の苦しみからの救いの意味を含んでいる。というのは、太郎の登場によって馬琴が『八犬伝』の苦悩から逃れられたばかりではなく、〈外部〉から遮断されることの孤独を一旦壊すことができ、あらためて念願だった戯作三昧を味えるようになるからである。

馬琴の心に、厳楽な何物かが刹那に閃いたのは、この時である。彼の唇には幸福な微笑が浮んだ。それと共に彼の眼には、何時か涙が一ぱいになつた。この冗談は太郎が考へ出したのか、或は又母が教へてやつたのか、それは彼の問ふ所ではない。この時、この孫の口から、かう云ふ語を聞いたのが、不思議なのである。
「観音様がさう云つたか。勉強しろ。癇癪を起すな。さうしてもつとよく辛抱しろ。
　六十何歳かの老芸術家は、涙の中に笑ひながら、子供のやうに頷いた。

馬琴は太郎のなにげない無邪気な言葉に天啓を聞いたのだ。馬琴は至福の感動を味わう。厳楽な何物かが心に閃いた馬琴は、その夜薄暗い光の中で一心に八犬伝の稿を継ぎ始めるのである。馬琴の意識は次第に生活に翻弄される日常から離脱し、「神来の興」である「光の靄に似た流」と合一するに至る。〈外部〉との遮断が物語と個の〈内部〉の創造をかき立てる。太郎の語ったなにげない言葉が死にとらわれるほど創作力が衰弱していた馬琴に啓示として聞こえた。

この時彼の王者のやうな眼に映つてゐたものは、利害でもなければ、

> 愛憎でもない。まして毀誉に煩はされる心などは、とうに眼底を払つて消えてしまつた。あるのは、唯不可思議な悦びである。或は恍惚たる悲壮の感激である。この感激を知らないものに、どうして戯作三昧の心境が味到されよう。どうして戯作者の厳かな魂が理解されよう。ここにこそ「人生」は、あらゆるその残滓を洗つて、まるで新しい鉱石のやうに、美しく作者の前に、輝いてゐるではないか。……

戯作三昧の境地が最高潮に達したこの一節に凝縮された主題を読み取るのが従前の「戯作三昧」論における一般的理解である。たとえば三好行雄は「書くというひたむきな行為のなかにこそ、芸術家の真の〈人生〉は、〈残滓〉を洗って、まるで新しい鉱石のように輝く」[17]という解釈を提示した。たしかに、《芸術的営為の中に芸術家の生が発現する》という「戯作三昧」論において主潮流をなしている主題理解に沿えば、三好行雄の解釈はごく穏当なものに見えなくもない。しかしこの一節の最後の一文は、現に生み出されつつある作品そのものとして捉えるのが妥当ではあるまいか。たとえば、吉岡由記彦は「新しい鉱石」と「作者の前に」という二つの措辞に着目し、「この場面のカッコつきの「人生」は（中略）創造される〈作品〉の意味ももっていると考えられる」[18]と解釈している。実際、「新しい鉱石のやうに」という比喩は芸術家の生の輝きに対してよりも、むしろ作品に対しての比喩と見るのがふさわしかろう。芸術と個人（作家）とは完全に相即していない。物語伝統がその間を媒介しているとするのが本章の考えである以上、三好の解釈はどうしても自然主義リアリズムに立つ相即論に立つといわざるをえない。それに対して吉岡論は本章の立場からの解釈と一致する。

第四節　馬琴の戯作三昧と生活の相克—むすびに代えて

ところで、作品はかかる馬琴の戯作三昧の高揚感を描出するところで終わっているのではない。末尾に馬琴の家族が集う茶の間の情景が叙述されており、それが作品解釈の上で論議の分かれる個所ともなっているのである。馬琴が『八犬伝』の執筆に没頭している間の茶の間の情景を描いて小説は閉じられる。そこにどんな意図があるのか。本章もこの節ではそこに焦点をしぼろう。

行灯のまわりでお百とお路が向い合って縫物を続け、少し離れたところで宗伯が丸薬をまろめている。

> 「お父様はまだ寝ないかねえ。」
> 　やがてお百は、針へ髪の油をつけながら、不服らしく呟いた。
> 「きつと又お書きもので、夢中になつていらつしやるのでせう。」
> 　お路は眼を針から離さずに、返事をした。
> 「困り者だよ。碌なお金にもならないのにさ。」
> 　お百はかう云つて、倅と嫁とを見た。宗伯は聞えないふりをして、答へない。お路も黙つて針を運びつづけた。

みごとに日常的な風景である。「困り者だよ。碌なお金にもならないのにさ。」というお百の言葉に示される日常的な生活が顔を出す。この日常描写こそ芸術と個人（作家）の媒介的関係に日常生活が浸透していく。芸術と生活は相克関係にある。これまでの物語観がそれを示している。しかし芥川の芸術至上主義は宗伯の態度に示される。彼が物語の創作を実質とする限り、日常とは不即不離の関係を生きなければならないものなのだ。

馬琴を「困り者」と見なし、「不服らしく」言うのはたしかにお百である。けれども不平の言葉を受ける馬琴の息子夫婦は決してそれを認めていないことが宗伯の態度から推測されるだろう。母の不服に正面から賛同していないお路はいつもながらの不満を軽くうけ流す体で「眼を針から離さずに、返事をし」、枠は聞こえないふりをして答えない。姑と嫁の仲が悪くないことはその日揃って「仏参」に行ったことや、今向い合って縫物を続けている態度から容易に察せられる。

このような場面描写から、伊豆俊彦は『芥川文学の原点』で、芥川の「温き心」に触れている。伊豆は迫害と圧迫を絶えずこうむり、漂泊の晩年をロンドンの孤客となって送ったクロポトキンが「温き心を以てするのは私たちの努めだ」(19) といったという言葉を芥川の心にも見ようとする。敗残の人々に対する愛、社会の底辺に生きる不幸な人々への愛と同情は芥川に自分を取り巻く人々に対する新しい眼を開かせた。芥川は〈人間〉という言葉をよく使った作家である。ただあえていえば、そこにさらに芥川の母（性）への憧れを見てもよいのではなかろうか。インフェリオリティ・コンプレックスが絶えず芥川に母を中心とする家庭の温かさを描かせずにおかなかったのだ。

したがってこの家族達の生活の描出は単に芥川作品によくある客観描写としてかたづけてしまってよいものではなく、「戯作三昧」においてはかなり重い意味をもつ不可欠の部分のように考えられる。なぜお百は馬琴に直接それをいわず、茶の間で倅と嫁にいうのか。馬琴の孤独な王者の姿と並べて同じ屋根の下の茶の間では家族たちがこれはまたきわめて日常的な生活を続けており、妻女の口からは馬琴への苦言も聞こえてきている。この茶の間の情景は、お百の言葉にもうかがえるように、書斎で戯作三昧に耽り、王者のようにふるまう馬琴の完結的構造を有する物語の執筆にいそしむ絶対的な芸術観をあらためてまた生活者の視点から相対化することにほかならないともいえるが、芥川の芸術観からすれば、本来この不即不離に両者は両立しなければならなかったのである。

それとともに馬琴の創作にとって「書斎」の外の現実社会はすべて〈外部〉である。「困り者だよ。碌なお金にもならないのにさ」。妻の「お百」に代表されるように、やはり世間は馬琴に冷たい。「蟋蟀はここでも、書斎でも、変りなく秋を鳴きつくしてゐる」。つまりそれは基本的には芸術家馬琴のあり様も生活人としての彼の何も変らない。「書斎」を一歩出たならば、馬琴はあの「銭湯」の姿に戻るしかなく陶酔は永くは続かない。あえて並行させている構成から透けて見えるものは何かといえば、「書斎の中」で「戯作三昧の心境」にひたる馬琴の姿は冷えびえとした現実を遮断した「障子の中」でひたすら自己の構築する物語世界の中に身を置いているというべきかもしれない。

日常という繰り返される人間の生の営みとして、お路は黙々と針仕事をしているし、馬琴は創作に没頭する。作者芥川のまなざしを感じさせる。そこには芥川の芸術が実母の不在がもたらしたインフェリオリティ・コンプレックスを原型としてたえず生活・労働・生活者の愛憎・イデオロギーなどのなかで激しく揺さぶられていることを暗示してもいる。だが、激しく揺さぶられながらも芥川の創作は馬琴のそれと同じくなんら変わらないだろう。彼らにとって創作は、物語伝統と個の自由にあるとすれば、その純粋な葛藤が「戯作三昧」にほかならないからである。

このように「戯作三昧」において作者芥川は冷徹なまでに馬琴の心理に分け入って見続けてきた。その冷徹を形の上で守りながら、作者芥川は馬琴に接近する。「「人生」は、あらゆるその残滓を洗つて、まるで新しい鉱石のやうに、美しく作者の前に、輝いてゐるのではないか」という部分における〈人生〉が馬琴のものであることは断るまでもない。主人公は〈馬琴〉、〈老芸術家〉または〈彼〉として語られてきた。そしてその〈作者〉は芥川以外にありえまい。そして馬琴の〈作品〉は〈作者〉芥川の前に輝いているということである。作者芥川の中国の物語小説という物語伝統にいかに個の自由を盛るかで創作の営為につとめる馬琴が生み出した「新しい鉱石」への憧れを伝える。それは作者芥川が馬琴の芸術とその生き方への共感を伝えるものでもあった。

自己の作家的技量を信ずるこの時期の芥川にとっては文学的衰弱はまだ遠い。芥川は作家という下絵を忠実になぞる塗り絵を書きあげた。馬琴が書斎と「茶の間」の二元的構造に安住したまま「恍惚たる悲壮な感激」という書斎の中の夢を紡ぎ得たのも作者芥川の芸術観と決して無縁ではなかった。作家という観念だけをそっくりなぞった書斎の中の傀儡は芥川龍之介という個性の文学的運命も知らぬげに黙々と机にへばりついている。「恍惚たる悲壮の感激」ということばはたしかに芥川の嘱望する創作家の至福な時間という観念を形容するには適当かも知れない。しかし作家独自の世界を構築するのに充分熟した固有の表現とはいいがたい。浅野洋が「芥川龍之介論という作家論の隈取りを急ぐための読みに執しなければ、あの〈恍惚たる悲壮の感激〉も、どこか底の浅い文字面だけの作家のひとり上がりとはいえようか」[20]と述べているように、芥川はこの作品を書くために馬琴の生涯のなかに自己投企したりはしなかった。いわば芥川は馬琴を「借り」ただけであった。それはむしろ作者芥川が読者に対して作家稼業というものの内幕をかいま見せるサービス精神の表れだったことにある。自己に内向きの強い芥川だからこそかえって〈外部〉を強く意識する。破綻の種子はすでにまかれていたというべきだろう。

注

（1）吉田精一『芥川龍之介』三省堂、昭和十七年十二月
（2）和田万吉『芥川龍之介の芸術と生涯』河出書房、昭和二六年十一月
（3）塩田良平『芥川龍之介』学灯社、昭和二九年三月
（4）中野記偉「芥川龍之介におけるR・ブラウニング体験—『戯作三昧』に関連して」『英文学と英語学（上智大　学文学部紀要）』第十三巻、昭和五二年二月
（5）剣持武彦「外国文学と芥川」『解釈と鑑賞』第四八巻四号、昭和五八年三月
（6）三好行雄「ある芸術至上主義——『戯作三昧』と『地獄変』」『芥川龍之介論』第三巻、筑摩書房、平成五年 三月
（7）蒲池文雄「『戯作三昧』考」『愛媛大学紀要（人文科学）』第九巻、昭和三八年十二月
（8）蒲池文雄「『戯作三昧』考」『愛媛大学紀要（人文科学学）』第九巻、昭和三八年十二月
（9）大正六年九月二八日付、芥川文宛書簡
（10）大正十五年三月九日付、井川恭宛書簡
（11）蒲池文雄「『戯作三昧』考」『愛媛大学紀要（人文科学）』第九巻、昭和三八年十二月
（12）大正十一年一月十九日付、渡辺庫輔宛書簡
（13）蒲池文雄「『戯作三昧』考」『愛媛大学紀要（人文科学）』第九巻、昭和三八年十二月
（14）三好行雄『芥川龍之介論』筑摩書房、昭和五一年九月
（15）吉岡由紀彦「芥川「戯作三昧」論（一）—「水滸伝」のもたらした不安と茶の間の情景の解釈を中心に—」『日本文芸学』昭和六二年十一月

(16) 海老井英次「「戯作三昧」における芸術と人生—芥川龍之介と芸術至上主義（二）—」『近代文学研究』二、昭和四八年十一月
(17) 三好行雄『芥川龍之介論』筑摩書房、昭和五一年九月
(18) 吉岡由紀彦「芥川龍之介「戯作三昧」小論（一）—成立経緯とキー・センテンス—」『解釈』、平成五年六月
(19) 伊豆俊彦「芥川文学の原点」『日本文学』、昭和四八年七月
(20) 浅野洋「『戯作三昧』〈書斎〉の中の傀儡師」『国文学』、昭和五六年五月

第十章　ロマンと伝記のはざまで揺れる〈刹那の感動〉
―「蜜柑」論批判

第一節　はじめに

「蜜柑」は『新潮』(大正八年五月号) に『私の出遇つた事』という総題のもとに「一、蜜柑」「二、沼地」という形で発表され、のち作品集『影灯龍』(春陽堂、大正九年一月) ではそれぞれが独立した形で収録された。原稿用紙十枚にも満たない小品だが、作品としての結構とまとまりはきちんと備えており、「聊かも表現に無駄のない、作者の人間的な心持の温く染み出た作品」(1) と、好感をもって迎えられた。

もともとは必ずしも読者として児童・生徒を意識した作品ではなかったのだが、教科書にも採用されることが多くなって、広く児童にまで読まれるようになった。しかしその後はこの作品のみが好評を博したためか、作品集所収の際はそれぞれが独立した小品扱いを受け、別の選集『沙羅の花』(改造社、大正十一年八月) から「蜜柑」のみが取り上げられる場合が多くなっている。

「蜜柑」における先行研究としては教科書用としての〈読み〉が重視されたためか松沢和宏は解釈 (読み方) を「一、感動的な姉弟愛の物語として読む、二、末尾にむしろ本質的な暗さを読み取る、三、みかんが落下する光景は偶然が描いた一つの芸術に等しいと見る、四、家族愛の感動の背後に娘が奉公に出る厳しい現実の存在を認識する」(2) の四タイプに分けているのに対して篠崎美生子は「蜜柑」の読み方を「一「作家の「自動作用」を読む」、二「反転された「私」」、三「私小説の制度と戦略」(3) の三項目に分けて説明しているといったように、構成の分析に注目が集まっている。

このように「蜜柑」はさまざまな〈読み〉が可能である。たとえば娘はみごとな絵を虚空に描いてみせた、つまり、平凡な人生が時として荘厳ななにものかをかいまみせるのだとする説（三好行雄[4]など）、あるいは末尾の「私はこの時始めて、云ひやうのない疲労と倦怠とを、さうして又不可解な、下等な、退屈な人生を僅に忘れる事が出来たのである」という言葉、とくに「僅に」という語に着目して、〈刹那の感動〉も人生の一刻を彩るだけのものにすぎないなどとする説（平岡敏夫[5]、海老井英次[6]など）、さらには束の間の明るいスケッチ風の作品とする説（菊地弘[7]）、作者芥川の社会認識の甘さを指摘する説（小原元[8]、石割透[9]など）など、それこそ芥川作品研究でもきわめて多くの批評が蓄積されている。

どの〈読み〉も一応可能ではあると思うが、この作品の構成に見られる「私」の悪印象から好感への逆転という構造に従えば、その逆転時に〈感動〉が生じたとする読みが一番基本的であるように見受けられる。これを一言でいえば、従来の研究は〈刹那の感動〉をどう位置付けるかにあった。晩年の芥川の暗い一瞬間が〈刹那の感動〉へと変わって、そして再び暗い闇に向かって流れるというふうに読むことが一般的であった。それは小説と伝記的事実を相関させる歴史的実証主義の〈読み〉といってよい。

このようなこの小説に対する典型的な解釈論に対して本書をつらぬく課題は対立的でさえある。すでに繰り返してきたように、芥川の物語世界は伝記的事実を〈外部〉として遮することにその特徴があると認めてきたからである。ところが従来「蜜柑」においてのこの関係は「私小説」あるいは「私小説的小説」とみることによって、解決済みの問題であった。すなわち「語り手」の「私」＝主人公である「私」＝作者の「芥川龍之介」という等式を立てることによって、この小説の作者である芥川龍之介の性格や当時の生活状況を理解しさえすれば、「蜜柑」という作品の主題は簡単に解決する単純な問題と考えられていたのである。しかし九〇年代の文化・文学批評理論が歴史的実証主義の解釈として鋭く批判するのはこの主人公＝作者の等式を成立させることによって、作品の解釈に作家の伝記的事実を大量に投入することで、作家→作品によるたった一個の解答を求めるという方法だった。読者に唯一の正解を求めさせるという硬直した解釈論はすでに乗り越えられるべきだというのが世界の潮流となっている。それが作品（テクスト）を読者のものとすることで多義的解釈を許すことに対して真向きから反対するからである。ただそれでもこれまで「蜜柑」を「私小説」あるいは「私小説的小説」とする大きな根拠は、「芥川氏の『蜜柑』と云ふ小品がある。私は、あの題材を芥川氏から、口頭で聴いたとき、既に、ある感動に打たれた」(10) という、菊池寛の証言であろう。しかし表現や手法にこだわる作者芥川がそう素直に題材をそのまま小説にするとは考えられない。

このようなある意味で矛盾のようなものを抱えて「蜜柑」はいままで論じられてきた。「私小説」という方法を芥川は決してとることはなかったはずなのに、「蜜柑」に対しては、「蜜柑」の書かれた大正八年前後の芥川の状況、たとえば海軍機関学校の教師として横須賀行の電車に乗っていたことや、実父新原敏三が死んだこと、創作に行き詰まっていたこと、これらの条件を無視しては「蜜柑」は論じられないとばかりにほとんどの論考がそれに対する言及をしており、言及がないものは珍しいくらいである。このような歴史的実証主義の解釈という傾向に対して批判する論調もなかったわけではない。小原元や鵜生川清はそれぞれの論考の中で「作品が「私」なる人物の口を通じてかかれているからといって即座に私＝作者とみることは大きなあやまりである」(11) とか、「安易に〈私〉イコール芥川と考えることに多少のむず痒さを感じる」(12) などと、「蜜柑」を芥川の伝記的事実と結びつけてとらえることに難色を示している。語り手「私」が過去の体験を語った一人称の回想であるということでは変わらないにしても、だからといって、「私」＝作者芥川とする必要もない。この小説のクライマックスである〈刹那の感動〉は作者芥川の伝記的事実から分離できるならば、そのだけでも物語においての意味作用が変わるのではないか。本章はこの仮説から作品を解釈し直そうと思う。そして本章の根拠とするのが芥川の〈物語の方法〉である。この小説もまた完結的構造を有する物語と認めるのが本章の立場である。

第二節　風景と心象の〈照応〉(correspondence)

この作品は奉公先へ赴こうとしている一人の小娘が貧しい町はずれの踏切りまで見送りに出てくれた弟たちに、汽車の窓から蜜柑を投げ与える心暖まる風景をスケッチした小品ということで、現代においても芥川の作品としてはもっとも知られたものの一つである。

作品の素材が芥川の実際の体験にあったことは確かなようである[(13)]。石割透は「横須賀汐入の芥川の下宿あとを訪ねたあと、横須賀線に乗ってみた」と体験譚を語ったあと、その結果「蜜柑を投げるに適した場所は、地形を考えれば逗子駅の近くまで見あたらない」[(14)]という事実を発見している。彼によれば、問題のトンネルは沼間隧道（田浦・逗子間）か、名越隧道（逗子・鎌倉間）以外にありえないということになるという。

それに対して桑名靖治はつぎのような矛盾を指摘している。

> 石割さんの説が正しいとすれば、「小娘」の家は、田浦か逗子か鎌倉にあったことになります。その彼が、最寄りの駅からではなく、横須賀から乗ったのはいかにも不自然です。この矛盾を解消する筋書き―たとえば、横須賀で奉公していた彼女が、家に寄らずに別の奉公先に移る―も考えられないことはありませんが、それは、本末転倒の発想と言うべきでしょう。ぼくは、奉公に出るらしい「小娘」が、弟たちと踏切での別れを約束し（中略）最寄りの横須賀駅に駆けつけた、とよみます[(15)]。

この桑名靖治がいうように、奉公に出る娘が踏切での別れを約束して「最寄りの横須賀駅に駆けつけた」という状況が想定できるとしても、今度はただちに弟たちはなぜ姉を「最寄りの横須賀駅」で見送らなかったのか、娘はなぜ駅頭の別れを約束して、そこで蜜柑を手渡さなかったのかという別な疑問を招くことになる。

たとえば小娘の硝子窓を開ける動作で目覚めるほどの居眠りなら、

列車が駅に止る時は気づくはずで、次の田浦駅を居眠りのまま通過したとは考え難い。横須賀・田浦間は二・一キロメートル、所要時間は約五分で、その間に①吉倉隧道、②田の浦隧道、③長浦隧道、④七釜隧道がある。④七釜隧道は田浦駅に連接しているから除くと、②田の浦隧道と③長浦隧道が残り、居眠りを二、三分とすると③長浦隧道が有力であるが、③長浦隧道、④七釜隧道間には踏み切りは認められず、消去法の結果、残るのは②田の浦隧道・③長浦隧道ということになる(16)。踏切は今坂晃の「四つあるトンネルの二つ目を出た所」(17)とするのが最も妥当である。仮眠の時間を一分程度とすれば、横須賀駅から二つ目の「田の浦隧道」の西の踏切が該当する。が、地図上の目測であるが、その踏切でも横須賀駅よりは田浦駅に近く、蜜柑は横須賀駅付近の所用先で入手したものと思われる。確実な根拠としてあるのは、小娘が横須賀駅から乗ったということは彼女の最寄駅が横須賀であり、当然弟たちが見送る地点も横須賀駅に近い地点（横須賀、田の浦駅間か）になるということである。

しかし奥手健は田の浦隧道を抜けたあたりを有力候補に挙げながら、「作者の想像の場所」(18)だと結論付けている。いわば「蜜柑」を書く芥川龍之介に必要だったのは、いやそういってはなるまい。いいかえて二等客席に座っている「私」に必要だったのは、作者芥川によって統括され完結したこの小説世界であり、あえていえば、読者の「虚」の空間、トンネルの向こう側の、ということは山を越えた向こう側の踏切でしかないということ、そしてそこでしか姉を見送ることのできぬ弟たちがいたということである。そういう設定だからこそ、蜜柑は直接には手渡されることが不可能だったという状況をおさえておけばよかろう。「私」を乗せた列車は現実の横須賀線がどうであったかにかかわりなく、トンネルをひとつくぐりぬけたところで、あの〈刹那の感動〉が起こった、それでよかった。すなわち事実はどうであったかということはあまり重要ではない。語り手の「私」が「弟たちの労に報いたのである」と主観的に納得したというそのことが重要である。

すでに言及したことだが、芥川作品は決して日常という現実と地続きの自然主義リアリズムではない。あくまでも「虚」の時空間で自己完結した物語世界なのである。厳密にテクストの空間、ないし読者の読みにのみ属する「虚」の空間からはじまっていることは確認しておいてよかろう。作者芥川の〈物語の方法〉がこの小品にも確固として実現されている。横須賀の終点がどこであろうと、「蜜柑」の「私」は鉄道地図で限定された空間のあらゆる地点で列車を降りることのできる自由と、そしてまた、有限の支線の終着駅を越えて乗り継ぐことのできる自由とを留保して、二等客席の片隅に座っているのである。

三好行雄は「「蜜柑」のような作品にとって、こういうかたちで現実との整合性を求めはじめたら、それはほとんどバベルの塔を築くのに似てくる」と、次第に細分化するスコラ風の議論（歴史的実証主義）を相対化したうえで、さらに次のように断じた。「〈私〉を乗せた列車は現実の横須賀線がどうであったかにかかわりなく、どの駅にも停車しない。トンネルをただひとつくぐりぬければ、それでよかったのである。芥川龍之介は確かに機関学校への通勤の途次、横須賀線を往復した。「蜜柑」は、その客車内空間で夢想されたメルヘンである」[19]。「夢想されたメルヘン」という語はいかにもこの小説の形式にふさわしい。この小説には〈他者〉が発する具体的な言葉は「私」以外の最後まで登場しないからである。会話文がないことがそれをうかがわせる。矢野昌邦が「「蜜柑」に描かれた景物、人物は、すべて主人公の心象風景となっていて、主人公によって「見られた」世界であり、主人公と外界との対峙はない、ということができる」[20]と述べているように、この小説にはもともと〈他者〉の見解の入る余地がないのである。とすれば、読者にとっては語り手の「私」の〈語り〉自体を対象化することは実は求められていない。「私」と同化した〈読み〉が求められるのではないか。

横須賀発の列車の二等客席に腰をおろしている「私」の語りは、どこへ向かって、なんのために彼が行こうとしているのかを明示しない。しかしだからといって、芥川作品の物語の方法はまったくの異界

（ユートピア）の空想でもない。この物語世界はあくまでも現実の世界を「虚」の空間へと移行させせることによってもたらされる。だからこそ、もしもその終着駅を東京ないし鎌倉に比定できるとしたら、横須賀の海軍機関学校の教官だった芥川龍之介の伝記的事実をテクストの脈絡に導入しても一向にかまわないのであるが、ただ念を押しておけば、その伝記的事実が特定されたからといってこの作品に新たな意味を加えることができると考えることはできない。つまり芥川の実人生をも視野に入れた上で「蜜柑」を作者芥川の人生観からくる吐露とみるのではなく、それに対峙すべき芸術観によって構築された作品として読むべきであろう。

まず作品の発端に注意してみよう。すると、その最初から場面描写と語り手の心情の相関が注意される。物語構造の構築に当ってその小説技法への興味ということになろうか。場面はある曇った冬の日暮れ、発車の笛を「私」は待っている。

> 外を覗くと、うす暗いプラツトフオオムにも、今日は珍しく見送りの人影さへ跡を絶つて、唯、檻に入れられた小犬が一匹、時々悲しさうに、吠え立ててゐた。これらはその時の私の心もちと、不思議な位似つかはしい景色だつた。私の頭の中には云ひやうのない疲労と倦怠とが、まるで雪曇りの空のやうなどんよりした影を落してゐた。

ここで「私」の気分が情景描写と相関して描かれていることは重要である。「私」を支配している「疲労と倦怠」の原因を「私」は意識できない。そのため、それを対象化して「疲労と倦怠」と闘うことができないでいる。すると「私」の内部の「疲労と倦怠」と外界とは境界がなくなり、「私」の心境のみが眼にする風景や事物を通して〈真実〉として浮かび上がる。それをいいかえると、「私」は「疲労と倦怠」の中でしか対象が見えてこないということなのである。

> この隧道の中の汽車と、この田舎者の小娘と、さうして又この平凡な

> 記事に埋つてゐる夕刊と、—これが象徴でなくて何であらう。不可解な、下等な、退屈な人生の象徴でなくて何であらう。私は一切がくだらなくなつて、読みかけた夕刊を抛り出すと、又窓枠に頭を靠せながら、死んだやうに眼をつぶつて、うつらうつらし始めた。

「私」の頭の中は原因不明（原因があるかどうかさえわからない）の「疲労と倦怠」にいつの間にか支配され、その中からしか言葉を発せず、発した言葉は「疲労と倦怠」にからめとられて「自己」を解放するものにはならない。この表現からしても冒頭のプラットホームの場面が「私」の心情の喩といってもよいほどである。なぜなら、そのあとで「私」の心情がそれにぴったりすると綴られているからである。

> 私の頭の中には云ひやうのない疲労と倦怠とが、まるで雪曇りの空のやうなどんよりした影を落してゐた。私は外套のポツケツトへぢつと両手をつつこんだ侭、そこにはいつてゐる夕刊を出して見ようと云ふ元気さへ起らなかつた。

「まるで雪曇りの空のやうな」という喩だけが「私」の心情を表すだけではなかった。「私」の視線が捉えたプラットホームの風景全体が彼の心象の喩であることがわかろう。「私」は人生に倦怠を覚えている男性である。彼にとって、もはや人生は倦怠と疲労とをもたらすものにほかならない。この描写はリアリズムの手法によることはいうまでもあるまい。しかしすでに注意しておいたように、そのリアリズムはすでに人生の疲労で歪んだ「私」の視線を通してのものである。とすれば、その描写は「私」を見つめる背後の語り手の三人称による客観的なそれではなく、きわめて技巧的に「私」の心情の表現となっている。それは語り手「私」というよりも、のちになって作者芥川の心象の「象徴」だとはっきりと書かれている。

このように「私」を対象化する客観的叙述は慎重に排除されているのである。その結果として風景の叙述があったというべきである。というのは、風景は「私」の「云ひやうのない疲労と倦怠」を象徴するように選択されているからである。「私」の状態のみが叙述されているだけで、決して客観化されることがない。そのために「私」が何者であるか、どんな職業に就いているかなど「私」の人物像に関する叙述は排除されている。そして「珍しく見送りの人影さへ跡を絶つ」た「うす暗いプラツトフオオム」「檻に入れられた子犬が一匹、時々悲しさうに、吠えたててゐ」る光景は「私」の視線が切り取った断片であり、後述するが「私」の「疲労と倦怠」を反映するものとしての役割を与えられている。

そのプラットホームを後に、やがて汽車は動き始めるが、その時、けたたましい日和下駄の音とともに一人の小娘が乗り込んでくる。

> それは油気のない髪をひつつめの銀杏返しに結つて、横なでの痕のある皸だらけの両頬を気持の悪い程赤く火照らせた、如何にも田舎者らしい娘だつた。しかも垢じみた萌黄色の毛糸の襟巻がだらりと垂れ下つた膝の上には、大きな風呂敷包みがあつた。その又包みを抱いた霜焼けの手の中には、三等の赤切符が大事さうにしつかり握られてゐた。私はこの小娘の下品な顔だちを好まなかつた。それから彼女の服装が不潔なのもやはり不快だつた。最後にその二等と三等との区別さへも弁へない愚鈍な心が腹立たしかつた。

この小娘の描写もすべてこれまで論じてきた「私」の心象に捉えられたものであることに注意したい。「気持ちの悪い」「下品な」「不潔な」「愚鈍な」という形容語は「私」の「疲労と倦怠」に曇った視線による偏向であって、ただそれだけで、彼女は「私」にとって「腹立たし」く思われるのである。それを無視しようと、それまでは読む気にもなれなかった夕刊を広げる。しかし、そこにもあまりに平凡な出来事ばかりが索漠とした記事になっているのみであり、「私」の心はますます沈んでいく。

> この隧道の中の汽車と、この田舎者の小娘と、さうして又この平凡な記事に埋つてゐる夕刊と、—これが象徴でなくて何であらう。

このように、「蜜柑」での言いようのない疲労と倦怠に満ちた憂欝は、曇天、小娘、夕刊の記事といった認識対象とみごとな照応（correspondence）となって作品の世界と情調を形成している。一種の象徴性を帯びた風景のなかに「私」の視線と〈知〉は捉われてしまっている。これが「蜜柑」の発端である。小説の発端にとって重要なのはやがてはじまる無言のドラマにとって設けておかねばならない「私」の視線と心象なのであろう。もちろん、それゆえに対他化されない風景は「私」の孤独な心情に束の間の慰藉さえあたえない。「私」はこのときみずからの内なる虚無と向かい合っているともいえる。だから「発車の笛」に—無人の駅舎の風景からの出発を告げる合図に、かすかな「心の寛ぎ」をさえ感じた。それは何かからの解放をわずかながらでも象徴したのだろう。しかし卑俗な現実を人間にしたような顔の小娘が無人の客室に無作法に踏みこんできた。そのため「私」はまたいやおうなくその不可解な、不等な、退屈な現実にかかわることを強いられる。

第三節　小娘と「私」

まもなく、その小娘が「私」の近くに席を移して、トンネルが多いにもかかわらず車窓を開けようとする。

> これは勿論私にも、幾分ながら同情を惹くに足るものには相違なかつた。しかし汽車が今将に隧道の口へさしかからうとしてゐる事は、暮色の中に枯草ばかり明い両側の山腹が、間近く窓側に迫つて来たのでも、すぐに合点の行く事であつた。にも関らずこの小娘は、わざわざしめてある窓の戸を下さうとする、—その理由が私には呑みこめなかつた。いや、それが私には、単にこの小娘の気まぐれだとしか考へられなかつた。だから私は腹の底に依然として険しい感情を蓄へながら、あの霜焼けの手が硝子戸を擡げようとして悪戦苦闘する容子を、まるでそれが永久に成功しない事でも祈るやうな冷酷な眼で眺めてゐた。

一所懸命に重い窓を開けようとしているその姿に幾分ながら同情したものの、その気まぐれな行為の動機が理解できず、視線の偏向を変えていない「私」は腹の底に依然として険しい感情を蓄えながら、それを冷酷な眼で眺めている。その視線は小娘との間に距離を置いて〈現実〉に「私」の「疲労と倦怠」を重ね合わせて見つめようとする姿勢である。この作品はあくまでも小娘の物語ではあるが「私」は決して第三者的で客観的にそれを見つめる位置にとどまる存在ではない。

しかし、ちょうど汽車がトンネルへ入るのと同時に、その車窓が開いたために、そこから流れ込んだ煤（すす）を溶かしたようなどす黒い空気を満面にあびることになった。「私」はほとんど息もつけないほど咳きこまなければならない状態になり、小娘を頭ごなしに叱りつけようとする。このプロットから小娘と対立的な「私」のありようが、傍観者としての静的な「私」の位置から、小娘とかかわり合う当事者としての動的な小説世界の内部の人物へと変化させる。小娘のふるまいは繊細な神経をもっている都会人の「私」には耐えがたいほど不快である。

> さうしてその四角な穴の中から、煤を溶したやうなどす黒い空気が、俄に息苦しい煙になつて、濛々と車内へ漲り出した。元来咽喉を害してゐた私は、手巾を顔に当てる暇さへなく、この煙を満面に浴びせられたおかげで、殆息もつけない程咳きこまなければならなかつた。

すでに言及してきたように、この小説が風景と心象の〈照応〉の文学を意図しているとするならば、場面の当事者として〈現実〉と向かい合うことになった「私」の状況もまたその視線を通して象徴作用をもつことを想定しなければならない。とすれば、汽車の中に流れ込んできた「どす黒い空気」が人生の象徴であるとすれば、「私」はもはやその人生を前にして「殆息もつけない」でいる。それゆえに「これが象徴でなくて何であらう」と、そうつぶやかざるをえない。「私」の不愉快は絶頂に達する。

すると、とたんに汽車はトンネルをぬけ出てあたりが急に明るくなる。「私」の眼に蕭索とした踏み切りの柵の向うに、背の低い、この町外れの陰惨たる風物と同じような色の着物を着た頬の赤い三人の男の子が一所懸命に手を挙げ嘆声をあげているのが見えた。

> 窓から半身を乗り出してゐた例の娘が、あの霜焼けの手をつとのばして、勢よく左右に振つたと思ふと、忽ち心を躍らすばかり暖な日の色に染まつてゐる蜜柑が凡そ五つ六つ、汽車を見送つた子供たちの上へばらばらと空から降つて来た。私は思はず息を呑んだ。さうして刹那に一切を了解した。小娘は、恐らくはこれから奉公先へ赴かうとしてゐる小娘は、その懐に蔵してゐた幾顆の蜜柑を窓から投げて、わざわざ踏切りまで見送りに来た弟たちの労に報いたのである。

「私」にとって疲労や倦怠、退屈は、日常的生活の基調をなす心情であった。それゆえにこそというべきだろうが、「私」は下劣で退屈な現実から限りない大空へと精神の飛翔を試みるようとする潜在意識があったと考えられる。それが暖かな日の色に染まっている蜜柑によって心の表層に解放された。蜜柑ははじめ小娘の手を離れて子供たちの方へ落下しはじめる。が、同時にそれは「私」の心に降ってきたのである。ここであらかじめこの小説のクライマックスとなる〈刹那の感動〉を照応の技巧という視座から考察しておくと、次のようになる。

> 窓から半身を乗り出してゐた例の娘が、あの霜焼けの手をつとのばして、勢よく左右に振つたと思ふと、忽ち心を躍らすばかり暖な日の色に染まつてゐる蜜柑が凡そ五つ六つ、汽車を見送つた子供たちの上へばらばらと空から降つて来た。私は思はず息を呑んだ。さうして刹那に一切を了解した。

粗野な小娘の純情がいくつかの蜜柑に象徴されて、「蕭索とした」また「陰惨たる」風景の中に乱落する風景は美しい。子供たちに小娘の手から投げ与えられた蜜柑、「私」は一瞬人生の塵労を忘れ去ることができた。それはのちに述べる〈刹那の感動〉だが、その描写が美しいのは実は「私」の心象と結びついた視線を一瞬のうちに転換させたからだ。見送りに来てくれた弟たちの労に報いるために小娘が車窓から投げ与えた蜜柑の輝きは「私」に次のような変化をもたらしている。

> さうしてそこから、或得体の知れない朗な心もちが湧き上つて来るのを意識した。私は昂然と頭を挙げて、まるで別人を見るやうにあの小娘を注視した。

「或得体の知れない、朗な心もち」というのはどういう感情であろうか。この感情はなかなか複雑だが、本章があえて解釈を試みるとすれば次のようになろうか。すなわちそれは兄弟愛に感動したという面もあるであろうし、「切なさ」もあろう。姉弟の愛情という「温かいいつくしみの心」を溶かしこみながらも、しかしそうした「平凡」でいわば「卑俗な現実」感覚を昇華させた感動、それが「私」を「朗な心もち」に導いたように思われる。芹沢光興は「私」の感動が人間性や姉弟愛に対するのではなく、「〈暮色〉—〈鮮な蜜柑〉という色彩の対照」などによる「絵画的印象」、「猥雑な現実を濾過するところに成り立った一枚の絵」[21]に対するものだとする。たしかに、すばらしい「一枚の絵」を見ることができた感動が自分の内部に変化をもたらしたという解釈も可能だろう。しかし本章はコレスポンデンスの技巧と心象にこだわろう。また「意識した」とあるように、自分自身でも今一つ捉えきれない感情なのであろう。とすると、小娘が上等な「二等客車」に入り込んできたのは二等車の窓下に弟たちのいる風景を眺めたかったのかもしれない。ただ小娘の心情をこまかく類推するよりも、視線の問題で解釈できることかもしれない。つまり、弟たちから見る姉も二等車のフレームにおさまることで「私」の視界に入る。だから小娘はあえて二等車にやってきたのだ。

第四節　刹那の感動―啓示的感動

蜜柑の色があざやかだったのは、貧しい弟たちになけなしの小遣いをはたいて、せめてもの幸福を与えようとした娘の優しさゆえであり、その優しさが「私」にも束の間の幸福を与えた―蜜柑は確実に「私」のうえにもばらばらと空から降ってきた。だからこそ、瞬時に消えた絵が美しかったのだといったふうな教材にふさわしい〈読み〉がまったく不可能なわけではない。感動が一瞬「私」の胸を突いたのだ。それは即物的な感動にとどまらない。まさに〈啓示的〉な象徴、または宗教的啓示への感動ととるべきだ。平岡敏夫が「蜜柑は神の恩寵」[22]ととらえているのは大いにうなづける。それは落下する様子に、あたかも雲間を破って地上に降り注ぐ太陽の光を思わせるかのようで、天からの恩寵を象徴すると見られるからである。

小娘の行為はみずからの意志とは無関係に暗欝な風景のカンバスに日の色に染まった暖色を添えた。この蜜柑の色が輝いた一瞬こそ、まさに〈刹那の感動〉そのものにほかならず、「私」にとっては宗教的啓示にも似た感動といってよいものが「私」を捉えた。それは「私」の心象がとらえた構図のなかでのみあざやかな意味が附与される。「私」はこう結んでいる。

> 私はこの時始めて、云ひやうのない疲労と倦怠とを、さうして又不可解な、下等な、退屈な人生を僅に忘れる事が出来たのである。

乱落する蜜柑の暖色に〈刹那の感動〉がみられるのは確かであるが、しかしそれとともに、菊地弘[23]や平岡敏夫[24]の述べたように、〈刹那の感動〉ではもはや代替しえない人生の倦怠の、暗く重い広がりはどうにもならない深刻な段階に立ち至っていることをも見るべきだろう。両者の解釈は作中の「私」と作者芥川の伝記的事実とを結びつける、まさに歴史的実証主義の解釈だが、そのような解釈は誤りではない。海老井英次は「「僅かに」の一語の挿入に、この時点での芥川の意識内容が露呈しているのではないだろうか」とし、「蜜柑の明るい輝きが、この小娘の一生を貫く想い出になることはもはやないのであり、トンネルの多い鉄路に似て、明暗交々の生活がはてしなくくり返されるだけである。「刹那の感動」もすでに人生の一刻を彩るだけである」[25]と解釈し、川端俊英は「『蜜柑』は、やがて自虐と狂気の「迷路」に踏みこんでいかざるを得なかった芥川が、「僅に」点じた健康な精神の「火花」であった」[26]と評している。そのような解釈群は無視すべきではなかろう。

この歴史的実証主義の解釈を延長すると、蜜柑の明るい輝きがこの小娘の一生を貫く想い出になることはないのであり、トンネルの多い鉄路に似て明暗交々の生活がはてなくくり返されるだけである。芥川の同時代の現実が暗澹しているからであるという歴史的実証がすでに用意されているからであるとすれば、〈刹那の感動〉もすでに人生の一刻を彩るだけであるということになる。「私」に疲労と倦怠などを忘れさせてくれたのは「僅に」のことであり、ほんの一瞬は「私」の眼に「別人」のように映じた小娘も一瞬が過ぎればまた相変わらずであろう。

> 小娘は何時かもう私の前の席に返つて、不相変皸だらけの頬を萌黄色の毛糸の襟巻に埋めながら、大きな風呂敷包みを抱へた手に、しつかりと三等切符を握つてゐる。……

〈刹那の感動〉はあくまでも文字どおり一瞬の感動であり、小娘の人生を永遠の相へ止揚しないままである。それはいわば自然主義リアリズム小説の主題たる幻滅の悲哀が覆うことになるという枠組が予定されているからだ。しかしこの小説は〈外部〉の現実を遮断する完結的構造を有する物語であるということは繰り返してきた。芥川龍之介の伝記的事実をこのテクストに介入させることは避けるべきなのだ。〈刹那の感動〉をもって「私」の小娘を見る眼を変えたというところで物語は結ばれている。すると、〈刹那の感動〉はあたかも宗教的回心のように「私」の心を昇華する。この小説はそこにこそ主題がある。

この一瞬の出来事が「一切を了解」させてしまった。小娘の不可解な行動も、なにもかもである。

明るい蜜柑の肌の色は粗野な小娘の野生の中に秘められた兄弟愛を象徴したのだ。しかし娘はあいかわらずひびだらけの赤い頬をして、手に三等切符を握りしめているみすぼらしい田舎者にすぎない。彼女が蜜柑を投げ与えた心情を忖度することはこの小説からは無理だ。感動は娘の心情によってではなく、風景を切りとった「私」の眼によってもたらされた。平凡で、暗愚で不可解な人生が時として、荘厳ななにものかをかいま見せることがある。それは宗教的回心に似る。ここでいう「不可解」とは了解不可能ということではなく、「私」の中のあるべき世界と認識される現実との落差ゆえに漏らされた言葉である。自己の認識に絶対性をおくところから発せられる批評の言葉にほかならない。「私」は人生の真実を一瞬のうちに啓示されたのだ。それはあたかも宗教的回心にも似た奇跡の光景の出現だったといってもよい。これは人生の疲労に疲れた中年の男性が啓示を得ることによって人生に新たな意味を見出した瞬間なのだ。だからこそ「私」に感動をもたらした。「蜜柑」は人生の真実が啓示された瞬間に主題が捉えられるのである。たとえその後の人生が相変わらずだとしても、そこに新たな意味を見出したという事実は消えない。「私」にとって人生を生きることが新たな意味をもってくることになるのである。

この小品にふれて、後年菊池寛が「内容的価値」を説いたことは周知のことだが、たしかにこの素材には、表現を与えられる以前に感動的なものが実体としてあった。「蜜柑」は作者芥川が経験した実際の体験であり、芥川はその事実に遭遇したとき、いたく感動して菊池寛にすぐ伝えたらしい。菊池は「私はあの題材を芥川氏から、口頭で聴いたとき、すでにある感動に打たれた」[(27)]と語っている。作品の背後に横たわる生の残酷な現実を見つめつつ、なおそれでも人生は生きるに価する崇高な価値をもつ。この小説はそれを訴えている。もちろん、蜜柑の色があざやかだったのは、貧しい弟たちになけなしの小遣いをはたいて、せめてもの幸福を与えようとした娘の優しさゆえであり、その優しさが「私」にも束の間の幸福を与えるとともに人生の回心をもたらした―蜜柑は確実に、「私」の上にもばらばらと空から降ってきた。だからこそ、瞬時に消えた絵が美しかったのだといったふうな、教材にふさわしい〈読み〉がまったく不可能なわけではない。いや、むしろ教材化したこの小説は芥川の伝記的事実から切り離されていることによって物語の本質をあらわしたと本章は主張する。それゆえに名作なのだ。

もしこれを芥川の伝記的事実と結びつけるならば、芥川としての透徹した認識を明示する作品（テクスト）になりえなかったことであろう。そのため、ただ乱れた神経がふと呼びさまされて感じた、ある種の巧みで美しい情緒を発見するのみだと言わざるをえない。それではこの小説は死んでしまうだろう。

しかしこの短編の作品に解釈を与えようとするとき、作中人物の「私」に作者芥川の伝記的事実をもちこむことがこれまでの芥川論だったことも無視できないことはすでにいっておいた。いま一度そのような方法にもとづく解釈を確認してみよう。

乱落する蜜柑の暖色によって得られた〈刹那の感動〉ではもはや代換しえない「私」の人生の倦怠の、暗く重い広がりを正しくみるべきであろうという。というのは、それがこの小娘の一生を貫く想い出になることはもはやないのであり、トンネルの多い鉄路に似て、明暗交々の生活がはてしなくくり返されるだけである。〈刹那の感動〉もすでに人生の一刻を彩るにすぎない。

このように、この「蜜柑の色」による感動は一瞬の現象でしかなく、そこに永遠を内包する〈刹那の感動〉とは異なるものがあるということもできる。リアリズム的にこの短編の物語世界を〈日常という現実〉にひき延ばしていけば、当然そう読まなければならないだろう。ほんの一時「私」の眼に「別人」のように映じた小娘も相変わらずであろう。幸福な一瞬の後には暗い現実に沈み込む生活に、そしてやがてそれが日常化して「退屈な人生」に帰着していくことになる。つまり「退屈な人生を僅に忘れる事が出来たのである」の「僅に」に着目し、この一語に「芥川の「絶望の声」」[28]を聴く平岡敏夫、また同じ個所を引いた上で「極言するとそれだけに暗い翳だけしかみていない作者の姿が彷彿されている」[29]と書く菊地弘において、それは典型的といえよう。

この解釈を支えるものが伝記的事実ということになる。「蜜柑」の「私」の「疲労と倦怠」とは一般的な人生に対する普遍的事実などでない。これまたいうまでもないことだ。それはまさしく当時作者芥川自身が陥っていた、次のような作家としての苦衷を反映したものであったとみられる。

> 有芸術の境に停滞と云ふ事はない。進歩しなければ必退歩するのだ。芸術家が退歩する時、常に一種の自動作用が始まる。と云ふ意味は、同じやう作品ばかり書く事だ。自動作用が始まつたら、それは芸術家としての死に瀕したものと思はなければならぬ。僕自身「龍」を書いた時は、明にこの種の死に瀕してゐた。(「芸術その他」、『新潮』大正八年十一月)

ここでいう「龍」(『中央公論』大正八年五月)を書いていた時とは、まさにこの「私の出遇つた事」の執筆時でもあり、その時芥川は芸術家として「死に瀕し」ていたと告白しているのである。したがって「蜜柑」の「疲労と倦怠」も当然それと密接に関連しているものであり、先にくりかえし確認した「私」の思いも、もちろんそこで増幅されたものにちがいない。「蜜柑の色」が一瞬の感動を生み出すだけで、にわかに褪色してしまうのも、そうした作者芥川の精神構造とのかかわりにおいて納得されよう。そうしたはかない輝きにさえ「私」は心を止めなければならないほど、現実にはやりきれない生活を続けていることであろう。このような芥川の伝記的事実がこの作品(テクスト)に浸透させるところに自然主義リアリズムがあったわけである。

第五節　むすびに

以上、本章ではまったく相反する解釈の可能性を提示してみた。解釈の分岐点は芥川の伝記的事実と関連させるかどうかにある。この蜜柑の色が輝いた一瞬こそまさに〈刹那の感動〉そのものにほかならない。そこに啓示的感動を読みとり、その一瞬の転回において「私」の回心が起こり、たとえ「疲労と倦怠」にうちひしがれる人生であっても、そのような人生だからこそ、生きるに価する価値があると積極的に受け入れようとするという方向の解釈である。暗い人間、人生認識から出発するからこそ暖かな日の色に染まっている蜜柑の発見に至ったというものである。

娘の投げた蜜柑は町外れの陰惨たる風物のなかにあざやかな一枚の絵を現前した。しかしこのような絵に出会うために、トンネルを通過儀礼とする世界の転調があったという理解も成り立たないわけではない。そうした構造化によって、「蜜柑」に新たに見えてくる何かがあるのだ。重要なのは「心を躍らすばかり暖な日の色に染まつてゐる蜜柑」だけではない。それは「私」の心象とからむ眼がとらえた構図のなかでのみあざやかな意味が付与されるということだ。弟たちの労に報いるべく与えられた蜜柑の色はたしかに鮮やかであり、人間と人間との間に流れる暖かいもの、人間らしい関係をそこに見出される。ここにこの短編の価値を見ようとする解釈はいわばロマンチシズムのそれといえようが、この短編の価値はそこにしかないというべきだ。

それに対して、正反対のリアリスティックな解釈についてはこれまでの通説であったし、それにすぐうえで語ってきたので省略しよう。ただそこでの伝記的事実との関連による解釈が芥川の物語の方法といえば、決してそうではあるまい。もしそうであれば、この短編は作者芥川の伝記の一資料にとどまるにすぎない。

芥川は物語文学は作家周辺の世態・人情を描くということに強く反発していた。そのことは本書の「戯作三昧」でも指摘しておいた。思うに、この短編が印象深い小説として受け入れられているのは前者の解釈を通してであろう。そこに芥川の伝記的事実を援用してリアリズム的に解釈することはこの短編を幻滅に追いやるだけだろう。

注

(1) 南部修太郎「若葉の窓にて」『読売新聞』、大正八年五月七日
(2) 松沢和宏「芥川龍之介『蜜柑』を解釈に抗して読む」『〈新しい作品論〉へ、〈新しい教材論〉へ』右文書院、平成十一年
(3) 篠原美生子「蜜柑」『芥川龍之介全作品事典』勉誠出版、平成十二年
(4) 三好行雄「『蜜柑』論のための素描」『三好行雄著作集』第三巻、筑摩書房、平成五年
(5) 平岡敏夫「日暮れからはじまる物語—芥川試論—」『芥川龍之介』大修館書店、昭和五七年十一月
(6) 海老井英次「蜜柑」『別冊国文学』NO.2、学灯社、昭和五四年
(7) 菊地弘「芥川龍之介『蜜柑』」『国文学解釈と鑑賞』第三四巻四号、昭和四四年四月
(8) 小原元「作品鑑賞の実際その三—芥川龍之介『蜜柑』の鑑賞—」『国文学解釈と鑑賞』第十一巻四号、昭和　二一年
(9) 石割透「芥川龍之介の『蜜柑』」『国語通信』二八九号、昭和六一年十月
(10) 菊池寛「文芸作品の内容的価値」『新潮』、大正十一年七月
(11) 小原元「生活とむすびついた感動—芥川龍之介「蜜柑」・大正八年—」『リアリズム文学への道—小原元文学論集』未来社、昭和四七年
(12) 鵜生川清「芥川龍之介「蜜柑」論—空間を読む」『国語通信』第二八五号、昭和六一年五月
(13) 菊池寛「文芸作品の内容的価値」『新潮』、大正十一年七月
(14) 石割透「芥川龍之介の『蜜柑』」『国語通信』、昭和六一年十月号
(15) 桑名靖治「もう一つの『蜜柑』」『国語通信』、昭和六一年七～八月号
(16) 岡崎晃一「芥川龍之介「蜜柑」論」『解釈』第四九巻七・八号、平成十五年八月
(17) 今坂晃「国語教材はいかにあるべきか」『中国文学論叢（桜美林大学）』十八、平成五年
(18) 奥手健「横須賀一九一九年—『蜜柑』私注」『湘南短大紀要』第一巻一号、平成二年
(19) 三好行雄「『蜜柑』論のための素描」『三好行雄著作集』第三巻、筑摩書房、平成五年
(20) 矢野昌邦「芥川龍之介『蜜柑』考」『日本文学（明治大学）』第八号、昭和五三年三月

(21) 芹沢光興「『蜜柑』論への一視角—〈或得体の知れない朗な心もち〉をめぐって—」『日本文学（立教大学）』五一、昭和五八年十二月
(22) 平岡敏夫「日暮れからはじまる物語—芥川試論—」『芥川龍之介』大修館書店、昭和五七年十一月
(23) 菊地弘「芥川龍之介『蜜柑』」『国文学解釈と鑑賞』第三四巻四号、昭和四四年四月
(24) 平岡敏夫「日暮れからはじまる物語—芥川試論—」『芥川龍之介』大修館書店、昭和五七年十一月
(25) 海老井英次「「蜜柑」—暗い〈基調〉を切り裂く感動」『月刊国語教育』、昭和五八年四月
(26) 川端俊英「芥川龍之介の『蜜柑』」『国語教育研究（広島大学）』二六号上、昭和五五年
(27) 菊池寛「文芸作品の内容的価値」『新潮』、大正十一年七月
(28) 平岡敏夫「日暮れからはじまる物語—芥川試論—」『芥川龍之介』大修館書店、昭和五七年十一月
(29) 菊地弘「芥川龍之介『蜜柑』」『国文学解釈と鑑賞』第三四巻四号、昭和四四年四月

第十一章 「虚しい」生の終末
—「玄鶴山房」における玄鶴の表象

第一節 はじめに

芥川龍之介「玄鶴山房」は『中央公論』(昭和二年一月号) にそのうちの一～二章が掲載されたが、二月号にあらためて全六章が発表され、没後の昭和五年一月に選集『大導寺信輔の半生』(岩波書店) に収録された。「玄鶴山房」は周知のように「「春の夜」(『中央公論』昭和二年四月) と一しょに或看護婦に聞いた話」(1) を基にして執筆された作品といわれている。また創作に関するメモが「手帳」として残され、またその草稿も残されている (2)。さらには『中央公論』二月号の切り抜きに芥川自身が訂正を書き入れたものもあって作品 (テクスト) 論の材料としては良質な資料が残されているといえる (3)。「玄鶴山房」は枚数にして四○○字詰め原稿用紙四十枚ほどにしかならないが、芥川の「最後の本格的な作品」(4) と評価されている。

芥川はいくつかの書簡を通して執筆当時の想いを披瀝している。たとえば執筆時の心境を「僕は暗タンたる小説を書いてゐる。中々出来ない。十二三枚書いてへたばつてしまつた。冬眠、冬眠、その外のことは殆ど考へない」(5) とか、「僕は今新年号に煩はさる。(中略) 僕ハ陰欝極マル力作ヲ書イテヰル。出来上ルカドウカワカラン」(6) などと書き綴っている。芥川はこの頃心身ともにすぐれず、さらに義兄の家の全焼と義兄の死の後始末に追われており、すでに自殺を決意していた。

この作品の玄鶴なる老人に対しては専ら作者芥川の晩年の動向を重ねて理解される傾向が続いた。それは「あの話は「春の夜」と一しょに或看護婦に聞いた話だ」とあることからして、事実に基づいた作品と受け止められていたからだが、ただ素材は芥川の創造の坩堝の中で十分練られていることは他の芥川作品と同様である。本章があえていいたいことは「玄鶴山房」と作者芥川の伝記的事実は決して対応するという構造を取ろうとしていないということである。物語そのものが完結的構造をもっている。

執筆時の芥川の心情・状況などを考慮するならば、「玄鶴山房」に込められた彼の意図は玄鶴に自己を重ねるという先行研究の枠組を超えるものなのかも知れない。換言すれば、「作品を**作者**の側に開」いた場合の〈読み〉が従来の通念であったとしても、芥川文学研究の現在からすれば、むしろ「玄鶴山房」は「**読者**の側に開く」べき作品であり、それに充分に耐え得る内実を持っている。

本格的な作品論は関良一「「玄鶴山房」批判―芥川龍之介の文芸の本質と限界」(7) から始まる。ここにはすでに、「茶の間」「隣の間」「離れ」という空間の問題、章毎の視点の転換の問題、甲野の役割、そして「一」と「六」の位置など後に深められていく問題の祖型ともいうべきものが提出されている。その後一九八〇年代に入って、ナラトロジー空間布置への着目、甲野の作品内機能、お芳の意味を検討する諸論考が発表され、一九九〇年代には作品構造や物語論的な方法への関心、さらには作者芥川を媒介にした同時代の文化論的文脈の導入など意欲的な論考が続いている。

それでは本章はこの作品（テクスト）をどう捉え返そうとするのか。本章が注目するのは「玄鶴山房」には、無気味な死の予感を漂わせる「離れ」「茶の間の隣り」と、そこから隔絶することによって、表面上小市民的幸福を営んでいる重吉夫婦のいる「茶の間」という三つの空間が仕切られているということである。本章では、まず「山房」の空間構造が「手巾」や「鼻」の羅生門の楼上のように閉ざされた演劇的空間となっていることに留意し、その内部でひっそりと息を引きとる玄鶴の「浅ましい」を通じて芸術家になりそこねた人物の生涯がどう描かれているのかについて追究していきたい。そして従来この作品（テクスト）が作者芥川の最晩年、自殺を覚悟した心境と重ね合わせて読まれてきた。それを批判するためにも本書の課題とする作家の伝記的事実とテクストとの関係を再考してみよう。

第二節 〈山房〉の舞台のドラマ

「玄鶴山房」の構成はまず山房の外と内に分けられる。全部で六章から成っているが、冒頭と結末に当たる「一」と「六」は山房の外を描いており、それに対して「二」から「五」までの四章は山房の内を描いている。もっといえば、「二」から「五」までは山房という額縁の内に繰り広げられる悲惨で残酷な人生のドラマを多面的な眼で四場面に仕切って捉えているということもできる。

その構造からすると、この小説は典型的な額縁小説といってよく、その額縁性は住居の間仕切りによるばかりでなく、それぞれの居間を見る者（語り手・視点人物）と見られる者（玄鶴ほか山房内の人物たち）が山房内の人々に限られていることにもよるのだが、その〈見る〉は単なるリアリズムというよりも、作者芥川の心象風景を高度に象徴化している点で、きわめて技巧的であると評価することもできる。

「離れ」に玄鶴が肺結核を病んで臥っている。茶の間の隣りでは、妻のお鳥が腰萎えになって座り込んだきりになっている。うっとうしい居住空間である。当時の医療水準では老人性の結核におかされた玄鶴の死期は目に見えているし、お鳥にも治癒は期待されない。とりわけ玄鶴は病床に横たわるままで「茶の間」に出入りする周囲の人間たちに迷惑がられながら余生を送らざるをえないのだ。こうして玄鶴山房の中の居住空間が「茶の間」「隣りの間」「離れ」の三つにはっきり分れることになるが、それよりも空間構造は世代間の差異、健康者と病者という二項対立で区別すべきで、重吉夫婦が生活する「茶の間」と玄鶴夫婦の生活圏としての「離れ」に分けられていると捉えられる。物語の多くはこの「離れ」で繰り広げられる。「離れ」は他の空間から隔絶されているがゆえに、「離れ」を舞台として話を構成するためには、おのずと登場人物が限られてくるのはやむを得ないし、それが額縁小説と規定されるゆえんである。このような構造からしても、小説の中心は「離れ」に横たわる玄鶴の苦悩にあることはいうまでもない。しかも彼は時として〈見る〉者になり、その内面が語られることもある。こうして玄鶴は見る者であり、見られる者であることによって多面的に彼の生が捉えられることになる。

「玄鶴山房」とは作品の主人公堀越玄鶴の家を指す。作品の冒頭は山房を外から穏やかな、しかも一種の静寂さが漂う住居として描写する。作者はこの家の外観についてかなり精密に描いており、その門構えから玄関に至るまで鋭い観察を加えている。

> ………それは小ぢんまりと出来上つた、奥床しい門構への家だつた。尤もこの界隈にはかう云ふ家も珍しくはなかつた。が、「玄鶴山房」の額や塀越しに見える庭木などはどの家よりも数奇を凝らしてゐた。（中略）しかし「玄鶴山房」は兎に角小ぢんまりと出来上つた、奥床しい門構への家だつた。殊に近頃は見越しの松に雪よけの縄がかかつたり、玄関の前に敷いた枯れ松葉に薮柑子の実が赤らんだり、一層風流に見えるのだつた。

これらの描写にはいかにも風流好みの芥川龍之介らしい趣向が認められる。この繊細ながらも風流な山房は、一見すると、実業あるいは芸術上でそれなりの功を成し遂げ、引退した人が晩年を趣味豊かに送ろうとする住居といったふうであることは「奥床しい」という形容語が繰り返されていることからうかがえる。それでも、「かう云ふ家も珍しくなかつた」とあるように、よくあるたたずまいといった風情である。ただ「どの家よりも数奇を凝らし」ともあって、現役の時には相当に羽振りがよかったことをもうかがわせる。この山房の主人はある大藩の家老家から器量よしの妻を迎えたのも、なんとか人生にそれなりの価値を見出そうとした衝動からだったろう。一人娘の婿にも一時は知事などにもなったある政治家の次男を迎えたのも同じ理由によろう。玄鶴は「画家としても多少は知られてゐた」という人物で、ゴム印の特許を受けてから地所の売買をして資産を作った人物とされる。女中上がりのお芳を東京の近在に妾として囲っていたことがあり、文太郎という子さえ生ませていた。が、いまは不治の病とされる肺結核を煩い、「離れ」で病臥療養している身である。

「離れ」は隔離された別世界であり、渡り廊下で結ばれる。娘婿の重吉は毎日必ずこの「離れ」へ顔を出し、あいさつはするものの、義父の結核に感染することを恐れてか、「閾の内へは滅多に足も入れたことはなかつた」。重吉はただ義務的に「離れ」を訪れ岳父にあいさつし、また第二の「離れ」ともいえる「茶の間」の隣の部屋で床についている姑を見舞うのを日課としている。これら二つの「離れ」の老人空間と重吉夫婦の「茶の間」の生活空間との対比が作品の構造上重要な意味を持つ。その交差するところで物語を起動する事件が位置づけられるのである。

「一」は、作品の導入であるとともに、榎本隆司がいうように「山房内のドラマに十分対応する密度の高い一節」(8) になっている。玄鶴は冒頭と結末から「離れ」に横たわる死に瀕した老人として描かれている。この人物は「離れ」が象徴するところからも、家人からは疎外されたまったくの孤絶の状態に置かれている。それゆえに、というよりも、むしろそんな玄鶴をめぐる家人の葛藤がこの物語の展開となる。したがって玄鶴は人間関係の錯綜が捉えられる中間部には話題の中心にはなっても、彼自身が発話したり登場することもない。家人の葛藤を通して玄鶴はまったくの孤独の中で死と向き合っていることが浮かび上がってくる。

それを象徴するのが、すでにその一部を引用したことのある次の一節である。

> 玄鶴は「離れ」に床をとり、横になつてゐない時には夜着の山によりかかつてゐた。重吉は外套や帽子をとると、必ずこの「離れ」へ顔を出し、「唯今」とか「けふは如何ですか」とか言葉をかけるのを常としてゐた。しかし「離れ」の閾の内へは滅多に足も入れたことはなかつた。それは舅の肺結核に感染するのを怖れる為でもあり、又一つには息の匂を不快に思ふ為でもあつた。玄鶴は彼の顔を見る度にいつも唯「ああ」とか「お帰り」とか答へた。その声は又力の無い、声よりも息に近いものだつた。(中略) けれども「離れ」へはひることはどうも彼には無気味だつた。

これがそのまま唯その肉体上の死を待つばかりに呼吸しているだけの枯渇した老人と化してしまった「離れ」の実体である。この玄鶴は多面的な人物の視線を通して外部から捉えられる。娘のお鈴によれば次のように説明される。

> 「ぢやお父さんにさう言つて来ませう。お父さんもすつかり弱つてしまつてね。障子の方へ向つてゐる耳だけ霜焼けが出来たりしてゐるのよ。」

玄鶴はもはや自分の力では身体を自由にすることのできない痛ましい状態にある。あらためて玄鶴の死を見つめねばならなかった苦しみの源を考えてみれば、それは長年の病苦、床ずれの痛みといった肉体的苦痛と、それにお鳥の嫉妬や子どもたちの喧嘩といった精神的苦痛であったのだが、読者に強烈に訴えかけてくるのは、実は玄鶴の病臥している「離れ」が文字通りこの山房における彼の孤絶を示しているということであった。小説世界の空間構成は冒頭で「風流な」山房の外観描写があって、そしてその内部にいまや枯渇してしまった肉体がそこにあってその形骸が腐敗し崩壊していく人間の生が描かれる。その空間構成は象徴性を帯びているといった。外と内とがズレていること、それはこの小説に登場する人物たちの人間性に共通すると言いたいかのようだ。

「二」に入ると、山房に住む家人はみな登場する。彼らは少なくとも表面的には平穏を保っている。玄鶴は「離れ」の人であり、お鳥は「茶の間」の隣の住人である。二人が「茶の間」に侵入してくることはない。しかしお鳥は七、八年前から腰抜けになって不自由な身体を居間に横たえているが、それでも玄鶴とかつてその妾であったお芳とがこもる「離れ」へ向かっていざりながら縁側に這い出して行くという嫉妬ゆえの鬼気迫る醜態を演じる。この痛ましいお鳥の姿は面子や自尊心などといった自己制御が崩れ、人間本然の内なる妄執が外にほとばしり出たものといえる。健康であった頃は夫の妾宅通いにも平然を装っていたお鳥だが、今は死を控え、肉体の自由を失なっている玄鶴がお芳と二人でいるといったところでどうというわけでもないことに嫉妬する姿は哀れでもあり、惨めでもある。生きることを続けることが醜さしか堆積しないような、この老人たちの生き様が「離れ」の内実にほかならない。

それに対して「茶の間」の方は、玄鶴の婿にあたる銀行員の重吉と妻お鈴、それに長男の武夫が文化村や華奢な皿小鉢に象徴される「小綺麗」な小市民的な幸福を生きている空間として描かれている。それゆえもしも玄鶴が死んだなら、「茶の間」の生活が「離れ」を駆逐して「小綺麗」な生活をそこにまで広げるだろうことは十分に予想しえよう。ただだからといって、彼らの生活にさえ人生の積極的な希望や喜びは捉えられてはいない。彼らもまた人生に疲れ、人間関係の愛憎に深く傷ついているがために、日常の惰性を生きるだけで人生の輝きや価値を見つけられないでいる。そして、「離れ」と「茶の間」の連絡役をしながら、そんな彼らの疲れた人生を見つめることで人間の不幸を期待し、悲劇のなかにだけ暗い喜びを感じる甲野という女中（家政婦）がいる。甲野の機能の一つは山房内に潜伏している矛盾を顕在化させることにあったと規定できる。「二」で描かれた山房は矛盾を孕んでいる。

この小説が奇妙なのは、物語展開にとって重要な起動力となる対話がほとんど機能していないことであり、それに代わるかのごとく、各々の人物の内語が比重を増していることである。対話はあっても、すでに引用した本文からでもうかがえるように、「唯今」「けふは如何ですか」というのに対して、「ああ」とか「お帰り」と答えて終ってしまう。「山房」とはそこに住む家人たちのそれぞれの自意識によるイメージが自在に流通する空間であり、そこでは言語は不要でありかつ無効である。「山房」の各自の存在は言語によるコミュニケーションを回避し、相互の「間」にまたがる「気」に従って行動する。「間」が機能する限り、対象も不在である。言語が不要なのはそのためであり、同様の理由で意識の限界も決して露呈しない。山房内においては、言語によるコミュニケーションが成立するはずの契機自体が不在である。彼らにとっては意識（イメージ）が万能なのだ。

このように、作者芥川は「玄鶴山房」の登場人物たちにあらゆる救いを拒絶し、故意に感傷をおさえた簡潔な筆致で、おぞましい愛憎の葛藤図をたたみこむように描いてゆく。そのような人間関係のフレームワーク（額縁）が対話の不在と内語の肥大化とともに山房内の構造であるとすれば、この額縁小説は芸術家をめざして敗残し、いまや肉体も朽ちかけていると思い込んでいる生活者芥川の心象風景を媒介にした物語とも読める。

生活者芥川に触れたところで本章は完結的構造を有する物語と作者の伝記的事実との関係を再考しておこう。完結的構造をもつということで、これまでそこに同時代の社会的文化的コンテクストの浸透を拒んできたといってきた。作者からすると、自己の頭脳の産み出した物語世界が時代の限定に規制されるのを忌避することは当然だろう。それが〈外部〉を遮断するという芥川の〈物語の方法〉であった。それではテクストと作者の関係はバルトがいう〈作者の死〉でもって捉えられるかというと、そうは簡単にいえない。それが上でいう〈額縁小説だからこそ作者の心象風景となる〉というありようなのだ。完結的構造を有する物語と作者の身辺とその思想とはまさに換喩的関係にあるというべきであろう。作者芥川にとってその〈物語の方法〉は玄鶴という個の存在を通して芸術と生活の矛盾という普遍的な問題の具象をめざしたかったというべきである。芥川にとって芸術家になりそこねた者といえば、歴史的に規定された個的存在というよりも、むしろ普遍的な生を生きる個でなければならない。その理念的な個を描き出すこと、それが最後まで執着した作者芥川の芸術的人生だった。本章はそう認識するものだ。

第三節　存在の認識—玄鶴の「浅ましい」人生とは

ある雪の晴れ上がった午後、玄鶴が別に家を与えて囲っていたお芳が玄鶴との間の子文太郎をつれて見舞いにくる。小説はこれを機会に家の中の緊張が一挙に高まり、家庭内におけるエゴイズムの葛藤が展開される。お芳は一週間ほど「離れ」にいる玄鶴の世話をすることになる。肉親でいつも接する家族よりも、すでに手切れ金を支払った妾の方が老いた玄鶴の孤独を慰める存在としてはふさわしいという描き方である。

玄鶴にはもうすでに生きるに価する時間は消えていた。末期の日を待つ無為の日々が流れてゆくにすぎないはずなのだが、それでも、玄鶴を脅えさせているのは、どう向き合っても自己の「一生」がどうにも意味づけられないということである。内語と物語叙述が交錯する独特の文体である。

> 彼はお芳の泊まつてゐる間は多少の慰めを受けた代りにお鳥の嫉妬や子供たちの喧嘩にしつきりない苦しみを感じてゐた。けれどもそれはまだ善かつた。玄鶴はお芳の去つた後は恐しい孤独を感じた上、長い彼の一生と向ひ合はない訣には行かなかつた。
>
> 玄鶴の一生はかう云ふ彼には如何にも浅ましい一生だつた。

玄鶴にとってその経てきた人生は結局は「浅ましい」の一語をもって総括されるものであり、今では死だけが彼の希望になっている。このような状況における「離れ」とはもはや未来志向的でありうるはずがなく、周囲からの隔絶ゆえの孤独が彼をいやおうなく「長い彼の一生と向ひ合は」せる場となったのである。しかしそれに耐えられなくなったとき、玄鶴はこの「離れ」の中である日褌によって縊死しようと試みるが、すでにその力もなく失敗する。彼はもはや主体的に自分の生を支配することすらできず、病気による支配にまかせるほかなくなっていた。こうしてやがて持病の肺結核によって「浅ましい」一生を無惨に閉じている。そしてただ一人その死を悲しむ人のいない空しい葬儀が盛大に執り行われる。

だから「山房」という空間の中で営まれた一人の人間の生は、ある時期に芸術の創造に価値を見出した人生の悲劇性を帯びながら生の意味を問い返す。作品「玄鶴山房」そのものが開示する空間とは「無気味なもの」が噴出し、それが唯物論的に分析されずにイメージとして流通するあまり、やがてそれに支配されるという事態によって通底しているといえる。

「玄鶴山房」は芥川晩年の心象風景であり、主人公堀越玄鶴をとりまく暗澹たる空間は地獄の象徴である。吉田精一が「彼の見ている人生を暗示している」[9] と批評して以後、それが定説となっている。本章は作者芥川の〈物語の方法〉においてテクストと芥川の身辺とその思想の換喩関係を認める以上、その批評の核心を継承しようと思う。その意味で、本章で特に重要だと考えるのは山房内の「離れ」で死の床に臥っている玄鶴である。それはこれだけ多くの登場人物がおり、かつ誰も気には懸けながらも、実際は誰も関わり合おうとしない異常な精神世界が玄鶴をめぐって現出せしめられているからである。

玄鶴はこの家に渦巻く憎悪と嫉妬といったネガティブな人間関係の葛藤からさえも拒まれてしまった人間、つまりそのような場すら決して持つことができない全く疎外された人間である。そのことは彼の内語が誰にも受け止められないことによって象徴される。しかしこの小説は結局のところ玄鶴に収斂していく。その意図はほかでもなく玄鶴の「浅ましい」人生の悲劇がもっとも凝縮されたクライマックスとなる玄鶴の死に結びつけようとするためであり、その悲劇はさらに集約すれば玄鶴にとっては「浅ましい」と感じる一語に尽きていよう。そこでこの節では「浅ましい」に焦点をしぼって考えてみよう。

玄鶴の生きた人生とは一体何であったろうか。画家としては大成しなかったらしい。それでもとにかく小さな成功者の一人ではあるらしい。その結果、自家の女中を妾として囲い、妾宅をかまえさせて子を産ませ、さらには酒と花札に過した彼の人生は不治の病床に就く今となっては「浅ましい」の一語でひっくくられてしまうものでしかなかった。こうして人間的な関係から隔離されてしまった孤独者として彼は虚しい生を引きずっているだけなのである。瀕死の床にある玄鶴の心を占めているのはその「浅ましい一生」に対する悔恨であり、営々と築き上げてきた一生がまさに「阿呆の一生」でしかなかったという徒労感である。

彼の「浅ましい一生」のきっかけとなったのは、貧しい画家であった時のある発明により、実業家として転進したことからであった。

> しかし資産を作つたのはゴム印の特許を受けた為だつた。或はゴム印の特許を受けてから地所の売買をした為だつた。現に彼が持つてゐた郊外の或地面などは生姜さへ碌に出来ないらしかつた。けれども今はもう赤瓦の家や青瓦の家の立ち並んだ所謂「文化村」に変つてゐた。………

玄鶴は、震災を境にして郊外の荒れ地にみかけだけモダンな文化住宅が立ち並んでいくのと見合うかたちで、彼の人生が「画家」から「ゴム印の特許」を獲得した成功者、「地所の売買」による大土地所有者というふうに次第に実業を経験していくとともに、人生を生きるということの手ごたえを失っていったと、現在の玄鶴が考えていることはたしかである。「文化村」にカッコを付した気持は玄鶴の自嘲を意味しているといえるからである。この「ゴム印の特許を受けた」当座というのは、玄鶴にとって純粋に芸術家であること、つまり、芸術家としての「真の人生」を築いていくことを断念した転機だった。

それは二人の画学生が「玄鶴山房—玄鶴と云ふのは何だらう？」、「何だかな、まさか厳格と云ふ洒落でもあるまい。」という会話を交しながら山房の前を通ったという何気ないエピソードが象徴する。画学生である以上彼らも芸術家の端くれであるはずだが、元の雅号を茶化して通り過ぎたという、何気ない紹介がかつては画家であったが、今はその片鱗も消えて実業家として現在の地位にあることのむなしさを暗喩するかのようだ。このように見られる以上、画学生たちのスケッチは玄鶴の内面の貧困さを暴き出す装置であったということになろう。

「玄鶴の一生はかう云ふ彼には如何にも浅ましい一生だつた」。こう語る物語叙述は語り手＝作者の思いなのか、それとも玄鶴の内語の物語叙述化だろうか。いずれにしても、この断言は高踏的な芸術至上主義の立場からのものというほかない。その立場からの実業の蔑視ともいえそうだが、そればかりでなく、なるほどゴム印の特許を受けた当座は—花札や酒に日を暮した当座は比較的彼の一生でも明るい時代には違いなかった。しかし、そこにも同輩たちの嫉妬や、利益を失うまいとする彼自身の焦燥の念は絶えず彼を苦しめていた。ましてお芳を囲い出した後は、—彼は家庭のいざこざのほかにも彼らの知らない金の工面にいつも重荷を背負いつづけていた。しかもさらに浅ましいことには年の若いお芳に惹かれていたものの、少くともこの一、二年は何度も内心にお芳親子を死んでしまえばと思ったか知らなかった。

しかしそれは内面の思いであって実践された悪でなく、玄鶴は格別の悪事をかさねてきたわけではない。ゴム印の特許や不動産の売買で産をなした半生は、不幸にも画才より商才にめぐまれていたというだけのことだ。妾に子を生ませた事実にしても、当時の習俗からいえば、とりたてて咎めだてする必要もない。男の甲斐性という言葉が生きていた時代である。それにもかかわらず、玄鶴は自己の一生を「浅ましい」と思う。ただそれでも、なお「格別わしだけに限つたことではない」と親戚や知人の誰彼を思い浮べてもみるのであって、自己省察の内語は続く。

> 「浅ましい？—しかしそれも考へて見れば、格別わしだけに限つたことではない。」
> 彼は夜などはかう考へ、彼の親戚や知人のことを一々細かに思ひ出したりした。(中略) —しかし彼等の犯した罪は不思議にも彼の苦しみには何の変化も与へなかつた。のみならず逆に生そのものにも暗い影を拡げるばかりだつた。
> 「何、この苦しみも長いことはない。お目出度くなつてしまひさへすれば……」

もっと浅ましい他人の生涯を思いうかべてみても—「彼等の犯した罪は不思議にも彼の苦しみには何の変化も与へなかつた」。「罪」とは芸術の価値の高踏性から捉えた人生の日常の虚しい行為をいうのだろう。「浅ましい」という感覚は他者のそれとひき比べることで相対化され軽減化されるものではなかった。芸術は実業にまさる。それゆえ実業に生きた玄鶴をことさらに低俗的に描くのだ。「罪」という言葉は彼の人生にぴったりであっても、他者にはあてはまらない。他者が玄鶴と異なるのは、玄鶴のように自己の内面に人生を分裂させるほどの価値の二元性を体験してはこなかったからだ。玄鶴の思いはそうだろう。芸術と実業、死に臨んだ玄鶴は実業に身を投じた自己の半生を、いま「浅ましい」と否定せざるをえない。芸術を放棄して実業の成功をめざして彼は努力した。それは生活と妻子、それに妾とその子を養うために懸命に努力してきたはずだ。しかしその結果、彼が守り育ててきた者たちは実業から離れ病身を横臥させるだけの玄鶴の存在を無用の疎外者としか見ようとはしない。実業と生活こそが、そしてそれゆえにきしむエゴイズムの衝突が彼らの人生となっている以上、それも仕方がないことだ。

かつて玄鶴が望んだ芸術はどうか。芸術はいま彼が「「浅ましい」人生を生きた親戚や知人の生が彼の生そのものにも暗い影を拡げる」と自己省察をしているとき、おそらく遠い彼方に輝く幻影としてあっただろう。その幻影が彼を苦しめている。それゆえに玄鶴からすれば、自身の孤独の姿はその報いと悟らされているというべきだろう。もはや彼の意志や願いにかかわりなく彼を捉える常態にほかならない。

ここで語られているのは、芥川文学の晩年の悔恨の定型表現の換喩ともいうべきで、その換喩関係を媒介にして、その向こう、すなわちテクストの〈外部〉にうごめく存在感の認識である。玄鶴には今や一切の可能性が閉ざされ、死だけが与えられている。彼の願ったあるべき存在はもはや失なわれた。絶望が彼の心を覆う。それは玄鶴山房の暗澹たる夜に続いている。

第四節　玄鶴と芥川龍之介—換喩による鏡像関係として

通説のいうように、主人公堀越玄鶴をとりまく「暗澹たる地獄」はいましも芥川の生きている人生を暗示している。芥川が玄鶴の生恥をさらす残酷で悲惨な死を見つめていたのは、もはや名状しがたい存在の裸形であり、人間であるゆえにまぬがれがたい生きてあることの痛苦である。観念的というよりも、むしろ理念的であるべき人生を夢想することを見切るところから出発して、芥川龍之介はここまでたどり来たのである。人生に悔恨を見るのは人生が彼の抱く理念を裏切ったからだ。芥川にとって理念とは芸術にほかならない。

玄鶴にとってお芳の来訪は「多少の慰め」とはなったものの、結局山房の内部での孤独の内に己れの一生と向き合うきっかけとなり、「苦しみ」を増すだけだった。かつてお芳に去られるその日まで彼は自分の生涯を「浅ましい」とは一度も思ったことがなかったのかもしれない。お芳に会う以前からの自分の数々の「浅ましい」過去を彼は次々と思い出していく。これは自殺行為だ。そして自ら落ち込んだ闇の中から彼は次々と救いを求めようとして想念を繰り返してきた。まず自分と同じように「浅ましい」生き方をしたさまざまの「親戚や知人のことを一々細かに思ひ出」すことによって、決して「浅ましい」のは自分だけではないという慰めを得ようとする。しかし全く心は慰まず、かえって人間の生涯というものに対する暗い認識を広げるばかりであった。日常的であるがために惰性に陥っている俗なる行為にしか価値を置かぬ世界であるがゆえに、玄鶴山房のあまりに人間的なものを見てきたのが玄鶴の偽らない姿であったと思われる。日常の惰性に流されるということは作者芥川にとっては「地獄」であった。だから小説は日常の惰性を徹底的に低俗化して見せたのだ。三好行雄が「ありふれた家庭悲劇を描きながら日常性にひそむ地獄を暗示し、生の本質的な悲劇性を告知する奥行きをそなえることになった」(10) と断じるのも首肯されることなのである。非日常の芸術に生きることから堕落して金銭的欲望にまみれる。そのことが悔恨とともに「浅ましい」と断じられているわけだが、その悔恨を悔恨たらしめているものが芸術至上主義の高踏性にある。そのことは繰り返し指摘しておいた。その高踏性自体が作者芥川の同時代にあっては、もはや社会から浮き上がっていることを芥川自身も気づいていた。しかしこの小説にあっては高踏的な語り手の眼差しは厳しい。日常の惰性に身をまかせてきたこれまでの玄鶴の人生の末路の姿が恐しいほど冷やかに客観視されている。

その苦しみをまぎらすために玄鶴は、何も知らないがゆえに明るい一面があった幼年時代の記憶を呼びもどそうと、故郷の信州のある山峡の村を思い出そうとするが、その記憶もつづかない。なにもかも忘れるためにただぐっすり眠りたかった彼は夢の中で若い頃のお芳や幼い文太郎に出会い明るい心もちにひたる。しかし、それだけに目の醒めた後はいっそう彼を惨めにし、いつか眠ることにも恐怖に近い不安を感じるようになる。玄鶴は看護士の甲野に睡眠薬やヘロインなどを注射されて眠りに就くが、「眠りさへいつも安らかには限らなかつた」と語られる。したがって玄鶴のなし得る至福は早く訪れてもらいたい死を受け入れることだけなのだ。玄鶴の死への願望は強い。自己にとって悔恨が大きいだけで「赫かしい」過去もないまま、いましも孤独地獄に堕ちているとするならば、死は確かに大きな魅力であるに違いない。だから玄鶴は自殺を決意するようになる。

しかし、玄鶴の自殺の決意は甲野によってそのたびに見破られ、甲野は玄鶴が自殺しないように監視する。甲野は玄鶴の枕もとに婦人雑誌の新年号をひろげて何かを読み耽っている。冷徹な観察者である甲野は玄鶴が簡単に娑婆苦を逃れることを許さないのだ。玄鶴は「蒲団の側の褌のことを考へながら、薄目に甲野を見守」る。ここで初めて今まで見られる者であった玄鶴が見る者に代わり、観察者の甲野を見つめるという視点が出現する。すると玄鶴は急に可笑しさを感じる。山房の人間のエゴ（我執）をじっと見つめ、澄み渡った鏡を前にする時だけひそかに冷笑を洩らすほど冷徹な甲野でさえこの玄鶴の顔を見て「さすがにぎよつと」するのである。玄鶴が感じたこの可笑しさのなかには、自殺しないよう甲野に見張られるほど自分に価値があるのかという自嘲があるだろうし、また不可解で救いのない人間世界に対するあきらめもあるのではないだろうか。玄鶴は「夜着によりかかつたまま、いつかとめどなしに笑」うのである。

> 「なんでございます？」
> 「いや、何でもない。何にも可笑しいことはありません。―」
> 玄鶴はまだ笑ひながら、細い右手を振つて見せたりした。
> 「今度は………なぜかかう可笑しうなつてな。………今度はどうか横にして下さい。」

この玄鶴のとめどない笑いには底知れぬ虚無が感じられる。「一時間ばかりたつた後」玄鶴は眠りにつくが、その晩の夢も恐ろしいものであった。玄鶴は「腰の高い障子の隙から茶室めいた部屋を覗」く。するとそこに「老人のやうに皺くちや」な「まる裸の子供が一人、こちらへ顔を向けて横になつてゐ」るのである。夢の判断による深層心理の表現である。玄鶴は自己の内部にある自分自身を覗き見たのだ。夢と現実が玄鶴の中で交錯し、玄鶴は夢に自己の人生の〈真実〉を見る。「茶室めいた部屋」は玄鶴の風流な趣味を示し、外見は老人でも内実は子供のように何もないという幻像は玄鶴の人生を象徴しているといえるだろう。夢は孤独で陰惨な光景を呈するばかりで、慰めにはならない。玄鶴は「寝汗だらけになつて目を醒ま」す。

しかし「離れ」には誰も来ていず、昼でもまだ薄暗い。現実の世界においても玄鶴は孤独であることを再認識するばかりなのだ。そして玄鶴は自殺を図る。「それは丁度何ものかに「今だぞ」とせかれてゐる気もち」よるのだが、この「何ものか」というのは玄鶴に死をうながすために来る内面の声だといえる。孤絶の中にある玄鶴にとって夢想とこの内面の声が玄鶴を他者化する。しかし玄鶴が頭に巻つけた褌を引っぱろうとすると「まるまると着膨れた武夫」が顔を出し、「やあ、お爺さんがあんなことをしてゐらあ。」と囃しながら一散に「茶の間」へ走って行くのだ。自殺したいという玄鶴の悲痛な願いも、隔絶されているはずの「茶の間」からの突然の闖入者である武夫によって阻止される。孫の武夫は、「まるまると着膨れ」という描写からも、死というものからはほど遠い、まさに底の浅い幸福に満ちた「茶の間」の象徴である。ここに及んで玄鶴は自分が「浅ましい」一生をかけて築き上げて来たものから決定的に復讐されたといえるだろう。

「五」の終わりに玄鶴がまた自殺に失敗する場面がある。いざとなってみると死はやはり恐しかった。そんな自分自身を嘲ってもみる。深い自嘲には生まなましい滑稽感すらともなっている。玄鶴は自殺願望を唯一生きがいにしてやっと「短い半日」を生きる程自殺に憧れていながら、いざ敢行するとなると、やはり躊躇する。

> 死はいざとなつて見ると、玄鶴にもやはり恐ろしかつた。彼は薄暗い電灯の光に黄檗の一行ものを眺めたまま、未だに生を貪らずにはゐられない彼自身を嘲つたりした。

あんなに死を望んでいたのに、いざとなると死ぬのは恐い。この矛盾した感情を描くことによって、人間の生に対する執着の深さが明らかになる。死を望みつつも生に執着せずにはいられない悲しさが表現される。これまでの考察からみても、この小説は玄鶴の想念のくるめきのうちに陰欝な生の相を収斂していく。自殺はその極北に望まれる冷たい希望だったといってよかろう。縊死を決意した時に襲われた玄鶴の恐怖感はやがて「黄檗の一行ものを眺めたまま、未だに生を貪らずにはゐられぬ彼自身を嘲つたりした」という自嘲に変っていき、その挙句に玄鶴は褌によって縊死を試みて果せない。すでにその力もなく失敗する。自殺も自己の意志のままにならなくなってしまった。

こうして彼は持病の肺結核による病死という現実のうちに「浅ましい」一生を無惨に閉じている。そのようすを「一週間ばかりたつた後、玄鶴は家族たちに囲まれたまま、肺結核の為に絶命した」と、むしろ淡々と書き収めている。「肺結核の為に」とわざわざつけ加えたのは自殺の試みが依然として成功しなかったことを示すのだろう。

火葬場の門を出る馬車を見送るお芳の姿を重吉は従弟の大学生とともに目に留める。従弟はお芳親子の生活をぼんやりと思いやりながら、「リープクネヒト」に目を落とすのであった。「彼は急に険しい顔をし、いつかさしはじめた日の光の中にもう一度リイプクネヒトを読みはじめた」。それはウィルヘルム・プクネヒトの『追憶録』のくだりのことで、昭和二年三月の『新潮』の「創作合評会」での青野季吉の発現に応えて芥川は青野宛書簡で「わたしは玄鶴山房の悲劇を最後で山房以外の世界へ触れさせたい気もちを持つてゐました」、「リイプクネヒトは御承知の通り、あの「追憶録」の中にあるマルクスやエンゲルスと会つた時の記事の中に多少の喊声を漏してゐます。わたしはわたしの大学生にもかう云ふリイプクネヒトの影を投げたかつたのです」(11) といっている。日の光の中でリイプクネヒトを読むことには、社会が社会主義の理念に向日性を信じていた時代の温かい人間関係を希求する心持と表裏一体のものである。リイプクネヒトを点描した点に、芥川といえどもやはり社会主義の未来を信じた時代に規定された知識人であったことを指摘できる。そこに新時代へ向けての芥川の認識を読みとることは可能ではあっても、芥川の芸術が決して社会主義と協調することがないことは後章で言及しよう。作者芥川も芸術における反社会主義と日常生活における親社会主義のアポリアに陥っていたのである。玄鶴との換喩関係を思うべきかもしれない。山房という額縁の中に描かれた暗澹たるドラマを払拭できない。すでに繰り返し述べてきたように、玄鶴は「浅ましい」と自意識の眼で分析し人間の生きるという本能的欲望の究極の姿をみずから見詰めていたからである。

玄鶴の死はその人生にふさわしく実質を欠いた悲しみのない死だったわけである。彼の人生を本望だったろうという朋輩たちの言葉によって、それはついには通俗的なものに解釈されつくしてしまうのであり、孤絶した死はそれだけある意味ではいっそう悲劇的だったことになる。その状況は「浅ましい」というほかはない。玄鶴の悲劇は、作者芥川の悲劇につながるかもしれないが、決して人間すべてに通じる悲劇などではない。芸術を高踏的に見る時代などとうに終っているのだ。玄鶴の回想する「如何にも浅ましい一生」は芸術が非日常的で純粋で、そして高等的でもあった文士の時代の産物であった。

そしてあらためて注意しておきたいのは、この小説は芥川龍之介の私小説ではないということである。つまり、小説のある場面が芥川龍之介の伝記の事実と対応するというのではない。本書がすでに繰り返し主張してきたように、この小説（テクスト）の物語はそれ自体完結的構造を有するフィクションなのである。玄鶴と芥川龍之介の関係をこの物語からどう捉えるべきかといえば、物語世界の構造が当時の芥川龍之介の心象と換喩関係を結んでいるということであり、これが本章の認識である。芥川の小説と彼の伝記的事象とが関連するということは、このような関係でしかないということである。

玄鶴は芸術と生活の矛盾に悩み続けてきたろうし、芸術的才能に疑問を抱いていた。そのために、やがて芸術と生活の矛盾を回避して俗なる生活を選択した。しかし彼は俗なる世界に生きることを選択した途端、金銭への貪欲をむき出しにし、酒と女にのめり込んでいった。低俗なる生活のきわみというべきである。そのような生活を送った人生をあらためてふり返り、玄鶴は「浅ましい」と思った。物語叙述もまたそう断言した。しかしそれは決して芥川の人生とアナロジーとなるわけではない。

この小説における死の床での玄鶴の夢想と内省は、作者芥川にとってはまったくの他者のそれである。ただ芸術と生活の矛盾を生きたということでは玄鶴と芥川は隣接関係にある。換喩関係にあるということはこの意味だ。とすれば、作者芥川がこれまでの芸術と生活の矛盾を生きてきた結論として「浅ましい」という内省を得ていたことはありうることだ。だからといって、芥川の伝記的事実がこの小説と間テクスト性をもっているなどとはとうていいえるわけがない。それでも、あえていうとすれば、このような換喩関係からもこの小説の物語世界は作者芥川の生涯に対する誇張されたカリカチュアということになろうか。

第五節　むすびに

「玄鶴山房」には無気味な死の予感を漂わせる「離れ」「茶の間の隣り」と、「茶の間」という三つの空間がある。本章ではまず「山房」の空間構造と、玄鶴の「浅ましい」を通じた存在感の認識について追究してみた。

「離れ」に玄鶴が肺結核を病み、茶の間の隣りで妻のお鳥が腰萎えになっている。うっとうしい居住空間である。つまり、「離れ」は隔離された渡り廊下で結ばれるだけの別世界である。それに対して「茶の間」の方は、玄鶴の婿にあたる銀行員の重吉と妻お鈴と一子武夫が「文化村」や華奢な皿小鉢に象徴されている「小綺麗」な小市民的な幸福を生きている空間として描かれている。しかしそこにはさまざまなエゴイズムの衝突による醜さが浮上してきており、「離れ」と「茶の間」の間に世代を越えた自我の葛藤が物語が閉じた以後も続くことが暗示されてもいる。「山房」という空間の中で行われるさまざまな生の模様はある意味で人生の悲劇性を帯びながら生の意味を問い返す。

それは対比的に「玄鶴の悲劇」をもっとも凝縮されたクライマックスの玄鶴の死に結びつけようとするためである。その悲劇は玄鶴にとっては「浅ましい」と感じるところのものである。玄鶴の孤絶の姿は彼の「浅ましい」一生の結果であり、もはや彼の意志や願望にかかわりなく彼を捉える常態にほかならない。

このように、「山房」という舞台、その空間描写はあたかも額縁型の演劇空間と類似し、同時代の社会のコンテクストや芥川の伝記的事実を遮断して行われるしかなかった。それは、作者芥川自身が完結的構造のうちに閉じ込めた時間と空間の世界の中に完全な芸術家になりきれず終った他者の空しい生の表象を直視するものであった。玄鶴を晩年の芥川と同一視して読むのではなく、物語内から芸術家になりたかったがなりきれなかった人物像が芥川と換喩関係にあるとしてその主題を追究すべきことを示唆している。

注

（1）宇野浩二宛書簡、昭和二年一月三〇日付
（2）山梨県立文学館所蔵『芥川龍之介資料集』、平成五年十一月三日
（3）日本近代文学館所蔵
（4）吉田精一『芥川龍之介』三省堂、昭和十七年十二月
（5）佐々木茂索宛書簡、大正一五年十二月三日付
（6）室井犀星宛書簡、大正十五年十二月五日付
（7）関良一「『玄鶴山房』批判—芥川龍之介文芸の本質と限界」『文芸研究』四、昭和二五年六月
（8）榎本隆司「『玄鶴山房』」『解釈と鑑賞』、昭和四四年四月
（9）吉田精一『芥川龍之介』三省堂、昭和十年十二月
（10）三好行雄「『玄鶴山房』の世界・素描」『国語展望』五六、昭和五五年十月
（11）青野季吉宛書簡、昭和二年三月六日付

第五部　芥川龍之介とプロレタリア文学、その憧憬と限界

第十二章　「秋」に見られるプロレタリア文学への憧憬
—自己犠牲と中流階級との関係—

第一節　はじめに

「秋」は『中央公論』大正九（一九二〇）年四月号に発表され、のちに『夜来の花』（新潮社、大正十年三月）に収録された。素材は当時芥川龍之介と秘かな関係があったとされる女流歌人秀しげ子から得ている。さらには漱石の「それから」（東京朝日・大阪朝日新聞　明治四二年六月二七日～十月十四日）の影響も考えられている。

この作品にはきわめて断片的なものではあるが、「別稿」があり、また葛巻義敏によって「晩秋」と仮題された「未定稿」もある。「晩秋」と「秋」との関係は問題が多くはっきりしたことはいえないが、「別稿」の方は明らかに「秋」の初稿、あるいは下書きと考えられる性質のものである。このテクスト関係からすると、どうやら「秋」の主人公信子と妹照子とのモデル（原型）としては歌人秀しげ子と、芥川をめぐって姉への「嫉妬のために自殺した」(1) といわれるその妹との関係により近いものがあるようである。

周知のことであるが、芥川は『中央公論』へ原稿を送った後も、編集長の滝田樗陰に手紙やメモを送り、再三修辞上の手直しを指示していた。それだけに雑誌に載った自作を読み、まあまあと胸をなでおろしていたようで、「秋は大して悪くなささうだ案ずるよりうむが易かつ

たと云ふ気がする僕はだんだんあゝ云ふ傾向の小説を書くやうになりそうだ」[(2)]と、手紙には自負の言葉が書き付けられてもいる。その前年、すなわち大正八年に自ら芸術家としての方法的行きづまりを自覚していた[(3)]芥川は、この作品が発表された直後の複数の手紙に一つの「難関」を乗り越えたという安堵と自負を書き残している[(4)]ことから、その創作方法について数多くの研究がなされてきた。たとえば「二」の「信子は黙つて眼を伏せて、上衣の埃を払つてゐた」の一行をめぐり、最初「薄濁つた朝日の光の中に」の一句をその上に挿入するように大正九年三月十三日付滝井哲太郎宛書簡で提示しているが、その十日後の三月二二日にはそれを削ることを頼んでいる。このことからいっても、表現には細心の注意を払うことに定評のある芥川だが、この「秋」には特に気をつかったことが理解できよう。

「秋」は作品のスケールからいえば、たしかに短編といえる完成品にすぎないが、それでも、長篇「路上」(『大阪毎日新聞』大正八年六月三十日～八月八日) の失敗と「自動作用」(「芸術その他」) の危機を乗り越えるために、並々ならぬ決意をもって挑んだ作でもあった。

発表当時から「秋」は、その作品の変貌、すなわち、歴史小説から写実的現代小説への転換を目指した作品と評価され、同時に「口籠めるやうな哀愁」[(5)]の漂う抒情的作品であると賛えられる反面、その現実描写が不十分に終わっていることも指摘されていた。それというのも、「秋」には登場人物の明確な内面描写がないばかりではなく、内面の心理描写の捉え方によってはさまざまな解釈ができる多義性・曖昧性を備えているからだとされている。

このように、「秋」というテクストの最大の問題点はその表現にある。主人公信子を焦点化するともに、その視線を通して「秋」の世界を見つめさせるという構造をとるために、他の人物 (俊吉や照子、信子の夫) の内面世界はほとんど表現されることがなく、とりわけ信子のかつての恋人で作家となった俊吉に至っては全くない。そのため「秋」の世界は人物間にまとまりが見いだせず、それぞれの人物の断片が描かれるだけである。しかも焦点人物であり、かつ視点人物であるはずの信子すらも自らの心を「何故かわからなかつた」を繰り返す有様であり、また彼女を客観化する方法が根拠不確かな噂だけであるために、人物描写にしろ外界描写にしろ、表現の明確な輪郭がぼかされてしまっている。言いかえるならば、テクストの中心的人物である信子の心情は俊吉、照子、夫の何れの関係においても明確に捉えられていないだけではなく、表層の文脈でも逆説的な語句が多用されていて、その文体が明確な輪郭を読みとることをさまたげている。そのために、この「秋」というテクスト空間、とりわけ信子を中心とする人間関係は曖昧模糊として、どういう関係にあるのかが読みとれず、常に〈曖昧〉というレベルでしか描かれていないということになる。

このような小説を芥川の〈物語の方法〉を通して主人公信子に集約される自己犠牲と中流階級との関連を読み解こうと思う。そしてその結果として芥川のプロレタリア文学への憧憬とそのズレとを明らかにしようと思う。そのことは中期作品において小説（物語）と芥川の伝記的事実との関係がどうなるのかということでもある。それをさらに拡大させるならば、テクストの背景に芥川の同時代の文化的コンテクストを介在させることの当否を検討するところにまで至る。そのことは本書において一貫した課題なのである。

第二節　自己犠牲と〈家〉との関係
—プロレタリア文学の〈階級〉概念を通して

「秋」を論ずるに当たって必ず問わなければならない問題点の一つと言えば、主人公信子の自己犠牲としての結婚についての評価が挙げられよう。評価はともかくも、信子の自己犠牲を通して芥川がプロレタリア文学の性格をどう捉えていたのかについて探ってみるには恰好のプロットと言うことができる。従来の「秋」研究において最も有力視されてきたのは、「秋」を「ボヴァリズムを扱つた小さな珍しい作品」[6]とする三島由紀夫の指摘を大きく発展させた三好行雄による研究である。三好行雄は「「秋」の読みかたには、ある種の誤解がたえずまとわりついている」という視座から従来の意見を批判したのだが、その中で三好行雄は俊吉と信子の愛について「〈同窓たちの頭の中〉にしかまだ存在しないのである。そして小説は、それ以上の愛のかたちをついに描かない」とし、「俊吉と信子の〈愛〉に、書かれている以上のドラマが深読みされた」と論じている。また、信子が恋を譲ることについても、「〈仮構の生〉を信子は生きている」[7]と指摘している。このような〈読み〉がなされて以後、研究の中心は三好行雄の論に従うかたちで進められ、「仮構の生」を生きる信子を「主体性の脆弱さ」[8]や「自省力の欠乏」[9]、あるいは「風俗の上ずみを漂う人間」[10]と批判する論が多く見られる。また近年に至っては、三好説を踏まえる一方で、それに対する反論として、俊吉への信子の〈愛〉に注目するものもいくつか見られる。[11]

いま一つ、従来から議論されている問題点がある。それは「信子と俊吉の愛は存在したのか」ということ、それに「信子から妹照子への恋譲りは事実なのか」という二点である。これらの点については、三好行雄が指摘しているように、俊吉と信子の愛については噂でしかなく、俊吉から信子への愛の実態は俊吉の内面描写がないため不明であるが、しかし信子から俊吉への愛は照子の手紙の中ではたしかに描かれているし、それにまた、信子の描写からみても俊吉への愛は存在しているとされる。近年ではこのような〈読み〉を深めるかたちで信子の生は決して〈仮構の生〉とは言えないとする。信子の生の構造は安定した経済的生活を手中に収め、その上で、愛を譲った女の心を保有するといった〈アンビバレンス〉にあるとする浜川勝彦の論[12]もある。このことは信子の「犠牲的な結婚」を読み取ろうとすることが読者の深読みでは決してなく、テクストの上で事実として描かれているとするのである。

「秋」を自己犠牲という視点から考えるならば、プロレタリア文学に無意識に認められる男性優位を生み出す家父長制家族のありかたから接近したほうがよいのかもしれない。というのは、プロレタリア文学の場合、家の維持とか人間関係といった社会の安寧は女性の犠牲によってなされるとされるからである。このような視点から信子の犠牲的な結婚についてもう少し追究してみよう。

芥川の多くの作品がそうであるように、この小説も四つの章から成る。これは漢詩の構成法である起承転結の結構の伝統を受けたものである。こうしたゆるぎない構成の下に妹に恋を譲った信子という一人の女性の寂しい心情を巧みに描き出す。

この小説にとって重要な意味を担う季節との結びつきを指摘しておけば、「一」の章が春、「二」の章が初夏六月頃から秋を経て初冬の師走のなかば、そして「三」と「四」の章がその翌年の秋ということになる。秋は二度繰り返して小説の背景に用いられている。しかも、後述するクライマックスばかりでなく、小説の流れ全体に秋という季節感は大きな意味を持たされる。たとえば「二」の章では最初の秋が描かれているが、ヒロイン信子の恋愛への夢想や肉親への情愛が現実の中で崩壊していくことから生じる人生の哀愁を秋の風物を背景として描いているのである。

信子は女子大学に在学中から三百何枚かの自叙伝体小説を書いていたといわれるほどの才媛という名声を得ていた。彼女が早晩作家として文壇に打って出ることは誰も疑わなかった。しかし卒業後、女学校にまだいる妹照子と自分をかかえて後家を通してきた母の手前、信子はまず縁談を決めることにする。ところで、この姉妹の従兄である俊吉という男性がいる。何事にも無頓着で「冷笑的な態度」を持しており、「フランス仕込みの皮肉や警句」を口に弄する男でもあるが、姉妹との親密の度合いが濃く、特に文学を愛するという共通点をもつことで信子は親しかった。

信子は「昔から親しく往来してゐ」る俊吉と、互いに文学という「共通の話題が出来てからは、愈親しみが増したやうで」、展覧会や音楽会へもよく「同伴」で出かけ、「気兼ねなく笑つたり話したりし」ている。だから、誰もが二人の結婚を予想するほどであった。

> 信子と従兄との間がらは、勿論誰の眼に見ても、来るべき彼等の結婚を予想させるのに十分であつた。同窓たちは彼女の未来をてんでに羨んだり妬んだりした。殊に俊吉を知らないものは、(滑稽と云ふより外はないが、) 一層これが甚しかつた。信子も亦一方では彼等の推測を打ち消しながら、他方ではその確な事をそれとなく故意に仄かせたりした。従つて同窓たちの頭の中には、彼等が学校を出るまでの間に、何時か彼女と俊吉との姿が、恰も新婦新郎の写真の如く、一しよにはつきり焼きつけられてゐた。

このような男女の姿の捉え方は明らかに何らかのコード化された理想的イメージが二人に関係なく先行していなければならない。彼女は「当世流行のトルストイズム」に敬意をはらう「万事真面目な」女性として描かれており、「故意に仄か」す彼女の行為ははっきりと彼女の側に俊吉への愛があったことを示唆している。文学と芸術を愛する男女、この二人を包むトルストイズム、これらがコード化されて二人の男女を祝福している。

ところが、信子の縁談が進み、学校を卒業すると、周囲の仲間たちの予期に反して高商出身の青年と突然結婚し、大阪の商事会社へ勤務することになった新郎と一緒に大阪へ旅立ってしまう。信子は松林のある大阪の郊外で新家庭をつくる。しかし夫の留守には中央停車場での別れの際に妹の照子がそっと渡した手紙を取り出しては読むのであった。

その手紙は結婚式後大阪へ向かう信子が汽車に乗ろうとする間際にそっと手渡されたものであった。そこには俊吉を譲ってくれたと思い込む照子の気持が記されていた。信子の、照子への恋譲りが、信子の結婚の時点で二人の姉妹間の認識としてたしかに存在したことをこの照子の手紙があかしている。このことは信子の生が〈仮構の生〉という通説をゆるがすものである。

> 「御姉様は私の為に、今度の御縁談を御きめになりました。さうではないと仰有つても、私にはよくわかつて居ります。何時ぞや御一しよ

に帝劇を見物した晩、御姉様は私に俊さんは好きかと御尋きになりました。それから又好きならば、御姉様がきつと骨を折るから、俊さんの所へ行けとも仰有いました。あの時もう御姉様は、私が俊さんに差上げる筈の手紙を読んでいらしつたのでせう。あの手紙がなくなつた時、ほんたうに私は御姉様を御恨めしく思ひました。（御免遊ばせ。この事だけでも私はどの位申し訳がないかわかりません。）ですからその晩も私には、御姉様の親切な御言葉も、皮肉のやうな気さへ致しました。私が怒つて御返事らしい御返事も碌に致さなかつた事は、もちろん御忘れになりもなさりますまい。けれどもあれから二三日経つて、御姉様の御縁談が急にきまつてしまつた時、私はそれこそ死んででも、御詫びをしようかと思ひました。御姉様も俊さんが御好きなのでございますもの。（御隠しになつてはいや。私はよく存じて居りましてよ。）私の事さへ御かまひにならなければ、きつと御自分が俊さんの所へいらしつたのに違ひございません。」

この手紙で照子は姉の信子の結婚を自分のためにする「心にもない御結婚」とみなしていることがわかる。姉は妹のために、そして女手一つで家を支えてきた母のために自己の意思を押し殺して犠牲になったといえよう。あからさまな家のための犠牲というかたちではないけれども、信子の結婚は十分にそう捉えられよう。ただこの手紙には、いま一方に、そんな姉の心を察知して自分のほうが死ねばよかったという妹の心情がつづられる。これも見ようによっては姉を通して家を思う意思といえるのだが、やはり妹の照子にも家のための犠牲となる覚悟があったと見ることもできようか。後述することだが、この家という制度、そこに自己の意思を埋没させる日本女性の心性の伝統ともいうべきもの、そしてその中で互いにいたわり合う姉妹の愛情、それらがこの「秋」という作品の物語世界ということができよう。そのとき、この作品（テクスト）を〈家〉を中心として展開する完結的構造をもつものといえるのかもしれない。

しかしこの作品には、そこを突き抜けて〈家〉の外部に物語の世界を開いていこうとするプロットの展開が見てとれる。大阪の商事会社に赴任する商社員と結婚した信子夫婦の生活ぶりが信子のメンタリティーに添うように描かれているからである。信子の夫は「何処か女性的な、口数を利かない人物」である。彼の休暇の日に夫婦で「大阪やその近郊の遊覧地へ気散じな一日を暮しに行」く時など、「汽車電車へ乗る度に、何処でも飲食する事を憚らない関西人が皆卑しく見えた」信子は、「それだけおとなしい夫の態度が、格段に上品なのを嬉しく感じ」る。「実際身綺麗な夫の姿は、さう云ふ人中に交つてゐると、帽子からも、背広からも、或は又赤皮の編上げからも、化粧石鹸の匂に似た、一種清新な雰囲気を放散させてゐるやうであ」る。そのためであろう、「同じ茶屋に来合せた夫の同僚たちに比べて見て、一層誇りがましいやうな心もち」になったりもしているのである。だから信子の幸福を疑うことはできない。信子は夫が留守の間、一、二時間ずつ机に向って文学の創作を続けているので、夫は「愈女流作家になるかね。」とやさしい口元に薄笑いを見せたりもする。新婚当初の信子がそういう幸福や愛のなかにいたことは明らかである。

信子は同窓生たちの想像する才女の未来のイメージを裏切ったといえばいえる。ただここで留意しておかなければならないことは作者芥川がこのような中流階層の平凡な幸福に対して距離を取っているということである。のちに芥川が「西方の人」(『改造』昭和二年八月)でマリアを例にとってこの聖母を「世間智と愚と美徳」をもつ平凡な女性として描いていくのだが、そこでも作者がマリアと距離を取っていることを見逃してはなるまい。

知性にあふれた都会的な信子に羨望が集まる。しかしその彼女には、まず縁談から決めていかざるをえない事情があった。そのような背景には世間を無視できない中流階級の家の娘という設定があったわけである。

そんな信子に小説の焦点が据えられていくところに作者芥川が単に〈家〉の内部ではなく、それを外部の〈階級〉と結びつけていこうとする意図があると見てよかろう。ただその階級的視点は登場人物に距離を置いた冷たいものであった。ありふれた炉辺の幸福に安住する中流階級の夫と、その夫を気の毒がりながら、みずからもまた平凡な日常性にからめとられてゆく信子の姿があざやかに描かれていて、信子の新婚生活は日常の時間の緩慢な流れのなかに幸福や夢の切れはしをつぎつぎに埋没させながら古びてゆくというふうなものとみなされたのだった。

折しもこの時期、信子とその夫が新婚生活を送っていた第一次世界大戦後の日本社会が深刻なインフレ状態にあったことは銘記されてよい。そのために、都市部を中心とする新中間層の生活状態に影響を与え、そこから新たな家庭観・主婦像が創り出されていた。事実、生活難を乗り切るのは家庭の主婦の責務とされ、家政の在り方が新婚後の女性の性役割（ジェンダーロール）として重視されていた。いわゆる「専業主婦」[(13)]の登場はこの頃に当たるが、新中間層においてはこの時期、「近代家族概念の実体化が進行していた」[(14)]のである。信子の夫が食糧問題や家計を話題にして信子に節約を説くのは、このような時代状況を背景にしてのことであった。

この小説にとっての〈外部〉の中流階級をとりまく経済や生活実体は商社員の夫の口を通して伝えられるだけである。信子はその情報の受け手ではあっても、中流階級を主体的に、また積極的に生きる女性としては描かれてはいない。「秋」が描く信子はその主体を自己の趣味としか言えない小説の創作にかけている女性として捉えられている。そこに生活よりも芸術に人生の価値を置く作者芥川の姿勢を認めることができるのかもしれないが、ただ小説の構造それ自体は〈家〉と〈階級〉を結びつけようとする意図があからさまであって、作者芥川の信子造形もおそらくここにこそ信子の結婚の実体が、そして実質があるのではないかと思われるほどである。それが信子にとっての日常という時間の流れであろう。言うなれば、信子はそのようにして中流階級の現在を生きている。

第三節　信子の破綻—生活と芸術のはざまで

信子は結婚後忘れたように俊吉との交流を絶っていた。しかし俊吉の小説が雑誌に載るようになり、それを読んでいくうちに、信子には「何か今までの従兄にはない、寂しさうな捨鉢の調子が潜んでゐるやうに」思われる。信子は俊吉の捨て鉢の調子を自分とのかかわりで考えようとする。そして自分自身をふり返って文学の夢が日常生活により崩されていくことを感じるとともに、もうひとつの夢、犠牲結婚へと思いを馳せるようになる。見るとおり、この「秋」の信子の心理のゆらめきにおいてあからさまに芸術の価値が生活のそれをしのいでいる。

そこにこの作品が何を託そうとしているのか、その過程をたどってみよう。実際信子は結婚してからも小説の創作を断念してはいなかった。自分では非凡な才能ゆえに平凡な生活には耐えられない性質をもっていると信じていた。信子にとってはそれが自分にとって〈本物の生〉だと思い込んでいる。しかし信子が夫に話す文学談は「近頃世間に騒がれてゐる小説や戯曲の話」でしかない。女子大学在学中、それが「当世流行」であるがゆえにトルストイズムを信奉したのと同じレベルの文学趣味である。

> その内に信子は長い間、捨ててあつた創作を思ひ出した。そこで夫の留守の内だけ、一二時間づつ机に向ふ事にした。夫はその話を聞くと、「愈女流作家になるかね。」と云つて、やさしい口もとに薄笑ひを見せた。しかし机には向ふにしても、思ひの外ペンは進まなかつた。彼女はぼんやり頬杖をついて、炎天の松林の蝉の声に、我知れず耳を傾けてゐる彼女自身を見出し勝ちであつた。

信子は、高商出身の青年との結婚という平凡な女性としての幸福を選んだにもかかわらず、小説家としても生きたかった。三好行雄のいう〈仮構の生〉という意味はこの信子の心理をいうのであって、商社員の主婦としての平凡な現実の生がそれに当たるというわけではない。心理と現実、そのどちらに価値を置くかで〈仮構の生〉の意味が変わる。

それに対して、かつての恋人俊吉は帝大の文科に進んだ文学を志す青年で信子とほぼ同年齢にあたっていた。「当世流行の」トルストイズムなどにも流されず、内に確固としたものを持っている。信子もそんな俊吉に軽蔑できないものを感じるだけの知性はあった。彼に才能の点で負けないという自負が彼女を創作に駆り立てたとみることもできよう。それに創作の筆を執ることだけが彼女をいまは遠く離れている俊吉とつながらせてくれていると思い込んでいる。それを彼への思慕と取ってもよいが、信子はその思慕を心の底に抑圧している。

新婚時代の夫はまさに信子の期待する夫であるかのようであり、彼女は幸福でなかったわけはないであろう。しかし彼女の幸福が束の間のものであり、夫が芸術にまったく無理解な〈平凡〉な男にすぎなかったことがわかってくる。

> 所が残暑が初秋へ振り変らうとする時分、夫は或日会社の出がけに、汗じみた襟を取変へようとした。が、生憎襟は一本残らず洗濯屋の手に渡つてゐた。夫は日頃身綺麗なだけに、不快らしく顔を曇らせた。さうしてズボン吊を掛けながら、「小説ばかり書いてゐちや困る。」と何時になく厭味を云つた。信子は黙つて眼を伏せて、上衣の埃を払つてゐた。

前掲した引用から知られるように、信子は予定どおりに創作の筆をとりはじめるが、しかし机には向うものの、思いのほか筆は運ばなかった。〈仮構〉を〈本物〉に引きもどそうとする試みの最初の挫折である。少女趣味の物珍しさが消えた信子に対して夫は、夢よりも現実を大事がる口喧しい男に変っていった。

> そんな事が何度か繰返される内に、だんだん秋が深くなつて来た。信子は何時か机に向つて、ペンを執る事が稀になつた。その時にはもう夫の方も、前程彼女の文学談を珍しがらないやうになつてゐた。彼等

> は夜毎に長火鉢を隔てて、瑣末な家庭の経済の話に時間を殺す事を覚え出した。その上又かう云ふ話題は、少くとも晩酌後の夫にとつて、最も興味があるらしかつた。それでも信子は気の毒さうに、時々夫の顔色を窺つて見る事があつた。が、彼は何も知らず、近頃延した髭を噛みながら、何時もより余程快活に、「これで子供でも出来て見ると——」なぞと、考へ考へ話してゐた。

その結果、信子と夫の関係はもはや以前とは異なり、夫との会話は「時間を殺す事」となり、夫婦関係は信子にとっては形骸化されていくだけだった。信子の創作に対して嫌みを言う夫に、黙って眼を伏せ、涙を流し、すがり、仲を戻そうと顔色をうかがうなど、一見自然に思われる仲直りの場面も、もともとはそんな女ではないと自負していたであろう彼女の順応する姿勢なしにはあり得ないことである。信子はまた昼に争って夜に和解することを覚えた平凡な中流階級の人妻に変貌してゆく。

二、三日後には、月々の経費の節約、信子がする夫の襟飾の絽刺は買う方が安くつく、とねちねち夫はいう。もう小説など書かないと寝室で信子はすすり泣くが、翌日は元通り仲の好い夫婦に返っている。今度は十二時すぎても夫は帰らず、泥酔して帰ると、小説がはかどったろうと皮肉をいう。

> 照子。照子。私が便りに思ふのは、たつたお前一人ぎりだ。—信子は度々心の中でかう妹に呼びかけながら、夫の酒臭い寝息に苦しまされて、殆夜中まんじりともせずに、寝返りばかり打つてゐた。

「日常茶飯」の経済などを重んずる夫のために信子の女流作家の志望も次々とへし折られていく。仲違いをし、仲良くなり、平凡に日々を過していくうちに、泣くことの敗北と愉悦を味う。やがて信子は〈炉辺の幸福〉を守るために小説を書くことを断念し、夫と「瑣末な家庭の経済の話」に時間を費やすようになる。作者芥川にすれば、まさに負性の女性性を信子に求めてやまない夫によって信子の「幸福な日々」にひび割れが生じる。こうした生活に俊吉の創作活動と照子との婚約のニュースが入ってくる。

> するとその頃から月々の雑誌に、従兄の名前が見えるやうになつた。信子は結婚後忘れたやうに、俊吉との文通を絶つてゐた。唯、彼の動静は、―大学の文科を卒業したとか、同人雑誌を始めたとか云ふ事は、妹から手紙で知るだけであつた。

信子がこの情報を聞いたのは「松は初冬の空の下に、蔟々と蒼黒く茂つてゐた」という季節であり、また照子と俊吉の結婚式当日、「午少し前から、ちらちら白い物が落ち始めた。信子は独り午の食事をすませた後、何時までもその時の魚の匂が、口について離れなかつた」といった景と情が照応する描写は俊吉照子の結婚を前にした信子の愛と生のかげりをいったん冬にまで押しつめておこうとしたものといえるだろう。だからこそ信子にとっては、かえって俊吉への思慕と芸術への魅力とがないまぜとなってその心にあふれてくる。

そしてやがて雑誌に俊吉の小説が掲載されはじめる。昔と同じ懐しさをもって読むと、気のせいか一見軽快な皮肉の背後に「何か今までの従兄にはない、寂しさうな捨鉢の調子」を読みとり、後めたいような気を味わう。たしかに当の夫の前で心にもない結婚をした女となって、捨てて来た男を懐しむのは後めたくないことはない。だから信子は「夫に対して、一層優しく振る舞ふやうにな」る。「以前より若々しく、化粧をし」、眼に「媚のある返事」を見せる。しかしそうすればするほど、彼女は余計、心にもない結婚をした女として、自らを擬しそれを演じてゆくことになる。

本章がつねに注意するのは、作者芥川がなぜ日常の生活を人間（女性）にとって「媚のある」演技とみているかということである。そしてそこに〈仮構の生〉を捉える批評の存在である。日常の生の現実がどうして芥川にとって価値として認められないのだろうか。それに対して芸術に〈本物の生〉を見ようとするのか。そこに芸術至上主義の高踏性を認めているのかもしれないが、その高みからすれば日常の生活は無価値な惰性と捉えられてもしかたがなかろう。ただそれはエリートの人生には言えても、平凡な大多数の人間には疎外されていることでもある。本章はそこに作者芥川に見られるエリートの倒錯、人生の背伸びした〈本物〉のフィクション性（仮構）をかえって見ざるをえない。

このような芥川の思想がこの小説の語り手のスタンスに媒介されている。それゆえに信子の夫はことさらに卑俗な男として描かれている。その偏向性はつねに見据えておかねばなるまい。「秋」の物語の世界に戻ろう。結婚した翌年の秋、社用で上京する夫に同行した信子は「たつた一人」で妹夫婦の新居を訪れる。彼女は妹夫婦の平凡な住居に多少失望し、俊吉一人が出迎えると「妙に恥しさを感じ」、「派手な裏のついた」コートをそっと玄関の隅に脱ぎ、差し向かいで俊吉と話しをする。

> 時々はしかし沈黙が、二人の間に来る事もあつた。その度に彼女は微笑した俁、眼を火鉢の灰に落した。其処には待つとは云へない程、かすかに何かを待つ心もちがあつた。すると故意か偶然か、俊吉はすぐに話題を見つけて、何時もその心もちを打ち破つた。彼女は次第に従兄の顔を窺はずにはゐられなくなつた。

信子は終始「待つとは云へない程、かすかに何かを待つ心もち」を引きずっている。もちろん語り手はそれを何らかのかたちで断言することはなく、あくまでもさまざまな可能性を含ませて語るだけなのだが、その「待つ」ものは一つには俊吉から信子への〈愛〉を示す言葉であり、それが信子の無意識の期待であったとも考えられよう。信子はひそかに俊吉からの愛の告白を夢想するわけである。それはいうまでもなく夫との生活に殺伐とした平凡な繰り返ししか捉えられなくなった信子の芸術への憬れが心にきざし、それが信子への思慕と重ねられていった結果なのである。

この場合、注意すべきは小説は信子の方を焦点化しているということである。その信子はこれまでの論述で明らかにしてきたように、中流階級の女性であり、芸術に多大の興味をもっている。焦点化は時として彼女の眼差しに同化するかたちで相手を見ることもある。そのとき、妹とその夫の言動は階級と芸術の相克という問題意識から捉えられるということである。信子の立場が注目されるのはその中流階級者に属する女性という眼差しの限定にある。

信子は淡い思慕の〈夢〉を描いて上京し、郊外にある妹夫婦の新居を尋ねたわけである。〈夢〉は松林の中の家で浸った「快い感傷」の延長線上に求められるはずだった。が、新開地じみた電車の終点から、たった一人車に揺られていく途次に、早くも〈夢〉は色あせる。せせこましく軒を並べる借家らしい新築の家、どの家も変わらない軒打ちの門、竿に干された洗濯物、それらの平凡さに信子はがっかりする。訪問先の環境の貧しさに失望したように、信子はやがてそこに住む妹夫婦にも失望する。その第一は、従兄であり、今は義弟となった俊吉である。俊吉は信子を「新聞雑誌や原稿用紙が、手のつけやうもない程散らかつ」た書斎兼客間の八畳に案内する。そこは大阪の松林の中のうす暗い茶の間とは対照的ともいえる。しかも俊吉との話題が「全然暮し向きの問題」には触れないというのも、夫との「瑣末な家庭の経済の話」とコントラストをなす。信子はそうした中で「かすかに何かを待つ心もち」でいるけれども、すでに引用したように、俊吉は沈黙が襲うといつも他に話題を見つけ、その心もちを打ち破る。

俊吉への淡い思慕と芸術への切ない憧れを抱く信子の、その心のひだのリアリティがこの文章から感じ取ることができる。芸術と生活の相克ということは作者芥川（→語り手）にとってはつねに痛切な問題であった。血の通った人間像が描かれるからこそ読者に問題のありかを伝えてくれる。しかし何度もくりかえすが、「秋」という作品はそこでとどまるわけではない。〈家〉を背景とする姉妹の恋の物語から〈社会〉を背景とする階級と生活、それと芸術の問題へとテーマを拡大していこうとする姿勢がそこにはうかがえよう。

妹夫婦の所に留まった翌日、俊吉は亡友の墓参のため出かけていく。「好いかい。待つてゐるんだぜ。午頃までにやきつと帰つて来るから」。心づくしの言葉を残して俊吉がいなくなると、残された姉妹の思いは複雑である。日頃の生活で満たされないものを次第に表面化させていく信子だが、それは訪問したことで自己の内面がひきだされていった結果であろう。楽しげに語る照子を見ながら、ますます彼女は憂鬱になっていく。たわいない言葉やしぐさが逆に信子を攻撃的にするのだ。「照さんは幸福ね。」という言葉に彼女の本音がついに滲みでる。「御姉様だつて幸福の癖に。」と甘えるように言った照子の言葉がぴしりと信子を打った。

決してとげとげしい言葉で妹に迫るのではなく、内心を気どられないようにする信子に対して「でも御兄様は御優しくはなくつて？」と尋ねる照子だが、憐憫はますます反発を募らせる。泣きだした照子に「残酷な喜び」を感じながら「女中の耳を憚るやうに」言葉を続ける。やがて自分の言葉にいっそう感傷的になる信子に対し、照子の瞳には抑えきれない嫉妬の情があふれる。自らの中でつくりあげてきた姉の像が今急激に崩れていく。感情のもつれ、それに葛藤や亀裂があって、それでもその後に和解が訪れるのだが、信子はすでに妹とは永久に他人になった思いでいっぱいになる。妹夫婦の家を辞した信子は、帰りの車の中から水たまりの多い往来をゆっくりと靴を運ぶ俊吉を眼にするが、一瞬逡巡した後、声をかけずに行きすぎてしまう。

この姉妹の会話を規制しているのは、芸術を生きるということはプチブル（中流階級）的な生活など破壊することにつながるという観念である。芸術に生きようとしても、もはやプチブルの生活を壊すわけにはいかない信子は、作家の夫をかかえた妹の生き方にプチブルの苦悩や悲しみを見てとることになる。ところが、いま一方の俊吉については信子との対面の場面でも彼の内面は意図的に一切描かれていない。再会した俊吉は信子にも測り知れない男性として彼女の前に立たずむ。照子も女中も留守の間であっても、俊吉との会話は暮し向きの話題は一切出さず、ただ昔の懐かしさで話し合うだけである。そのために彼の内界は分からないままで終る。このプロットが何を意味するかといえば、俊吉は芸術と生活の関係をどのように捉えているのか、「秋」という作品はまったく語ろうとはしないということであろう。

そのことはおそらく生活を介しての階級と芸術の関連についてどうあるべきか、作家の俊吉に語らせることができなかったというほかない。作者芥川の抱く芸術が高踏的である以上、とうてい階級となじむものではありえまい。芥川からしても何ら答えることができなかったにちがいあるまい。それでも皮肉なことに、「秋」が〈家〉の物語世界を〈社会〉に開こうとしたとき、作者芥川の関心を捉えたのはプロレタリア文学の隆盛であり、階級が人間の生き方を規制するという社会主義のテーゼだった。「秋」は階級と人間の問題を信子夫婦の物語に、そして階級と芸術の問題を信子と俊吉の関係にそれぞれ託そうとしたのであった

このように、「秋」という作品は信子夫婦と信子と俊吉という二つの男女の関係を通して中流（下層）階級の日常の世界と芸術の関係に深く降り立とうとした作品であるといってよい。しかしそのために、この作品が信子に二人の男、すなわち商社員の男と小説家の俊吉を配することで、階級と芸術の問題をふりわけてテーマにしようとした構成は小説として果たして成功したといえるのだろうか。二人の男はどうしても一方は経済と生活にまみれた、俗っぽさまる出しの男、一方はその内面をうかがわせないことで、かえって高踏性を維持しようとする芸術家―ただし彼の中流志向の生活は破綻しているように見える―。この二人との接点は信子の内部ですら比較されたり連想されたりすることがないためにうかがうことはできない。芸術と階級の関係は曖昧なままに投げ出されている。作者芥川はいうまでもなく、この二人の男との距離でいえば、俊吉に近いといえよう。とすれば、彼にとって階級なる概念は卑俗な経済や日常の平凡な生活にしか結びつけられていないといわざるをえない。

熊谷孝は芥川の創作活動は「大逆事件後のダークエイジとする三〇年代の暗い谷間の時期とをつなぐ、暗黒政治への反発・抵抗としての

大正デモクラシー時期」[15] に位置づけられるとする。芥川は十八歳（旧制一高）の時に大逆事件と遭遇するわけだが、その一高で「謀反論」と題して徳富蘆花の講演が行われた。それは事件に抗議し、死を賭して情熱的に弁じられたものだ。その講演を芥川は主体的に受けとめ自らの文学活動の中に活かしていったと言われている。

プロレタリア文学のサイドから蔵原惟人はこう発言したことがある。「プチブル（小市民）を一括して否定してはいけない。明治以降の近代文学は、事実としてこのプチブルが大きな担い手だった。教養に裏打ちされたプチブル階級こそが、現実をトータルに見渡す視点に立ちえた」[16] と。芥川はもう一歩突き詰め、創作というかたちで実践し、「大導寺信輔の半生」（『中央公論』大正十四年一月）を書いた。そこでは虚偽の生を生きざるをえない「中流下層階級者」の苦痛を描き、人間疎外の社会状況を捉えようとしている。そして続けてこの「秋」で中流下層階級者の退屈で卑俗で平凡な生活を描いた。ただしその理解が高踏的芸術派の一人よがりの一面的認識であることはここでも批判しておこう。

日本プロレタリア文学の内容上の特色は、まず貧困と差別に苦しむ労働者階級の人間が直面する諸問題の底に社会体制と労働者階級の問題を発見し、そして問題の根本的解決は体制の変革なくしてはあり得ないと捉え、その課題を文学創造の営みの中で実現しようとした点にある。

芥川は、既成文壇の芸術主義の立場を代表してプロレタリア文学を敵視し排斥する立場をとったのではない。むしろ彼は彼なりに、精一杯誠実にこの社会主義文学運動の投げかける「プロレタリア的魂」（「文芸的な、余に文芸的な」中の「プロレタリア文芸」の用語）の意義を受けとめ、それと自己の芸術認識との距離を意識していたように思われる。宮本顕治は芥川の文学を「「敗北」の文学」（「『敗北』の文学ー芥川龍之介文学について」『改造』昭和四年八月）と呼ぶことになるが、その際にも決して芥川の全てが否定されているのではないことを見逃してはならないだろう。今日の視点から芥川とプロレタリア文学の関わりを見なおすとき、この視点は重要である。

特に「秋」の信子表象に表れている自己犠牲と中流（下層）階級者の葛藤の問題は、当時のプロレタリア文学のテーゼと違って、階級主体の自己認識と自己保存の論理が実現されているともいえる。その一方で、小説家俊吉の表象でうかがえるように、作者芥川は俊吉にいくらか同情的というべきか、彼の生き方を冷淡に描きながらも、精神の自由を守るために敵味方のエゴイズムと戦い、主体的姿勢を文学の中で示し続けようとした。すなわち〈中流下層階級者の視点〉という概念を用意したのがそれだとすれば、あらためてその観点に「秋」の読み直しをする足がかりが得られよう。自己の属する階級の日常性とその意識を、また自己のありうべき世代を、主体をかけて芥川は問いつめている、その最もティポカルな作品が「秋」だったのだ。

日本プロレタリア文学は階級を重視することによって、ブルジョア階級／労働者を単純な二項対立としての敵対関係に置くことにより主題を限定化させた。しかし芥川はそれに反して、「秋」においては極力階級性を後景化することにより自己犠牲を運命づけられた中流（下層）階級の〈家〉に属する女性の立場から階級と人間、階級と芸術を見つめようとしたということができる。

第四節　〈秋〉に照応する信子の生の表象

理念あるいは姿勢はともかく、創作の実践において信子と商社員の夫、信子と俊吉の両方の男女関係にあまりに裁断的に前者に階級と生活の問題を、後者に階級と芸術の問題を振り分け、信子はともかく、二人の男に明確な接点を見出せなかったところにこの「秋」という作品の根本的欠陥を捉えることができよう。ただしそれはあくまでも階級と芸術の関係を問おうという主題からみてのことであって、そのことは一方で作者芥川自身に一定の理念的解釈の方向が捉えられていなかったことの反映ということができる。信子造形の曖昧性とは要するに作者芥川の階級と芸術の認識の曖昧さに起因しているといえるだろう。

芥川はこの「秋」で、その一方に、信子の生の悲哀を秋という季節と結びつけて語ろうとしている。そのことはこれまでもふれてきたところだ。生と季節の結びつきはまさに日本の物語文学・和歌文学の伝統をふまえた抒情の美学へとつながっている。

芥川は元来秋を描くことの多い作家だといわれている。たしかに「鼻」を始め、彼の作品における寂寥は秋の気配を背後に描かれることが多い。そしてここに至って芥川は秋の抒情を主人公の心の共鳴をともなって描き切ったといえるのではあるまいか。芥川は主人公信子を借りて自らの心象を投影させているのである。信子の心象と秋の季節の抒情との照応（correspondence）は、まず商社員の夫との生活の変調が「初秋」から「秋が深くなつて来」るという季節の推移と結びつけられているところに認められる。すでに引用した個所だが、芥川の抒情と象徴との融合表現という観点からいま一度引用してみよう。

> 所が残暑が初秋へ振り変らうとする時分、夫は或日会社の出がけに、汗じみた襟を取変へようとした。が、生憎襟は一本残らず洗濯屋の手に渡つてゐた。夫は日頃身綺麗なだけに、不快らしく顔を曇らせた。さうしてズボン吊を掛けながら、「小説ばかり書いてゐちや困る。」と何時になく厭味を云つた。信子は黙つて眼を伏せて、上衣の埃を払つてゐた。

夫の変化に始めて気づかされたのが「初秋」で、そして夫の変化が次第に信子との心の距離を広げていくのが「秋が深くなつて」いくとともにであることが次の引用からうかがえる。夫婦の間の冷え冷えした関係は深秋の叙景表現によって象徴される。

> そんな事が何度か繰返される内に、だんだん秋が深くなつて来た。信子は何時か机に向つて、ペンを執る事が稀になつた。その時にはもう夫の方も、前程彼女の文学談を珍しがらないやうになつてゐた。彼等は夜毎に長火鉢を隔てて、瑣末な家庭の経済の話に時間を殺す事を覚え出した。その上又かう云ふ話題は、少くとも晩酌後の夫にとつて、

> 最も興味があるらしかつた。それでも信子は気の毒さうに、時々夫の顔色を窺つて見る事があつた。が、彼は何も知らず、近頃延した髭を噛みながら、何時もより余程快活に、「これで子供でも出来て見ると—」なぞと、考へ考へ話してゐた。

平凡な男との結婚生活によって青春に夢みられたひとつの希望が瓦解する。しかし確認しておきたいことは、青春の夢は単に夫の凡庸さによってだけでなく、信子自身の変貌によっても裏切られる。

秋の抒情はいま一度信子が俊吉と再会する場面の背景となっている。夫の出張にともなって信子は二年ぶりに上京する。彼女の胸にひそかであわい〈夢〉がただよっていた。しかしその〈夢〉は現実の俊吉を見た瞬間はかなく消えかける。俊吉のとらえ難い態度を見てとまどい失望したのである。彼女は自身の〈夢〉をあまりに肥大化しすぎていた。次の描写は結末の場面だが、この直前の箇所ともども注目してみたい。

> 彼女は従兄の帰りも待たずこの俥上に身を託した時、既に妹とは永久に他人になつたやうな心もちが、意地悪く彼女の胸の中に氷を張らせてゐたのであつた。—
>
> 信子はふと眼を挙げた。その時セルロイドの窓の中には、ごみごみした町を歩いて来る、杖を抱へた従兄の姿が見えた。彼女の心は動揺した。俥を止めようか。それともこの侭行き違はうか。彼女は動悸を抑へながら、暫くは唯幌の下に、空しい逡巡を重ねてゐた。が、俊吉と彼女との距離は、見る見る内に近くなつて来た。彼は薄日の光を浴びて、水溜りの多い往来にゆつくりと靴を運んでゐた。

妹に恋を譲った信子という一人の女性の寂しい心情を晩秋の中に巧みに描き出す。俊吉の帰宅を待たないで駅へ急ぐ信子を取り巻くものは幌俥（ほろぐるま）の薄暗い小空間であり、彼女の眼にするものはすべて四角なセルロイドの窓を通したものである。浜川勝彦の指摘もあるように [17]、実際に秋の風に吹かれて秋を感じるのではなく、窓の中に秋を感じている。しかもセルロイドを通しての秋であり、現実世界には一歩も踏み出していない。とすれば、秋の抒情は信子の心の中での世界であって、現実の秋の季節とは微妙にズラされているというべきかもしれない。

この卓抜な修辞技法は秋の抒情表現だけではない。比喩表現にも認められる。それは、これも上京してひさしぶりに交わした信子と妹の照子の会話において展開される。

> 私が今日鶏を抱いて来て、大阪へいらつしやる御姉様に、御挨拶をなさいと申した事をまだ覚えていらしつて？ 私は飼つてゐる鶏にも、私と一しよに御姉様へ御詫びを申して貰ひたかつたの。さうしたら、何にも御存知ない御母様まで御泣きになりましたのね。
> 「御姉様。もう明日は大阪へいらしつて御しまひなさるでせう。けれどもどうか何時までも、御姉様の照子を見捨てずに頂戴、照子は毎朝鶏に餌をやりながら、御姉様の事を思ひ出して、誰にも知れず泣いてゐます。……」

この妹の言葉は姉が大阪に旅立つ間際、彼女が「鶏」を抱いて姉の前に出てきたことを思い出しながら言ったものである。それは「犠牲的な結婚」をしてくれた姉に対して、周囲の人々に知られることなく、照子の分身の「鶏」に照子の代わりに「御詫びを申して貰ひたかつたの」である。だからこそ、いまでも「毎朝鶏に餌をやりながら、御姉様の事を思ひ出」すことは、俊吉を「与えてくれた」姉に常に感謝の気持ちを忘れないといった意味をこめたものであるという。「鶏」を飼うことにより妹照子には常に姉の犠牲的な結婚が眼の前に存在しているのである。

妹の言葉に触発されるようにして、信子は俊吉・照子の家に飼われる「玉子を人に取られた鶏」に自己の姿を見る。心のなかでは俊吉と照子との仲立ちから俊吉にとっての「玉子」(愛するもの) に変わっている今の信子は、俊吉を照子に〈取られた〉と感じざるを得ない。

その一方、照子は自分たちの結婚を姉の犠牲的な結婚によって「与えられた」結婚、言い換えれば、他者から押し付けられた結婚であったと思うとともに、姉への嫉妬も同時に感じている。「青い横ばひがたつた一つ、笠に這つてゐる電灯を」凝視している照子は、その二つの想いに責められている。

> 間もなく信子は、妹夫婦と一しよに、晩飯の食卓を囲むことになつた。照子の説明する所によると、膳に上つた玉子は皆、家の鶏が産んだものであつた。俊吉は信子に葡萄酒をすすめながら、「人間の生活は掠奪で持つてゐるんだね。小はこの玉子から」——なぞと社会主義じみた理窟を並べたりした。

信子は喩の表現系のなかで人間関係を読み取ろうとする。「玉子」（俊吉）はもと「鶏」（信子）のものである。それを他人（照子）が横取りした。とすれば、それは道理にかなっていないというのが信子の思いである。俊吉が信子に「人間の生活は略奪で持つてゐるんだね。小はこの玉子から」と言う。中流階級にとどまる作家が「社会主義」にも関心を向けていることがこの何気ない俊吉の言葉からもうかがえるのだが、ここでの場面は信子が自分のほうから俊吉を照子に「与えた」のではなく、「取られた」ということを認めさせるために語りかけているのである。

信子は深まる秋の静かな茶の間で自作の心理劇（ドラマ）の主人公となっていく。いじらしい妹のために愛する恋人を譲り、一人家の犠牲となって心にもない結婚をした姉という役回りを確認することにあった。姉はひたすら妹の幸福を願っている—それは照子の手紙に触発されてふくらんだドラマ（劇）であった。そのような信子の意識を〈仮構の生〉を生きてきたといえばいえる。しかしそれは単に信子が照子に対して負い目を負わせ続け、常に優位な位置を保つための計算されたドラマとしてである。だから、信子の羨望に満ちた言葉に対して憐憫の情をもって応える照子に反発して信子はわざと何も応えない。信子と俊吉との恋愛を裂いたあの時のきっかけを照子に思い出せて信子は無言で責める。

妹が俊吉と信子の仲をいまだに疑って発作的に烈しい嫉妬の情で泣いたという事実からしても、自分が犠牲になったと思っても見たくなるような妹という身近な他者、それとの絶縁からくる孤独な心情であり、自分にとって定かでなかった俊吉との愛と幸福が妹にとって代わられている。それは俊吉とも照子ともますます離れているという信子のつらい認識である。その背景に家と階級、それに芸術と階級のそれぞれを主体的に担う二人の姉妹の別れがあった。信子の悲哀は彼女が芸術からはもはや疎外されてしまったと自覚させられたことであった。

> 彼女の心は静かであつた。が、その静かさを支配するものは、寂しい諦めに外ならなかつた。照子の発作が終わつた後、和解は新しい涙と共に、容易く二人を元の通り仲の好い姉妹に返してゐた。しかし事実は事実として、今でも信子の心を離れなかつた。彼女は従兄の帰りも待たずこの俥上に身を託した時、既に妹とは永久に他人になつたやうな心もちが、意地悪く彼女の胸の中に氷を張らせてゐたのであつた。—

秋という季節がこの小説中で最も象徴的機能を高度に発揮するのは「四」の章である。薄雲を漂わせた冷やかな秋の空は信子の抱く寂しい諦めと照応する。その修辞技法は妹と別れたあと、駅に向かう車上から従兄の姿を認めながら声をかけることもなくすれ違う場面での背景描写に結実している。

> 薄濁つた空、疎らな屋並、高い木々の黄ばんだ梢、—後には不相変人通りの少い場末の町があるばかりであつた。
> 「秋—」
> 　信子はうすら寒い幌の下に、全身で寂しさを感じながら、しみじみかう思はずにゐられなかつた。

芥川の文学が得意とする〈刹那の感動〉とも呼べるような結びとは異質といってよいかもしれないほど流動的でありながら、空虚な世界がここにはある。この叙景描写が伝えるわびしい秋の気配はそのまま信子の心象風景に重なるのである。物語世界が「秋—」とつぶやく主人公信子の全身で感じた寂しさに収斂している。その表現は繊細そのものといってよいのかも知れない。芥川の描写が計算し尽くされているのは、秋の空は眼前に広がる自然そのものではなく、枠の中に映し出された〈秋〉、切り取られた〈秋〉だというところにある。信子の目の前にぽっかり開いた心の窓に映った〈秋〉、空虚な寂しさの心象としての〈秋〉なのである。

第五節　「秋」の主題批評に関する先行研究と本章の方向性—むすびに代えて

このように、「秋」は信子と妹照子の心理葛藤のドラマを通して信子の〈寂しい諦め〉がクローズアップされるように仕組まれた小説であるとして読めるし、かつてはそう読まれてきた（後述）。芥川にとって秋はその情調の季節としてもっともふさわしいものであったということであったのかもしれない。秋の抒情に包まれる信子に作者自身が投影されていた。これまでの論述からいっても、俊吉に芥川の分身をみるとともに、信子の寂寥にも作者の分身性のあることが看過されてはなるまい。駒尺喜美は次のように指摘している。

> 「秋」は大正時代の知識階級の人々の雰囲気、心理を巧緻に典雅・簡潔な文章で描写し、晩秋の景物と一致させ、人生の孤独・寂寥を遺憾なく描き出した佳作である(18)。

「知識階級」という概念はこの小説では後景化されている。が、「秋」の執筆に関連して芥川の語る「悟」の内容はこの駒尺論のいうように、「創作上の悟りでもありそれ以上に彼の人生上の悟りのことであった」とみるものだが、このような「悟」の見解はこの小説が日本の文学伝統、特に法話文学にのっとった景情一致表現にみちびかれたものということができる。海老井英次は信子の悲劇とは〈仮構の生〉崩壊ののちを生きてしまったことであり、「刹那の感動の後にまで不燃焼のままに揺曳しているもの[19]」なしには物語世界を成立させることが不可能だという認識が芥川にはあったという。和田繁二郎もいうように、信子の〈寂しい諦め〉が主題といってもよいが、そこに至った事情の究明が不十分だとみなす。過程と結末との必然的な結び付きが描き出されていないために、むしろ「人間性の希薄さ」が生じている作品で、「文学としての高さ[20]」のないものだと、和田は全否定に等しい評価を下している。

この作品は大正時代の中流階級の家に生まれた女性として高等教育を受け新しい教養を身につけることで「才媛」と評された一人の女性の自縄自縛の悲劇が朦朧とした表現のもと清澄な秋の気配の中で収束していく。「羅生門」「鼻」「芋粥」と続く初期作品群にも秋という季節は巧みに取り入れられていた。海老井英次は芥川と秋のかかわりを論じて、「世紀末を母胎として作家としての生誕をなした芥川にとって、秋はその世界の季節としてもっともふさわしいものであったということであり、北原白秋や木下杢太郎ら明星派の詩人によって「初夏の午後二時」が選ばれていたのと同じ意味で、「秋の夕暮れ」は芥川の内的世界の基本的時刻だったといえるのではないだろうか[21]」という。「四」の章がいかに日本人の詩情に訴えるものがあったのかがこの批評からもうかがえよう。ただ本章の立場からすると、従来の主題批評がどうやらインテリゲンチャの世界の物語とみなしていることに不満がある。この小説での芥川の実験は主人公に中流階級の女性という階級性を付与したことである。その実験性を踏まえて語るべき芥川の抒情性なのである。

「秋」の素材提供者の秀しげ子は本作を読んだ後、「あゝ云ふ材料をあゝもすらすらと片づけてしまはずにもつと信子や照子の心理状態を深刻に解剖して知識階級にある現代婦人の人生に対する人間苦を如実に描写してほしいと思ひます。私には現代の作家が女性を描くのに何故もつと積極的に取り扱はないのかと不思議に思ひます[22]」と批判を加えた。作中のモデルとされた人物からすると、当然生じる批判である。ここには当時自他ともに認めた秀しげ子の本領がうかがえる。彼女は自分の与えた材料があまりにすらすらと片づけられているのに不満を洩らしたのである。が、三好行雄の「巧緻な近代心理小説の原型ではあり得ても、写実主義の成功作ではない[23]」とする批評以来、菊地弘がいうように「真にリアリズムを開くものになっていない[24]」との論述が一般的であった。

しかし蒲生芳郎からすると、問題は信子の人物像におけるリアリティの破綻ということになる。彼によると、「三四郎」「秋」「菜穂子」の三作品のヒロインを「明治・大正・昭和と三代にわたる日本近代の女の物語」と評価されるが、美禰子や菜穂子と比べて信子には「個性的かつ普遍的な迷い」や「理知の悲哀」などがなく、そのボヴァリズムも浅いものであることからリアリティが欠如しており、すでに引用したように「風俗の上ずみに漂う人間としてしか描かれていない」と指摘する。蒲生によると、「秋」の失敗とは、「嗤い」による信子という対象との距離が結末にいたって放棄されてしまい、「いわば、人生苦の寂寞に耐える、自分に固有の心象風景のなかに直ちに対象を取り込んでしまう[25]」からだと指摘される。

一九八〇年代までの先行研究における「秋」の評価が本章のいう階級と芸術の関連のうち、その芸術の評価に偏向していることが見てとれよう。そこには芸術至上主義者芥川の作品という枠組が確固としてあった。しかし本章はこの作品をこれまでの自己完結の物語の世界を社会の階級性に向かって開こうとしたところに焦点をあてている。それがこれまでの本章の分析だったわけである。しかし八〇年代の批評が共通して捉えるように、「秋」は信子と妹照子の心理葛藤のドラマを通して信子の寂しい諦めがクローズアップされるように仕組まれた小説であることもたしかだ。こうして、夢破れて再び平凡な日常性にからめとられてゆく姿があざやかに描き出されている。文学への夢も俊吉への愛をも失ったことを自覚した信子は平凡な夫との日常的な生活に戻るしかなかった。そして「そんな事が何度か繰返される内に、だんだん秋が深くなつて来」て「亦翌日になると、自然と仲直りが出来上つてゐた」とある。ここには夫との仲たがいとその修復をくり返しつつしだいに不可解、下等、退屈な人生を信子は生きて行くようになる。作者芥川の高踏的な人生観からすれば、中流階級に生きる知的な人間はいつまでも同じことをくり返していくことを自覚している。それでもやはり現実の生は無機質に流れていく。

このように作品の主題はすでに八〇年代の研究動向がおおむね一定の方向で共通している。本章もそれを認めるものだ。しかしそこに高踏的な芸術至上主義から「中流（下層）階級」を生きる人々の「下等で退屈な」生活を見下すという視点の構造があるとすればどうなるか。作者芥川自身もまた生活者としてはその階級に属する人間だということはみずからが言明している。とすれば、芥川の内部に分裂と絶望を見るべきではなかろうか。みずからの分裂と絶望をさらけ出してまで、なぜ彼は高踏的な芸術主義をまるで取って付けたかのように、わざわざ階級といった概念に結びつけようとしたのか。そこには明らかにプロレタリア文学への憧憬があったとみるべきだろう。芥川は未来の文学がプロレタリア文学にあると固く信じていたからという理由をそこに見出してよいのだろうか。社会生活から距離を置くことで〈物語〉を産み出してきた芥川といえども、やはり時代の制約を超えることはできなかった。

本章は主人公信子における自己犠牲と中流階級との関連、階級と芸術の相克を通じて芥川のプロレタリア文学への眼差しを考えようとしてみた。前節で紹介したように、信子の心の変化を探ることはすでに精緻な先行研究がある。したがってテクストの背景にプロレタリア文学運動の隆盛や当時の文化的背景を介在させる〈読み〉が本章に課された課題であった。そのことはまた本書の課題の一つが芥川の〈物語の文法〉と呼ぶ創作方法にあるとするとき、中期作品において芥川の伝記的事実がそれとどのような関係にあるのかという問題へと結びついていく。そこで本章の課題を、従来の信子の心理の変化を追うことよりも、その心理を規制している中流階級の生活と芸術との相克、そしてその枠組（モチーフ）が同時代のプロレタリア文学運動あるいはそのテーゼとどう関連するのかを考えるという方向に向かった。

ありふれた〈炉辺の幸福〉に安住する夫と、その夫を気の毒がりながらも、みずからもまた平凡な日常性にからめとられてゆく信子の姿に、芥川は中流階級の生活を捉えようとしたとみてよかろう。そして決してとげとげしい言葉で妹に迫るのではなく、内心を気どられないようにする信子の中流階級者の眼差しが俊吉と照子夫婦の芸術と生活の両立をめざしながらも破綻している生活を見て全身で寂しさを感じる。その生き方に芸術と中流（下層）階級の相容れない現実に苦悩や悲しみを抱かざるをえない姿を見てとることになる。

このようにみてくると、「秋」に表れている自己犠牲と中流階級者、芸術と階級の問題は、プロレタリア文学と違って階級主体の自己確認と自己否定が実現しているというべきだろう。芥川は自己の小説に〈中流下層階級者〉の視点を導入しようとした。それが成功したのか、それとも失敗したのか、そこに「秋」を読み直す手がかりをえたのである。

日本プロレタリア文学は階級を重視することによって、ブルジョア階級／労働者を敵対関係におくことで国家・社会・人間（階級）の間に錯綜する権力関係を読み取っていく。芥川はそのスケールの大きさに瞠目させられた。本章からすると、「秋」の場合、このようなプロレタリア文学のもつ階級の概念を導入しようとして、物語世界を見つめる視点の性格を〈芸術者〉から〈中流下層階級者〉へと変更しようとした。しかし芥川からすると、今までのプロレタリア文学はあまりにも労働者階級に執着した狭い視点でしか世界は捉えられていなかった。芥川は〈労働者〉ではなく、自己の階級性を自覚した新たな〈中流下層階級〉の者の視点から新たな小説世界が開かれるのではないかと考えた。その意味からしても「秋」は芥川の資質が表れた作品であるといえよう。芥川らしいということでいえば、この小説もまたロマン（物語）であったということである。したがって「秋」は失敗作であると同時に、いかにも芥川らしい作品でもある。

注

(1) 芥川龍之介「或阿呆の一生」二〇、『改造』昭和二年十月
(2) 滝井孝作宛書簡、大正九年四月九日付
(3) 芥川龍之介「芸術その他」『新潮』、大正八年十一月
(4) 大正九年四月九日付、滝井孝作宛書簡
(5) 室生犀星『芥川龍之介の人と文学』上、三笠書房、昭和十八年四月
(6) 三島由紀夫『現代小説は古典たり得るか』新潮社、昭和三二年九月
(7) 三好行雄「芥川龍之介のある終焉—仮構の生の崩壊—」『国文学』、昭和四五年十一月
(8) 菊地弘『芥川龍之介—意識と方法』明治書院、昭和五七年十月
(9) 山崎甲一「『秋』—彼等三人の内面の劇」『アプローチ芥川龍之介』明治書院、平成四年五月
(10) 蒲生芳郎「『秋』私見—信子の造形をめぐって」『キリスト教文化研究所研究年報』第二六号、平成五年三月
(11) 浜川勝彦「『秋』を読む—才媛の自縄自縛の悲劇」『国文学—解釈と教材の研究』、平成四年二月
(12) 浜川勝彦「『秋』を読む—才媛の自縄自縛の悲劇」『国文学—解釈と教材の研究』、平成四年二月
(13) 添田寿一「生活難と中流婦人の持すべき態度」『婦人界』大正七年十二月や、帆足理一郎「現代婦人に対する要求」『婦人問題』、大正八年十月
(14) 小山静子『良妻賢母という規範』勁草書房、平成三年十月
(15) 熊谷孝『芸術の論理』三省堂、昭和四八年五月
(16) 蔵原惟人「プロレタリア・レアリズムへの道」『戦旗』、昭和三年五月
(17) 浜川勝彦「『秋』を読む—才媛の自縄自縛の悲劇」『国文学—解釈と教材の研究』、平成四年二月
(18) 駒尺喜美『芥川龍之介の世界その精神構造を中心に』芥川龍之介研究会、昭和三九年九月
(19) 海老井英次「「秋」—〈認識〉による〈感動〉の解消—」『芥川龍之介論攷—自己覚醒から解体へ—』桜楓社、昭和六三年二月
(20) 和田繁二郎「芥川の「秋」について」『芥川龍之介（日本文学新書）』創元社、昭和三一年三月
(21) 海老井英次「「秋」—〈認識〉による〈感動〉の解消—」『芥川龍之介論攷—自己覚醒から解体へ—』桜楓社、昭和六三年二月
(22) 秀しげ子「根本に触れた描写」『雑誌集成 芥川龍之介像』八、『新潮』大正九年十月
(23) 三好行雄「ある終焉—「秋」の周辺—」『三好行雄著作集』第三巻、筑摩書房、平成五年三月

(24) 菊地弘「秋」『芥川龍之介事典』明治書院、昭和六〇年十二月
(25) 蒲生芳郎「芥川龍之介「秋」私見—信子の造形をめぐって—」『キリスト教文化研究所研究年報（宮城学院女子大』二六、平成五年三月

第十三章 「一塊の土」における労働認識とプロレタリア文学

第一節 はじめに

本章で対象とする「一塊の土」の初出は『新潮』(大正十三年一月)であり、短編集『黄雀風』(大正十三年七月)の巻頭に据え、藤森成吉・加藤武雄・木村毅編『農民小説集』(新潮社、大正十五年六月)の巻頭をも飾っている。プロレタリア文学の側からも注目されたという事実からも、「一塊の土」は社会意識の問題を抱えた重要な小説である。四〇〇字詰原稿用紙にして約二八枚の短編作品であり、従来モデルについては示唆されていたが[(1)]、石井茂によって具体的に明らかにされたように[(2)]、素材は力石平蔵から得たものである。力石平蔵は「トロッコ」以下の芥川作品の素材の提供者とされているが、神奈川県湯河原の出身で、金星堂の校正係を勤めていた青年であった。しかし湯河原出身の青年力石平蔵から得ているにせよ、作者芥川の心(思想)と現代社会の写実の意識なくしては、この作品は生まれなかったであろうことも疑えない。ちなみに、長塚節の「土」からも影響されたといわれている。

この作品は発表当時から生田長江[(3)]や渡辺清[(4)]、それに『新潮』二月号「合評会」でも好評をもって迎えられた。これらに対して吉田精一が「家庭の内部に立入ってみると姑と嫁とのエゴイズムの角突き合ひだつたといふのが、その作の中心的なテエマ」としながら、「観念が先立つてゐる為に人間が死んでゐる」[(5)]とする主題批評は社会の写実の方向ではなく、〈家〉を中心とする心理小説としての側面に比重を置いてこの小説を批判的に捉えたものといえよう。その延長線上に進藤純孝[(6)]や橋本稔[(7)]の考察があり、両者は作中人物姑のお住の背後に作者芥川の苦悩の投影を読みとっている。これらの論考に対して写実的な側面の再評価を促すものとしては嫁のお民の「果てしない労働」[8] に注目する平岡敏夫がおり、またお住とお民を「近代人」[9] として捉える桂文子の論者もあり、あらためてこの小説の社会的な意味が問い直されている。

このように従来の評価は「姑と嫁とのエゴイズムの角突きあい」[10]、「人間の〈内面の障害〉」[11] の追求、「人間性への絶望」[12] の確認というようなかたちで、すでに示唆したように、〈家〉を中心とする心理小説的性格として捉えられ、それを芥川の人間認識との関わりで読み解こうとする方向が有力な研究動向としてあった。それに対してこの特異な素材が作品に取り込まれることで農民がどのように造形され、農村がどう捉えられているかという方向での研究も並行している。ただ芥川作品の定形的な研究モデルにも適う前者の研究が優勢であるのに対して、後者の研究は相対的に手薄になっていると思われる。

芥川は大正十年の中国視察旅行以来健康を害し、その影響が精神にも表れ始めていたが、大正十二年後半からやや活力をもり返し、大正十三年の『新潮』新年号に作風の変化さえ感じさせる「一塊の土」を発表した。この「一塊の土」は他作品に見られない農村生活を題材としている点から「芥川の作品系列のうちでも位置づけのむずかしい作品」[13] とされてきた。ただ芥川作品「奇怪な再会」(『大阪毎日新聞夕刊』大正十年一月五日～二月二日) をポストコロニアル批評の方法をもって新たな〈読み〉を試みた孔月が指摘する次の言葉は注目すべきだろう。すなわち「奇怪な再会」は「芥川の作品のあるものは、けっして作家の内部に沈潜する主題に没入するものでなく、むしろ作家の外部にある時代の国家と国際関係、そして民族としての他者に対する鋭い観察を踏まえた、支配的イデオロギーに対抗する先鋭性を帯び」(「芥川龍之介「奇怪な再会」ー隠喩としての狂気ー」『日本語と日本文化 (筑波大学国語学会)』第四二号、平成十八年二月) ているという指摘である。この「一塊の土」は「国際関係、そして民族としての他者」を対象としたものではないけれども、それでも「作家の外部」にある農村を舞台とし、そこには生活を背負った女の運命的に辿っていく道すじが写実的に描き出されているのである。その点では芥川にとって注目すべき新しさがある。

その点で何より重要なものは、この小説が「作家の外部」にある支配的な文学運動であったプロレタリア文学に寄せた芥川の共感を組みこもうと試みた作品であったということである。たとえば岸和枝は「プロレタリア、震災という〈時代の刺激〉が〈新分野への意欲〉となり作品に目新しい衣を着せた」点を考察し、「当時の雰囲気に受け入れられ易い出来ばえであった」[14]と同時代的な作品の位置づけを行なった後、芥川の作品系列の中で「玄鶴山房」への布石と捉えるのであった。松沢信祐「芥川龍之介『一塊の土』」[15]は村上林造論[16]を踏まえ、農民文学という観点からプロレタリア文学との関連でアウトラインを引き、芥川のプロレタリア文学に向けた言説と作品を照応させることで、「プロレタリア文学に寄せた芥川の想いを、そのまま作品の中に適用せんと試みた作品」[17]とする。この方向性は「作家の外部」にあるプロレタリア文学へのまなざしをどう捉えるかというものである。

したがって本章は、先行研究では取り上げられることのなかった作者芥川によるプロレタリア文学への共感とその方法化を追究し、その線に沿って「一塊の土」のテーマについて論じてみたい。

第二節　お民の労働の意味、そのプロレタリア文学とのずれ

「一塊の土」の中心をなすのは生み出す労働量にもっぱら転化される方向をもつ農民の生命力を軸とした物語世界である。そこからすると、この作品が追求しようとしているのはプロレタリア文学のテーゼとなる労働なのだが、それは決して資本に対して商品化されるそれではなく、この作品で目立つのはその土着性であり、神聖さであるということである。そこまでまず労働の神聖性ということを追究していきたい。

この小説はお住という老母が倅仁太郎と死別した時にはじまり、そして嫁のお民が腸チフスにかかって死ぬまでの九年間あまりの出来事

を描いている。足かけ八年、腰抜け同様に床に就いていた倅の仁太郎が死んで、「後生よし」のお住と倅の嫁お民、そして孫の広次の三人が残された。小説はこの三人の生活の中で展開される農家の物語世界である。

筋立の中心は嫁姑の葛藤であることは先行研究もすでに指摘している。仁太郎が死んだことで老母に奇妙な解放感が訪れる。しかもそれは単に面倒な看病からまぬがれただけの安心感ではない。嫁の問題もあった。

> 倅の仁太郎は足かけ八年、腰ぬけ同様に床に就いてゐた。かう云ふ倅の死んだことは「後生よし」と云はれるお住にも、悲しいとばかりは限らなかつた。お住は仁太郎の棺の前へ一本線香を手向けた時には、兎に角朝比奈の切通しか何かをやつと通り抜けたやうな気がしてゐた。

長患いの亭主は厄介な病人というだけでなく、労働力のマイナスをもたらす無用の存在であったのだが、それればかりでなく、嫁のお民が「野良仕事も大抵は引受けてゐた」と語られるように、息子の代わりに嫁を労働に縛りつけていると姑のお住には思われ、かえって肩身の狭い思いをしていた。だから、仁太郎に死なれたあと、お民を労働から解放してやることができると考え、お住は「四十九日でもすんだら、お民に婿を当がつた上、倅のゐた時と同じやうに働いて貰はう」と思うようになる。家のために働くお民をやっと解放してやれるという安心感がお住の心の重荷をおろさせることにもなった。

しかしお住の思いにかかわらず、お民は相変わらず身を粉にして働きつづける。お住が甥の与吉を婿にとすすめるが、お民は「此処の家の田地は二つにならずに、そつくり広の手に渡るだものう」と承知しない。「広」とは仁太郎との間の子である。

> 「だがのう、お民、お前今の若さでさ、男なしにやゐられるもんぢや

なえよ。」
「ゐられなえたつて、仕かたがなえぢや。この中へ他人でも入れて見なせえ。広も可哀さうだし、お前さんも気兼だし、第一わしの気骨の折れることせつたら、ちつとやそつとぢやなからうわね。」

このお民の「今の若さ」という設定がいっそう性欲のエネルギーすらも野良仕事にふり向ける烈しい仕事ぶりを強調することになっている。お民の激しい働きぶりの背後にはわが子「広の為といふ一念」と「今更他人を入れることに対する、それ自身力強い抗弁」という意味もあった。再婚を拒むお民は家と田畑を息子に継がせる代償として自身の肉体を田畑に投下する労働力として提供しなければならない。こうしてお民は未明から晩方まで土まみれとなり、骨身を惜まず野良や山の仕事一切をやり通していくのである。

ただこのようなお民の常識を超えた働きぶりを、母子の間の「遺伝の力」に帰する説明はいかにも単純にすぎる。社会の低層で生活苦に喘ぎながら精一杯生きていこうとする農民の生活を知らぬ芥川の、知識人としての無知と傲慢であると言わざるを得ない。このことは関口安義が「この小説が社会的広がりを持ちえ(18)」ないと批判した理由のひとつでもある。これを別の角度からいえば、お民の労働をプロレタリア文学の定義する労働の概念と比べた場合、後者の概念は資本／労働の二項対立がそのまま資本家／労働者の社会的対立をもたらすところの対価交換とはなっていない労働者の肉体の不当な消耗であるとされ、プロレタリア文学はその労働の不当性の抗議へと展開されるが、お民の労働は自己の家の維持にとっては等価となるというものだろう。プロレタリア文学にとっての労働はいわば社会化され商品化される肉体の代償物といいかえることもできる。したがって労働を階級と結びつけて、ブルジョア階級による収奪という図式を構成するわけである。それに対してこの「一塊の土」における労働は家にとっての労働といってきたように、家の財産である土地（田畑）に対して、その所有主が労働を投下するという構図である。そこには資本家と労働者が未分化であって、お民が家の土地を息子に譲るために献身的に働くということは、あえていえば、資本家の事業継続のための論理と変わらない。そこには階級に結びつく労働といった概念はなく、それゆえにお民の労働は階級を媒介にして社会化する契機をまったく欠いている。それを関口がいうように、「社会的広がりを持ちえな」いといえばいえるわけである。

お民の労働がその土地を介して家の維持・継続という女性にとって崇高な価値をもつと信じられている以上、家と土地を息子にそのまま譲るという労働はまさにお民にとって〈神聖な〉という形容語を付けるにふさわしいものだった。

> わしだつて何も晴れや自慢で、後家を通してる訣ぢやなえよ。骨節の痛んで寝られなえ晩なんか、莫迦意地を張つたつて仕かたがなえと、しみじみ思ふこともなえぢやなえ。そりやなえぢやなえけんどね。これもみんな家の為だ、広の為だと考へ直して、やつぱし泣き泣きやつてるだあよ。……」

このように「家の為だ、広の為だ」という〈家〉の維持に苦しむお民を、芥川はほとんど一刷毛で描いている。ここにはなによりもお民が働かなければならないのは、社会福祉のいまだ整っていない時代の厳しい社会状況と、老人や乳呑児を抱えている女所帯の現実という二重の困難に迫られたやむを得ないものという側面もあった。日本の農村には至るところにこういうひたすら働いて家族のためまた〈家〉の維持のため少しでも向上しようとした農婦がいたはずであろう。それはひたすら働きつづけることが美徳とされる農民の世界である。

その光景はたとえば「村の若衆」が「若い叔母さんけふは草刈りか。草よ靡けよ、鎌切れろ。」と歌いながら家の前を通り過ぎるところに見えている。しかし農業労働があまりに過酷なために、それに従事する者を逆に馬鹿にするといった風潮も捉えられている。「若い叔母さん」とはお民へのひやかしの言葉であり、また「草よ靡けよ、鎌切れろ。」という言葉はお民への冷笑を示していよう。それだから隣家の老婆が「今の若え者は一体に野良仕事が嫌ひだよう。」という言葉には激しい労働を忌避する者がいるといって、それでもその労働に耐えている自分たちの姿を見つめる自嘲の響きがある

この側面にはたしかにプロレタリア文学の訴える労働の過酷さに通ずるものがある。芥川の筆はその側面を通して農家の生活の細部をそれなりのリアリティとともに描き出している。労働の過酷さゆえにその対価への執着に農民たちを駆り立てるのは当然だろう。お民の「稼ぎ病」といわれるほどの稼ぎぶりがそれなのだが、それだからといって彼女はエキセントリックで特異な存在なのか。

> お民は又一つ年を越すと、今度は川向うの桑畑へも手を拡げると云ひはじめた。何でもお民の言葉によれば、あの五段歩に近い畑を十円ばかりの小作に出してゐるのはどう考へても莫迦莫迦しい。それよりもあすこに桑を作り、養蚕を片手間にやるとすれば、繭相場に変動の起らない限り、きつと年に百五十円は手取りに出来るとか云ふことだつた。

「稼ぎ病」にとりつかれたお民は、今度は川向こうの桑畑へも手を広げ、養蚕をしようと言い出した。お民の行動はすべて自分自身の意志で行なわれるもので他人によって強要されるものではなかった。彼女の労働は家のため息子のためであったとしても、それをお民自身が〈家〉の維持と繁栄を内面化しているとすれば、それはまさに自らの可能性の実現を目指す人間としての自負と自足があるのだ。労働が人間の生と等価だという労働神聖観はこの作品をつらぬいている。それゆえに休みなく働き続けることがむしろ生の常態にもなっている。それだから、その手一つで一家の暮しを支えるために働き続けているのだとするお民が、楽をしたがっているお住に当てこすりをしてしまう気持も理解できる。これもまた生きている人間の正直な感情である。

> 「どら、寝べえ。朝が早えに。」

> 　お民はやつとかう云つたと思ふと、塩豌豆を一掴みさらつた後、大儀さうに炉側を立ち上つた。……

このようなお民の言動は家と家族の生活を支える責任をもつ家父長のそれである。この時お民はもうただの「稼ぎ病」にとり憑かれた〈若後家〉ではなかったし、「況や村の若衆などの「若い小母さん」ではなほ更なかつた」というべきなのだ。その姿の変貌が「お民は愈骨身を惜しまず、男の仕事を奪ひつづけた」。「この頃ではもう彼女自身の腰巻さへ滅多に洗つたことはなかつた」という記述で徹底化されていく。

その変貌は家族への責任にかかわるレベルのモチーフを明示しながら、女としての社会的性差の観念さえ越えたところで結ばれることになる。それが次の叙述にうかがえる。

> お民は野や山の仕事の外は何でもお住に押しつけ切りだつた。この頃ではもう彼女自身の腰巻さへ滅多に洗つたことはなかつた。お住はそれでも苦情を云はずに、曲つた腰を伸ばし伸ばし、一生懸命に働いてゐた。のみならず隣の婆さんにでも遇へば、「何しろお民があゝ云ふ風だからね、はえ、わたしはいつ死んでも、家に苦労は入らなえよう」と、真顔に嫁のことを褒めちぎつてゐた。
> 　しかしお民の「稼ぎ病」は容易に満足しないらしかつた。お民は又一つ年を越すと、今度は川向うの桑畑へも手を拡げると云ひはじめた。

ここでは姑のお住のほうが焦点化されているが、その背景にはお民の〈神聖な労働〉に生きることの「苦しみ」と同時に、ひそかな、しかし高い「誇り」と樫山欽四郎の言う「自らの犠牲の実りを楽しむ徳[(19)]」があることを見逃してはならない。

> お民はかう云ふ間にも煙の出る藷を頬張りはじめた。それは一日の労働に疲れた農夫だけの知つてゐる食ひかただつた。藷は竹串を抜かれ

る側から、一口にお民に頬張られて行つた。

このお民の労働生活からはまったく社会性が欠如していることに注意すべきだろう。労働は決して商品の対価として描かれてはいない。ここにはむしろ大地の農業に従事する人間の原始的ともいってよい野性が描き取られている。作者芥川にとって〈労働〉はまさに崇高で神聖なのである。だからこそ労働のあとには充足と愉楽がある。芥川にとって労働者の労働といえども、本来神聖なものだということを訴えることで労働者のプロレタリア文学への共感を示そうとしたのかもしれない。しかしお民の労働はプロレタリア文学のそれとはまったくズレていることを見逃してはならない。

第三節　小説の主題をめぐって
—エゴイズムの葛藤か、労働の神聖性か

これまで本章はお民の描写を対象にして作者芥川が「一塊の土」において労働の神聖さに関心を注いでいることを見てきた。そしてそれを背景にして女性と家族の人間関係をかいま見ようとする。

嫁のお民も姑のお住も、家族の生活と家の存続を守ろうとして働きづめに働くが、その結果は嫁姑の確執となって現われ、嫁は死んでしまい家は老母と孫に引き継がれるという過程をたどるのがこの作品の筋立だが、その労働の自負の上でお民が家父長的立場を意識するとともに、それまで家を守ってきた姑のお住との葛藤が必然的なものとなっていく様子が描き出されていく。たとえば「六」に描かれるお住の激昂の場面で、その呼び水となったのは「お前さん働くのが厭になつたら、死ぬより外はなえよ」というお民の言葉である。それは受け取りようによっては生きることはすなわち働くことだという彼女の考えの表明にすぎないのであって、お住が言うように、お民が「心はうんと悪な人」であるからではない。ここには家における嫁姑の関係の逆転が見てとれよう。だからこそ「大声に罵り罵り、泣き出した孫と

抱き合」うお住の興奮に対して、お民は「不相変ごろりと炉側へ寝ころんだなり、そら耳を走らせてゐるばかり」という、姑の無言の抗議を無視することになる。

この「六」でクライマックスをむかえる嫁姑の対立について先行研究が試みてきた〈読み〉は総じて姑のお住の感情に同情的である。お民を物質的欲望の権化あるいは自己目的化してゆく労働の犠牲者とし、彼女に引きずられる姑の苦しみがかえって自己防禦的にしだいに自己中心的な考えに閉じ込まらざるをえなくなると解釈されている。このような嫁姑の葛藤に人間のエゴイズムの救いのなさといったテーマを読む通説の成立もお住の立場と感情についての同情的理解があってのものといえる。たとえば平岡敏夫はこの二人の葛藤には「労働の継続をあらわす」だけではなく、「労働の継続が加算されていく」ことをあらわし、「農民の果てしない労働、とくにお民という農婦のそれを、効果的に訴える方法となっている」とし、「お民の果てしない労働をとらえつつ、それにともなうお住の果てしない苦しみをも描き出して行くのである[20]」と評している。それゆえに互いに自己の考えをまげようとしない嫁姑二人の間のそれぞれの人間のエゴイズムのぶつかり合いを見るわけである。

お住にとって目算がはずれたのは、姑として家の維持を嫁（と後添えの夫）の労働力にまかせようとしたもくろみが見事にはずれたことだろう。その結果、嫁のお民が姑を巻き込んで女二人の労働でお民の息子が成長するまで働き続けることになった。そこにお住は現実と期待の落差を味わわねばならなかったのである。仮にお民にお住をいたわる余裕があったとしても、農家ゆえの分業性が崩れない限り、家事と育児の仕事で働かされることはやはり同じで、それこそ次第に身体の衰えていくお住の苦痛となるに違いないのである。たしかに、この土地に生きるために女といえども男と「同じ軛を背負」って生きなければならない。

大正期の農民の貧困の現実を認識した上で彼等の日常生活を冷静な眼で見つめるならば、牛馬のように働いて貧困と闘ったお民のような農民像を安直に否定することなど許されないであろう。稼ぐに追いつく貧乏なしとはいうものの、戦前の日本の中下層の小作農家では、いくら稼いでも金がたまるどころではなかったことはいまさらいうまでもあるまい。

もともと芥川の小説には説明癖がつきものだが、この小説におけるお民の造形はその点まったく例外的で、代わりに目立つのはリアリティをあえて無視したとしか思えないさまざまな誇張である。ただ働くことを生きがいとした存在の強烈なイメージを打ち出すことの一点にすべては集中されていると言うほかない。このようなお民だということで彼女が死んだ後にはいつの間にか、「嫁の手本」「今の世の貞女の鑑」、そして「沢向かうのお民さんを見ろ」というかたちで賞賛され、学校の修身の時間にも美徳の模範として教師にも語られるようになった。この当時、町村という国家末端の行政機構において「貞女の鑑」とか「模範青年」を選び出して褒彰するという制度が設けられて、国家体制維持に奉仕させられたことは知られているが、ロシア革命以後の青少年の急速な左傾化に危機感を抱いていた当時の行政組織が「青少年の健全育成」「思想善導」に腐心して、このような褒彰制度を取り入れていたことがこの小説のプロットに反映しているとみてよかろう。お民が褒彰されたということは、労働そのものを価値とし、その量を社会貢献の度合に比例させる国家の価値体系に適合したからだろう。

こういうお民は村落共同体が良しとする理想的女性像を喧伝するために利用されるが、農村がお民の労働に見ようとした「嫁の手本」「貞女の鑑」といった儒教的女性観はまさにお民の生きざまに即するものだった。お民は妻として母として家の維持に奉仕するために働いたのであり、決して家から〈外部〉の世界に出て労働階級に属する人間として労働に携わったわけではなかった。家の維持とわが子のためという目的を内面化していたお民にとっての労働が前近代の共同体遺制のなかで「貞女」として称賛の対象となったわけである。国家は行政の末端組織を利用して組織と結びつく家（町の旧家・自作農家）の維持に腐心した。褒彰制度によって家の維持と結びつく労働にお上からの褒美が付与された。かくして家—村落—国家という体制的結合に奉仕する労働として顕彰されたわけである。それはいうまでもなくプロレタリア階級の労働観に対抗する国家の戦略だった。

しかし残念ながら、芥川は「貞女」や「烈女」などを国家的に顕彰する体制の労働観の本質を認識しながら、お民の労働がもつ両義的性格、すなわち一方は神聖な労働という認識と、いま一方の国家に利用される労働という両義性にさまたたげられて褒彰される労働を皮肉るにとどまり、当の「貞女」らが実生活においていかに過酷な労働に縛られ、家の維持という苦労に耐えている現実を批判しようとはしない。芥川にとっては神聖な労働という考え方はこの小説をプロレタリア文学の地平へ開くものと信じられた。

しかしこの節では芥川がいま一つの主題とする嫁姑の葛藤に戻ろう。これまでにふれた国家に利用される労働という認識はあくまでもこの小説の後景にひそんでいるにすぎない。そのことを確認した上で嫁姑の関係はどうか。労働が自己目的化し際限なく働くお民の行動は、お住を圧迫し「家」の絆を揺るがせる。農村共同体もその通念が変容したため、自己目的化したお民の労働を称揚するだけでお住の苦痛を顧みようとしない。すでに掲出した「お住はかう云ふ男まさりの嫁にいつも敬意を感じてゐた。いや、敬意と云ふよりも寧ろ畏怖を感じてゐた」というのがそれである。姑のお住は一刻も早く家で広次の世話をし家事をするだけの留守居役の苦しみを逃れたいために、再び婿を取る話をお民に持ち出し、葬式の墓穴掘りにも男手がいると説くが、「掘り役にはわしが出るわね」といわれ、さらに「お前さん隠居でもしたくなつたんぢやあるまえね？」と釘を刺されてしまう。そんなお民のあてこすりや小言に彼女は言葉も返さずじっと苦しみに耐えつづけたのは、従うことに慣れた精神であり、また孫の広次が母よりも祖母の彼女になついていたからだった。しかし少なくとも、お民の労働の継続がお住から農良仕事を奪い、家事にかかわるだけに追いやられたお住の苦しみの継続となってはねかえってくることが明瞭になる。

「おお、嘘だとも、嘘の皮だわ。お前のお母さんと云ふ人はな、外でばつか働くせえに、人前では偉く好いけんどな、心はうんと悪な人だわ。おばあさんばつか追ひ廻してな、気ばつか無暗と強くつてな、……」
広次は唯驚いたやうに、色を変へた祖母を眺めてゐた。そのうちにお住は反動の来たのか、忽ち又涙をこぼしはじめた。

その翌晩、ちょとした事からお住はお民と口論になる。お民は夫の仁太郎が亡くなった後、息子の広次と姑を抱えて後家を通すのであるが、当初姑に聞かせた「好いわね。広の為だものう」という心境は少しずつ変化し、やがて無言のうちに彼女の生活態度をお住みに押しつけていくようになる。お住が婿取り話を断念せざるを得なくなったのも、また「風呂を焚かなかつた為に、或時は籾を干し忘れた為に、或時は牛の放れた為に」お民からあてこすりや小言をいわれても、言葉も返さず、じっと苦しみに堪えねばならなかった。「貞女の鑑」のように世間でほめそやされるお民と、自分の腰巻きさえ滅多に洗ったことのないお民、この二つのお民の姿をまのあたりに見ながら、お住の心の中にお民のエゴイズムへの敵対心が次第に燃えあがっていく。

家のためという目的で一体化していた嫁姑の亀裂とともにお住の憎悪は増幅され、次第にそれが内攻してゆく。彼女の憎しみは無慈悲で情けしらずのお民に向かうだけでなく、お民を「貞女の鑑」として賞讃する世間の誤解にも向けられていて、それが耐えようもなく爆発したとき破局は近い—小説はこういう形で進行するが、やがてお民の唐突な死によって、あっけなく収束を迎えることになる。それは皮肉な結末といってもよい。「どうあつても死ぬだ」といっていたお住が死なず、丈夫自慢のお民が鍛冶屋の葬式の墓穴堀に行ってチフスに感染、発病後八日目に死んでしまったからだ。お民の葬式の日は雨降りだったにもかかわらず、村長はじめ村民一人も残らず会葬し、お民の死を惜しみ、広次とお住を憐んだ。避病院でチフスといった人の聞こえを憚る法定伝染病患者として死んだ者の葬儀がそんなに盛大であろうはずがないということで、これは小説的虚飾として解すべきなのだろう。

> お民の葬式の日は雨降りだつた。しかし村のものは村長を始め、一人も残らず会葬した。会葬したものは又一人も残らず若死したお民を惜しんだり、大事の稼ぎ人を失つた広次やお住を憐んだりした。殊に村の総代役は郡でも近々にお民の勤労を表彰する筈だつたと云ふことを話した。

お民とお住の間の嫁姑の葛藤はいわば唐突に終わる。それは作者芥川がこの小説で個人のエゴイズムの追求を主題としようとしたのではないことを物語っている。この小説の主題はあくまでも家の維持・繁栄のための労働の継続性と、それゆえの神聖性にあった。以下のプロットがそのことをうかがわせる。というのは、そのお民の死はかえってお住の上に大きな幸福をもたらしたからである。

> お民の死は確かに彼女の上へ大きい幸福を齎してゐた。彼女はもう働かずとも好かつた。小言を云はれる心配もなかつた。其処へ貯金は三千円もあり、畠は一町三段ばかりあつた。これからは毎日孫と一しよに米の飯を食ふのも勝手だつた。日頃好物の塩鱒を俵で取るのも亦勝手だつた。

勤倹努力、「三千円」の貯金と一町三段の農地を遺したお民の労働は存外初期ブルジョアの資産形成の営為に近いものではなかったか。マックス・ウェーバーをとりあげることがここにふさわしいかどうかはともかく、現にお民が禁欲的に働けば働くほどプロテスタンティズムの資本家像に近づく。芥川は無意識のうちにこのような農民の中に目覚めた資本蓄積へと欲望をつのらせる初期資本家のプロテスタント的禁欲精神の逞しさと、そのもたらす悲喜劇を描いたのであった。いわばお民は父祖伝来の土地を将来にわたって保全しかつ拡大すべく、さらに共同体全体の秩序と発展に貢献すべく、菊地弘の言う「意力と才力[21]」の限りを尽くして労働に従った。したがって村落と家にとってお民の労働は神聖なものである。そしてその労働は（お住→）お民→広次といった子孫の間に永遠に継がれていかねばならない。そのような労働を崇高なものとして主題としているのである。

近代以前から農業労働を小家族に頼る日本では家族共同体だけによる労働力を補完するために、寡婦の再婚は不可欠であった。これは明治・大正期のみならず近代以前の日本では広く行なわれた慣習である[22]。労働が個人の営為にとどまらず、あくまでも子孫へ引き継ぐべきものであり、それが「御先祖様」への義務を果たすことでもあるとする。日本の農村で長い間に培われてきた農民の意識そのものであろう。それは農業労働が個人的利害に立脚したものではなく、父から子へ、子から孫へと継承されるという意識にもつながる。その意味で、これは農民の本来的な意識のありようなのである。彼らを一体化させているのは「家」への帰属意識である。婿取りをすすめるお住に対しお民が次のように言う。

> 「この中へ他人でも入れて見なせえ。広も可哀さうだし、お前さんも気兼だし、第一わしの気骨の折れることせつたら、ちつとやそつとぢやなからうわね。」
> 「だからよ、与吉を貰ふことにしなよ。あいつもお前この頃ぢや、ぱつたり博奕を打たなえと云ふぢやあ。」
> 「そりやおばあさんには身内でもよ、わしにはやつぱし他人だわね。何、わしさへ我慢すりや……」
> 「でもよ、その我慢がさあ、一年や二年ぢやなえからよう。」
> 「好いわね。広の為だものう。わしが今苦しんどきや、此処の家の田地は二つにならずに、そつくり広の手へ渡るだものう。」

お民は「身内」と「他人」をはっきりと区別する。彼女は自分の労働が子供に田畑を残してやるためのものであることを強く意識し、それゆえに家に他人を入れることを拒否する。それだけ、お民にとって家と子供の存在は大きかったわけだ。自らの労働によって「此処の家の田地は二つにならずに、そつくり広の手へ渡る」。もとよりそれは土地に執着する「農民の感覚であり、知恵である[23]」。

夫の死後、一家の大黒柱になったお民に対し、嫁姑の葛藤の一方で、お住は家事を引き受けることでその感謝の気持を現す。そのおかげで、しばらくの間、葛藤は潜在化され二人の間には表立った対立もなく、平和の暮らしが送られる。作品に次のような場面がある。

> お民はかう云ふ間にも煙の出る藷を頬張りはじめた。それは一日の労働に疲れた農夫だけの知つてゐる食ひかただつた。藷は竹串を抜かれる側から、一口にお民に頬張られて行つた。お住は小さい鼾を立てる広次の重みを感じながら、せつせと藷を炙りつづけた。
> 「何しろお前のやうに働くんぢや、人一倍腹も減るらなあ。」
> 　お住は時時嫁の顔へ感嘆に満ちた目を注いだ。しかしお民は無言のまま、煤けた榾火の中にがつがつ薩摩藷を頬張つてゐた。

お民が一日の仕事から帰った時、お住は「直と風呂へはえんなよ。」といい、広次をおぶって「よちよち」しながらもいそいそ風呂焚きをする。お住は家族を思いやりつつ自分の役割を精一杯に果たそうとし、同時に自分が身内とともにあることに安らぎを覚えている。これこそがお住の望む家であり、経済的に貧しくとも、彼女は十分に幸福なのである。家事労働はお住にとって決して楽ではないが、「しかしお住は腰を曲げたまま、何かと楽しさうに働いてゐた」のである。お住は自分の労働がお民の役に立つことを喜び、そこから充実感を得ている。そこにこそお住における労働の意味があったわけで、作品冒頭においてはお民もお住も相互に相手を認め合いつつ働いている。

女の労働は本来家の維持と継続にあった。このことはすでにくりかえした。その意味で、もし家と田畑が個人に優越する存在と認識されているならば、彼女たちの労働はそれに奉仕するためにそれ自体無私の神聖性をもつといえよう。前掲のお民の描写から土に生きる「農夫」の野性にも近い逞しさが感じとれるのも、作者芥川の信ずる労働が自然との戦い（開墾）であり、それがとりもなおさず家（人間共同体）の維持へとつながると信じていたからである。とすれば、芥川は労働の原始にその本質があると考えていたといえる。しかし社会主義の観念からすると、その家の田畑の所有がすでに原始とはほど遠い封建的遺制であることもまた芥川は知っていたはずである。ただ芥川からすると、労働とは決して搾取されるものではなく、自然への人間の挑戦という原始的で野性的な生産の意味だった。いや、そう信じたかったというべきかもしれない。

お民に先立たれ、その葬式をすませた夜、お住と広次が眠るのは〈仏壇のある奥部屋〉の隅である。物語の始まりもまた家族一人の死と、それに続くこの奥部屋の中の情景から始まっていた。先に死んだ者となお生きている者の違いはあっても、この家で家族をなした者たちを、ふたたび一つの部屋に集めながら物語の円環的構造は閉じられようとしている。

> あの夜も一息ついたことを思へば、殆ど今夜に変らなかつた。あれは現在血をわけた倅の葬式のすんだ夜だつた。今夜は？――今夜も一人の孫を産んだ嫁の葬式のすんだばかりだつた。

お民は腸チフスで死んだ。そこに「倅」から子の広次へと家と田畑が継承される背景が浮かび上がるとともに、女の労働が父子の間をつなぐ仲立ちとしての役割でしかない。それでも姑のお住が生き残り、あらためてお住が孫の広次を養い家を守るというかたちで労働はひき継がれる。たしかに、〈家〉を至上とする農村社会の労働は本来個人を超えた価値（家）に奉仕するから尊いのである。このような意味からお住・お民一体としての、果てしない農民の家に生きる女の喜びと苦しみがある。しかしどういうわけか、作者芥川のお住を見る眼は冷たい。

> お住は思はず目を開いた。孫は彼女のすぐ隣に多愛のない寝顔を仰向けてゐた。お住はその寝顔を見てゐるうちにだんだんかう云ふ彼女自身を情ない人間に感じ出した。同時に又彼女と悪縁を結んだ倅の仁太郎や嫁のお民も情ない人間に感じ出した。その変化は見る見る九年間の憎しみや怒りを押し流した。いや、彼女を慰めてゐた将来の幸福さ

へ押し流した。彼等親子は三人とも悉く情ない人間だつた。

お住が亡き倅とお民、それに広次の親子三人を「彼等親子は三人とも悉く情けない人間だつた」と回顧するのは、互いを重荷としか感じられぬ関係のままに倅と嫁が死んでしまったからであった。家のための労働にその命を捧げたお民、彼女はその人生を主体的に生きることを知らないままに死んだ。「悪縁」としかいいようがない。そしてこれからの広次もまた家のための労働にいそしむようになるだろう。自己のためにでない彼女の生は「情ない」し、また倅も孫も「情ない」と言わざるをえない。お住にとって彼らの自己のためではない生き方がしみじみと「情ない」と思わざるをえなかったのである。

第四節　作者芥川にとっての労働観念—むすびに代えて

このように「一塊の土」のプロットを支配しているのは土（自然）と家にその命を捧げたお民の労働の意味である。作者芥川は終末部で彼らを「情ない人間」と呼ぶ。「情ない」とはお住だけではなく、作者芥川にとっても自己のためでない生がどうにも理解できない生き方だからだ。それでも彼らは芥川の思いを超えて家と土地のために労働を捧げて次代の生へとひき継いでいく。それを「悪縁」と呼ぶのも、それ以外にどうとも呼べないからだ。この家族の「悪縁」の関係そのものに逆説的に家というものの価値がある。父から孫へと家と土地（田畑）を継承していく仲立ちとしての女の役割があり、女はそれを自らに内面化して引き受ける。こうして家のための労働の再生産が成し遂げられていくのである。

本章はこの作品の主題を嫁姑のエゴイズムの葛藤ではなく、それらを越えて存在する家のための労働にあると認める。ただそこに労働の神聖性を浮上させようとすればするほど、作者芥川が何を意識しているかが明確になろう。それはいうまでもなくプロレタリア文学が主題とする労働者階級の労働であろう。日本におけるプロレタリア文学の活動は大正十年頃から拡大しているが、芥川の反応が活字となって表わされたのはやや遅れて大正十一年四月の雑誌『新潮』においてであった。翌十二年の『改造』への寄稿と合わせてプロレタリア文学肯定の態度が表れている[(24)]。これらの文面からみてプロレタリア階級の社会運動が芥川の社会意識を高めたことはいなめがたく、本章が「一塊の土」の主題をこのプロレタリア文学との関連に求めてきたのは先行研究の農村文学の系譜につらなろう。その点からも、作品の舞台を農村とし〈社会性の衣〉を着せたところに芥川の「時代への認識と感覚」を見て取ることは可能であろう。

ただそこに社会性が認められないことは、前章の「秋」論でも指摘したし、またこの「一塊の土」論でも言わざるをえない。そこには芸術至上主義の高踏性を離れられない作者芥川の立場があろうが、それとともに芥川の〈物語の方法〉が完結的構造を有する物語にあったことも影響していよう。「秋」とこの小説にあって、主人公たちの労働は社会に向かって開かれる方向にあった。しかし前章の「秋」では信子の夫の労働はその物語の〈外部〉に遮断されていた。そしてこの「一塊の土」ではこの物語の〈家〉、すなわち嫁姑の関係に中に閉じ込められていたというべきであろう。作者芥川の完結的構造への志向が社会性を遮断していたといわざるをえないのであろう。

芥川は幼少年期の回想文「追憶」(『文芸春秋』大正十五年四月～昭和二年二月) の中の「久井田卯之助」の項に「彼は僕の実家にゐる牛乳配達の一人だつた。同時に又今日ほど沢山ゐない社会主義者の一人だつた。僕はこのヒサイダさんに社会主義の信条を教へて貰つた」と書いており、小学生時代に書いた「真ちやんえ」と題する九幕ものの演劇脚本に「社会党大会」に集まる社会党員の痛快な活躍ぶりを活劇調で組み立てて「社会党万歳」でしめくくっていることなど、初期文章にみられる社会主義的傾向を示している。プロレタリア文学隆盛期の社会思潮からすれば、おそらく「一塊の土」が好評であった理由はこうした思潮に沿った側面があったからであろう。「一塊の土」は当時の雰囲気に受け入れられやすい出来ばえであったことはたしかである。

けれども、この時代の芥川の社会主義思想は受肉化されず、観念的な知識としてその脳裏にとどまったようだ。そのことはこれまでの論述でうかがえるように芥川の労働観念がプロレタリア文学のそれとまったくズレていることからもいえる。このことは芥川が共産党の躍進と社会主義思想が高揚する中国大陸を旅行しながら、その国の改革への鼓動を聞きのがすというようなことにも端的に示されていた。帰国後の芥川は時勢の流れの中で以前より切実に社会主義と対峙することとなるが、それは期待を寄せるものとしてではなく、「一つの必然」として感じているのである。芥川には社会主義の必要とプロレタリア階級の勃興は「理非曲直の問題」(『新潮』大正十一年四月) などではなかった。しかし人間の心の動きに対してきわめて敏感であったこの作家には、労働を商品と等価とするような社会主義を絶対のものとして素直に受け入れる素地がなく、実際上の生活におけるプロレタリアの階級闘争には抵抗を感ぜざるを得ない面があった。

プロレタリア文学は階級を重視することによりブルジョア階級／労働者の敵対関係に労働の意味を捉えることにその主題があった。それと比較するとき、「一塊の土」において労働が本来階級を排除するところにも存在することを追求しようとした。それが家あるいは土地 (自然) と結びついた労働の存在であり、その労働にプロレタリア文学とは距離を置いた価値と神聖さを求めた。「一塊の土」はその家と土地をめぐる女と家族の人間関係を見つめたものであった。

結びで語り手は「この一家」を鳥瞰する。生きのびたお住にとって家のための労働に倒れたお民を失った今では「将来の幸福さへ押し流」されているのである。

> お住は四時を聞いた後、やつと疲労した眠りにはひつた。しかしもうその時にはこの一家の茅屋根の空も冷やかに暁を迎へ出してゐた。……

自然は冷厳である。さまざまな人間が生きている姿は、どうあがいても農夫として生きている限り〈一塊の土〉にしかすぎず、そんな人間たちを生かしつつ自然の時が流れているのだ。自然の中ではあるがままの人間でしかないのである。

「一塊の土」においては階級性を排除した労働の価値と神聖さが見つめられている。その労働に芥川は原始というよりも、その理想を見出した。ここにこそ芥川の「一塊の土」が既存のプロレタリア文学の性格とずれを起こしている焦点を認めることができる。あるいは見出そうとした。女がその労働を男に代わって継承していくということ、そこに芥川の主張する労働の具体が見出されていた。

結局、「一塊の土」はプロレタリア文学の強い影響とその反発から生み出された小説ということができる。階級による労働が商品に還元されるとすれば、どこに人間の尊厳はあるのか。芥川の場合、階級と結びつけられた労働よりも自然（家／土地）と結びつく労働そのものの神聖さ、崇高さにその視線を移している。自然を媒介にした労働と人間の関係に焦点を絞っている。ただしその労働観は当時の現実の立場に立っているものではない。しかし芥川からすれば、人間の価値は労働の価値、神聖さがなければならない。そのためには社会性がなくてもよいし、労働力そのものは歴史を超えなければならない。時代の階級が消えて人間のロマンが浮上する。今までのプロレタリア文学の誤謬は時代の階級に執着したことだ。芥川は人間と自然を取り立て、そこから社会性を排除したのはその理念ゆえである。芥川の資質は当時の社会的趨勢を分かっていながらも、それが自分と合わないままに絶望を感じたのである。だからこそ芥川は別個の価値を持つはずの労働をロマンとして追求した。それが「一塊の土」だったわけである。

注

（1）滝井孝作「純潔」『改造』、昭和二六年一月
（2）石井茂「芥川龍之介『一塊の土』モデル論」『日本文学』、昭和五五年十一月
（3）生田長江「一月の創作（三）」『報知新聞』、大正十三年一月・十一月

(4) 渡辺清「新年号から」『時事新報』、大正十三年一月・十二月
(5) 吉田精一『芥川龍之介』三省堂、昭和十七年十二月
(6) 進藤純孝『芥川龍之介』河出書房新社、昭和三九年十一月
(7) 橋本稔「『秋』と『一塊の土』」『芥川龍之介作品研究』八木書店、昭和四四年五月
(8) 平岡敏夫「『一塊の土』」『芥川龍之介―抒情の美学』大修館書店、昭和五七年十一月
(9) 桂文子「『一塊の土』論」『広島女子大国文』、昭和六二年八月
(10) 吉田精一『芥川龍之介』三省堂、昭和十七年十二月
(11) 伴悦「一塊の土」『批評と研究　芥川龍之介』芳賀書店、昭和四七年十一月
(12) 吉村稠「『一塊の土』―懐疑的エゴイズムの世界の崩壊」『芥川文芸の世界』明治書院、昭和五二年八月
(13) 磯田光一『名著復刻・芥川龍之介文学館　解説』日本近代文学館、昭和五二年七月
(14) 岸和枝「芥川龍之介『一塊の土』研究―作品の位置をめぐって―」『玉藻』、平成三年三月
(15) 松沢信祐「芥川龍之介『一塊の土』」『民主文学』、平成八年七月
(16) 村上林造「「一塊の土」―その農民小説的達成をめぐって」『日本文学』、平成三年一月
(17) 松沢信祐「芥川龍之介のプロレタリア文学観―『一塊の土』のテーマをめぐって」『近代文学論の現在』蒼丘書林、平成十年十二月
(18) 関口安義『芥川龍之介　実像と虚像』洋々社、平成二年十月
(19) 樫山欽四郎『ヘーゲル精神現象学の研究』創文社、昭和三六年五月
(20) 平岡敏夫「『一塊の土』」『芥川龍之介　抒情の美学』大修館書店、昭和五七年十一月
(21) 菊地弘「一塊の土」『芥川龍之介―意識と方法―』明治書院、昭和五七年十月
(22)『曾我物語』巻一の「女ばう曾我へうつる事」
(23) 三好行雄「『一塊の土』をめぐって―芥川龍之介にかんする些細な考察―」筑摩書房、昭和五一年十月
(24) 芥川龍之介「プロレタリア文芸の可否を問ふ」『改造』、大正十二年二月

結章

本書は表題下の副題が示唆する「テクスト論と作家論のはざま」を課題として扱うものであった、第一世代の芥川文学研究から一貫して現在までその主流となる研究の方法をあえて言えば、作品テクスト論の正解を作家芥川龍之介の伝記的事実に求めるという歴史的実証主義であるといってもよかろう。そしてその作品（テクスト）と作家の伝記とを媒介するものが日本近代文学の主題批評をつらぬいてきた自我の問題であった。このことを換言すれば、芥川文学研究は作品（テクスト）分析に当って、そこに作者芥川の伝記的事実との整合を見出し、〈苦悩の知〉の表現たる自我の問題をいかに導き出すかというところに求められてきたということもできるということである。その枠組のなかで表現の技巧、心理の洞察と表現の卓越さとが注意され、そこに芥川の芸術至上主義の表現を認메루코토데、その表現分析に研究者の洗練された繊細な表現力が適用され、むしろ批評する研究者の感受性豊かな表現力がもてはやされるといった転倒した傾向すら認められてきたといえなくもあるまいと思われるほどだった。つまり、芥川文学研究には研究者の文章力も試されたという現象もあった。

そうした研究による達成は芥川文学と「芥川龍之介」なる芸術至上主義作家とが〈自我の苦悩〉〈苦悩する知〉というテーマを介して一致させることであった。芥川文学研究は自然主義リアリズムに反撥する文学として認識される一方で、作品（テクスト）の方法としては親和的であるという相反するものとして捉えられてきた。そのために読者—そこには外国人たる稿者を含めてもよかろう—はその一致を追体験するために、作品（テクスト）からは得られない〈外部〉の情報を芥川の伝記的事実に求めることで正解を得ざるをえなかった。そのような〈読み〉の方法によるとしても、芥川の伝記資料はこれまで多くは散逸していたため、当然のごとく、芥川龍之介の伝記研究者が再構築した〈伝記〉という別個の物語を参照する必要があった。そこには一個の正解しかないように見えた。芥川文学が巧緻な〈知〉の構築物であるために、その正解に至るためには息詰まるような〈読み〉による宝石のごとき正解の探索が求められた。

その上にいま一つ、外国人の稿者にとっては難問が控えていた。それは芥川文学研究の枠組を暗黙のうちに支えている日本の文化伝統と日本人のエートス論、さらに言えば日本独自の自我論という障壁だった。芥川の伝記的事実、それも物語として再構築された伝記は芥川という日本の知性がいかに生まれたか、という日本の知識人論という厳重な枠で固められていた。そしてその〈自我〉なるものも、西欧の心理学の概念のそれ—それ自体もギリシア・キリスト教文化圏の自我であって、西欧に独自な自我だとされている以上、しかたがないのかもしれないが—から逸脱した、日本の社会と文化が形成してきた〈自我〉と規定されるとき、外国人にとってはその主題批評を自己の〈内部〉に取り込むことなど不可能だった。

こうして芥川文学研究は日本人と日本文学史という〈内〉なるパラダイムに閉じ込められた。その〈内〉にあって数多くの芥川文学研究者は唯一の正解を求めてしのぎを削る歴史的実証主義の解釈学を競い合っていた。ところが、すでに二十一世紀に入り、世界における文化・文学批評理論が文学テクストの普遍性・一般性を求めて長足な進歩を遂げつつあった。(その概説は序章で紹介しておいた) その背景をなす考え方を稿者なりに言わせてもらえば、ディスコースの概念を介して言語学の普遍性・一般性に根拠を置くものであり、それによって構築される理論を通じてギリシア・キリスト教文化圏、西欧の特権的な〈知〉の詐術を打破しようとする非西欧的な〈知〉の努力ということができる。それはつまり多元的で多様な文化観あるいは価値観の認識であり、その努力を通しての〈知〉の普遍化・一般化への弛まぬ営為でもある。

このような方向性にある文化・文学批評理論を芥川の作品（テクスト）のレベルにまで下降させるならば、そこに日本人だからという固有の〈知〉への批判、異文化的視点による多様な解釈の認知という一般性・普遍性へと向かうべき世界文学の方向性ということになろう。あえて外国人研究者として言わせてもらうならば、それは作品（テクスト）と作家の伝記的事実の強固な結合への反省が望まれることであり、そしてそれは同時に芥川文学研究に最新の文化・文学批評理論の導入が可能かどうかの検証に積極的に向かってもらえないかということである。序章でも言及しておいたように、その方向性はすでに九〇年代の芥川文学研究に徐々にだが認められるようになってきている。その場合、あらためて確認しておきたいことは、世界的な文化・文学批評理論が文学テクストの一般的な構造モデルを進化させている以上、ある国に固有な文化伝統とその民族のエートス、あるいは〈知〉の枠組の中での文学研究は決して否定されることがないにしろ、その一方に、一般的構造モデルの適用による研究を容認してもらいたいということである。文化・文学（言説）批評理論が一般性・普遍性を指向することによって日本近現代文学に外国の研究者がその一般的な構造モデルを媒介にして〈内的〉にアプローチすることが可能となった。それによって異文化研究の道が開かれることになろう。それは特殊と普遍の追究ではなく、類似と差異の追究となろう。本書もその立場を自覚して研究成果を産出しようとするものだった。

ただその方向性がディスコースの概念が媒介する言説理論—文学理論に普遍性・一般性が求められてきたために、そこから固有の文化を担う人間が排除されてきた。それがこれまでの芥川文学研究を分裂させかねないという危機が自覚され始めた。それは芥川の作品（テクスト）と伝記的事実の乖離であり、またいわゆる芥川研究の第一世代である三好行雄らによる静かな知識人芥川像と、第二世代の芥川研究者である関口安義らに代表される行動する知識人芥川像をどう統合するかということにつながる。研究史上における芥川像の分裂は、関口論が芥川の中国旅行後のさまざまな作品（テクスト）に帝国主義・植民地政策・他者としての中国人表象への反発と批評を読み取ろうとした結果であって、そこにも新たな理論をもって従来の実証主義的解釈を乗り越えようとする胎動を見て取ることができる。

芥川文学研究において作品（テクスト）と作家の伝記との関係をどう再構築するのか、そしてその上で二つの芥川像がどう統合されていくべきか、この二つの問題意識をもって本書は構成されている。その目的は芥川文学研究の次代への展望を模索するためである。いわば芥川を社会・文化的状況と照らし合わせて相対化する、文化史・文学史的な展望に留意し、新しい芥川の読みが可能かどうかを試みるものであった。そのために本書は作品（テクスト）論に止まるというのではなく、作家、読者側のイメージも含めて総合的なコードからのアプローチをしていかなくてはならないという段階にあった。

そこで、本書が設けた問題設定は大きくみて二つあった。一つは芥川龍之介の〈物語の方法〉の分析であった。芥川文学の理知性なるものが実はこの完結的構造を有する物語に支えられていたことを読み直してみることであった。もう一つは芥川の〈物語〉という文学形態が自我の主題論を創出するためにはなんらかの操作を必要としたという仮説である。本書は芥川龍之介自身が自己の伝記的事実を積極的に作品（テクスト）の内部に取り込んだという仮説を設定し、それを実証しようとする方法を取った。その実証に当っては読者論的観点から問い直すという〈読み〉を試みた。これら芥川文学の方法の固有性をテクスト論的にまた読者論的に検証しようとした。本書の五部十三章にわたる作品（テクスト）論はその目的のためにある。これを別の視座から捉え返すならば、本書は芥川文学にとって新たな〈読み〉が可能かに目的をしぼったということでもある。その目的を達成するために小説の形態に対して一つの仮説を設定し、さらにその形態に矛盾する形での作者芥川の伝記的事実の浸透にどのような構造的論理があり得るのかを検討してきたということもできよう。

まず本書の第一部では芥川文学の始発というところから検討してみ

た。たとえば「羅生門」では、物語の方法を完結的構造に捉え、その中での主題の産出にしぼって検討した。物語の方法としてこの小説を〈トポスの物語〉と捉え、羅生門はまさに〈中心／周縁〉にもとづく宗教的世界の〈境界〉として存在していたと解釈した。そして次に注目したのがその筋立で、それによると、下人が京都の町から羅生門に来て老婆と出会った後、また京都の町へと戻って行くというものだった。そこに円環的構成が捉えられるとし、以上の二つの特徴からこの小説は作者と同時代の社会的文化的コンテクストという〈外部〉を遮断した完結的構造が捉えられるとみなした。「芋粥」では、このような完結的構造を有する物語を考慮し、その構造から主題がいかに創出されるかを追究してみた。そのためには、あらためて古典との関係をこれまでの典拠論とは異なって、芥川作品（テクスト）と古典との関係を間テクスト性という概念にもとづいて再考する必要があった。それは主題創出という一点に集約させることを目的としながらも、古典に取材した物語世界の既知の筋立や構成を一旦解体し、新たな主題にもとづいて再構築することで、そこにふんだんに人間に普遍的な心理を寓意的描写を加えながら語っていくという〈物語の方法〉が明確にうかがえた。「或無位の侍」が主人公五位という人間に弱者のありようを捉え、そこから反転して五位を弱者へと疎外する人間社会の歪みを憎むという〈読み〉をおこなったところで作者芥川のヒューマニズムを同定した。まだ芥川の構築する物語世界が十分に完結的構造をもちえているとは思われない初期作品にあっては、その物語世界に作者芥川の伝記的事実を介入させる余地は一層大きかった。芥川の物語世界が歴史的相対を越えた普遍・一般を指向しながら、やはりどうしても特定の歴史世界を借りなければならないということである。そこに歴史的相対化という〈外部〉が入り込むことで、芥川の初期作品の物語世界はまだ完結的構造をもたない段階にあるということが確認できた。

第二部では、西洋との出会いと日本人の自覚というテーマにおいて物語の完結的構造がどのような意味と機能を果すのかについて検討してみた。たとえば「手巾」では語り手の眼差しの特徴に注目し、それを異文化を見る眼差しに類似することを分析してみた。それは土台にある芥川の日本人に対する認識をこの小説のパフォーマンス論を通して問うことが重要な問題と考えるからであった。そのためには長谷川先生がいましも読んでいる西欧の演技論と西山夫人の所作に共通する演技に注目し、作品の背後をつらぬく思想論的関連を追求していった。この小説をつらぬいているモチーフは長谷川先生と西山夫人のしぐさ（パフォーマンス）であった。それに対してそれら日本人の〈型〉のしぐさを異化するこの小説の意識はどこから来るのであろうかが次の問題になった。そこでその背景についてふれるとともに、それがまた本書の課題である物語の世界と作家の伝記的事実との緊張関係と捉えられるところから、その点にも追究を試みた。そこからいえることは、この小説が作中人物長谷川謹造先生をただちに新渡戸稲造をモデルにしていると捉えられることを警戒したからだった。作者芥川からすれば、作中人物＝モデルの実在人物をいう等式を避けたかった。それがあからさまにモデル小説とみなされ、芥川龍之介が新渡戸稲造をどう見ていたかに読者あるいはメディアの詮索が向かうことで本来の小説そのものが二義化することを嫌ったからである。当時の〈知〉の状況と照らし合わせた時、そこには長谷川先生という個人としての観念的予定調和的な意識の背景に大正期の言説の問題が影を落としてくる。なぜならば長谷川謹造が演じたパフォーマンスは芥川たちの世代には敏感に映った「時ノ趨勢」を感受しえない前世代の姿にほかならなかったことが確認できた。

第三部では、芥川龍之介と童話においてのロマンとしての物語の追及について考察してみた。たとえば「蜘蛛の糸」では、作品（テクスト）の完結的構造からすると、実は〈外部〉の読者とか創作における社会的文化的環境がまったく影響を与えることはなかった。というのは、この作品には単純ながら一つの宇宙観（コスモロジー）が背景となっていて、その世界観に支えられてプロットや主題が成立している。それは完結的構成ゆえにかえって読者の自由な想像力を喚起し物語世界への自然な参入を可能にした。この童話＝小説の世界は仏教的世界観と仏教的人間観から自由だった。それは本書のテーマである芥川の物語の方法の枠組をなす完結的構造にとって大きな意味をもっている。この小説の世界観にとって実は仏教的知識は〈外部〉なのである。もしも仏教的知識がこの物語に浸透しているとすれば、仏教の広大の世界観と地続きになって物語の完結性は崩れ去ってしまうだろう。芥川の物語世界はこの〈外部〉を遮断することによって完結的構造を確保していることが確認できた。だから児童文学としての自己規定を重視するとき、この小説に登場するお釈迦さま・極楽・地獄といったさまざまなモチーフを厳かな仏教的宇宙観および教理から解き放ったことで、児童の身近かに近づけたことはこの小説（童話）が炉辺での爺・婆々の語りの形式を意識したからだろう。作品をつらぬく実存的な感触が童話を裏切り、作者芥川は作品を独自の〈御伽噺〉へと昇華させた。

第四部では、完結構造の物語における意味作用について追求してみた。たとえば「蜜柑」では、クライマックスである〈刹那の感動〉は作者芥川の伝記的事実から分離できるならば、それだけでも物語においての意味作用が変わるのではないかという仮説から作品を解釈し直そうと思った。この小説にはもともと「他者」の見解の入る余地がなかった。とすれば、読者にとっては語り手の「私」の〈語り〉自体を対象化しながら読むことが求められた。言いようのない疲労と倦怠に満ちた憂欝は、曇天、小娘、夕刊の記事といった認識対象とみごとな照応（correspondence）となって作品の世界と情調を形成していた。一種の象徴性を帯びた風景のなかに「私」の視線と〈知〉はとらわれてしまっていた。解釈の分岐点は芥川の伝記的事実と関連させるかどうかにあった。この蜜柑の色が輝いた一瞬こそまさに〈刹那の感動〉そのものにほかならなかった。つまり〈刹那の感動〉をもって「私」の小娘を見る眼を変えたというところで物語は結ばれている。すると、〈刹那の感動〉はあたかも宗教的回心のように「私」の心を昇華した。そこに啓示的感動を読みとり、その一瞬の転回において「私」の回心が起こり、たとえ「疲労と倦怠」にうちひしがれる人生であっても、そのような人生だからこそ、生きるに価する価値があると積極的に受け入れようとするという方向の解釈であったことが確認できた。

この四部ではさらに作品（テクスト）と作者芥川の伝記的事実の関連について大きく取り上げ考察した。それが「戯作三昧」論であった。この作品に関する従来の研究の方向性をあえて言えば、主人公の馬琴に作者芥川を同一化して、むしろ作者芥川の赤裸々な創作の苦悩の表現として解釈されてきた。ここではその方向性を批判し、馬琴を取巻く創作と作家の思想の関係、そして馬琴の周辺に集まる出版元、批評家・読者、それに家族。それらが集まる馬琴の世界こそが〈外部〉にいる作者芥川とその身辺世界と換喩関係をなしていると捉えた。つまり、馬琴の世界が無媒介に芥川の創作世界を反映しているのではなく、換喩という媒介をもって関係し合うということである。それについては本論で詳述しておいたのでこれ以上は述べないが、本書はこの関係こそ作品（テクスト）と作者芥川の伝記的事実との関連を問題にする場合のモデルと捉えた。

第五部では、芥川龍之介とプロレタリア文学におけるその憧憬と限界を考察した。この五部では完結的構造の物語を作者芥川自身がどう社会に向かって〈開く〉ことが可能がどうかについて検討してみた。その方法は作品（テクスト）に見られる労働概念が果たして階級あるいはブルジョア／労働者の対抗関係と比較し得るものなのかどうかに求めた。たとえば「秋」では、〈物語の方法〉を通して主人公信子に集約される自己犠牲と中流階級との関連が問題になるとすれば、そこに同時代の中流階級の主体と限界が問われることになとう。そしてその結果として芥川のプロレタリア文学への憧憬とそのズレとを明らかにした。そのことはこの作品において物語世界と芥川の伝記的事実との関係がどうなるのかということでもあった。この小説にとっての〈外部〉の中流階級をとりまく経済や生活実体は商社員の夫の口を通して伝えられるだけであった。信子はその情報の受け手ではあっても、中流階級を主体的に、また積極的に生きる女性としては描かれてはいなかった。

〈家〉を背景とする姉妹の恋の物語から〈社会〉を背景とする階級と生活、それと芸術の問題へとテーマを拡大していこうとする姿勢がそこにはうかがえた。特に信子表象に表れている自己犠牲と中流（下層）階級者の葛藤の問題は、当時のプロレタリア文学のテーゼと違って、階級主体の自己認識と自己保存の論理が実現されていた。この作品を自己完結の物語の世界を開こうとしたところに焦点をあてていた。作者芥川自身もまた生活者としてはその階級に属する人間だということはみずからが言明している。とすれば、芥川の内部に分裂と絶望を見るべきではなかろうか。みずからの分裂と絶望をさらけ出してまで、なぜ彼は高踏的な芸術主義をまるで取って付けたかのように、わざわざ階級といった概念に結びつけようとしたのか。結論としてそこには類似が認められず、芥川の物語世界はやはり社会・政治を遮断した完結的構造を守ったものであった。しかしそれでも、明らかにプロレタリア文学への憧憬があったとみるべきだと捉えた。芥川は本来の文学がプロレタリア文学にあると固く信じていたからという理由をそこに見出していた。社会生活から距離を置くことで〈物語〉を産み出してきた芥川といえども、やはり時代の制約を超えることはできなかったことが確認できた。

以上の検討から確認できたことは、芥川作品（文学テクスト）は決して作家の日常という現実と地続きの自然主義リアリズムではなかった。あくまでも「虚」の時空間で自己完結した物語世界であった。芥川は物語文学は作家周辺の世態・人情を描くということに強く反発していた。とすれば、読者は芥川作品から芥川の個人史に結びつくような主題を捉えねばならないという脅迫観念から解放されていると知らねばならない。読者はみずからの〈知〉をもって芥川の完結的構造を有する物語世界に入り込み、その物語世界の作中人物が世界観（コスモロジー）との相関においてどのような意味（主題）を創出しているのかを、読者の主体性と結びつけて読み取ることが許されるということである。

本書は自己の問題設定にもとづき以上のように総括してきたわけだが、その最後に当って本書の意義と限界に言及しておかねばならない。まず本書の限界とは筆者自身の一貫性について矛盾があったのではないかという反省である。それは新しい芥川研究を実践するために当ってポスト構造主義の文学理論を応用しようとしながら、伝統的な歴史的実証主義の解釈を混在させたのではないかということである。しかしそれでも本書の意義を認めるとすれば、時代の現実に対する芥川の眼差しは問題意識を時代と相関させ日本の〈外部〉から捉えようとしたその姿勢にあると認識したことである。時代についての芥川の認識が、現在においてもいまだ豊饒な〈読み〉の可能性をもっていることであった。それは芥川文学が現代において世界文学として読まれる可能性を切り開こうとしてきた本書への自負である。

今後の芥川研究の展望としては、芥川の労働観についてプロレタリア文学の労働との差異を、従来のただ書斎人芥川を超えることを目指していかなければいけないと思う。芥川研究の将来への期待感を含めて大胆に目指していく必要がある。それは植民地側から果たしてそのまなざしが可能なのか、つまり他者のまなざしの獲得にとってその実験性が可能なのか、不可能なのかについて見当してみる必要があるだろう。静かな知識人芥川像と行動する知識人芥川像をどう統合していくのかがこれからの芥川研究の課題だと思う。それは芥川は他者のまなざしの獲得によっても彼は十分に納得がいかなかった。植民地政策及び帝国主義の価値観について芥川個人としても納得いかなかったし、当時の日本社会もそれを受け入れる態勢が整えなかったのではないか。しかし、これからはこのような二つの知識人芥川像をどう統合していくかにあると思う。

参考文献

一、日本語　単行本

芥川文『追想芥川龍之介』中央公論社、昭和五六年七月
浅井清外六人共編『新研究資料　現代日本文学』第一巻、明治書院、平成十二年一月
________『新研究資料　現代日本文学』第二巻、明治書院、平成十二年三月
浅井清・佐藤勝共編『日本現代小・大事典』明治書院、平成十六年七月
浅野洋・木村一信・三嶋譲共編『作品と資料　芥川龍之介』双文社、昭和六十年三月
浅野洋・芹沢光興・三嶋譲共編『芥川龍之介を学ぶ人のために』世界思想社、平成十二年三月
浅野洋編『芥川龍之介作品論集成』翰林書房、平成十二年三月
天野知幸『大衆文学の領域』北斗プリント社、平成十七年六月
石割透編『芥川龍之介』有精堂、昭和六二年十二月
________『芥川龍之介作品論集成』第三巻、翰林書房、平成十一年八月
『一冊の講座』編集部編『芥川龍之介』有精堂、昭和五七年七月
今野達外編『日本文学と仏教』第四巻、岩波書店、平成六年十一月
岩井寛『芥川龍之介』金剛出版、昭和五八年四月
宇野浩二『芥川龍之介』筑摩書房、昭和五六年四月
梅田鉄夫編『芥川龍之介』第一号、洋々社、平成二年四月
________『芥川龍之介』第二号、洋々社、平成三年四月
________『芥川龍之介』第三号、洋々社、平成五年二月
海老井英次編『鑑賞日本現代文学』角川書店、昭和五六年七月
海老井英次『芥川龍之介論攷』桜楓社、昭和六三年二月
海老井英次・宮坂覚共編『作品論芥川龍之介』双文社出版、平成二年十二月
海老井英次『芥川龍之介』桜楓社、平成三年十一月
海老井英次編『芥川龍之介作品論集成』第二巻、翰林書房、平成十一年六月
小田切透雄『明治大正の名作を読み』教育文庫十五、むぎ書房、昭和五八年十一月
川上光教『芥川龍之介』武蔵野書房、平成十三年五月
菊地弘編『日本文学研究大成芥川龍之介』Ⅰ、国書刊行会、平成六年九月

菊地弘編『日本文学研究大成芥川龍之介』II、国書刊行会、平成七年九月
近代作家研究事典刊行会編『近代作家研究事典』桜楓社、昭和五八年六月
紅野敏郎、佐藤勝、平岡敏夫共著『近代小説研究作品・資料』秀英出版社、昭和五七年四月
小島政二郎『芥川龍之介』読売新聞社、昭和五三年二月
後藤明生他『群像日本の作家 芥川龍之介』小学館、平成二年四月
小森陽一外編『岩波講座文学』第一・五・十一・十二巻、岩波書店、平成十五年五月・平成十六年二月・平成十四年十一月・平成十五年六月
清水康次編『芥川龍之介作品論集成』第四巻、翰林書房、平成十一年六月
関口安義『芥川龍之介　実像と虚像』洋々社、平成二年十月
________『芥川龍之介の手紙』大修館書店、平成四年十二月
________『この人を見よ　芥川龍之介と聖書』小沢書房、平成六年七月
________『芥川龍之介』岩波書店、平成六年十月
________『芥川龍之介』岩波新書、平成六年十月
________『芥川龍之介の復活』洋々社、平成十年十一月
________『「羅生門」を読む』小沢書房、平成十一年二月
関口安義編『アプローチ　芥川龍之介』明治書院、平成十一年二月
__________『芥川龍之介作品論集成』第五巻、翰林書房、平成十一年七月
関口安義、庄司達也共編『芥川龍之介全作品事典』勉誠出版、平成十二年六月
関口安義『芥川龍之介の素顔』イー・ディー・アイ、平成十五年六月
関口安義編『芥川龍之介新辞典』翰林書房、平成十五年十二月
芹沢俊介『芥川龍之介の宿命』筑摩書房、昭和五六年二月
大正文学研究会編『芥川龍之介研究』日本図書センター、平成三年九月
高田瑞穂『有精堂新書二九 芥川龍之介論考』有精堂、昭和五一年九月
高橋さやか『児童文学』新読書社、平成元年九月
高橋博史『芥川龍之介の達成と摸索』至文堂、平成九年五月
筑波大学近代文学研究会編『明治から大正へ　メディアと文学』佐藤印刷、平成十三年十一月
________________________『明治期雑誌メディアにみる〈文学〉』佐藤印刷、平成十二年六月
筑波大学文化批評研究会編『〈翻訳〉の圏域―文化・植民地・アイデンティティ平成十六年二月
________________________『植民地主義とアジアの表象』佐藤印刷、平成十一年三月
日本近代文学館編『日本近代小・大事典』第一巻、講談社、昭和五二年九月
日本文学研究資料刊行会編『芥川龍之介』I、有精堂、昭和五五年十月
________________________『芥川龍之介』II、有精堂、昭和五六年九月
春原千秋・梶谷哲男共著『精神医学からみた作家と作品』牧野出版、昭和五七

年五月
ひびの・ひろし『芥川龍之介の仕事』いちご書房、昭和三五年七月
平岡敏夫『芥川龍之介』大修館書店、昭和五七年十一月
＿＿＿＿『芥川龍之介と現代』大修館書店、平成六年七月
広島一雄『日本文学案内 近代篇』朝日出版社、昭和五二年九月
広松渉外編『哲学・思想事典』岩波書店、平成十年三月
分銅惇作編『近代小説鑑賞と研究』東京堂出版、昭和五七年三月
真杉秀樹『芥川龍之介のナラトロジー』沖積舎、平成九年六月
宮坂覚『芥川龍之介人と作品』翰林書房、平成十年四月
＿＿＿『芥川龍之介作品論集成』第六巻、翰林書房、平成十一年十二月
宮坂覚編『芥川龍之介作品論集成』別券、翰林書房、平成十三年三月
三好行雄・竹盛天雄共編『近代文学』四、有斐閣、昭和五二年九月
三好行雄『日本の近代小説』Ⅰ、東京大学出版会、昭和六一年六月
＿＿＿＿『三好行雄著作集』第五巻、筑摩書房、平成四年二月
＿＿＿＿『芥川龍之介論』筑摩書房、平成四年三月
＿＿＿＿『三好行雄著作集』第四巻、筑摩書房、平成四年五月
三好行雄外三人共編『日本現代文学大事典』明治書院、平成六年六月
森本修『人間芥川龍之介』三弥井書店、昭和五六年五月
山敷和男『芥川龍之介の芸術論』現代思潮新社、平成十二年七月
吉田精一編『日本文学鑑賞辞典』東京堂出版、昭和六二年九月
吉村稠・中谷克之共著『芥川文芸の世界』明治書院、昭和五六年十二月

二、日本語　論文

相川直之「芥川龍之介「手巾」論—新渡戸稲造の影響—」『近代文学試論』第四〇巻、平成十四年十二月
赤羽学「芥川龍之介の「鼻」における治療の問題」『文芸研究』第一三〇集、平成四年五月
浅野洋「読者—そのエクササイズム、「奉教人の死」の場合」『国文学解釈と鑑賞』別冊、平成十六年一月
＿＿＿「『蜘蛛の糸』—〈筆削〉の意味—」『国文学解釈と鑑賞』第六四巻十一号、平成十一年十一月
＿＿＿「今、アクタガワとどう向き合うか—「作者」のゆくえ—」『芥川龍之介を学ぶ人のために』世界思想社、平成十二年三月
＿＿＿「「戯作三昧」〈書斎〉の中の傀儡師」『国文学解釈と教材の研究』第二六巻七号、昭和五六年五月
＿＿＿「「手巾」私注」『芥川龍之介作品論集成』第四巻、翰林書房、平成十一年六月

浅野洋「芥川の歴史小説の方法」『国文学解釈と教材の研究』第三三巻第六号、昭和六三年五月
______「芥川龍之介研究の展望」『芥川龍之介』第一号、洋々社、平成十三年四月
______「開化へのまなざし—〈絵〉あるいは額縁の文法『開化の殺人』『開化の良人』」『国文学』第四一巻五号、平成八年四月
阿部典子「自意識の構造と短編小説『鼻』の方法」『論樹』第十号、平成八年九月
荒木正純「芥川・『少年世界』・「えらい人」明治期の偉人・英雄・修身言説と「鼻」」『〈翻訳〉の圏域　文化・植民地・アイデンティティ』イセブ、平成十六年二月
井倉美江「作品の構造と表現の基本型—芥川龍之介「戯作三昧」を中心に—」『国語表現研究』第五号、平成四年三月
池上貴子「「蜘蛛の糸」論」『キリスト教文学』第二一巻、平成十四年八月
石谷春樹「芥川龍之介「秋」試論—記号論的アプローチ—」『皇学館論叢』第二六巻第二号、平成五年四月
石原千秋「テクスト論は何を変えるか『羅生門』」『国文学解釈と教材の研究』第四一巻第五号、平成八年四月
石割透「「戯作三昧」—芸術家意識の定着」『〈芥川〉と呼ばれた芸術家』有精堂、平成四年八月
______「『芥川龍之介資料集』を読んで—『羅生門』『鼻』の底を流れるもの」『国文学解釈と教材の研究』第四一巻五号、平成八年四月
______「杜子春」『信州白樺』第四七・四八合併号、昭和五七年二月
______「芥川龍之介の小説「鼻」」『早稲田大学国語教育研究』第十三巻、平成五年六月
______「玄鶴山房」『国文学解釈と教材の研究』第三〇巻五号、昭和六〇年五月
______「芥川龍之介「羅生門」—〈髪〉に纏る〈蛇〉と〈女〉—」『日本近代文学』第五二号、平成七年五月
______「「蜘蛛の糸」〈この蜘蛛の糸は己のものだぞ。下りろ。下りろ。〉」『芥川龍之介』第三号、洋々社、平成六年二月
和泉あき「政治と文学」『近代文学』五、有斐閣、昭和五二年六月
市川浩昭「交錯する〈くだもの〉その相貌—芥川龍之介『蜜柑』・梶井基次郎『きんかん』をめぐって—」『三朗山論集（上田女子短期大学）』第二号、平成七年三月
井手恒雄「芥川龍之介『手巾』私見—日本文化の論において文芸が果たす批判の役割—」『国際文化研究所論叢』第三巻、平成三年七月
伊藤一郎「傀儡としての〈作者〉」『芥川龍之介』第一号、洋々社、平成三年四月
________「「舞踏会」論—〈刹那の感動〉の源流へ—」『東海大学紀要（文学

部）』第十二号、平成七年三月
伊藤貴之「『杜子春』は何処から来たか？—中国文学との比較による新しい読み」『国文学』第四一巻第五号、平成八年四月
李孝徳「文学研究の危機／批判？—文化主義と文化研究の狭間で」『日本近代文学』第六六集、日本近代文学会、平成十四年五月
伊土耕平「芥川龍之介『蜜柑』に見られる“フライング”」『解釈』第四八巻第七・八号、平成十四年八月
稲田孝「「杜子春伝」を再考する」『月刊しにか』第八巻第十号、平成九年十月
今野哲「芥川龍之介「戯作三昧」の構造」『二松』第十一号、平成九年三月
______「「芋粥」論」『二松学舎大学人文論叢』第五〇巻、平成五年三月
______「芥川龍之介「偸盗」の世界」『二松』第八号、平成六年三月
岩井真実「芥川と演劇」『芥川龍之介作品論集』別巻、翰林書房、平成十三年三月
岩佐壮四郎「『旅する心』と「蜜柑」—芥川的エクリチュールをめぐって—」『日本文学』第五二巻第七号、平成十五年七月
上岡祥子「芥川龍之介作品についての一考察—仙人の〈試し〉による〈人間回復〉」『岡大国文論稿』第二六巻、平成十年三月
上村和美「芥川龍之介『手巾』にみる「手」のイメージ」『言語文化研究（大阪大学）』第二四号、平成十年三月
海老井英次「「老年」から「羅生門」へ—大正三年秋の〈精神的な革命〉による飛翔—」『国文学解釈と鑑賞』第四八巻第四号、昭和五八年三月
_________「芥川文学における空間の問題（一）—「戯作三昧」の〈書斎〉と「玄鶴山房」の〈離れ〉—」『芥川龍之介作品論集成』第六巻、翰林書房、平成十一年十二月
_________「「文明開化」と大正の空無性—芥川龍之介「舞踏会」の世界—」『芥川龍之介作品論集成』第四巻、翰林書房、平成十一年六月
_________「「羅生門」の読み難さ—その構造と〈作者〉の係わり—」『芥川龍之介を読む』、平成十五年五月
遠藤祐「戯作三昧」『国文学解釈と教材の研究』第十七巻十六号、昭和四七年十月
______「「舞踏会」は如何に語られたか」『芥川龍之介』第二号、洋々社、平成四年四月
王　虹「「杜子春」再考」『目白大学人文学部紀要　言語文化篇』第六号、平成十二年一月
______「「杜子春」の背後」『目白大学人文学部紀要　言語文化篇』第七号、平成十三年一月
大石直記「問い掛けるテクストと読者の〈応答責任〉—『羅生門』が誘起するもの—」『社会文学』第十六巻、平成十三年十二月

岡崎晃一「芥川龍之介「蜜柑」論」『解釈』第四九巻第七・八号、平成十五年八月
________「芥川龍之介「舞踏会」論（一）—明子と海軍将校—」『解釈』第五〇巻第七・八号、平成十六年八月
大久保典夫「純文学と童話のあいだ「蜘蛛の糸」論ノオト」『芥川龍之介』第三号、洋々社、平成六年二月
大里恭三郎「芥川龍之介の田端—『秋』の周辺について—」『湘南文学（湘南短期大学）』第十三巻、平成十二年一月
________「芥川龍之介『一塊の土』論」『静岡国文学』第四号、昭和五六年十二月
大島龍彦「芥川龍之介「蜜柑」少考」『愛知女子短期大学研究紀要（人文編）』第三〇号、平成九年三月
大本秀美「「鼻」小考」『別府大学国語国文学』第十八号、昭和五一年十二月
太田一直「主人公の「私」と語り手の「私」—芥川龍之介『蜜柑』論—」『中央大学大学院論究（文学研究科篇）』第三〇巻第一号、平成十年三月
________「芥川龍之介『蜜柑』における語り手と聞き手—日本人の西欧化を示すテクスト—」『中央大学大学院研究年報（文学研究科篇）』第二七号、平成十年二月
大藤幹夫「「蜘蛛の糸」の読まれ方」『芥川龍之介』第三号、洋々社、平成六年二月
奥野久美子「東と西—「西洋の呼び声」ギリシア、ルドン、モロー」『国文学解釈と鑑賞』別冊、至文堂、平成十六年一月
________「「戯作三昧」論—〈戯作者〉と〈芸術家〉—」『国語国文』第七一巻第四号、平成十四年四月
奥野政元「芥川龍之介における母なるもの（下）—芥川のマリア像をめぐって—」『活水日文』第三〇号、平成七年三月
小沢次郎「「芋粥」論」『論樹』第十一号、平成九年十月
越智治雄「偸盗」『芥川龍之介作品論』第一巻、翰林書房、平成十二年三月
越智良二「「杜子春」の陰影」『愛媛国文研究』第二九号、昭和五四年十二月
________「「鼻」の歪み」『近代文学試論』第十九号、昭和五五年十一月
________「芥川童話の展開をめぐって」『愛媛国文と教育』第二一号、平成元年十二月
小野隆「「戯作三昧」論」『専修国文』第四九号、平成三年八月
小山千登世「生徒と共に読んだ『羅生門』」『月刊国語教育』第二二巻第十二号、平成十五年二月
笠井秋生「もう一つの「舞踏会」」『芥川龍之介』第二号、洋々社、平成四年四月
________「『戯作三昧』」『国文学解釈と鑑賞』第六四巻第十一号、平成十一年十一月

笠井秋生「「玄鶴山房」と〈小さな家出〉事件」『湘南文学（湘南短期大学）』第十三巻、平成十二年一月
梶木剛「秋の花火の物語　芥川龍之介「舞踏会」考」『芥川龍之介』第二号、洋々社、平成四年四月
桂文子「リアリティを構成する原理としての論理―芥川龍之介『羅生門』論―」『広島女子大国文』第十六巻、平成十一年九月
＿＿＿「『一塊の土』論」『広島女子大国文』第四号、昭和六二年八月
金静姫「芥川龍之介『玄鶴山房』の世界」『現代社会文化研究』第一号、平成六年十二月
金田静雄「光と翳―芥川龍之介　戯作三昧―」『浜松短期文学研究論集』第四七号、平成六年七月
上岡祥子「芥川龍之介作品についての一考察―仙人の〈試し〉による〈人間回復〉」『群馬県立女子大学国文学研究』第二〇巻、平成十二年三月
蒲生芳郎「「舞踏会」の位置　芥川文学の軌跡をめぐって」『芥川龍之介』第二号、洋々社、平成四年四月
神田由美子「舞踏会」『アプローチ芥川龍之介』明治書院、平成十一年二月
＿＿＿＿＿「秋」『国文学解釈と教材の研究』第三三巻第六号、昭和六三年五月
＿＿＿＿＿「『芥川龍之介―表現と存在―』」『日本近代文学』第五一号、平成六年十月
菊地弘「芥川龍之介『蜜柑』」『芥川龍之介作品論集成』第五巻、翰林書房、平成十一年七月
＿＿＿「『玄鶴山房』」『国文学解釈と鑑賞』第六四巻第十一号、平成十一年十一月
菊地由夏「芥川龍之介「蜜柑」論」『近代文学論集』第二五巻、平成十一年十月
岸和枝「芥川龍之介「一塊の土」研究―作品の位置をめぐって―」『玉藻（フェリス女学院大）』第二六号、平成三年三月
北川伊男「芥川龍之介の芸術活動―『手巾』に寄せて―」『金城国文』第六三号、昭和六二年三月
北川透「文明開化の花火―芥川龍之介「舞踏会」の世界―」『芥川龍之介を読む』、平成十五年五月
木村一信「「羅生門」論―己れの座標を求めて―」『芥川龍之介作品論』第一巻、翰林書房、平成十二年三月
北村和矢「「羅生門」の人物像について」『国語教室』第五七号、大修館書店、平成八年二月
キム・レーホ「「鼻学」の想像力―芥川龍之介の『鼻』再考」『日本の想像力』第十四巻、平成十年九月
国末泰平「芥川龍之介の「回想」」『園田国文』第二二巻、平成十三年三月
熊谷信子「児童文学―「創作」から「再話」へ」『国文学解釈と鑑賞』別冊、

平成十六年一月
栗栖真人「舞踏会」『国文学解釈と鑑賞』第四八巻四号、昭和五八年三月
桑原佳代「芥川龍之介「偸盗」論」『文月』第二号、平成九年四月
小泉浩一郎「『一塊の土』論争雑感」『芥川龍之介作品論成』第六巻、翰林書房、平成十一年十二月
黄英「『杜子春』」『国文学解釈と鑑賞』第六四巻第十一号、平成十一年十一月
甲田直美「「語り」と再現性—芥川作品から—」『滋賀大国文』第三六巻、平成十年九月
古閑章「芥川龍之介「羅生門」考—"読みの共振運動論"から見た世界—」『国語国文学研究』第三七巻、平成十四年二月
後藤玖美子「舞踏会」『国文学解釈と教材の研究』第三〇巻五号、昭和六〇年五月
小林美鈴「「杜子春」—語りの呪縛を解き放つ読み—」『芸術至上主義文芸』第二五巻、平成十一年十一月
小林幸夫「芥川龍之介『杜子春』論」『ソフィア』第四七巻第三号、平成十年十月
小森陽一「「国体」論と「歴史小説」」『岩波講座文学』第九号、平成十四年九月
酒井英行「「秋」の世界—虚と実の葛藤—」『藤女子大学国文学雑誌』第四一号、昭和六三年九月
酒井英行「二人の〈賢母〉—久米の「母」と芥川の「手巾」」『文芸と批評』第六巻第十号、平成元年九月
＿＿＿＿「『玄鶴山房』の人々」『人文論集（静岡大学）』第四三巻第二号、平成五年一月
＿＿＿＿「『偸盗』の虚実」『人文論集（静岡大学）』第四二号、平成四年一月
佐々木雅発「「秋」前後—時を生きる—」『比較文学年誌』第三四巻、平成十年三月
＿＿＿＿＿「「一塊の土」評釈—〈人間の掟〉と〈神々の掟〉—」『比較文学年誌』第三二号、平成八年三月
笹淵友一「芥川龍之介「偸盗」論」『学苑』第六〇九号、平成二年八月
佐藤秀明「引用とオリジン—『今昔物語集』とは何であったのか—」『芥川龍之介を学ぶ人のために』世界思想社、平成十二年三月
佐藤泰正「芥川龍之介の児童文学—「蜘蛛の糸」小論—」『国文学』、昭和四六年十二月
＿＿＿＿「芥川における西洋と東洋」『国文学解釈と教材の研究』第三三巻六号、昭和六三年五月
志田昇「芥川龍之介「非公式」な読み方—「蜘蛛の糸」の新解釈—」『葦牙』第二二号、平成八年一月
篠崎美生子「モダニズム—「大きな物語」は解体されたか」『国文学解釈と鑑

賞』別冊、平成十六年一月
＿＿＿＿＿「二項対立図式への疑問―「蜘蛛の糸」の試み―」『文芸と批評』第八巻第五号、平成九年五月
＿＿＿＿＿「契約の中の「芥川龍之介」―家族・読者との間で―」『芥川龍之介を学ぶ人のために』世界思想社、平成十二年三月
＿＿＿＿＿「排除する物語／排除された物語―もうひとつの「羅生門」―」『芥川龍之介作品論』第一巻、翰林書房、平成十二年三月
島内裕子「「舞踏会」におけるロティとヴァトーの位相」『放送大学年譜』第十二号、平成七年三月
清水康次「芥川文学のことば―初期作品の語彙を中心に―」『芥川龍之介作品論』第一巻、翰林書房、平成十二年三月
志村有弘「古典と芥川」『国文学解釈と鑑賞』第四八巻四号、昭和五八年三月
＿＿＿＿「「羅生門」覚書　芥川と「九州文学」同人たち」『芥川龍之介』第一号、洋々社、平成三年四月
下野孝文「演劇・映画―その受容と作品への派生」『国文学解釈と鑑賞』別冊、平成十六年一月
＿＿＿＿「新渡戸稲造と長谷川謹造……『手巾』試論」『叙説』第十四号、平成九年一月
白井啓介「中国ー『支那游記』と一九二一年上海・北京の不等号」『国文学解釈と鑑賞』別冊、平成十六年一月
白木瑜弥「「蜘蛛の糸」“匂い”の演出」『芥川龍之介』第三号、洋々社、平成六年二月
申基東「「偸盗」における愛と愛欲の実態」『日本文芸論叢』第九巻第十号、平成六年十月
＿＿＿「「戯作三昧」の世界―馬琴の戯作三昧境の獲得の過程―」『日本文芸論叢』第九巻第十号、平成六年十月
菅野昭正「芥川龍之介の文体―「蜜柑」についての覚え書」『国文学』昭和五〇年二月
杉本優「文明―〈開化〉への郷愁」『国文学解釈と鑑賞』別冊、平成十六年一月
＿＿＿「「手巾」論―薄暮の風景」『アプローチ芥川龍之介』明治書院、平成十一年二月
鈴木秀子「「舞踏会」刹那の感動」『芥川龍之介』第二号、洋々社、平成四年四月
首藤基澄「「羅生門」論―下人の行動を中心に―」『芥川龍之介作品論集成』第一巻、翰林書房、平成十二年三月
水洞幸夫「芥川龍之介「舞踏会」論―闇の中の言葉―」『金沢学院大学文学部紀要』第四集、平成十一年三月
＿＿＿＿「「玄鶴山房」試論―閉じ込められた〈鏡〉と〈匂い〉―」『芥川龍之

介作品論集成』第六巻、翰林書房、平成十一年十二月
水洞幸夫「芥川龍之介「秋」論—誰が〈玉子〉を取ったのか—」『金沢学院大学文学部紀要』第五集、平成十二年三月
菅美燕「芥川龍之介の「偸盗」における母性的世界」『日本文芸論叢』第九巻第十号、平成六年十月
助川幸彦「「羅生門」の成立—下人の目と老婆の言動、特に火をめぐって—」『芥川龍之介作品論集成』第一巻、翰林書房、平成十二年三月
滑川道夫「芥川龍之介の児童文学」『芥川龍之介』Ⅱ、国書刊行会、平成七年九月
関口収「芥川龍之介『羅生門』の読解」『芸文攷』第六号、平成十三年二月
関口安義「一夜の淡い恋愛の物語「舞踏会」論」『芥川龍之介』第二号、洋々社、平成四年四月
関口安義「芥川龍之介「蜘蛛の糸」」『児童文学世界』平成三年六月
________「松江—「羅生門」懐胎の地」『国文学解釈と鑑賞』別冊、平成十三年一月
________「自己解放の叫び—『羅生門』—」『芥川龍之介作品論』第一巻、翰林書房、平成十二年三月
________「「玄鶴山房」を読む—老人問題を扱った先駆的作品—」『芥川龍之介を読む』、平成十五年五月
石剛「「羅生門」のリアリティー一中国人の視点から」『芥川龍之介』第一号、洋々社、平成三年四月
泉井舞子「芥川龍之介の児童文学—「犬と猫」・「杜子春」の色彩表現・挿絵の考察—」『けやき道』第四巻、平成十四年三月
芹沢光興「ウソがマコトで、マコトがウソで—情報社会と芥川龍之介—」『芥川龍之介を学ぶ人のために』世界思想社、平成十二年三月
庄司達也「「玄鶴山房」論—「新時代」についての一考察—」『芥川龍之介作品論集成』第六巻、翰林書房、平成十一年十二月
________「「行為」獲得の物語における「主体」の不在「羅生門」考」『芥川・之介』第一号、洋々社、平成三年四月
高田正夫「芥川龍之介『秋』—大正デモクラシーの文学体験」『文学と教育（文学教育研究者集団）』第一五七号、平成三年十一月
高橋美里「芥川龍之介「秋」論—〈語り〉の問題をめぐって—」『米沢国語国文』第二七巻、平成十年六月
高橋龍夫「「杜子春」の物語性」『解釈』第四五巻第一・二号、平成十一年二月
________「『鼻』—調和への志向—」『国文学解釈と鑑賞』第六四巻第十一号、平成十一年十一月
________「「芋粥」における構造的示唆」『香川大学国文研究』第二二巻、平成九年九月

________「「蜜柑」における手法―「私」の存在の意味―」『芥川龍之介作品論集成』第五巻、翰林書房、平成十一年七月
________「「手巾」論―大正の言説との位相―」『稿本近代文学』第二一号、平成八年十一月
________「『羅生門』論―感性から論理へ―」『芥川龍之介作品論集成』第一巻、翰林書房、平成十二年三月
高橋陽子「『舞踏会』―歴史の当事者の立場―」『国文学解釈と鑑賞』第六四巻第十一号、平成十一年十一月
滝藤満義「「蜘蛛の糸」論」『日本近代文学と子ども』、平成十五年三月
竹腰幸夫」『羅生門』の老婆」『芥川龍之介作品論』第一巻、翰林書房、平成十二年三月
竹盛天雄「二人の父と狂える母―芥川の眼―」『介山・直哉・龍之介――一九一〇年代孤心と交響―』明治書院、昭和六三年七月
田所軍兵衛「心理劇『羅生門』―芥川の「嘲弄」―」『愛媛国文研究』第五三巻、平成十五年十二月
田村修一「芥川龍之介「鼻」論」『論究日本文学』第七一号、平成十一年十二月
________「芋粥」『国文学解釈と鑑賞』別冊、平成十三年一月
________「芥川龍之介「羅生門」論―老婆はなぜ蹴倒されたか―」『日本文芸学』第三九巻、平成十五年二月
________「芥川龍之介「蜘蛛の糸」論―孤独な御釈迦様―」『解釈』第四七巻第三・四号、平成十三年四月
________「実験小説―「新興芸術」としての芥川文学」『国文学解釈と鑑賞』別冊、平成十六年一月
________「芥川龍之介「偸盗」論―沙金はなぜ斬られなければならなかったか―」『立命館文学』第五五〇号、平成九年六月
張蕾「『杜子春』をめぐる諸問題」『鶴見日本文学』第四巻、平成十二年三月
テレサ・ラ・ロッカ「芥川龍之介『羅生門』」『異文化との出会い』平成十五年三月
土佐秀里「『羅生門』、あるいは善悪の彼岸」『早稲田実業学校研究紀要』第三〇号、平成八年三月
戸松泉「「蜘蛛の糸」の語り手」『芥川龍之介』第三号、平成六年二月
______「「鼻」の語り手」『相模国文』二二号、平成七年三月
______「芥川龍之介「蜜柑」の「私」」『日本文学』第四九巻第一号、平成十二年一月
友田悦生「「鼻」のアレゴリー」『日本近代文学』第五一集、平成六年十月
________「「芋粥」の二重性―アレゴリーの挫折と近代文学的文学的言語」『日本文学』第四三巻第十一号、平成六年十一月
________「「偸盗」の挫折と真理―沙金と阿濃の場所―」『日本近代文学』第五

六号、平成九年五月
鳥居邦朗「『一塊の土』」『国文学解釈と鑑賞』第六四巻第十一号、平成十一年十一月
鳥越信「芥川龍之介における"童心"」『国文学』臨時増刊号、昭和四七年十二月
頓野綾子「指標としての「赤い鳥」—「杜子春」の評価をめぐって—」『中央大学国文』第四四巻、平成十三年三月
永栄啓伸「「羅生門」論のむずかしさ—下人の正義・語り手への偏重—」『皇学館論叢』第三三巻第一号、平成十二年二月
________「背離する語り（上）—芥川龍之介「戯作三昧」—」『解釈』第四一巻第十号、平成七年十月
中島一夫「意識の閾域—芥川龍之介『玄鶴山房』を中心に—」『国語と国文学』第七三巻第四号、平成八年四月
長谷正当「空と無常」『日本文学と仏教』第四巻、岩波書店、平成六年十一月
中田睦美「女性のまなざし、女性へのまなざし—「秋」とセルロイドの窓—」『芥川龍之介を学ぶ人のために』、平成十二年三月
中村清治「同姓愛と異性愛の狭間で—芥川龍之介『秋』試論—」『日本文芸研究』第五二巻第二号、平成十二年九月
中村清治「「偸盗」における男性性の機制—疑う男たちの物語—」『日本文芸研究』第五一巻第一号、平成十一年六月
中野猛「「野生の美」の世界」『芥川龍之介』第一号、洋々社、平成三年四月
夏目武子「芥川龍之介『偸盗』」『文学と教育（文学教育研究者集団）』第一九二号、平成十三年八月
並川和央「「蜘蛛の糸」考」『仏教大学大学院紀要』第二四号、平成八年三月
成川日女美「『芋粥』の印象の追跡」『文学と教育』第一七六号、平成九年三月
西岡まさ子「芥川龍之介と「杜子春」—その人生と中国—」『大衆文学研究』第一一三号、平成九年三月
西山康一「芥川作品の語り出される〈場所〉—「秋」をめぐって—」『芸文研究』第七四巻、平成十年六月
西野辰吉「芥川の中国旅行」『芥川龍之介』第一号、洋々社、平成三年四月
根本啓二「「下人」の論理に反論する」『国語ー教育と研究』第四〇巻、平成十三年三月
野田ひとみ「芥川龍之介における明治」『群馬県立女子大学国文学研究』第二〇巻、平成十二年三月
________「芥川龍之介「開化期物」について」『日文諸究』第三巻、平成十三年三月
野田康文「芥川龍之介「秋」の創作方法—崩壊する物語と物語の完成—」『福岡大学日本語日本文学』第十一巻、平成十三年十二月
萩原千恵「芥川龍之介『蜜柑』論—大正八年「心境」小説をめぐって—」

『繡』第十巻、平成十年三月
橋浦洋志「「玄鶴山房」考—孤立した時間—」『文芸研究（東北大学）』第一三九号、平成七年五月
長谷川達哉「下人の行方と、語り手の「いま・ここ」—「羅生門」の言説分析の試み—」『芥川龍之介作品論』第一巻、翰林書房、平成十二年三月
初谷順子「『手巾』—武士道とさうして型と……—」『東京成徳国文』第十二号、平成元年三月
服部康喜「干渉する物語—「芋粥」の構成—」『活水日文』第三五号、平成九年十二月
浜川勝彦「「秋」を読む—才媛の自縄自縛の悲劇—」『芥川龍之介作品論集成』第四巻、平成十一年六月
浜崎俊一「芥川龍之介研究—「玄鶴山房」論—」『静大国文』第三五号、平成三年三月
早川香世「二項対立を解体する「パロディ」」『学芸国語教育』第二〇巻、平成十四年十一月
林広親「芥川龍之介「一塊の土」論—「家族」という関係性をめぐる視点から—」『成蹊国文』第二七号、平成六年三月
平岡敏夫「王朝の〈夕暮れ〉芥川龍之介「羅生門」を視点として」『芥川龍之介作品論』第一巻、翰林書房、平成十二年三月
＿＿＿＿「芥川龍之介における〈明治〉」『国文学解釈と教材の研究』第三〇巻五号、昭和六〇年五月
＿＿＿＿「「戯作三昧」から「地獄変」」『芥川龍之介—抒情の美学—』大修館書店、昭和五七年十一月
＿＿＿＿「「蜜柑」—アメリカの学生はどう受けとめたか—」『芥川龍之介と現代』大修館書店、平成七年七月
平野芳信「芥川龍之介『舞踏会』論」『山口大学文学会誌』第四五号、平成六年十二月
広田卓也「芥川龍之介の世界—〈老人〉と〈青年〉と—」『滋賀大学大学院教育学研究科論文集』第七巻、平成十六年十一月
許南薫「芥川龍之介「羅生門」論—老婆の勝利で終わる物語—」『論究日本文学（立命館大学日本文学会）』第六四号、平成八年五月
福本彰「「鼻」論への視点（下）」『就実語文』第十五巻、平成六年十二月
藤井淑禎「芋粥の考古学と読者という問題」『国文学解釈と教材の研究』第四六巻第十一号、平成十三年九月
藤井貴志「汽車・〈不快〉・大衆—芥川龍之介「蜜柑」の射程—」『立教大学日本文学』第八六巻、平成十三年七月
布施薫「「玄鶴山房」論—その暗さの構図—」『語文論叢』第二〇号、平成四年十月

古守泰子「芥川龍之介「舞踏会」の場合」『月刊国語教育』第二〇巻第十一号、平成十三年一月
星野慎一「芥川の文学と外国文学」『芥川龍之介』第一号、洋々社、平成十三年四月
堀部功夫「「羅生門」僻見」『同志社国文学』第四九巻、平成十一年一月
前田愛「物語の構造」（抄）『芥川龍之介作品論』第一巻、翰林書房、平成十二年三月
前田角蔵「「羅生門」論―老婆の視座から―」『日本文学（日本文学協会）』第四五巻第二号、平成八年二月
前田潤「仏教―「孤独地獄」に始まる自己形象化の試み」『国文学解釈と鑑賞』別冊、平成十六年一月
真杉秀樹「虚構の原理―『蜘蛛の糸』論―」『解釈』第三九巻第六号、平成五年六月
松沢信祐「芥川龍之介のプロレタリア文学観―「一塊の土」のテーマをめぐって」『近代文学論の現在』平成十年十二月
松本常彦「弱者の変容・弱者の土壌」『国文学解釈と教材の研究』第四六巻第十一号、平成十三年九月
________「同時代史の中の芥川―芥川龍之介と「歴史」の問題―」『芥川龍之介を学ぶ人のために』世界思想社、平成十二年三月
________「「羅生門」の後景」『芥川龍之介作品論』第一巻、翰林書房、平成十二年三月
松本寧至「芥川龍之介「王朝物」の行方」『芥川龍之介』第一号、洋々社、平成三年四月
________「『蜘蛛の糸』から『杜子春』へ―芥川龍之介の童話―」『二松学舎大学東洋学研究所集』第三一巻、平成十三年三月
三嶋譲「『手巾』―崩壊の予感―」『国文学解釈と鑑賞』第六四巻第十一号、平成十一年十一月
______「芥川研究の現在と未来」『国文学解釈と教材の研究』第四六巻十一号、平成十三年九月
______「玄鶴山房」『芥川龍之介を学ぶ人のために』世界思想社、平成十二年三月
______「闇の物語、物語の闇―非合理への親炙―」『芥川龍之介を学ぶ人のために』、平成十二年三月
三谷憲正「ジャーナリズム―「西方の人」を中心として」『国文学解釈と鑑賞』別冊、平成十六年一月
三田村雅子「古典―身体の回路」『国文学解釈と鑑賞』別冊、平成十六年一月
宮越勉「芥川龍之介「偸盗」試論―愛欲地獄を生きる人々―」『群系』第七号、平成六年八月

宮坂康一「顕在化する語り手/埋没する語り手—芥川龍之介「羅生門」論—」『繍』第十五巻、平成十五年三月
宮坂覚「「舞踏会」試論—その構成の破綻をめぐって—」『芥川龍之介作品論集成』第四巻、翰林書房、平成十一年六月
______「〈視ること〉〈視られていること〉中断された救済「蜘蛛の糸」論」『芥川龍之介』第三号、洋々社、平成六年二月
______「芥川龍之介「舞踏会」再編—〈H老夫人〉の〈ふるまい〉をめぐって—」『玉藻』第三六巻、平成十二年五月
______「『蜘蛛の糸』出典考ノート—CHRIST LEGENDSへのメモを手懸りとして—」『香椎潟』二五号、昭和五四年十一月
______「「杜子春」論—〈揺らぐ〉仙人の言説・〈消された〉末尾の数行—」『芥川龍之介を読む』、平成十五年五月
宮崎真素美「芥川龍之介・「羅生門」—〈好奇心〉の行方—」『愛知県立大学説林』第四七巻、平成十一年三月
宮田一生「『戯作三昧』論」『兵庫教育大学近代文学雑誌』第三号、平成四年一月
________「「玄鶴山房」論」『言語表現研究』第十四巻、平成十年三月
三好行雄「青春の〈虚無〉—「舞踏会」の世界—」『芥川龍之介作品論集成』第四巻、翰林書房、平成十一年六月
________「ある芸術至上主義—「戯作三昧」と「地獄変」—」『芥川龍之介論』筑摩書房、昭和五一年九月
________「ある終焉—「秋」の周辺—」『芥川龍之介作品論集成』第四巻、平成十一年六月
村上林造「『一塊の土』論—その農民小説的達成をめぐって—」『日本文学』第四〇巻第一号、平成三年一月
文盛業「芥川龍之介の「秋」考—その観念の空間—」『国学院大学大学院紀要(文学研究科)』第三二巻、平成十三年三月
森正人「《羅生門》への途—方法の獲得—」『芥川龍之介作品論』第一巻、翰林書房、平成十二年三月
森脇正弘「「羅生門」論—下人の〈勇気〉を中心に—」『岡山大学国語研究』第十号、平成八年三月
山口静一「芥川龍之介とポール・ケーラス—『蜘蛛の糸』とその材源に関する覚書き再論—」『比較文学研究芥川龍之介』朝日出版社、昭和五三年十一月
山崎甲一「「舞踏会」枝を交わす樹」『芥川龍之介』第二号、洋々社、平成四年四月
________「「蜘蛛の糸」の表情—路ばたを這う小さな命—」『東洋』第三二巻第十二号、平成七年十二月
________「芥川龍之介の「手巾」—悲しみもしくは怒りの平衡錘—」『文学論

藻』第六七号、平成五年二月
山崎甲一「「秋」―彼等三人の内面の劇―」『アプローチ芥川龍之介』明治書院、平成十一年二月
山敷和男「「杜子春」論考」『漢文学研究（早稲田大学）』第九号、昭和三六年九月
山下浩「本文批評―文学研究の要件」『国文学解釈と鑑賞』別冊、平成十六年一月
山本二見「「一塊の土」論―一塊の土の意味―」『就実語文』第四号、昭和五八年十一月
吉岡由紀彦「芥川龍之介「戯作三昧」小論―成立経緯とキー・センテンス―」『解釈』第三九巻第六号、平成五年六月
__________「芥川龍之介「戯作三昧」考―〈芸術〉＝〈人生〉のモメント―」『立命館文学』第五三二号、平成五年十月
吉田俊彦「『虱」（芥川龍之介）考覚え書き―『手巾』の批評精神との関連―」『岡大国文論稿』第十三号、昭和六〇年三月
吉田城「盗人の誕生―『羅生門』推敲プロセスに関する一考察―」『文学』第九巻第四号、平成十年十月
吉原浩人「仏教的世界観との懸隔と地獄の形象『蜘蛛の糸』」『国文学』第四一巻五号、平成八年四月
羅勝会「『玄鶴山房』考―必死な自己防衛の物語―」『大学院研究年報（文学研究科篇）』第三〇号、平成十三年二月
欒殿式「『一塊の土』論―家族論の視点から」『日本近代文学と家族』第二巻、平成十三年三月
鷺崎秀一「〈鼻〉言説と〈笑い〉を問う文学」『橋本近代文学』第二八巻、平成十五年十二月
和田繁二郎「芋粥」『芥川龍之介作品論集成』第一巻、翰林書房、平成十二年三月
和田茂俊「蜘蛛の糸の震え」『文芸研究（東北大学）』第一四八号、平成十一年九月
和田博文「芥川の上海体験」『国文学解釈と教材の研究』第四六巻十一号、平成十三年九月
渡辺史郎「ありふれた不幸を描く―「玄鶴山房」―」『日本語と日本文学（筑波大学国語国文学会）』第四一号、平成十七年八月
渡部芳紀「杜子春」『国文学』臨時増刊号、昭和四七年十二月

三、韓国

金春美外一四人共著『二一世紀日本文学研究』J&C、平成十七年六月

鄭寅汶『芥川龍之介作品研究（Ⅰ）』J&C、平成十三年九月
______『芥川龍之介作品世界の再認識』報告社、平成十三年九月
______『芥川龍之介作品研究（Ⅱ）』J&C、平成十四年三月
河泰厚『芥川龍之介の基督教思想』翰林書房、平成十年五月

四、雑誌

有精堂編集部編『近代小説研究必携二』有精堂、昭和六三年六月
『国文学 解釈と教材の研究』第十七巻十六号、学灯社、昭和四七年十二月
『国文学 解釈と教材の研究』第二三巻十一号、学灯社、昭和五三年九月
『国文学 解釈と教材の研究』第二五巻四号、臨時号学灯社、昭和五五年三月
『国文学 解釈と教材の研究』第二〇巻七号、学灯社、昭和五六年五月
『国文学 解釈と教材の研究』第二六巻七号、学灯社、昭和五六年五月
『国文学 解釈と教材の研究』第二八巻第六号臨時号、学灯社、昭和五八年四月
『国文学 解釈と教材の研究』第三〇巻五号、学灯社、昭和六〇年五月
『国文学 解釈と教材の研究』第三二巻九号臨時号、学灯社、昭和六二年七月
『国文学 解釈と教材の研究』第三三巻六号、学灯社、昭和六三年五月
『国文学 解釈と教材の研究』第三三巻七号六月号、学灯社、昭和六三年六月
『国文学 解釈と教材の研究』第三六巻十一号、学灯社、平成三年九月
『国文学 解釈と教材の研究』第四一巻五号、学灯社、平成八年四月
『国文学 解釈と教材の研究』第四六巻十一号、学灯社、平成十三年九月
『国文学 解釈と鑑賞』第四八巻四号、至文堂、昭和五八年三月
『国文学 解釈と鑑賞』第六四巻十一号、至文堂、平成十一年十一月
関口安義編『芥川龍之介』新潮日本文学アルバム十三、新潮社、昭和五八年十月
__________『国文学解釈と鑑賞』別冊、至文堂、平成十三年一月
__________『国文学解釈と鑑賞』別冊、至文堂、平成十六年一月
三好行雄編『別冊国文学』NO・二、学灯社、昭和五四年二月
__________『別冊国文学』特大号、学灯社、昭和五八年七月
__________『別冊国文学』第三〇号、学灯社、昭和六二年一月

〈初出一覧〉

第一章　芥川龍之介の描く生の極北と古典―「羅生門」論
- 「芥川龍之介「羅生門」論」『韓日語文集』第五集、韓日日語日文学会、平成十三年八月

第二章　物化された鼻と〈自我〉の転倒―「鼻」における深刻な主題と軽妙な笑い
- 「芥川龍之介「鼻」論」『東南語文論集』第一四集、東南語文学会、平成十四年十二月

第三章　「芋粥」における光と影
- 「芥川龍之介「芋粥」論」『東亜論叢』第四〇集、東亜大学校、平成十五年十二月

第四章　「偸盗」の物語世界―うごめく本能の欲望と母への呼び声
- 「芥川龍之介「偸盗」論」『儒巌鄭奉沢教授停年退任紀念論文集』、刊行委員会、平成十五年二月

第五章　日本女性のしぐさへのまなざし―「手巾」における「型」の思想と演技メソッド
- 「芥川龍之介「手巾」論」『韓日語文論集』第七集、韓日日語日文学会、平成十五年八月

第六章　反オリエンタリズムの世界の構築―「舞踏会」論
- 「芥川龍之介「舞踏会」論」『日本近代文学研究』創刊号、高献日本近代文学会、平成十四年十二月

第七章　「蜘蛛の糸」の童話世界、または仏教世界（コスモロジー）の芥川的変容
- 「芥川龍之介「蜘蛛の糸」論」『日本近代学研究』第八集、韓国日本近代学会、平成十六年五月

第八章　コスモロジーの構造と物語の享受—「杜子春」をめぐって
・「芥川龍之介「杜子春」論」『日本近代学研究』第九集、韓国日本近代学会、平成十六年十一月

第九章　物語作家としての芥川—「戯作三昧」をめぐって
・「芥川龍之介「戯作三昧」論」『東南語文論集』第十六集、東南語文学会、平成十五年十二月

第十章　ロマンと伝記のはざまで揺れる〈刹那の感動〉—「蜜柑」論批判
・「芥川龍之介「蜜柑」論」『日本文化研究』第六集、韓国日本学協会、平成十四年五月

第十一章　「虚しい」生の終末—「玄鶴山房」における玄鶴の表象
・「芥川龍之介「玄鶴山房」論」『韓日語文論集』第九輯、韓日日語日文学会、平成十七年八月

第十二章　「秋」に見られるプロレタリア文学への憧憬—自己犠牲と中流階級との関係—
・「芥川龍之介「秋」論」『東亜教育論叢』第二八集、東亜大学校教育大学院、平成十四年十二月

第十三章　「一塊の土」における労働認識とプロレタリア文学
・「芥川龍之介「一塊の土」論」『日本語文学』第十七集、日本語文学会、平成十三年十二月

完結的構造の物語
―芥川龍之介文学―

著者
鄭寅汶

· 동아대학교 대학원 국어국문학과 박사과정 수료(문학박사)
· 일본 大東文化대학 대학원 문학연구과 박사후기과정 일본근대문학전공 수료(일본문학박사)
· 일본 筑波大学 대학원 인문사회과학연구과(일본문학박사, 논문박사)
· 문학평론가
· 전 동아대학교 일어일문학전공 교수

【主要著書】
· 芥川龍之介 作品 研究 1, 2
· 太宰治 作品 研究 1, 2
· 1910/20년대의 한일 근대문학 교류사
· 일본문학 키워드
· 일본근/현대 작가연구
· 일본근대 소설의 감상방법과 실제 I
· 일본근대문학의 어제와 오늘 외 다수.

· 저자와의 협의 하에 인지는 생략합니다.

初版印刷 2006年 11月 27日 | 初版發行 2006年 12月 10日

저 자 정인문
발행처 제이앤씨
등 록 제7-220호

132-040 서울시 도봉구 창동 624-1 현대홈시티 102-1206
TEL (02)992-3253(代) FAX (02)991-1285
jncbook@hanmail.net | www.jncbook.co.kr | 한글인터넷주소://제이앤씨북

ISBN 89-5668-457-X 93830 정가 16,000원